北京市教育委员会社科计划一般项目"中国医患关系法的困境与出路"（项目编号：SM201610025003）

世界各国患者权利
立法汇编 | SHIJIEGEGUO HUANZHEQUANLI
LIFA HUIBIAN

唐超 编译

中国政法大学出版社

2016·北京

图书在版编目（CIP）数据

世界各国患者权利立法汇编/唐超编译. —北京:中国政法大学出版社，2016.9
ISBN 978-7-5620-7030-6

Ⅰ.①世… Ⅱ.①唐… Ⅲ.①医药卫生管理－法规－汇编－世界 Ⅳ.①D912.160.9

中国版本图书馆CIP数据核字(2016)第217635号

出 版 者　中国政法大学出版社
地　　址　北京市海淀区西土城路 25 号
邮寄地址　北京 100088 信箱 8034 分箱　邮编 100088
网　　址　http://www.cuplpress.com（网络实名：中国政法大学出版社）
电　　话　010-58908437(编辑室) 58908334(邮购部)
承　　印　固安华明印业有限公司
开　　本　720mm×960mm　1/16
印　　张　32
字　　数　540 千字
版　　次　2016 年 10 月第 1 版
印　　次　2016 年 10 月第 1 次印刷
定　　价　99.00 元

编者弁言

　　患者权利立法的潮流，滥觞于20世纪90年代的欧洲，而世界卫生组织于其间推波助澜，功莫大焉！

　　世界卫生组织向来不遗余力地推动成员国从事卫生立法工作，探索落实患者权利、提升患者权利保护水平的有效途径。20世纪80年代末，世界卫生组织曾积极联络梵蒂冈及各教会，达成协议，拟于1989年秋，在希波克拉底的故乡科斯岛（Kos），以"医疗服务的人性化（Humanization of Medicine）"为主题，召开专门会议。世界卫生组织欧洲区办事处，负责就现代医疗实践的演化及其对于医疗服务提供人和患者的意义，起草背景文件。惜乎政治和操作层面错综复杂因素的累积，会议反复延期，终至流产。

　　当此窘迫之际，荷兰政府急公好义，施以援手，帮助世界卫生组织欧洲区办事处召集成立一专家小组，由阿姆斯特丹大学的卫生法专家，亨克·莱嫩（Henk Leenen）教授领衔，[1]起草文件"欧洲患者权利原则"。莱嫩小组于阿姆斯特丹开始工作，后转往芬兰库奥皮奥（Kuopio）完成写作。最早的患者权利立法例，即出自芬兰（1992）和荷兰（1994），恐非偶然。

　　整个80年代，世界卫生组织曾就欧洲患者权利保护情况，开展多项研究、调查，并出版两份比较研究成果。这些成果构成了莱嫩小组的知识基础。莱嫩小组在起草文件过程中，与各成员国、医疗服务提供人组织和患者

---

　　〔1〕　就莱嫩教授之学术生平，参见阿诺德·罗索夫："不需俟天命：卫生法学50年"，载［美］马克斯韦尔·梅尔曼等：《以往与来者——美国卫生法学五十年》，唐超等译，中国政法大学出版社2012年版，第17页。

组织保持密切联系，力求反映各方立场。草稿写成，又交各方传观，征求意见。对反馈意见，再加谨慎考量，形成定稿，即后来提交 1994 年阿姆斯特丹会议通过的"促进欧洲患者权利宣言"。[1]继"宣言"之后，以芬兰、荷兰为嚆矢，以色列（1996）、新西兰（1996）、立陶宛（1996）、冰岛（1997）、丹麦（1998）、挪威（1999）、比利时（2002）、罗马尼亚（2003）、格鲁吉亚（2003）、拉脱维亚（2003）、塞浦路斯（2005）、苏格兰（2011）、德国（2013），等等，就患者权利事宜专门立法者，络绎于途，一时蔚为大观。

对患者权利加以法律规制的意义，照莱嫩小组的看法，在于强调患者参与的重要性，强调有必要为医患对话创造便利条件、提高对话质量。现代医学技术的发展，对患者身体和心灵的侵入愈深，极大地影响了患者身体和心灵的完好性。高度侵入性的、复杂的、官僚主义的医疗体制，令患者迷失其间，造成莱嫩所说的悖论：竟至要保卫患者，来对抗那患者依赖的医疗体制。这悖论将患者权利的地位彰显，只有出于患者利益的角度考虑，医疗活动方可谓正当。无论如何，制定法得对医生的诊疗室提出要求，承认患者享有的权利、改变对待患者的态度，这些势在必行。除非医生服膺，尊重患者权利乃是行医实践必不可少的内容，否则"技术统治论（technocratic）"的氛围不会廓清。[2]

"促进欧洲患者权利宣言"勾勒了现代社会的患者权利框架，就这些权利内容，各国法制大同小异。[3]但就立法模式，却颇有分歧。比利时天主教鲁汶大学（Catholic University of Leuven）创办的欧盟患者权利网站（Pa-

---

〔1〕 See Keith Barnard, "Beyond Advocacy：W. H. O. 's Patients' Right Agenda for Health Protection and Promotion and Appropriate Hight Quality Care", in A. Carmi, H. Wax eds. , *Patients' Rights*, Yozmot Heiliger Ltd. , 2002, pp. 12～13.

〔2〕 Ibid. p. 10, 17.

〔3〕 差异较大者，似乎是在患者不能表意的情形，谁得代为决策。这里有两条路径：一是患者自主模式，只有患者有决策权，患者不能表意的，即由契约相对方（受托人，医疗服务提供人）本着患者（委托人）最佳利益行事。患者亲属固得表达意见，但这些意见只是帮助医疗服务提供人确定患者最佳利益的参考依据，例如《爱沙尼亚债法典》第 767 条。二是家族主义模式，患者不能表意的，一定范围内的亲属，甚至所谓"关系人"，得代为决策，而不是委诸医疗服务提供人，例如《立陶宛民法典》第 6.744 条第 3 款第 2 句。中国法当属后一模式（《侵权责任法》第 55 条、第 56 条，《医疗机构管理条例》第 33 条）。

tient Rights in the EU），[1] 将欧盟 27 国的患者权利立法模式，从不同角度，分为几组：特别立法/分散立法，民法/公法，法定权利/准法定权利，有名契约/无名契约。图示如下：[2]

		特别立法（special）		分散立法（split）
契约法－水平式立法（contractual – horizontal）	法定权利（legal rights）	有名契约（nominate）	荷兰 爱沙尼亚 立陶宛 斯洛伐克	保加利亚 捷克 德国 意大利 卢森堡 波兰 葡萄牙 斯洛文尼亚
		无名契约（innominate）	匈牙利 比利时 西班牙	
	准法定权利（quasi legal rights）		拉脱维亚 希腊 奥地利 法国 罗马尼亚 塞浦路斯	
公法－垂直式立法（包含约章）（public – vertical）			芬兰 丹麦	爱尔兰 马耳他 瑞典 联合王国

依特别立法模式，一般的患者权利，或者至少得到普遍认可的权利，皆给纳入专门立法；[3] 而在分散立法模式下，这些权利则散见于不同法律文件。

在民法进路或者说水平进路下，患者权利经过清晰界定，系针对特定当事人可诉的权利，对权利的保护并不考虑医疗服务提供人的资源状况。在此模式下，患者权利为法定权利。而在公法进路或者说垂直进路下，患者不能直接对

---

[1]　载 http://europatientrights. eu/about_us. html，2016 年 8 月 27 日访问。

[2]　这里照录原表，很多国家如德国、斯洛文尼亚、拉脱维亚等，立法格局有变，尚未及时更新。

[3]　鲁汶大学所谓特别立法模式，系指制定专门的"患者权利保护法"或者"医疗契约法"。换个角度，也可称为一般立法模式，即制定患者权利保护的一般法。这样的提法，参见 Keith Barnard，"Beyond Advocacy：W. H. O. 's Patients' Right Agenda for Health Protection and Promotion and Appropriate Hight Quality Care"，in A. Carmi, H. Wax eds. ，*Patients' Rights*，Yozmot Heiliger Ltd. ，2002，p. 17.

医疗服务提供人提起诉讼。倒是医生或者其他医疗服务提供人所负的义务，往往以患者权利的形式表述出来，例如具有法律拘束力的医生行为规范。在此模式下，患者权利为准法定权利。患者权利亦可见于不具有法律拘束力的文件，例如患者约章和无拘束力的行为准则，这样的权利主要是道德性质的。

不管在民法模式还是公法模式下，都得乞援于惩戒、投诉程序，这缓和了两者的差异。即便在公法模式下，碰上医疗过失，民法进路仍对患者敞开；而在民法进路下，行政立法也为患者提供额外保护。

在欧洲，荷兰最早在民法典中将医疗契约设计为有名契约，系服务契约的特别类型。稍后，爱沙尼亚、立陶宛亦踵武其迹。其他国家，医患法律关系的契约性质亦得到判例法和学术文献的广泛认可，[1]惟就契约性质，可能会有争议。在这张图表中，这些国家都被归入无名契约模式。事实上，依不同内国法，医疗契约很可能被定性为有名契约，例如委托契约或者雇佣契约。[2]

中国的患者权利法律格局，当属分散立法模式，《执业医师法》《医疗机构管理条例》《人体器官移植条例》等法律文件皆有涉及。至于《侵权责任法》第七章（医疗损害责任）的惨淡经营，绝不能谓别开生面。盖以损害赔偿法之身，无力担荷医事实体法之任。我们编译这本集子，实在讲，对立法体例的兴趣，更在权利内容之上。

诸如保加利亚式的卫生法典，不过是患者权利法、医疗机构法、执业医师法，甚至精神卫生法、公共卫生法等的缀合，[3]并不能以"提取公因式"的立法技术，搭建"总则－分则"结构的法典，故不足为训。制定单行法的法域，有些是没有民法典的，如北欧诸国、苏格兰、以色列、塞浦路斯；法国固有民法典，但在法国法上，公立医院和患者间的法律关系适用行政法，故无从借重民法典；[4]拉脱维亚、格鲁吉亚、罗马尼亚、土耳其诸国，倒是在民法典之外

---

〔1〕 少数情形，亦得为无因管理关系。而无因管理关系实为委托契约的近戚。另外，国内也有好多文献反复否认医患关系的契约性质。

〔2〕 以上内容，参见欧盟患者权利网站：http://europatientrights.eu/types/general_overview_of_types_of_legislation.html，2016 年 8 月 27 日访问。

〔3〕 借用谢鸿飞先生的话，乃是"返祖的诸法合体"。参见谢鸿飞："民法典与特别民法关系的建构"，载《中国社会科学》2013 年第 2 期。

〔4〕 在法国，86% 的领薪医务工作者就职于公立医疗机构，公立医院的床位也占到了 65%，可见公立医院地位之重。See Florence G'Sell-Macrez, "The French Rules of Medical Liability since the Patients' Rights Law of March 4, 2002", *Chicago-Kent Law Review*, vol. 86, 2011, p. 1093.

另起炉灶。〔1〕

于民法典之外另起炉灶的单行法，谢鸿飞先生将之归为三类：补充型特别民法，主要是对民法典的内容加以补充和细化，如商法和知识产权法；政策型特别民法，系为实现特定政策目的，尤其是弱者保护而制定，以劳动者法和消费者法为代表；行政型特别民法，系为实现特定行政目的，如保障公共安全，而由行政管理私人关系，例如强制机动车所有人购买责任险。〔2〕医患关系法中的特别规则，大抵出于保护患者的政策考量，根源则在信息不对称。照谢鸿飞先生的看法，出于政策考量的特别规则，只要"已经固定、明确，不再是实现特定政治目的、获得合法性的临时工具，就成为新民事自然法"，合乎民法典的技术中立要求，可以纳入民法典。〔3〕各国患者权利立法，内容上的高度趋同，正表现了这一点。另外，医患关系法的社会本位程度并不高，相较委托契约法和无因管理法，主要表现为以下几点：①医疗服务提供人往往负有缔约义务；〔4〕②不论有偿还是无偿，医疗服务提供人皆负有善良管理人的注意义务，〔5〕虽在紧急管理情形，亦不降低注意标准；〔6〕③在医疗产品责任规则方面，可能会有照顾患者的设计；〔7〕④医疗服务提供人的解除权受到限制。〔8〕和很多有名契约相比（如租赁契约法对承租人的照顾），这些规则对民法典技术中立品格的影响，并不会更大。故，为了维护民法典市民社会基本法的地位，中国当以遵循荷兰－德国式进路为宜。技术上可分两步走：先在《合同法》第二十一章（委托合同）之后，添加第二十一 A 章（医疗合同）；待未来起草民法典，即可整

---

〔1〕 只是土耳其相应立法位阶较低，为部门规章。立陶宛先是制定了单行法，复将医疗契约写入民法典。

〔2〕 参见谢鸿飞："民法典与特别民法关系的建构"，载《中国社会科学》2013 年第 2 期。

〔3〕 参见谢鸿飞："民法典与特别民法关系的建构"，载《中国社会科学》2013 年第 2 期。

〔4〕 例如，《执业医师法》第 24 条，《医疗机构管理条例》第 31 条第 1 句。这是立法明确提及的情形，即所谓直接强制缔约，除此之外，医疗机构是否一般性地负有缔约义务（间接强制缔约），应参酌医疗机构是否公营、是否居于垄断地位、服务是否为民生所需三项因素综合判断。例如，设于北京的韩国美容医院，即不负缔约义务。一般情形，非有业务上的正当理由（例如，候诊病人太多，小手术就不接了），医院不得拒绝缔约。

〔5〕 比较《合同法》第 406 条。

〔6〕 参见［英］马克·施陶赫：《英国与德国的医疗过失法比较研究》，唐超译，法律出版社2012 年版，第 66～67 页。

〔7〕 论者多批评《侵权责任法》第 59 条的立场，实则这样的立法例在比较法上所在多有。

〔8〕 比较法上多要求医疗服务提供人有正当理由、给患者安排接手的医生等。

体迁入。[1]

搜集到的法律文本，将国际文件列入甲帙。已有中译的，一般不重译。其后依立法模式，分为患者权利法（乙帙）、医疗契约法（丙帙）、医疗基本法（丁帙）、患者约章（戊帙）数部。不好归类的，列入己帙。例如，美国的《患者自主决定法》，竟是对预算法的修订，这在比较法上绝无仅有。最近读到梁慧星老师的文章，才知道《乌克兰民法典》在总则编写有相关条款，也是很少见的。

虽广事搜罗，还是有好多法域的文本阙如。但也掌握了些许信息，略陈如下：

法国议会于 2002 年 3 月 4 日通过关于患者权利和医疗服务质量的第 2002 -303 号法律（对《公众健康法典》和《民法典》加以修订）。这部法律重新界定了医疗卫生政策的轻重缓急，自此将"个体，也就是患者或者说服务利用人，当作关注的焦点、法律的重心：我们要从以医务人员为中心的体制转向患者导向的体制"。这部法律在《公众健康法典》前置一序章，名为"个体权利"。这部法律目的有三：第一，提升患者在医疗体制里发出自己声音的能力。重点就是给患者穿上个体权利的外衣。《公众健康法典》第 1111 - 1 条表达得再清楚不过："倘无相应法律框架，赋予病人和医疗服务的利用人以权利，也就不成其为民主的医疗体制。"第二，提升医疗服务质量，开展医务人员继续教育培训，对医疗活动加以评估。第三，防止诊断治疗带来的风险。2005 年 4 月 22 日，关于患者权利和结束生命的第 2005 - 370 号法律生效。这两部法律为患者提供了广泛保护。[2]

在西班牙，患者权利的主要法律渊源，是 1986 年的《公众健康法》（General Law on Public Health）和 2002 年的《患者权利法》（Patient Rights Law）。另外，医疗行业组织在行为准则（Code of Deontology）第三章也认可了患者权利。

1986 年法胪列了若干患者权利义务。可随着患者权利意识的觉醒，国内国

---

[1] 当然，于医疗服务提供人法中，通过对医疗服务提供人课加的义务，间接彰显患者权利，立法技术上并非不可行，如目前的《执业医师法》，而且这样的法律可以解作保护性法律，于侵权诉讼中用为请求权基础（结合侵权法上的概括条款）。但如谢鸿飞先生所论，基于中国市民社会发育的现状，当重视追求民法的技术中立指导思想，使"民法归民法，行政法归行政法"。参见谢鸿飞："民法典与特别民法关系的建构"，载《中国社会科学》2013 年第 2 期。

[2] 参见欧盟患者权利网站：http://europatientrights.eu/countries/signed/france/france.html，2016 年 8 月 27 日访问。

际好多法律文件的出台，1986 年法已不敷使用。2002 年，国会通过有关患者自主以及涉及信息和临床文件的患者权利义务的第 41/2002 号法律，即《患者权利法》，该法于 2003 年 5 月 16 日生效。《患者权利法》部分废止了 1986 年《公众健康法》，尤其是涉及患者权利的条款。立法理由书写道："本法结束了《公众健康法》相关条款的一般原则地位。本法强化了患者的自主权利，并设有特别规范。格外值得注意的是预先指示的制度设计，依奥维耶多公约设定的标准，在知情同意的范围内，应考虑患者事先表达的意愿。"[1]

斯洛文尼亚在图表中还列入分散立法模式，但已经制定了专门法。2008 年 1 月 29 日，《患者权利法》（Act on Patients' Rights）通过，同年 2 月 26 日生效，8 月 26 日施行，这是斯洛文尼亚患者权利领域的主要法律文件。另外，《医疗服务法》（Health Services Act）也从医务人员义务的角度，提供了相应的法律基础。[2]

马其顿共和国独立后，在医疗领域通过了很多新法，都涉及权利规制事宜，例如《医疗服务法》（Law on Health Care），设有患者权利专章。其他如《医疗保险法》《精神卫生法》，都就患者权利的特定侧面加以规范。最主要的还是 2008 年的《患者权利保护法》（Law on the Protection of Patients' Rights）。"这部法律为促进患者权利构筑了卓越的法律基础，堪称医疗人权领域的里程碑。"[3]这部法律界定了患者和医疗服务提供人的权利、义务，设计了相应的权利保护机制。但如法的名称所示，主要关注还在患者权利，以众多条款规制得到预防医疗服务的权利、获取医疗服务的权利、隐私权和要求信息保密的权利，等等。这部法律还勾勒了患者的责任。依第 29 条，患者在医疗机构期间，依其健康状况，负有以下义务：①爱护自己的健康；②依个人能力，提供有关自己健康状况的真实、充分信息；③积极帮助那些照顾自己的医院工作人员；④遵从医务人员就治疗、康复等提出的建议；⑤尊重医疗机构的行为准则和内部规章制度；⑥为了激发社交际能，康复和再社会化（re-socialization）服务，

---

〔1〕 See S. DEFLOOR, et al. , "Patient Rights in the EU-Spain", *European Ethical-Legal Papers N°15*, Leuven, 2008, p. 9.

〔2〕 参见欧盟患者权利网站：http://europatientrights.eu/countries/ratified/slovenia/slovenia.html，2016 年 8 月 27 日访问。

〔3〕 Z. Apostolska and F. Tozija, "Annual National Report 2010: Pensions, Health and Long-term Care", May 2010, p. 19（available at http://www.socialprotection.eu/files_db/903/asisp_ANR10_FYR_Macedonia.pdf, last visited on 2015-11-8).

要求患者尝试约会；⑦尊重医务人员。另外，这部法律分别就医疗机构的义务（第33条）和医务人员的义务（第38条）设专章。这部法律还为维护患者权利引入了诸多新机制。[1]

波兰也在2008年通过《患者权利法》。过去，患者投诉体制饱受批评，只能由医疗协会控制下的医疗法庭（special medical courts，应该不是司法机构）来处理，患者还不能亲自启动程序，只得由全权代表（plenipotentiary）代其为之。这对患者极为不利。法院（state courts）只是在极少数的特别重大案件中，方才依适当程序介入。患者提起民事诉讼，要预缴诉讼费用，否则案件将被驳回。最先在1991年，《医疗机构法》列举了若干项患者权利，此后，很多不同法律都写入了患者权利，这让患者和医务人员都感到混乱。这段时间的大概情况是：①1991年《医疗机构法》所开列的，是一份"消极"清单，也就是医生义务的清单，比如患者的知情权利，即以医生说明义务的形式书写；②《医生行为准则》也开列了类似清单，用作医生伦理和职业责任的基础；③患者权利散见于不同层次、规制不同事宜的各类法律文件中；④患者在医疗法庭的地位不彰。可与此同时，考虑到给予患者权利系统保护乃是欧盟国家的基本标准，而且世界卫生组织和欧洲共同体对此积极支持，强化患者地位的观念，也传布开来。又经过漫长复杂的法律程序，终于在2008年11月通过《患者权利和督察员法》（Act on Patients' Rights and the Patient Ombudsman），2009年5月生效。患者权利法的立法目的在于：①将所有患者权利集中于一部法律文件；②强化患者在医疗体制中独立自主的伙伴地位；③创立一套新的司法外程序；④设立督察员，对患者权利负责。[2]

依《患者权利法》，患者享有如下权利：①有权利得到合乎医学要求的服务；②紧急情况下，可以立即得到医疗服务；③有权利了解自己的病情；④要求信息保密；⑤查阅病历资料；⑥于获知适当信息后，接受或拒绝治疗；⑦反对医生的意见或决定；⑧有权利要求自己的隐私和人格受到尊重；⑨有尊严地死去；⑩得于医院保管有价值的物品。在那些为患者提供24小时服务的医疗机构，患者还享有如下权利：①由亲人或其他人提供额外的照护；②可以通电话，

〔1〕 See Gabriela Alcheva, Filip Gerovski, Leo Beletsky, "Implementation of Patients' Rights Legislation in the Republic of Macedonia: Gaps and Disparities", *Health and Human Rights*, vol. 15, 2 (2013), p. 21.

〔2〕 资料来源：http://www.hpm.org/en/Surveys/Jagiellonian_University_-_Poland/16/Patients__Rights_Law_-_the_new_MoH_project.html, 2016年8月27日访问。

与外界保持通讯联系；③可以得到宗教服务。

故意或过失侵害患者权利的，就因此造成的损害，依《民法典》第448条，法院得判令医生和医院各自支付金钱赔偿。故意或过失侵害患者在平静中带着尊严死去的权利，依《患者权利法》第4条，法院得应患者家属、法定代理人或监护人的请求，判令被告支付金钱赔偿，用于特定社会目的。权利遭受侵害，患者即得请求赔偿，不必证明任何损害，例如，只要证明医生未经知情同意，即施行治疗。《患者权利法》第4条保护患者的尊严、隐私和自主地位，未经患者知情同意，即为不法，不论施行治疗是否尽到了应有的注意义务。

依《患者权利法》设立的患者权利督察员（Patient Ombudsman），性质为中央行政机关，对侵害患者集体权利（collective right）的行为，得发布禁令、课以罚款（第59条、第61条），为患者提供又一层保护。[1]

塞尔维亚本来在医疗基本法（Law on Health care, No. 107/05）中设有专章（第五章，"医疗领域的人权和价值，以及患者权利"），2013年5月30日，特别法《患者权利法》（Zakon o pravima pacijenata, "Official Gazette of RS" no. 45/2013"）生效，医疗基本法里的相应条款大多废止，只保留了三条涉及社会权利的条款。新法胪陈了诸项患者的一般权利，有些是头次引入塞尔维亚法，例如，得到优质医疗服务的权利、听取第二意见的权利、得到预防服务的权利等。主要的新意在于保护患者权利的方式。在2013年11月底以前，各市政当局应任命所谓"患者权利保护顾问（savetnik za zaštitu prava pacijenata）"和"健康委员会（Savet za zdravlje）"。这些新机构取代了此前医疗机构首长任命的"患者权利保护人（zaštitnik pacijentovih prava）"。改革目的在于确保处理患者投诉的公正性。医疗机构负有义务向顾问提供数据，顾问可以查阅病历资料及其他信息。健康委员会的主要任务在于监督患者权利的保护情况，并向卫生部和督察员报告。新法要求各医疗机构，对外公布在其医疗场所提供服务的医务人员和医疗单位的信息并定时更新，以便患者寻求第二意见。[2]

在专门立法模式下，最后要提到我国台湾地区。2016年1月6日，我国台湾地区颁布"病人自主权利法"，但这部法律并非一般性的患者权利法，而只针

---

[1] See Ewa Baginska, André Den Exter Miroslaw Nesterowicz, *Medical Law in Poland*, Kluwer Law International, 2011, pp. 72~73.

[2] 资料来源：http://www.bdklegal.com/bdknowledge/newsletter/regulatory/175 - serbian - law - on - patients - rights - comes - into - force, 2016年8月27日访问。

对特定患者预立医疗决定事宜加以规制。这里的患者指末期病人、处于不可逆转之昏迷状况的病人、陷入永久植物人状态的病人、极重度失智病人，以及其他"疾病状况或痛苦难以忍受、疾病无法治愈且依当时医疗水准无其他合适解决方法"的病人（第14条第2款），而预立的医疗决定，应包括在前述临床条件下，"接受或拒绝维持生命治疗或人工营养及流体喂养之全部或一部"的内容（第8条第2款）。这部法律在公布3年后施行（第19条）。

北欧国家多属特别立法模式，但瑞典不同，没有专门的患者权利法，多部法律，例如《医务人员义务法》（Health and Medical Personnel Duties Act）、《父母、监护人和儿童法》（Code on Parents, Guardians and Children），针对具体事宜对患者权利加以规制。郡议会联盟（Federation of County Councils）通过了一部约章，包含了若干促进患者权利的原则。约章下达各郡议会，希望以其设定的原则为基础，塑造各郡的患者权利政策。不过，约章并不意在设计可于法院执行的法定权利，也不能理解为宪章（national charter）。1997年，官方报告"患者总是对的（The Patient is Right）"认为，瑞典的患者权利保护状况良好，但仍应颁布患者权利法。[1]

葡萄牙亦属分散立法模式，1990年8月24日颁布的《医疗基本法》（Basic Law on Health）有些条款涉及患者权利。但据葡萄牙学者的意见，这部法律虽然赋予患者重要的权利，但规范太过模糊、宽泛，难于适用，就患者权利的细致内容，医疗服务提供人缺乏明确指导，故应制定专门的制定法。两部特别法，1998年的《精神卫生法》（第36/98号法律）和2003年关于非常规治疗的第45/2003号法，针对患者权利也设有若干条款。

已有好多法律草案提交至国会，最重要的是第433/Ⅷ号基本医疗法草案，第十七章对患者权利有详细规定。

除了这些草案，还有些法律引入了患者权利条款。2005年关于遗传信息和健康信息的第12/2005号法律，在这个领域格外重要。此外还有2006年关于医学辅助生殖的第32/2006号法律，2003年关于初级医疗服务的第60/2003号法令，以及2003年关于连续医疗服务的第281/2003号法令。[2]

---

〔1〕 参见欧盟患者权利网站：http://europatientrights.eu/countries/signed/sweden/sweden.html，2016年8月27日访问。

〔2〕 See H. NYS, et al., "Patient Rights in the EU-Portugal", *European Ethical-Legal Papers N°*13, Leuven, 2008, pp. 9~10.

希腊也是如此，医患关系由不同法律中的相关条款规制，未设专门立法。自 20 世纪 90 年代以降，尤其是《人权和生物医学公约》批准后，患者权利受到极大重视：法律草案一直在酝酿，大量文献讨论法律、伦理学和生物医学之间的关系，伦理委员会纷纷设立。在过去若干年里，相关立法发展经历了四个阶段。1992 年之前，患者权利事宜通过民法、刑法、行政法和行政处罚法来间接调整。另外，还有其他规范关注医生义务：行医守则（Code on the Practice of Medicine, 1939）和医生行为准则（Regulation of Medical Deontology, 1955）中的医生义务规范，实则赋予患者平等得到医疗资源、人格受尊重、宗教自由以及隐私受保护的权利。1992 年，在医改进程中，通过《医疗体制现代化和组织法》（Act on Modernization and Organization of the Health System），依据《欧洲医院患者权利约章》（European Charter of Hospital Patients' Rights of 1979），以相应条款直接区处医院患者权利事宜，但缺乏施行细则。1997 年的法律将医院患者的权利，扩张及于所有患者，并设计了落实 1992 年法律的施行机制。2005 年，希腊医事法经历最为重要的变化：新的行为守则颁布，取代了 1955 年的旧准则。1939 年的行医守则仍然有效。新守则完全合乎国际法律文件的要求，例如《日内瓦宣言》、世界卫生组织的规范和《奥维耶多公约》。新守则以第三章区处医患关系。第 8 条至第 15 条，对医生的义务详加规范，较行医守则远为明确。另外，希腊民法典未设雇佣契约（service contracts），医患契约性质上系属承揽契约（contract for work）还是雇佣契约，抑或独特的无名契约，在希腊素有争议。〔1〕

图表和说明将斯洛伐克归入荷兰模式，但我们查到的文献没有反映这些信息。在斯洛伐克，宪法和 2004 年以来颁布的六部医改法律以及嗣后的立法，共同搭建了患者权利保护的法律框架。集中的规范则见于第 576/2004 号关于医疗服务及医疗相关服务的法律（2004）。早在 1994 年，当时的医疗服务法即引入了若干影响患者权利的变化，但根本难题没有解决。为了加强患者权利保护，后来又有好多动议提出，最终制定 2004 年《医疗服务法》。

在欧洲委员会资助的灯塔计划里（Phare Programme），〔2〕设计有"斯洛伐

〔1〕 See T. GOFFIN, et al. , "Patient Rights in the EU-Greece", *European Ethical-Legal Papers N°6*, Leuven, 2007, pp. 7 ~ 9.

〔2〕 欧盟为中东欧申请国提供资助的项目，帮助申请国完成经济和政治转型，为入盟做准备。受资助国家有捷克、爱沙尼亚、匈牙利、拉脱维亚、立陶宛、波兰、斯洛伐克、斯洛文尼亚、保加利亚、罗马尼亚等。参见维基百科：https://en. wikipedia. org/wiki/Phare, 2016 年 8 月 27 日访问。

克患者权利"项目，曾起草患者约章。最终报告认为：当前患者权利的法律规制过于宽泛，过于严厉，对患者不够友好；若干患者权利，散置于不同法律文件；有些患者权利被忽视了，还有些则应规定得更加细致或明确。

2001 年 4 月，斯洛伐克政府采纳患者权利约章。约章序言写道："依联合国、世界卫生组织、欧洲委员会和欧盟法律文件，制定本约章。约章考虑了欧洲国家的经验，尤其是荷兰、德国、瑞典、奥地利和联合王国的经验。"约章清晰界定了患者享有的一切权利，这是改善患者处境的第一步，但付诸实践更为必要。为此，斯洛伐克向荷兰取经，2002～2003 年，荷兰政府资助开展"促进斯洛伐克患者权利"项目。斯洛伐克召开了两次国际会议，极大地推动了患者权利政策的发展。继而，卫生部采纳了"国家患者权利项目"，并设立专门的"患者权利部门（Patients' Rights Unit）"。

但斯洛伐克的患者权利立法仍不充分。为了拾遗补阙并扩张患者权利，经济发展中心建议起草特别立法。[1]

还要提到，我们讲"患者权利"，并非意在矫枉过正。事实上，新近流行起来的，是"医疗服务场合的人权（human rights in patient care）"概念，和"患者权利"不同，新进路将普适性的人权原则适用于医疗服务供给领域的一切利益相关者。[2]正如患者的知情同意权利、隐私和保密权利、不受歧视的权利面临遭受侵害的风险一样，医疗服务提供人也面临好些险阻，诸如恶劣的工作条件、依循证医学提供服务反遭惩处、遭患者投诉时不能得到正当程序，等等。这些险阻妨碍了提供优质医疗服务，动摇了医患间的信任关系。而深受其害的还是社会弱势群体。是以，"医疗服务场合的人权"固然将患者和医疗服务提供人的权利等量齐观，但关注重心还在患者医疗服务。[3]

移译外国医疗卫生法律文本的想法早就有，一直未敢轻动。借着申请首都

---

〔1〕 See S. DEFLOOR, et al., "Patient Rights in the EU-Slovakia", *European Ethical-Legal Papers* N° 14, Leuven, 2008, pp. 8 ~9.

〔2〕 例如，英格兰曾起草《患者约章》，后遭诟病，说是滋生了攻击医务人员的倾向。取而代之的《全民医疗体系章程》，遂将患者权利和医生权利一视同仁，皆予阐述。参见后文，戊帙译稿。当然也要注意，在医疗契约里头，医疗服务提供人实则仅享有一项权利，即报酬请求权。

〔3〕 See Leo Beletsky, etc., "Advancing Human Rights in Patient Care: the Law in Seven Transitional Countries", January 31, 2013. Open Society Foundations, 2013; Northeastern University Sochool of Law Research Paper No. 125 –2013, p. 16（available at http://papers. ssrn. com/so13/papers. cfm? abstract_id = 2209763, last visited on 2016 –08 –27）.

医科大学本科生科研创新项目，以患者权利立法为主题，先作尝试。私心是想得到出版费用的帮助，奈何掷下的经费清汤寡水，不足购买一本外文原版图书。原本还打算编译医事基本立法，恐怕再难付诸实施，遂将已译出的几篇，杂以其他，主要是北欧无过错赔付体制的代表性法律，辑为附录，聊胜于无吧。参加项目的多是首都医科大学法学系二年级到四年级的学生。部分法律文本，由学生译出初稿，唐超批改订正而成。

　　还有两位医科学生，2012 级临床基地二班的高明阳女士，2013 级临床医学专业的郭娑女士，尤值得一记。我给高明阳的班带过五次课，结课时拿了美国坎特伯雷案的三段判词，涉及知情同意例外的经典论述，请大家当堂译。那么艰深的段落，专业人士亦未必能应付裕如，高明阳却严丝合缝地都给译对了，让我舌桥不下。郭娑是看到教务处公布的项目信息后，主动联络，要求参加的。想着医科生课业繁重，便把篇幅不大的冰岛患者权利法交给郭娑。稿子返回来，立法意旨都把握住了。更有趣的是，隔了旬月，郭娑又来问还有任务吗，原来意犹未尽。如此才具和抱负，仿佛诗里所说黑夜海上的光亮，给漂流者以莫大的鼓舞！也让人欣慰，中国医疗行业，不虞乏人了！

　　奥地利和罗马尼亚的文献，系胡文爽同学检索得到，特致谢意。

　　本书脚注，除特别标明为"原注"外，皆系编者添加。

　　倘有讹误，还盼博雅君子，不吝赐教。

乙未季秋于右安门外

丙申仲秋改定

目录

■ 丁帙　医疗基本法

■ 戊帙　患者约章

■ 己帙　其他

■ 附　录

纽伦堡准则[1]

容许开展之医学试验

根据有力证据，只要不逾合理、清晰框定的范围，符合公认的医疗职业伦理，未始不得开展特定医学人体试验。人体试验的鼓倡者声称，人体试验得产生有益于社会且通过其他方法不能获致之成果。但也一致同意，为满足道德、

---

[1]《纽伦堡准则》(The Nuremberg Code, 1947)，资料来源：http://www.cirp.org/library/ethics/nuremberg/，2016 年 8 月 27 日最后访问，唐超译。

1946～1947 年，美国占领当局控告 23 名德国医生及官员，以对囚犯及平民强加医学试验和医疗措施的形式，犯下组织、参与战争罪及反人道罪。卡尔·勃兰特为主要被告，二战期间任德国高级医官；其他被告也都是军队和党卫队里的资深医生和高级官员。诉讼理由有四：预谋实施战争罪及反人道罪；战争罪（即针对受战争法保护之人的犯罪，例如针对战俘）；反人道罪（针对的并不仅仅是受战争法保护之人）；犯罪组织成员罪（例如加入党卫队）。被控的具体罪行包括超过 12 种医学试验，涉及高海拔，冷冻，疟疾，毒气，磺胺，骨骼、肌肉及神经再生，骨移植，服用盐水（saltwater consumption），传染性肝炎，绝育，斑疹伤寒，毒品，燃烧弹等情形下的治疗及疗效。这些试验主要在集中营实施。其他罪行包括杀害犹太人供解剖研究用，杀害患有结核病的波兰人，还有病人和残疾人的安乐死。被告人被控命令、监督或者协助实施这些犯罪，甚至直接参与。卡尔·勃兰特及其他 6 位被告人，被判处死刑并执行；9 位被告处以有期徒刑；7 人开释。

纽伦堡法庭颁定 10 条标准，医生从事人体实验，必须遵行。这些标准为全世界所接受。判决为二战后人权勃兴时代确立了医疗伦理新标准。这些原则本为医学试验而设，如今已扩张为一般医疗伦理准则。

最为重要的，《纽伦堡准则》确立了知情同意的标准并阐述说，不论何种针对个体的医疗举措，知情同意至关紧要，只要不能取得知情同意，断断不可施治。另外，只有旨在改善共同福祉的临床研究可以得到许可。在最后几点，《纽伦堡准则》论道，任何医学实验都必须经过审慎的利害评估，并确保利大于可能的损害。《纽伦堡准则》最后一点强调：一方面，患者得随时退出医学试验；另一方面，医生得确保其能随时终止试验。

王岳、邓虹主编《外国医事法研究》（法律出版社 2011 年版，第 355 页）附录部分载有《纽伦堡法典》（实非法典），译文与百度百科一般无二，但皆未注明译者及出处。医学百科网站（http://www.wiki8.com/niulunbaofadian_101475/）则注明系由何兆雄译自 Reich W. T., ed., *Encyclopedia of Bioethics*, The Free Press, 1978, pp. 1764～65，原载张鸿铸、何兆雄、迟连庄主编：《中外医德规范通览》，天津古籍出版社 2000 年版，第 1048～1049 页。但核对英文，旧译似颇有可商榷之处，故予改译。

伦理以及法律的观念，必须遵守特定基本原则：

1. ［开展人体试验，］受试人之同意不可或缺。这意味着，受试人应有同意能力；其所处之地位，应使其得秉自由意志而选择，不受任何暴力、欺诈、哄骗、胁迫、夸大，或者其他隐蔽形式的压迫或强制的影响；应使其充分知晓并理解试验项目的基本原理，从而得为清醒、明智之决定。依这后一点，在得到受试人之肯定决定前，应使其知晓试验之性质、持续时间及目的；拟采取的方法与具体手段；可合理预见到的一切不便及风险；因参与试验，健康或身体可能受到的影响。

确保受试人所为同意之品质，负担此项义务及责任之人，乃是发起、指挥或从事试验之人。此系个人义务及责任，不得委诸他人而免受惩罚。

2. 人体试验应能产出对社会有益的丰硕结果，以其他研究方法或手段无法达到，且在性质上不得轻率而无谓。

3. 人体试验之设计，应以动物试验结果以及对特定疾病自然史或者其他难题的知识为依据，俾便达成预期结果，为试验提供正当性。

4. 人体试验之开展，应避免一切无谓的身体伤害及精神痛苦。

5. 有在先理由相信，人体试验会造成死亡或残疾的，不得为之；开展试验之医生并充任受试人的，或得为例外。

6. 人体试验，因其拟解决之难题而为善举，试验之危险程度不可逾越使其为善举之重要程度。

7. 开展人体试验，应妥为预备并提供充分设施，受伤、残疾或死亡之可能性虽微乎其微，亦不可使受试人犯险。

8. 开展人体试验之人，必须具备相应科学资质。贯穿试验始终，试验人员应尽最高程度之技能与注意义务。

9. 试验过程中，受试人因其身体或精神状态，不能继续接受试验的，得自由叫停。

10. 主持试验之科学家，应时刻准备，于试验过程中，尽其善意、卓越技能及审慎判断，有合理根据认为，继续试验很可能造成受试人受伤、残疾或死亡的，得随时停止试验。

欧洲医院患者权利约章 [1]

（卢森堡，1979 年 5 月）

1979 年 5 月 6 日至 9 日，欧洲经济共同体医院委员会在卢森堡召开全体会议，基于医院管理小组委员会提交的报告，通过本约章。

序

1. 欧洲经济共同体医院委员会，既笃信医院患者就医院提供的医疗服务拥有基本人权，且这些权利与人性化服务息息相关，遂于 1977 年 5 月哥本哈根第 18 届大会期间，决定针对这些权利开展研究。研究成果即为草成一份医院患者约章，提交 1979 年 5 月卢森堡第 20 届大会通过。医院委员会起草约章，参考了如下文献：
    - 《世界人权宣言》（1948）第 25 条；
    - 《欧洲社会宪章》（1961）第 11 条、第 13 条；
    - 《经济、社会及文化权利国际公约》（1966）第 12.1 条；
    - 《世界卫生组织第 23.41 号决议》（1970）。

2. 本约章专为医院患者拟定。此举并非对其他患者视而不见，而是医院委员会宁愿恪守其角色职责，只就医院患者阐述其权利。委员会当然希望，这份医院患者约章能有助于制定适用范围更广的患者权利约章。

3. 委员会并不认为医院可以解决一切医疗难题，委员会认为，任何人都有获得医疗服务的基本权利，医疗体制应有组织地、结构性地供给医疗服务，而医院和其他医疗机构一道，在其中发挥自己的作用。

4. 医院患者约章，系对医院场合患者个体基本权利的声明。约章认可了诸如自我决定的权利、知情的权利、隐私受尊重的权利、宗教和哲学观念受尊重的权利。

5. 当然，只是对患者权利加以声明还不够。为了使这些权利切实得到尊重，

---

[1] 《欧洲医院患者权利约章》（European Charter of Hospital Patients' Rights of 1979），资料来源：http://www.hope.be/documents - library/，2016 年 8 月 27 日最后访问，唐超、郭娑译。

各医院都应创造相应的条件，并使患者了解自己享有的权利。创造相应条件的必要性，要体现在医院的组织形式中，体现在物质资源的规划和工作人员的态度中。

6. 应指出，约章阐述的患者权利，亦伴随医院患者所负的义务。这些义务包括：一贯妥当行事的义务，尊重病友权利的义务，配合医院医务人员及管理部门工作的义务。

7. 本约章适用于所有医院患者，当然，不得违碍各国立法。有些患者，例如精神障碍患者，其权利需要得到额外保护。约章则意在成为对所有医院患者基本权利的总体声明。

医院患者权利

1. 患者有权利得到适合其罹患疾病的性质及病情的医院服务。

2. 医院患者有权利得到体贴周到、尊重患者人格的医疗服务。不仅包括治疗、护理方面的服务，还包括适当的咨询、膳宿、管理和技术方面的帮助。

3. 医院患者有权利同意或拒绝任何诊断或治疗措施。患者（法律上或事实上）全部或部分不能行使权利的，在其不能亲自行使权利的范围内，由其代理人（representative）或法律规定之人代行权利。

4. 医院患者有权利了解自己的病情信息。向患者披露信息，应以患者最佳利益为指针。在此前提下，向患者披露的信息，应使患者充分了解自己病情的方方面面，包括医学和其他方面，并使患者得在知情基础上，就影响自己健康福祉的事宜，自为决定或参与决定。

5. 将任何未定型的诊断或治疗措施用于患者的，医院患者或（第3条提及之）代理人有权利在事前充分了解相关风险。采取此类医疗措施，必须取得患者明确同意，患者并得随时撤回同意。患者参与临床研究或教学的，应使其感受到接受或拒绝参与的充分自由，并得随时撤回［同意］。

6. 医院患者在其身体条件或住宿环境所允许的限度内，有权利要求隐私受到尊重。个人性质的信息和病历资料，尤其是医疗信息，务必保密。

7. 医院患者有权利要求自己的宗教和哲学信念受到尊重和认可。

8. 医院患者有权利投诉，有权利要求展开调查并获知调查结果。

1979 年 5 月 9 日，卢森堡

世界医学会关于患者权利的里斯本宣言[1]

1981年9~10月，葡萄牙里斯本，第34届世界医学大会通过；1995年9月，印度尼西亚巴厘岛，第47届大会修订；2005年10月，智利圣地亚哥，第171次理事会（Council Session），编辑修订（editorially revised）；2015年4月，挪威奥斯陆，第200次理事会再予肯定。

序　言

医生与患者（更广泛讲，社会）间的关系，于当代经历深刻变迁。医生固然应秉持良心行事，以患者最佳利益为圭臬，亦应努力维护患者自主地位及公道。以下宣言，将医界肯认并大加揄扬的若干重要患者权利，表而出之。医生以及牵涉医疗服务供给的其他个人或机构，负有共同责任，认可并倡导这些权利。倘有立法、政府行为，或任何其他机构否定这些权利，医生应采取适当措施，申明大义，矫枉纠偏。

原　则

1. 得到优质医疗服务的权利

（a）任何人都有不受歧视地得到适当医疗服务的权利。

（b）任何患者都有权利期待，为其提供服务的医生，得不受外界干扰，自主地为临床判断和伦理判断。

（c）应依患者最佳利益，为患者提供医疗服务。施行的治疗，应合乎普遍

---

〔1〕《世界医学会关于患者权利的里斯本宣言》（WMA Declaration of Lisbon on the Rights of the Patient），资料来源于世界医学会官网：http://www.wma.net/en/30publications/10policies/l4/，2016年8月27日访问，唐超译。

另外的中译本，参见王岳、邓虹主编：《外国医事法研究》，法律出版社2011年版，第361~364页，附录六、附录七。

认可的医疗原则。

（d）质量保证当是医疗服务的题中应有之义。尤其是医生，应担负责任，捍蔽医疗服务的质量。

（e）就供给有限的特定医疗服务，必须在多位潜在患者间加以选择的，患者有权利要求选择程序设计公平。只得依医学标准选择，不得施加任何歧视。

（f）患者有权利要求医疗服务的连贯。医生负有义务，与治疗患者的其他医疗服务提供人合作，协调医疗服务的开展。只要在医学上还有治疗的必要，不给患者合理的帮助和充分的时间去另为安排医疗事务，即不得停止治疗。

2. 自由抉择的权利

（a）患者有权利自由选择、更换自己的医生、医院或者其他医疗机构，而不论提供医疗服务的是私营还是公营部门。

（b）患者有权利于任何阶段征求其他医生的意见。

3. 自主决定的权利

（a）患者有自主决定的权利，得自由决定自己的医疗事务。医生应告知患者，其决定将带来何等后果。

（b）心智健全的成年患者，就任何诊断、治疗措施，有同意或拒绝的权利。患者有权利知晓为作决定所需要的信息。患者应清楚了解任何检测或治疗的目的、可能的结果，以及不予同意的后果。

（c）患者有权利拒绝参与医学研究、教学。

4. 丧失意识的患者

（a）倘患者丧失意识，或出于其他原因不能表达意愿，应尽可能取得有权代理人（legally entitled representative）的知情同意。

（b）倘有权代理人不可得，医疗措施又刻不容缓，得假定患者已同意，除非基于患者此前严肃的表态或信念可知，患者在此种情况下拒绝治疗的立场是明确且无疑问的。

（c）因企图自杀而丧失意识的患者，医生应尽力救助其生命。〔1〕

---

〔1〕 中国医师协会颁布的《中国医师道德准则》第24条写道："面对失去意识的急危患者，应寻求法定代理人的同意，在无法联系患者法定代理人时，医师可默认为患者同意，报经医疗机构管理者或授权负责人同意后施救。对自杀患者，也应挽救其生命。"当系袭自《里斯本宣言》第4条。这一条适用情形为，患者具备相应法律能力（比如成年患者，理智健全），但失去意识（昏迷），这样的患者是不可能有法定代理人的，故中国实证法表述为"近亲属""家属""关系人"，方为妥当。

5. 欠缺法律能力的患者

（a）患者未成年或者因其他情形而在法律上无能力（legally incompetent），有些法域要求得到有权代理人的同意。在患者能力允许的最大限度内，仍应使患者参与医疗决策。

（b）倘法律上无能力的患者得为理性决定，应尊重其决定，法律上无能力的患者并有权不许将相关信息披露给有权代理人。

（c）倘有权代理人，或者患者授权之人，拒绝了在医生看来合乎患者最佳利益的医疗措施，医生应于相关法律机构或其他机构质疑此等决定的有效性。于紧急情况，医生应本患者最佳利益行事。[1]

6. 违背患者意愿的医疗措施

仅在例外情形，法律明确许可并且合乎医疗伦理的，方得违背患者意志加以诊断或治疗。

7. 知情权

（a）患者有权利知晓病历上记载的任何个人信息，有权利要求充分说明自己的健康状况，包括病情相关事实。病历上记载的第三人的秘密信息，非经该第三人同意，不得披露给患者。

（b）例外地，倘有充分理由相信相关信息会给患者生命或健康造成重大危害，则得不予披露。

（c）应以适于患者文化背景的方法，以患者可以理解的方式，向患者说明相关事宜。

（d）应患者明确要求，相关事宜得不向患者说明，为保护他人生命而有必要说明的除外。

（e）患者有权利选择由何人代表自己接受相关信息。

8. 要求保守秘密的权利

（a）关乎患者健康状况、病情、诊断、预后、治疗的信息，以及其他个人性质的信息，凡可以探查信息来源的（identifiable information），即应保守秘密，虽患者故去亦然。例外地，患者后裔为了解健康风险，有权利获取相关信息。

---

〔1〕《中国医师道德准则》第26条写道："如果患者法定代理人或授权人禁止为患者提供必要的治疗时，医师有义务提出异议，如在危急时则以患者利益至上而从事医疗行为。"当系袭自《里斯本宣言》第5条。这一条的适用情形为，患者欠缺法律能力，如未成年或者有精神障碍。中国医师协会却将这一限制悄然抹去了。

（b）只有患者明确同意，或者法律明确允许的，秘密信息方得披露。只有在严格意义上确实"有必要知晓（need to know）"，方得将信息披露给其他医疗服务提供人，除非患者明确同意。

（c）凡可以探查来源的患者数据，应予保护。数据的保护，应合乎数据的存储方式。可探查来源的数据所从出的人体物质，亦应同样保护。

9. 得到健康教育的权利

任何人都有权利接受健康教育，以助其就个人健康及可得的医疗服务事宜，为知情抉择。健康教育，应包括有关健康生活方式的信息、有关疾病预防方法及早期发现方法的信息。应强调任何人都对自己的健康负有责任。医生有义务积极参与健康教育事务。

10. 保持尊严的权利

（a）在整个医疗、教学过程中，依患者的文化背景和价值观念，其尊严应得维护，隐私应受尊重。

（b）患者有权利要求，依现有知识减轻其痛苦。

（c）患者有权利得到人道的临终关怀，得到一切可及的帮助，在尽可能的体面、舒适中离去。

11. 得到宗教帮助的权利

患者有权利接受或拒绝心灵、精神上的抚慰，包括司铎的帮助。

促进欧洲患者权利宣言 [1]

欧洲患者权利会议

阿姆斯特丹，1994 年 3 月 28 ~ 30 日

世界卫生组织

1994 年 6 月 28 日

宣言本末

世界卫生组织欧洲区办事处（WHO/EURO）主办、荷兰政府承办的欧洲患者权利会议，1994 年 3 月 28 ~ 30 日于阿姆斯特丹举行，36 个成员国约 60 位代表与会。会议目的在于，在多数国家正推行医改的背景下，界定促进患者权利的原则和政策。

本次会议，绸缪良久，方得举办，在此期间，世界卫生组织欧洲区办事处大力鼓唱方兴未艾的患者权利运动，尤其是就整个欧洲的患者权利发展状况，开展了若干研究、调查活动。由这些研究可知，患者权利乃系欧洲国家的共同关注，亦看到诸多政策趋向和立法动议，表明为这些国家的政策演进再予额外推动，诚非无谓。这些研究成果已付梓：《欧洲患者权利》（WHO 1993）。[2]有荷兰政府鼎力支持，又经与欧洲诸国政府及其他机构广泛磋商，请本领域专家里手，草成《患者权利原则》（The Principles of Patients' Rights），这份面面俱到的文件，于各国患者权利政策的发展，当极富价值。

《促进欧洲患者权利宣言》搭建起欧洲的共同行动框架，宣言还包含了阿姆斯特丹会议签署的《患者权利原则》。这份宣言可理解为，为了改善公民和患者在医疗过程中和医疗服务提供人、医疗服务管理人的伙伴关系，而赋予公民和

---

〔1〕《促进欧洲患者权利宣言》（A Declaration on the Promotion of Patients' Rights in Europe），资料来源于世界卫生组织官网：http://www.who.int/genomics/public/eu_declaration1994.pdf，2016 年 8 月 27 日最后访问，唐超、郭丹晶译。

〔2〕 H. Leenen, S. Gevers and G. Pinet, *The Rights of Patients in Europe*, *A Comparative Study*, Boston：Kluwer Law and Taxation Publishers, 1993.

患者更有力的权利。阿姆斯特丹会议签署的《患者权利原则》，理当成为可靠的参考文献，推动医疗服务领域新思维的充满活力的工具。

会议的完整进程，将于本年度单独发表。

哥本哈根，1994 年 4 月

促进欧洲患者权利宣言

1994 年 3 月 28 日至 30 日，世界卫生组织欧洲患者权利会议在阿姆斯特丹举行，签署了附件《欧洲患者权利原则：共同框架》（Principles of the Rights of Patients in Europe：A Common Framework），以促进和落实世界卫生组织欧洲成员国的患者权利。

基于附件中提出的诸项原则，基于患者权利运动各方参与者的新鲜经验，会议深入考察了诸多可能的策略。这些策略的要旨如下：

促进患者权利的诸项政策

为促进患者权利和责任，须细加筹划，发展起相应政策，如此，意图方能转化为实际行动，转化为值得所有牵涉之人支持的行动。这样的行动不会自动到来，需待时间充分见效。

就法律框架、医疗体制、经济条件以及社会、文化、伦理价值而言，各国皆有不同，但总有那么些通法（common approaches），能恰当地适应各国的具体情况。我们鼓励成员国的利害相关各方，启动或者重拾多元化的实施策略，而下面这些要素，大抵不可或缺：

－明确患者、医务人员、医疗机构的权利、职责的法律法规；

－职业行为规范，患者约章和类似文件，这些文件基于公民、患者、医务人员各方代表和决策人的共识而起草，并依情势变迁而定期修订；

－患者、医疗服务提供人组织间的沟通网络，承认公民和使用人/顾客参与间的不同（distinction between citizen and user participation）；

－对患者权利领域非政府组织的建立和有效运转，政府给予支持；

－国家层面的座谈会、学术会议，以形成共识、增进共识；

－媒体的参与，以向公众传播信息，激发建设性的讨论，推广对患者、使用人/顾客及其代表组织权利义务的认识；

－在沟通和说理技能方面，为医务人员、患者及其他使用人/顾客群体提供更好的训练，以促进对各方当事人立场和角色的恰当理解；

　　- 开展深入研究，在这些背景各异的国家，各种法律和其他手段的效果如何，采取了哪些各样的举措，对此加以忠实记录、科学评估。

国际行动

　　因本次会议而推进的行动，将深化世界卫生组织、欧洲委员会和欧盟在促进患者权利方面的合作。保持政策立场的连贯，协调各式各样的实施策略，充分理解如何使各自的资源和能力发挥出最大效用，这些都是欧洲患者（以及医疗服务提供人）权利运动能够持之以恒、生生不息发展下去的关键因素。在促进患者权利方面，国际非政府组织亦可发挥重要作用。

　　即将召开的世界卫生组织欧洲区卫生政策会议（哥本哈根，1994 年 12 月 5 ~9 日），将为进一步促进患者权利，提供重要契机。1996 年 3 月 25 ~28 日，世界卫生组织欧洲区医疗体制转型会议将在维也纳召开，仍将探讨患者和医疗服务提供人的权利、义务、角色的问题。我们建议，欧洲区办事处应建立合适机制，监视各国的发展动态，并将观察结果提交维也纳会议。

欧洲患者权利原则:共同框架

引　言

　1. 背景

　　欧洲社会、经济、文化、伦理和政治诸方面的发展，终于酝酿、催生出蓬勃的患者权利运动——更为详细地阐释患者权利，更为充分地落实患者权利。全新的、更为积极的患者权利概念，广受鼓吹。这在某种程度上反映出，各成员国已将下面两点奉为圭臬：充分落实人格尊重理念，以及将医疗公平树立为政策目标。是以，鼓励个人选择并创造得自主选择的机会，以及致力于建设医疗质量保证机制，现下愈发受到重视。

　　医疗体制发展的诸般面象，比如，体制日益复杂，临床医疗愈发危险，在很多方面越来越机械冰冷、没有人情味儿，官僚主义司空见惯，而医疗科技的进步竟毫不拖后腿，凡此种种，将认识到患者个体自我决定权利的意义，推到了众所瞩目的地位，而对患者的其他权利，也有必要对保障措施加以重构，此点同样受到重视。

　　与此同时，自 1945 年《联合国宪章》重申对基本人权的信念以来，人权运动在全世界焕发生机。紧跟着，1948 年 12 月 10 日通过了《世界人权宣言》，1950 年 11 月 4 日签署了《欧洲人权公约》。各国政府对此问题，思考愈发深入。世界卫生组织对欧洲患者权利的研究表明，有一些共同的原则，逐渐为很多国家所采纳，而这些原则似乎是独立于各国医疗体制的特性的。为这样的政策趋向推波助澜，看起来正当其时。此份文件，尝试构建若干患者权利原则，这些原则反映不断演化的观念，关系到未来在怎样的背景下提供医疗服务。

在这份欧洲患者权利宣言起草之前，早有他人从事专门的患者权利文件草拟工作。惜乎，这些早期工作，多数针对的是特定群体，或者关注的是医疗领域的特定活动，或者是从医疗服务提供人和医疗机构的视角来界定患者的权利义务。而这份宣言，则尝试从患者（既是医疗服务的使用人/顾客，也是医疗服务领域的伙伴）的视角来关注这些事宜。宣言刻意以一般术语起草，尽量不牵涉特定群体或例证的具体情势。但正是一般性的考量，吸纳了基本的原则和概念，可备特定国家保护和促进患者权利时采用。这份宣言不直接关注实施的问题，因为这是各国的特殊性问题；各国可对宣言的基本指导方针予以更细致的阐释，以适应各自的特殊需要和具体情况。

◆ 指导原则

本宣言采纳的医疗服务（health care）概念，源于世界卫生大会人人健康决议（WHA 30.43 of 19 May 1977）的原则，[1] 以及《阿拉木图宣言》（Declara-

---

〔1〕 人人健康（health for all），系世界卫生组织的规划目标，期待使人人健康、幸福，是世界卫生组织促进健康、维护人格尊严，提升生命质量的初级医疗服务战略的基础。依世界卫生组织总干事（1973~1983）哈夫丹·马勒（Halfdan Mahler）的界定：

"人人健康，意味着使国人皆得健康。'健康'意指个人的幸福状态，非仅指可以得到医疗服务，更重在这样的健康状态使得人人可以在社会和经济方面过上有创造性的生活。人人健康，意味着除去健康障碍，即告别营养不良、愚昧、受污染的饮用水、肮脏的居住条件，正如同致力于解决纯粹的医学难题，例如医生、医院床位、药物和疫苗的短缺。

－人人健康，意味着健康当为经济发展的客观目标，而非仅仅将健康当作经济发展的手段。

－人人健康，根本上要求人人具备读写能力。要得到健康，先得理解健康对所有个体意味着什么。

－人人健康，依赖医疗服务和公共卫生的持续进步。通过初级医疗服务，实现医疗服务的普遍可及，使得所有乡村都能得到医疗救助，辅之以专科转诊服务。同样，免疫服务亦应实现普遍覆盖。

－是以，人人健康乃是整体概念，除了医疗和公共卫生，还要求农业、工业、教育、住房、交通等各方面的全面努力。单纯的医疗服务不能让蜷缩茅舍之人得到健康。让这些人得到健康，需要全新的生活方式，需要新的机会，给他们提供更高的生活标准。"

参见维基百科：https://en.wikipedia.org/wiki/Health_For_All，2016 年 8 月 27 日最后访问。

tion of Alma-Ata，12 September 1978）阐明的医疗服务模式。是以，医疗服务涵盖了包括健康促进和保护、疾病预防、诊断、治疗、照护和护理在内的广泛的各样服务。相应地，患者可以接触到各式医疗服务提供人，扮演不同的角色，从病人到接触医疗咨询的顾客，或者得到药物自我给药的消费者。另外，多样化的患者角色意味着，从非常健康到终身残疾再到绝症，构成了健康状况的连续光谱。

讲到患者权利，要区分社会的权利和个体的权利。医疗领域的社会权利，牵涉到社会承担的为整个人群提供合理医疗服务的义务，也或者由政府以及其他的公共或私人机构来实施。就可得的医疗服务的规模和范围而言，就医疗科技的复杂程度和专业化程度而言，何谓合理的医疗服务，取决于政治、社会、文化和经济诸多因素。社会权利，还牵涉到使同一国家或同一地区的所有居民平等地获得医疗服务，牵涉到消除不公平的歧视性壁垒，不论是经济的、地理的、文化的，还是社会和心理层面的壁垒。

社会权利系全体社会成员享有（enjoyed collectively），与特定社会的发展水平相关；在某种程度上，要服从关于社会发展轻重缓急的政治判断。

患者的个体权利，则可以表述得很绝对（expressed in absolute terms），可以代表患者个体来实施。个体权利以身体完好性、隐私和宗教信念为内容。本宣言并不讨论社会权利，主要关注个体权利。患者个体权利的理念基础，主要在若干政府间的人权宣言。目的不在于创造新的权利，而是以连贯、全面的阐述，将基本人权应用于医疗领域。同样，本宣言也不涉及一般的权利、义务和责任，这些由各国的制定法和判例法调整。

还有个问题，就是对患者的特定权利，在何处例外地加以限制。这份宣言大体上也不处理这些问题，以便尽可能清晰、简洁地揭明那些应该写入的权利。是以，有必要一开始先把主要限制形式的性质讲清楚。对患者权利的限制，通常写在法律中。这些例外情形的指导思想是，只有不抵触各种人权文件，合乎法定程序，方得对患者权利加以限制。这也就意味着，对患者权利施加的限制，实践中主要是出于对公共秩序、公共卫生以及他人人权的考虑。

在某些情形，限制患者权利，是为了第三人享有的某种压倒性权益（overriding interest）（所谓义务冲突学说，conflict of duties），也就是说，不受任何束缚地行使患者权利会给第三人造成严重损害，没有其他的方法能避免损害，但得合理期待，限制患者权利，可以防止损害。类似地，为了避免给患者造成严重损害，亦得基于同样的理由施加限制（所谓医疗特权例外，therapeutic exception）。

由于这份宣言着眼于一般原则，故例外地对患者权利施加的这些限制基本上未予着墨。

◆ 法律文件的目的

在诸多成员国，患者权利事宜日益受到关注，《欧洲患者权利原则》愿为助力。这份文件力图反映和表达的，不仅是人们对改善医疗服务的企盼，还有身为患者更为充分、深入地认识患者权利的愿望。如此，宣言将患者视角和医疗服务提供人视角看得并重。这意味着权利和义务的互补本质：患者对自己的健康负有责任，也对医疗提供人负有义务，而医疗服务提供人也和其他人一样，人权受到保护。照宣言的基本假设，对患者权利的阐释，反过来，使得患者于寻求和接受医疗服务之际，医生于提供医疗服务之际，对自己的责任有更清醒的认识，并将彼此扶助、互相尊重的理念沦浃医患关系之骨髓。

患者应该意识到其能够为医疗体制发挥最大效能作出实际贡献。患者积极参与诊断、治疗，不但往往是可欲的，有时甚至必不可少。患者将诊断、治疗所需要的全面信息提供给相关医务人员，这总是重要的。患者的角色举足轻重，与医疗服务提供人辅车相依，确保医患间真诚地展开对话。

诚然，患者在医疗服务供给方面起到的作用是不容小觑的，尤其是今天复杂的医疗体制，主要仰仗集体主义的金融机制，而且，公平和经济地利用医疗资源，是医务人员和患者共同的目标［，在这样的体制下，患者的作用尤其重要］。同样地，虽说使患者参与临床教学，要经过患者的知情同意，但患者也应该认识到，未来的医务人员水平如何，部分地取决于患者［是不是］同意参与医生的培训。

◆ 落实

各成员国在审视自己的患者权利政策、患者权利的落实情况以及患者权利立法之际，会怎样利用像本宣言这样的文件，自然由各成员国决定。

为了表述的清晰起见，宣言的若干建议起草得线条分明，但实在讲，宣言不过是指导方针。各成员国讨论自己的患者权利政策，或者就宣言所涵盖的任何或全部议题，制定或者重定政策、法律，发表或修正官方立场，都可以用到这些指导方针。但我们也希望，宣言对所有各方当事人都具有直接的价值，包括患者和涉及医疗领域的消费者团体、医生和其他医疗服务提供人的行业协会组织，以及医院和其他医疗机构的协会。

2. 目标

在此背景下，据其内容看，《欧洲患者权利原则》致力于实现以下目标：

－ 重申医疗领域的基本人权，尤其是保护人的尊严和身体完整性，促进对患者人之为人的尊重；

－ 为各成员国提供一套共同的基本原则，是为患者权利之基础，以资各成员国制定或审视其医疗政策时参考；

－ 帮助患者充分利用医疗体制提供的服务，获得最大效益，并减轻医疗体制里的任何难题带来的不良影响；

－ 促进和维系健康的医患关系，尤其是鼓励患者更为积极地参与医疗过程；

－ 加强患者组织、医疗服务提供人、卫生行政部门以及更广泛的社会利益之间的对话，并且创造新的对话机会；

－ 将国内的、区域的、国际的注意力集中到患者需求的演进变化上，促进这个领域里更为紧密的国际合作；

－ 确使基本人权得到保护，促进对所有患者的医疗服务的人性化，尤其是针对处于最为弱势地位的患者，如儿童、精神障碍患者、老年人或者重症患者。

3. 概念基础

下列政府间文件，搭建起可适用于患者权利的框架，提供了一套可适用于患者权利的基础概念，《欧洲患者权利原则》起草之际皆予参考：

－《世界人权宣言》（1948 年）

－《公民权利与政治权利国际公约》（1966 年）

－《经济、社会及文化权利国际公约》（1966 年）

－《保护人权与基本自由公约》（1950 年）

－《欧洲社会宪章》（1961 年）

患者权利

1. 医疗领域的人权和价值观念

引言援引的法律文件当亦能适用于医疗领域，是以应指出，这些法律文件中表达的人类价值，亦当反映于医疗体制中。还应指出，在例外地对患者权利施加限制的场合，必须合乎各人权文件并以内国法律为依据。还应注意，下面列明的患者权利皆负载着相应责任，即对他人的健康和他人的同样权利抱以应有的关切。

1.1 人人有人格受尊重的权利。

1.2 人人有自主决定的权利。

1.3 人人有保持身心完整和人身安全的权利。

1.4 人人有隐私受尊重的权利。

1.5 人人有道德文化价值观念和宗教哲学信仰受尊重的权利。

1.6 人人有权利通过适当的疾病预防措施和治疗措施来保护健康，有权利得到机会去追求自身可达到的最高健康水平。

2. 知情权

2.1 有关医疗服务以及如何最好地利用这些服务的信息，应向公众公开，以惠及公众。

2.2 患者就其健康状况，有权利了解充分的信息，包括有关其病情的事实，有关推荐的治疗措施以及相应的潜在风险和疗效的信息，有关替代疗法以及不予治疗的结果的信息，以及有关诊断、预后和疗程的信息。

2.3 仅当有充分理由相信，相关信息会造成患者严重损害，而不会带来任何积极的效果的，方得例外地不告知患者。

2.4 应考虑患者的理解能力，以合适的方式告知相关信息，尽量少地使用不熟悉的医疗术语。倘患者不说通用语言，应有相应的说明方法帮助理解。

2.5 患者有不知情的权利，应明示其请求。

2.6 患者得另择他人，代自己接受信息。

2.7 患者应有征求第二意见的机会。

2.8 对住院患者，应告知其提供医疗服务的医务人员的身份和专业地位，以及住院、治疗期间应遵守的规则、惯例。

2.9 患者出院时，可以要求医疗机构提供有关患者诊断、治疗、看护情况的书面摘要。

3. 同意权

3.1 患者的知情同意系任何医疗干预的先决条件。

3.2 拒绝或停止该医疗干预可能造成的后果，应向患者细致地说明。

3.3 患者不能明确表达意愿，又迫切需要医疗干预的，得假定患者同意，除非根据患者此前明确表达的意愿可知，其在此种情形下当会拒绝医疗干预。

3.4 在应经法定代理人（legal representative）同意的场合，倘迫切需要医疗干预，又不能及时得到代理人同意，得径为医疗干预。

3.5 在应经法定代理人同意的场合，仍应在患者（不论是否成年）能力允许的最大限度内，使患者参与医疗决策。

3.6 法定代理人拒不同意，而据医生或其他医疗提供人的看法，医疗干预合乎患者利益的，应将法定代理人的决定提交法院或其他机构裁断。

3.7 在患者不能为知情同意的其他情形下，又无法定代理人或者为此目的指定的代理人的，应该考虑已经了解的情况，并尽最大可能推测患者的意愿，从而采取恰当措施，提供替代的医疗决策程序。

3.8 对患者身体任何成分的保存和利用，皆应经患者同意。身体成分系用于眼下针对患者的诊断、治疗、护理过程的，得假定患者已同意。

3.9 使患者参与临床教学的，应经患者知情同意。

3.10 使患者参与科学研究，患者的知情同意系先决条件。所有协议皆应提交给适当的伦理审查程序。不能表达意愿的患者，不得使其参与科学研究，除非得到法定代理人的同意，且相关研究很可能有益于患者。

观察性研究（observational research）于患者健康没有直接利益的，倘患者不反对，研究的风险和负担极小，研究的价值极高，又没有其他替代方法和受试人（research subjects），得使无能力患者参与此类研究，是为研究当有益于患者这一要求的例外。

4. 保密信息和隐私

4.1 有关患者健康状况、病情、诊断、预后、治疗以及所有其他个人性质的信息，皆应予以保密，虽患者故去亦然。

4.2 只有患者明确同意，或者法律明文规定，保密信息方得披露。倘是披露给参与治疗的其他医疗服务提供人的，得假定患者已同意。

4.3 所有可探知身份的患者数据（identifiable patient data），皆应受保护。对患者数据的保护，应和数据的存储方式相适应。自人体成分能够得到可探知身份的患者数据的，该人体成分亦应受同样保护。

4.4 患者有权利查阅其医疗档案、技术资料，查阅关涉诊断、治疗、护理的任何其他档案、资料，并得到这些档案、资料全部或部分的副本。涉及第三人的数据除外。

4.5 对不准确的、不完善的、模糊不清的、陈旧的或者与诊断、治疗、护理目的无关的个人数据和医疗数据，患者得要求更正、完善、删除、说明及/或更新。

4.6 非经患者同意，且于患者诊断、治疗和护理有其必要，不得侵入患者私人生活和家庭生活。

4.7 只有对患者隐私示以恰当尊重，方得为医疗干预。即只有对医疗干预有必要的人，方可于施行医疗干预之际在场，除非患者同意或者要求有他人在场。

4.8 住院患者有权要求布置相应设施，以保护患者隐私，尤其在提供个人护理服务或者检查、治疗时。

5. 护理与治疗医疗

5.1 人人有权得到适合其健康需求的医疗服务，包括预防医疗服务和健康促进活动。医疗服务应依特定社会的经济、人力、物质资源，持续地供给，使所有人都能不受歧视地、平等地获得服务。

5.2 就关乎医疗服务规划和评估的事务，包括所提供医疗服务的范围、质量和作用，患者享有集体权利（collective right），使患者利益在医疗体制的各个层面都能得到某种形式的代表。

5.3 患者有权利得到高质量的医疗服务，不惟在医疗技术上先进，还要求医患关系健康和谐。

5.4 患者有权利要求医疗服务的连贯性，包括所有可能牵涉诊断、治疗、护理的医疗服务提供人以及/或者医疗机构之间的合作。

5.5 特定医疗服务供给不足，从而医疗服务提供人必须在潜在患者中有所挑选的，患者有权要求挑选程序设计公平。只能依医学标准挑选，排除任何区别对待。

5.6 只要合乎医疗体制的运营要求，患者有权利选择和更换自己的医生、其他医疗服务提供人以及医疗机构。

5.7 患者没有医学上的理由继续留住医院的，只有向患者充分说明，方得将其转往其他医疗机构或送返家。只有其他医疗机构同意接收的，方得将患者转院。患者出院返家，但需要社区服务和上门服务的，应能得到这些服务。

5.8 患者人格应受尊重，向患者提供诊断、治疗、护理服务，应尊重患者的文化和价值观念。

5.9 在治疗过程中，患者有权利得到家庭、亲友的支持，而且患者有权利始终得到精神上的支持和引导。

5.10 患者有权利要求依当前医学水平减轻自己的疼痛。

5.11 患者有权利得到人道的临终治疗，有权利尊严地死去。

6. 应用

6.1 行使本宣言所开列的患者权利，当依宣言目的设立适当机制。

6.2 应不加区别地，保障所有患者享有本宣言开列的权利。

6.3 只有合乎各种人权文件，且依法定程序，方得对患者行使本宣言开列的权利施加限制。

6.4 患者不能行使本宣言开列的权利的，由其法定代理人或患者为此目的指定之人代为行使；倘既无法定代理人，又无指定之人，则以其他方式为患者选任代理人。

6.5 患者有权利获取为了行使本宣言开列的权利所需要的信息和建议。患者感到自己的权利未受尊重的，得提起控诉。除了乞援于法院，在医疗机构及其他各个层次，皆应设有独立机制，促进控诉、调解、裁断程序的顺利展开。这些独立机制的重点在于，确使患者可以得到有关控诉程序的信息，并且，就最适宜采取的行动，有独立人士可供患者与之磋商。这些独立机制还确保，在必要情形，患者可以得到帮助和辩护服务。患者有权利要求其控诉得到彻底、公正、有效、迅速地审查和处理，并应将处理结果告知患者。

7. 定义

《欧洲患者权利原则》使用的若干术语，含义如下：

患者，谓医疗服务的使用人/顾客（user），健康抑或有疾不论。

区别对待（歧视），谓基于种族、性别、宗教、政见、民族或社会出身、涉及少数族裔或个人憎厌的因素，对相似处境下的不同人，给以差别对待。

医疗服务，谓医疗服务提供人和医疗机构提供的医疗、护理或相关服务。

医疗服务提供人，谓医生、护士、牙医或其他专业医务人员。

医疗干预，谓医生或其他医疗服务提供人实施的，以预防、诊断、治疗或康复为目的的，任何检查、治疗或其他行为。

医疗机构，谓任何医疗设施（如医院）、护理机构或为残疾人服务的机构。

临终治疗，谓依现有的各种治疗方法，患者病情的死亡预后已无法改善，为此类患者所提供的医疗服务以及在患者临终前所提供的医疗服务。

促进患者权利声明 [1]

世界医学会论坛和世界卫生组织
斯德哥尔摩，1996 年 2 月 1~2 日

1996 年 2 月 1~2 日，欧洲医学会论坛（European Forum of Medical Associations）和世界卫生组织于斯德哥尔摩召开会议。

会议考察了世界卫生组织阿姆斯特丹会议发布的《促进欧洲患者权利宣言》；

可以看到，《促进欧洲患者权利宣言》面向所有牵涉医疗服务供给的主体，包括政府、医疗行业主管当局、医疗服务提供人和医务人员；

会议还注意到《世界医学会患者权利宣言》（Declaration of the World Medical Association on Patients' Rights）（巴厘岛，1995，修订里斯本 1981 年宣言），以及下面的事实，即这份宣言关注的不仅是界定患者权利，还有医生在促进、落实、保卫患者权利方面的作用；

会议赞赏两份法律文件在立场上实质趋同，尤其值得肯定的是，牵涉到医疗服务供给的公平性、医疗服务的质量、个体的自主地位以及对个体隐私（包括个人健康信息的保密性）的保护事宜，两份文件大力支持诸项基本原则；

会议思及，对患者权利的实现而言，医患间的相互信任，也就是认可彼此的权利义务，乃是重要因素，且医患关系应为伙伴关系，以改善患者健康状况为目标；

遂提示几点如下：

i. 世界卫生组织《促进欧洲患者权利宣言》中，"促进患者权利的诸项政策"小节，其所论不限于患者的权利义务，亦及于医务人员的权利义务；

ii. 虽说《欧洲患者权利原则》的引言明白写道，"宣言不涉及一般的权利、

---

[1]《促进患者权利声明》（Statement on the Promotion of Patients' Rights），资料来源：http://lege-foreningen. no/efma－who/members/declarations－statements－and－recommendations－of－the－forum/state-ment－on－the－promotion－of－patients－rights/，2016 年 8 月 27 日最后访问，唐超译。

义务和责任，这些由各国的制定法和判例法调整"，"法律文件的目的"小节却颇倾注笔墨于权利义务的互补性质，格外强调患者对自身健康的责任和对医务人员的责任（向医务人员提供诊断、治疗所需要的信息，承认医务人员和其他公民享有同样的权利）；

iii. 《欧洲患者权利原则》的目标，包括促进健康的医患关系；

会议赞赏，《欧洲患者权利原则》开篇提到的"患者权利皆负载着相应责任，即对他人的健康和他人的同样权利抱以应有的关切"；

会议认为，还有其他一些重要义务，对《促进欧洲患者权利宣言》提及的权利起到了补足作用，要想充分落实患者权利，这些义务也应该写入；

会议肯定各国医学会在促进患者权利方面起到的作用，以及在必要场合，当患者受到侵犯时，医学会以适当措施，在保护患者权利方面起到的作用。

卢布尔雅那医疗改革约章^[1]

1996 年 6 月 18 日

序

1. 本约章旨在阐述系列原则，这些原则或者是当前各国医疗体制的必要组成部分，或者可以改善世界卫生组织所有欧洲成员国的医疗体制。这些原则源出于各国的医疗改革经验，源出于人人健康计划（European Health for All）设定的目标，尤其是那些涉及医疗体制的改革经验和目标。

2. 本约章针对欧洲背景下的医疗改革，其核心原则为，医疗服务应以提升健康水平和生活质量为首要关注。

3. 人类健康水平的改善，乃是社会进步的表现。医疗服务固然重要，但并非影响人类健康福祉的惟一部门/领域（sector），其他部门/领域对人类健康亦发挥作用、担负责任。是以，跨部门/领域的合作，必然是医疗改革的本质特征。

4. 经此认识，世界卫生组织欧洲各成员国的卫生部长或代表，即本次卢布尔雅那会议的与会者，郑重承诺致力于传布下列原则，并呼吁所有公民，力促各国政府、各种机构和团体，加入我们的努力。我们并吁请世界卫生组织欧洲区办事处，采取必要行动，帮助各成员国落实这些原则。

基本原则

5. 欧洲各国的医疗体制，应：

5.1 以若干价值为导向

---

〔1〕《卢布尔雅那医疗改革约章》（The Ljubljana Charter on Reforming Health Care），资料来源于世界卫生组织官网：http://www. euro. who. int/en/publications/policy – documents/the – ljubljana – charter – on – reforming – health – care, – 1996，2016 年 8 月 27 日最后访问，唐超、郭娑译。

医疗改革，应以人格尊严、平等、社会连带和职业道德诸项原则为导向。

5.2 以人类健康为目标

任何重大医疗改革，都应关涉提升健康水平的明确目标。健康保护和健康促进应成为全社会的首要关注。

5.3 以人为本

医疗改革应致力于解决公民需求，考虑公民对健康和医疗服务的期待。医疗改革应确保，民意对医疗服务的规划和供给发挥决定性的影响。公民亦应对自己的健康负起责任。

5.4 重视质量

任何医疗改革，都应将医疗服务质量（包括成本有效性）的持续改进当作目标，并为此设计明确的策略。

5.5 立足于健全的融资体制

医疗体制的融资，应使医疗体制能面向所有公民，以可持续的方式供给医疗服务。这就要求建立全面覆盖的医疗保险，使所有人都能平等地获得必要服务。这反过来又要求对医疗资源的有效利用。为了贯彻连带原则，政府应在医疗体制融资的规制方面起到关键作用。

5.6 以初级医疗服务为方向

以初级医疗服务为主导理念的医疗改革，应确使医疗服务能够保护和促进人民的健康、提升人民的生活质量、预防和治愈疾病、恢复患者的健康、舒缓病痛、照顾好绝症病人。医疗改革应强化患者和医疗服务提供人共同决策的机制，并在各国文化背景下，使患者得到更为全面、更为连贯的医疗服务。

应对变迁的原则

6. 以下诸项原则，乃是有效应对变迁（managing change）的关键：

6.1 发展卫生政策

6.1.1 在人人健康的总体卫生政策中（这样的总体政策应合乎各国的社会经济条件），医疗改革应占据稳定的一席。应使尽可能多的相关社会主体参与到总体卫生政策的制定程序中，以达成广泛共识，在此基础上发展卫生政策。

6.1.2 涉及医疗体制发展的重大政策，以及管理和技术方面的决策，应以相关证据为基础。应以对外透明的方式，对医疗改革不间断地加以监视和评估。

6.1.3 政府应提出价值相关议题（value-related issues）供公众讨论，并确保医疗资源的平等分配，确保全体人民都能得到医疗服务。政府还应采取措施，推动立法。只要市场机制合适，政府应鼓励竞争，以提升服务质量、充分利用稀缺资源。

6.2 倾听民意

6.2.1 在对医疗服务的塑造方面，民意应和其他层面的经济、管理、专业决策，起到同样的作用。

6.2.2 在诸如医患关系中医疗服务的内容、缔约、服务质量，候诊名单的管理以及投诉处理等事宜上，应听取民意。

6.2.3 患者行使选择权和其他权利，需要广泛、精确、及时的信息和教育。为此，就医疗服务的绩效，应使公众可以得到经公开验证的信息。

6.3 重塑医疗服务供给

6.3.1 自我护理、家庭护理及其他非正式护理，再加上各种社会机构的工作，应该和正式的医疗服务结合地更为紧密。这需要保持交流的通畅，需要设置适当的转诊和信息机制。

6.3.2 应设计合理的机制，在必要时，得将相关工作由医院医疗服务转移给初级医疗服务、社区医疗服务、日间护理和家庭护理服务。

6.3.3 为了在医疗服务的组织方面更好地应对紧急医疗情况，为了促进医院和初级医疗服务间的合作，在合乎成本有效性的范围内，应加强区域医疗服务网络的建设。

6.3.4 为了医疗服务质量的不断提升，应于日常医疗工作中提取出特定质量指标（这些指标可以反馈给医生、护理及其他医疗服务提供人），基于这些质量指标，设立相应的信息机制。

6.4 医疗人力资源的调整

6.4.1 在医疗服务中，应更加重视对医务人员专业资质的介绍，方便患者查知专业资质信息，这些当会是未来跨专业医疗团队服务的一部分。

6.4.2 在医务人员的基础训练、专科培养和继续教育中，应超越传统的治愈医疗服务（curative care），扩大视野。服务质量、疾病预防以及健康促进，皆应成为培训的基本内容。

6.4.3 应引入适当激励机制，强化医务人员对服务质量、服务成本、服务结果的意识。医疗专业组织和付费组织，应积极和医疗当局合作，促进这方面的发展。

6.5 加强管理

6.5.1 应建立一套管理机制和公共卫生基础设施，使其承担指导或影响整个医疗体制的任务，以实现改善人群健康的目标。

6.5.2 在医疗体制的公平、高效原则下，各个医疗机构就资源管理，应有尽可能大的自主权。

6.5.3 应通过加强个体的领导、协商和沟通能力，通过开发制度工具以更为有效、高效地提供医疗服务，来有力推动管理水平提升（management development）。

6.6 从经验中学习

6.6.1 就落实医疗改革和扶持改革措施方面的事宜，应推动国内、国际的经验交流。

6.6.2 对改革措施的扶持，应以对医疗改革本身充分可靠的认识为依据，对各国医疗服务方面跨文化的差异，都有正确的理解、经过恰当的评估。

在生物学和医学应用领域保护人权和人格尊严的公约：人权和生物医学公约[1]

（欧盟条约汇编，第 164 号）

奥维耶多（Oviedo），1997 年 4 月 4 日

《修订欧洲联盟条约和建立欧洲共同体条约的里斯本条约》（The Treaty of Lisbon amending the Treaty on European Union and the Treaty establishing the European Community）自 2009 年 12 月 1 日生效。以故，自是日起，凡所称欧洲共同体，皆读作欧盟。

序

欧洲委员会（Council of Europe）各成员国，非成员国以及欧洲共同体（European Community），即各签署方（signatories），[2]

谨记 1948 年 12 月 10 日联合国大会公布之《世界人权宣言》；

谨记 1950 年 11 月 4 日《保护人权与基本自由公约》；

谨记 1961 年 10 月 18 日《欧洲社会宪章》；

谨记 1966 年 12 月 16 日《公民权利与政治权利国际公约》和《经济、社会及文化权利国际公约》；

谨记 1981 年 1 月 28 日《关于个人数据自动化处理领域的个人保护公约》；

谨记 1989 年 11 月 20 日《儿童权利公约》；

---

〔1〕《在生物学和医学应用领域保护人权和人格尊严的公约：人权和生物医学公约》（Convention for the Protection of Human Rights and Dignity of the Human Being with Regard to the Application of Biology and Medicine：Convention on Human Rights and Biomedicine），资料来源于欧盟患者权利网站：http://europatientrights. eu/about_ us. html，2016 年 8 月 27 日最后访问，唐超译。

赵西巨先生曾节译本公约，参见赵西巨："欧洲人权与生物医学公约（节译）"，载《法律与医学杂志》2005 年第 2 期。

〔2〕签署方的含义与第 1 条所谓"当事国"有差。

虑及欧洲委员会以实现成员国间更深程度的一体化为鹄的,而维护和深入落实各项人权和基本自由,则为重要手段;

详悉生物学和医学发展的骎骎日上;

深味尊重人类物种个体乃事有必至,亦体认维护人类尊严之重大意义;

详悉生物学和医学的滥用,或会导致危及人格尊严的行为;

笃信生物学和医学的进步,应为现今和将来的生灵服务;

推重国际合作于使生物学和医学惠及全人类方面必不可少的作用;

认可就生物学和医学应用引发的诸问题以及如何应对这些问题,推动公开讨论意义重大;

诚愿一切社会成员,毋忘其权利和责任;

铭感〔欧洲〕议会(Parliamentary Assembly)在此领域的工作,包括1991年关于筹备生物伦理学公约的第1160号建议;

遂决意采取必要措施,在生物学和医学应用领域,捍蔽个体人格尊严,捍蔽个体各项基本权利和自由。

达成协议如下:

第一章 一般规定

第1条 目标

公约当事国(parties)[1]应保护一切人的尊严和人格(identity),确保不加歧视地尊重任何人的身心完整(integrity)以及生物学和医学应用方面的其他各项权利和自由。

公约当事国应于内国法中纳入必要措施,以落实本公约相关规定。

第2条 人类优位

人之利益、福祉,优先于纯粹的社会或科学利益。

第3条 平等获得医疗资源

公约当事国,应基于其法域内的医疗需求及可得医疗资源,采取适当措施,

---

〔1〕 依《维也纳条约法公约》(官方中文本)第2条第1款庚项,"称'当事国(party)'者,谓同意承受条约拘束及条约对其有效之国家"。

使人民平等获得适当品质的医疗资源。

第4条 职业标准

医疗领域的任何［医疗］干预（intervention），包括医学研究，皆应依相关职业义务及标准为之。

第二章 同 意

第5条 一般规则

医疗领域的任何医疗干预，只有经当事人充分知情后基于自由意志表示同意，方得为之。

当事人表示同意前，就医疗干预的目的和性质，后果和风险，应先向其提供适当信息。

当事人得随时自由地撤回同意。

第6条 对欠缺同意能力人的保护

（1）无碍下面第17条、第20条之适用，对无同意能力人，只有为其直接利益，方得为医疗干预。

（2）依照法律，未成年人对特定医疗干预无同意能力的，只有经其代理人（representative），或者法律规定的机关（authority）、个人或机构（body）授权，医疗干预方得为之。

未成年人的意见应予考虑，其年齿愈增、心智发育愈成熟，愈具决定意义。

（3）依照法律，成年人因精神障碍、疾病或者类似事由对特定医疗干预无同意能力的，只有经其代理人，或者法律规定的机关、个人或机构授权，医疗干预方得为之。

所涉当事人应尽可能［使其］参与授权程序。

（4）前面第2款、第3款提及的代理人、机关、个人或机构，应于同等条件下向其提供第5条所说信息。

（5）前面第2款、第3款提及的授权，本着当事人最佳利益，得随时撤回。

第7条 对精神障碍之人的保护

罹患严重精神障碍之人，倘不接受针对其精神障碍的医疗干预，很可能遭受严重健康损害的，惟此种情形，方得不经其同意即施加医疗干预，法律规定的保护性条件（protective conditions），包括监督、控制和上诉程序，自应适用而不受妨碍。

第 8 条　紧急情况

情况紧急不能获得适当同意的，为当事人健康利益计，得立即为任何必要医疗干预。

第 9 条　事先表达的意愿

医疗干预之际，患者处于不能表达意愿状态的，患者就医疗干预事先表达的意愿应予考虑。

第三章　私生活和知情权

第 10 条　私人生活和知情权利

（1）就涉及健康信息的私人生活，任何人都有受尊重的权利。

（2）就［医疗活动中］搜集到的涉及自己的健康信息，任何人都有知晓的权利。当事人不欲知晓的意愿应予尊重。

（3）于例外情形，为患者利益，法律得对行使第 2 款的权利施加限制。

第四章　人类基因组

第 11 条　非歧视

基于基因遗传的任何形式的歧视，皆为法所不许。

第 12 条　预测性质的基因测试

旨在预测遗传疾病的基因测试，旨在确定致病基因携带者的基因测试，或者旨在查明特定疾病遗传倾向或易感性的基因测试，只有为了健康目的，或为了关乎健康的科研目的，并经恰当遗传咨询（genetic counselling），方得为之。

第 13 条　针对人类基因组的医疗干预

任何旨在修改人类基因组的医疗干预，只有出于预防、诊断或治疗目的，且不以修改任何后代基因组为目的，方得为之。

第 14 条　禁止性别选择

不得利用医学辅助生殖技术选择未来子女的性别，为避免严重的性别相关遗传疾病的除外。

第五章　科学研究

第 15 条　一般规则

生物学和医学领域的科研活动得自由开展，惟应遵守本公约以及其他确保人类保护的法律规定。

第 16 条　对医学研究受试人的保护

合乎下列条件的，方得开展人体研究：

（i）除人体研究外，无具有相当效果的替代方案；

（ii）受试人可能承担的风险，相较研究的潜在收益，并非不成比例；

（iii）研究项目已经有权机关批准，且在此之前，研究项目的科学价值已经独立审查，包括对研究目的重要性的评估、对研究在伦理上可接受性的跨学科审查；

（iv）受试人享有的权利，法律为受试人安全提供的保障措施，皆已向受试人说明；

（v）第 5 条要求的必要同意，受试人已明确（expressly）、具体（specifically）为之，并记录在案。受试人得自由地随时撤回同意。

第 17 条　对无同意能力受试人的保护

（1）当事人无能力依第 5 条为同意表示的，惟合乎下列条件，方得针对其开展人体研究：

（i）满足第 16 条第 i 项至第 iv 项所列条件；

（ii）研究结果可能给受试人的健康带来真实、直接的好处；

（iii）具有相当效果的研究活动，不能行之于有同意能力的受试人；

（iv）第 6 条要求的必要授权，已以书面形式具体为之；且

（v）受试人未予反对。

（2）研究不能给受试人健康带来直接好处的，例外地，依法律设定的保护条件，并合乎第 1 款第 i 项、第 iii 项、第 iv 项、第 v 项所设条件以及下列条件的，方得授权为之：

（i）研究目的在于，通过显著提升对个体病情和疾病本身的科学理解，促成取得最终成果，能够给受试人，给处于同样年纪、罹患同样疾病或者体验同样病情的其他人，带来好处；

（ii）研究只会给受试人带来微不足道的风险和负担。

第 18 条　对试管胚胎的研究

（1）法律允许试管胚胎（embryos *in vitro*）研究的，应使胚胎得到充分保护。

（2）不得为研究目的制造人类胚胎。

第六章　为移植目的自活体捐赠人摘取的器官和组织

第 19 条　一般规则

（1）为移植目的自活体捐赠人摘取器官或组织的，只有纯粹出于接受人治疗上的益处，又不能自尸体得到合适的器官或组织，且无其他具有相当效果的替代方案可用，方得为之。

（2）第 5 条要求的必要同意，应以书面形式，或于官方机构前，明确、具体为之。

第 20 条　对无同意能力人的保护

（1）对无能力依第 5 条为同意表示之人，不得摘取其器官或组织。

（2）例外地，依法律设定的保护条件，且合乎下列条件，得授权摘取无同意能力人之可再生组织：

（i）找不到有同意能力的匹配的捐赠人；

（ii）接受人系捐赠人同胞；

（iii）［器官或组织］捐赠有可能挽救接受人的生命；

（iv）第 6 条第 2 款、第 3 款要求的授权，已依法律并经有权机关批准，以书面形式具体为之；

（v）捐赠人未予反对。

第七章　牟利禁止，对摘取成分的处分

第 21 条　牟利禁止

人体及其组成部分，不得用于牟利。

第 22 条　对摘取成分的处分

于医疗干预过程中摘取的任何身体成分，只有合乎相应的说明和同意程序，方得保存并用于摘取之外的其他目的。

第八章　违反公约条款

第 23 条　侵害公约阐明的权利或原则

公约当事国应提供恰当的司法保护，对不法侵犯本公约所阐明的权利和原则的行为，得迅即予以防范和制止。

第 24 条　对不当损害的赔偿

因医疗干预遭受不当损害之人，得依法定条件和程序，得到公正赔偿。

第 25 条　处罚

就违反本公约的行为，公约当事国应置备适当处罚措施。

第九章　公约和其他规定的关系

第 26 条　对权利行使的限制

（1）除非为了预防犯罪、保护公众健康，或者保护他人的权利、自由，出于公共安全利益计，而为民主社会所需要，并由法律明确规定，否则不得限制依本公约行使权利，不得限制本公约的保护性规定。

（2）依前款［例外］施加的限制，不得及于第 11 条、第 13 条、第 14 条、第 16 条、第 17 条、第 19 条、第 20 条和第 21 条。

第 27 条　更宽泛的保护

就生物学和医学应用领域的人权事宜，公约当事国自得给予较公约更为宽泛的保护，公约任何条款不得解释为对此种可能性施加限制或其他不利影响。

第十章　公议

第 28 条　公开讨论

公约当事国务必将生物学和医学发展催生的基本问题，尤其是相关医学、社会、经济、伦理和法律意义的问题，提交公议，务必使生物学和医学领域可能的应用问题，得到充分深入的讨论。

第十一章　公约的解释和贯彻

第 29 条　公约的解释

应下列主体请求，并不直接提及任何待决的具体诉讼程序，欧洲人权法院得就涉及公约解释的法律问题发表咨询意见（advisory opinions）：

－公约当事国政府，经知会其他当事国；

－依第 32 条设立的委员会，其成员资格限于公约当事国的代表，经 2/3 多数投票决定。

第 30 条　适用公约的报告

应欧洲委员会秘书长之请，公约当事国应就其内国法如何确保公约任何条款的有效落实提交说明。

第十二章　议定书

第 31 条　议定书

为在特定领域发扬公约阐明的原则，得依第 32 条订立议定书。

议定书应听由公约各签署方签署。议定书应经各签署方批准、接受或赞同。[1]未事先或同时批准、接受或赞同公约的,不得批准、接受或赞同议定书。

第十三章　公约的修正

第32条　公约的修正

(1) 本条和第29条交代给"委员会"的任务,由生物伦理学指导委员会(Steering Committee on Bioethics)承担,或者部长理事会(Committee of Ministers)指派的任何其他委员会承担。

(2) 无碍第29条的特别规定,委员会承担本公约交代的任务的,欧洲委员会各成员国,以及并非欧洲委员会成员国的本公约任何当事国,于委员会皆有其代表并握一票。

(3) 第33条所指之任何国家,依第34条受邀加入公约的任何非当事国,得由一位观察员于委员会充任其代表。倘欧洲共同体不是当事方(party),得由一位观察员于委员会充任其代表。

(4) 为监视科学发展,委员会应于公约生效后5年内对公约加以检视,此后并应自行定期检视。

(5) 当事国、委员会或部长理事会提出的任何公约修订建议、议定书建议或者议定书修订建议,皆应向欧洲委员会秘书长通报,秘书长应转发给理事会成员国、欧洲共同体、任何签署方、任何当事国、任何依第33条受邀签署公约的国家、任何依第34条受邀加入公约的国家。

(6) 秘书长依第5款转发建议后两个月,委员会应就建议加以检视。委员会应将经2/3多数票采纳的文本,提交部长理事会批准。经部长理事会批准后,文本将转发各当事国以备批准、接受或赞同。

(7) 待5个当事国(至少4国为欧洲委员会成员国)知照秘书长表示接受修订1个月后的次月首日,修订对接受国生效。

就嗣后接受修订的当事国,自该国知照秘书长表示接受修订1个月后的次

---

[1] 从《维也纳条约法公约》官方中文本的提法。该公约第2条第1款乙项道:"称'批准','接受','赞同'及'加入'者,各依本义指一国据以在国际上确定其同意受条约拘束之国际行为。"

月首日，修订生效。

第十四章　末　款

第33条　签署、批准、生效

（1）本公约将听由欧洲委员会成员国、参与公约起草的非成员国以及欧洲共同体签署。

（2）本公约应经批准、接受或赞同。批准书、接受书或赞同书，应送请欧洲委员会秘书长存放。

（3）待有五国（至少四国为欧洲委员会成员国），依前条第2款，明确表示愿受公约拘束，3个月期满后的次月首日，公约生效。

（4）任何签署方嗣后表示愿受公约拘束的，待批准书、接受书或赞同书送存，3个月期满后的次月首日，公约对该签署方生效。

第34条　非成员国

（1）公约生效后，部长理事会经咨询公约当事国意见，并经《欧洲委员会章程》（Statute of the Council of Europe）第20条d项要求的多数决定，以及有资格参加部长理事会的各缔约国（Contracting States）的代表一致通过，得邀请任何非欧洲委员会成员国加入公约。

（2）就任何加入国，待加入书送存欧洲委员会秘书长，3个月期满后的次月首日，公约对加入国生效。

第35条　领土范围

（1）任何签署方于签署之时，或者将批准书、接受书、赞同书送存之际，指明公约将适用的领土范围。任何其他国家于送存加入书之际，亦得为同样声明。

（2）任何当事国，皆得嗣后向欧洲委员会秘书长声明，将公约适用领域扩张及于其指明的其他领土、其对之国际关系负有责任的领土、[1]其获授权代为承诺的领土。就这些领土，自秘书长收到声明3个月后的次月首日，公约生效。

（3）就依前两款所为之声明，针对指明的任何领土，得向秘书长知照，撤

---

[1]　例如当事国托管的领土。

回声明。秘书长收悉知照3个月后的次月首日，撤回生效。

第36条　保留

（1）任何国家和欧洲共同体，于签署公约之际，或于送存批准书、接受书、赞同书或加入书之际，针对公约特定条款，在其领土范围内的任何现行有效法律与公约不符的程度内，得提具保留。概括性质的保留，为本条所不许。

（2）依本条所为之任何保留，应附对相关法律的简洁说明。

（3）当事国将公约适用领域扩张到第35条第2款所说声明中指明的领土的，就所涉领土，得依前面条款提具保留。

（4）当事国提具本条所说保留的，得向欧洲委员会秘书长声明，撤回保留。秘书长收悉声明1个月后的次月首日，撤回生效。

第37条　退约

（1）任何公约当事国得随时知照欧洲委员会秘书长，退出本公约。

（2）秘书长收悉知照3个月后的次月首日，退约生效。

第38条　知照

欧洲委员会秘书长应向理事会成员国、欧洲共同体、任何签署方、公约当事国，以及任何其他受邀加入公约的国家，知照以下事宜：

（a）任何签署行为；

（b）任何批准书、接受书、赞同书或加入书的送存；

（c）依第33条或第34条，公约［针对具体国家］的生效日期；

（d）依第32条采纳的任何修正或议定书，以及各修正或议定书的生效日期；

（e）依第35条所为之任何声明；

（f）依第36条所为之任何保留及撤回保留；

（g）关涉本公约的任何其他行为、知照或通报。

兹由下列人士，经正式授权，谨签字于本公约，以昭信守。

1997年4月4日，签署于西班牙阿斯图里亚斯省（Asturias）奥维耶多市，英文本和法文本同一作准，原件送请欧洲委员会档案室存放。欧洲委员会秘书长将传递经核验的副本于欧洲委员会各成员国、欧洲共同体、参与公约起草的非成员国以及受邀加入公约的任何国家。

欧洲人权和生物医学公约
关于禁止克隆人的附加议定书[1]

1998 年 1 月 12 日，巴黎

《修订欧洲联盟条约和建立欧洲共同体条约的里斯本条约》（The Treaty of Lisbon amending the Treaty on European Union and the Treaty establishing the European Community）自 2009 年 12 月 1 日生效。以故，自是日起，凡所称欧洲共同体，皆读作欧盟。

欧洲委员会各成员国，非成员国以及欧洲共同体，即《在生物学和医学应用领域保护人权和人格尊严的公约》（以下简称"公约"）本件附加议定书之各签署方，

注意到哺乳类动物克隆领域的科技发展，尤其是通过胚胎分裂（embryo splitting）和细胞核移植（nuclear transfer）的克隆技术的发展；

鉴悉某些克隆技术会推进科学知识的积累及其医学应用；

虑及人类克隆或在技术上成为可能；

又知晓胚胎亦可自然分裂，时或造成同卵双生；

深虑借由制造相同基因之人而将人类工具化（instrumentalisation），有侮人类尊严，从而构成生物学和医学的滥用；

并虑及此等生物医学实践可能给所涉当事人带来的医学、心理学以及社会性质的重大难题；

念及公约的意旨，尤其是其第 1 条所述保护人类尊严和人格的原则。

遂达成协议如下：

---

[1]《欧洲人权和生物医学公约关于禁止克隆人的附加议定书》（Additional Protocol to the Convention for the Protection of Human Rights and Dignity of the Human Being with regard to the Application of Biology and Medicine, on the Prohibition of Cloning Human Beings），资料来源于欧盟患者权利网站：http://europatientrights. eu/about_ us. html，2016 年 8 月 27 日最后访问，唐超译。

第 1 条

（1）旨在制造和他人基因相同之人的任何医疗干预，不论该他人生存或死亡，皆为法所不许。

（2）本条所谓和他人"基因相同（genetically identical）"，谓和他人有着同样的核基因系列（nuclear gene set）。

第 2 条

不得依公约第 26 条第 1 款对本议定书的条款加以贬损。

第 3 条

在当事国之间，本议定书第 1 条、第 2 条应被看作公约的附加条款，公约全部条款相应地予以适用。

第 4 条

本议定书应听由公约签署方签字。议定书应经批准、接受或赞同。签署方只有先经或同时批准、接受或赞同公约，方得批准、接受或赞同本议定书。批准书、接受书或赞同书，应送请欧洲委员会秘书长存放。

第 5 条

（1）待 5 个国家，包括欧洲委员会至少 4 个成员国，依第 4 条表示同意受本议定书拘束，3 个月后次月首日，本议定书生效。

（2）就嗣后表示愿意受拘束的签署方，自批准书、接受书或赞同书送存 3 个月后的次月首日，议定书生效。

第 6 条

（1）议定书生效后，任何已经加入公约的国家，皆得加入本议定书。

（2）自加入书送存欧洲委员会秘书长，3 个月后的次月首日，加入生效。

第 7 条

（1）任何当事国，得随时知照欧洲委员会秘书长，退出本议定书。

（2）自秘书长收悉退出知照，3 个月后的次月首日，退出生效。

第 8 条

欧洲委员会秘书长应向理事会成员国、欧洲共同体、任何签署方、任何当事国以及任何其他受邀加入公约的国家知照以下事宜：

（a）任何签署行为；

（b）任何批准书、接受书、赞同书或加入书的送请存放；

（c）本议定书依第 5 条、第 6 条［针对任何具体国家］的生效日期；

（d）关涉本议定书的任何其他行为、知照或通报。

兹由下列人士，经正式授权，谨签字于本议定书，以昭信守。

1998 年 1 月 12 日，签署于巴黎，英文本和法文本同一作准，原件送请欧洲委员会档案室存放。欧洲委员会秘书长将传递经核验的副本于欧洲委员会各成员国、参与公约起草的非成员国、受邀加入公约的任何国家以及欧洲共同体。

欧洲人权和生物医学公约关于人体器官、组织移植的附加议定书[1]

斯特拉斯堡，2002 年 1 月 24 日

《修订欧洲联盟条约和建立欧洲共同体条约的里斯本条约》（The Treaty of Lisbon amending the Treaty on European Union and the Treaty establishing the European Community）自 2009 年 12 月 1 日生效。以故，自是日起，凡所称欧洲共同体，皆读作欧盟。

序

欧洲委员会各成员国、非成员国以及欧洲共同体，即《在生物学和医学应用领域保护人权和人格尊严的公约》（以下简作"公约"）本件附加议定书各签署方，

虑及欧洲委员会以实现成员国间更深程度的一体化为鹄的，而维护和深入落实各项人权和基本自由，则为重要手段；

虑及公约的意旨在于，如其第 1 条所说，保护一切人的尊严和人格，确保不加歧视地尊重任何人的身心完整以及生物学和医学应用方面的其他各项权利和自由；

虑及医学进步，尤其在器官组织移植领域的进步，在挽救患者生命、改善生活质量方面贡献良多；

虑及器官组织移植乃是人类医疗服务的稳定内容；

虑及器官组织短缺的局面，要求采取适当措施，增加器官组织的捐赠规模，

---

〔1〕《欧洲人权和生物医学公约关于人体器官、组织移植的附加议定书》（Additional Protocol to the Convention on Human Rights and Biomedicine concerning Transplantation of Organs and Tissues of Human Origin），资料来源于欧盟患者权利网站：http://europatientrights. eu/about_us. html，2016 年 8 月 28 日最后访问，唐超译。

尤其是广泛宣传器官组织移植的重要性、推动全欧洲在移植领域的合作；

更虑及器官组织移植中内在的伦理、心理和社会文化难题；

虑及器官组织移植的滥用，或会导致危及生命、福祉和尊严的行为；

虑及器官组织的移植，应在保护捐赠人、潜在捐赠人以及器官组织接受人各项权利和自由的条件下开展，而各项制度应有助于维护这些条件；

认可在为了欧洲患者利益而促进器官组织移植的工作中，有必要保护个体各项权利和自由，防止在器官组织购取、交换、配置活动中所涉身体部分的商业化；

考虑到欧洲委员会部长理事会和议会在此领域的此前工作；

遂决意采取必要措施，捍蔽个体在器官组织移植领域的人格尊严以及各项权利和基本自由。

达成协议如下：

第一章　目的和适用范围

第 1 条　目的

本议定书各当事国致力于保护人类尊严和人格，确保不加歧视地尊重任何人的身心完整以及人类器官组织移植方面的各项其他权利和自由。

第 2 条　适用范围和定义

（1）本议定书适用于为治疗目的而开展的人体器官、组织移植。

（2）本议定书适用于人体组织的各条款，亦适用于人体细胞，包括造血干细胞；

（3）本议定书不适用于：

（a）生殖器官、组织；

（b）胚胎或胎儿器官、组织；

（c）血液和血液制品。

（4）本议定书中，

－"移植（transplantation）"涵盖了自此人摘取器官、组织并移植给他人的完整过程，包括为预备、保存和贮藏的一切医疗措施；

－无碍第 20 条的规定，"摘取（removal）"意指为移植目的而摘取。

第二章 一般规定

第3条 移植系统

各当事国应设相应系统，使患者能平等获得移植服务。

无碍第三章的规定，器官（在适当的情形，组织）的配置，只得依合乎医学标准的透明、客观、正当的规则，于官方等待名单上的患者中间为之。负责配置决定的个人或机构，应于此框架内指定。

在［订立了］国际器官交换协议的场合，也应考虑各国国内的连带原则（solidarity principle），以相应程序在各参加国之间确保［器官］正当、有效的分配。

为确保器官、组织的可追溯（traceability），移植系统应搜集相关信息并加记录。

第4条 专业标准

器官、组织移植领域的任何医疗干预，皆应依相关专业义务、标准为之。

第5条 向受赠人提供信息

就移植的目的和性质，后果和风险，以及替代方案，应事先向［器官］受赠人，在恰当的情形，向授权移植的个人或机构，提供适当信息。

第6条 医疗安全

参与器官组织移植的所有专业人员，应采取一切合理措施，将受赠人感染疾病的风险减到最低，避免可能影响器官、组织匹配程度的任何行为。

第7条 医疗跟踪

移植后，对活体捐赠人和受赠人，应予适当的医疗跟踪。

第8条 向医疗专业人员和一般公众提供信息

各当事国应就器官、组织的需求情况，向医疗专业人员和一般公众提供信息。还应就器官、组织摘取、移植的条件，包括同意和授权事宜，尤其涉及自死者摘取器官、组织的事宜，提供相关信息。

第三章　自活体摘取器官、组织

第 9 条　一般规则

只有纯粹出于治疗受赠人的目的，又不能自死亡捐赠人得到匹配的器官或组织，且并无具有相当效果的替代方案，方得自活体摘取器官或组织。

第 10 条　潜在捐赠人

（器官）受赠人和捐赠人有着法律界定的密切关系的，得为受赠人利益自活体（捐赠人）摘取器官，倘无此等密切关系，只有依法律界定的条件，经恰当中立机构批准，方得为之。

第 11 条　对捐赠人的风险评估

摘取器官或组织前，应为恰当的医学调查和干预，以评估和减轻捐赠人生理和心理的健康风险。

捐赠人生命或健康面临严重风险的，不得摘取其器官或组织。

第 12 条　向捐赠人提供信息

就（器官）摘取的目的和性质，后果和风险，应事先向捐赠人提供适当信息，在适当情形，应向依本议定书第 14 条第 2 款授权的个人或机构提供信息。

并应向捐赠人说明其享有的权利以及法律为捐赠人提供的保障措施。尤其应向捐赠人说明，就风险事宜，其有权听取医疗专业人员的独立意见，出具意见的医务人员应具备相当的专业知识并且没有参与器官或组织的摘取或嗣后的移植。

第 13 条　活体捐赠人的同意

无碍本议定书第 14 条、第 15 条之适用，只有经所涉之人，以书面形式或者于官方机构前，为自由、知情且具体的同意，方得摘取活体捐赠人的器官或组织。

第 14 条　对无同意能力人的保护

（1）无能力依本议定书第 13 条为同意表示的，不得摘取其器官或组织。

（2）例外地，依法律设定的条件，且合乎下列条件，得授权摘取无同意能力人的可再生组织：

（ i ）找不到有同意能力的匹配的捐赠人；

（ ii ）受赠人系捐赠人同胞；

（ iii ）捐赠有可能挽救受赠人的生命；

（ iv ）捐赠人的代理人，或者法律规定的机关、个人或机构，经有权机构批准，已经以书面形式具体授权；

（ v ）所涉潜在捐赠人未予反对。

第 15 条　自活体捐赠人的细胞提取

倘能确定，细胞提取只会给捐赠人带来微不足道的风险和负担，则（内国）法律得规定，［本议定书］第 14 条第 2 款第 ii 项、第 iii 项，不适用于细胞。

第四章　自死者摘取器官、组织

第 16 条　死亡证明

非经依法证明确已死亡，不得摘取死者器官或组织。

证明［捐赠人］死亡的医生，不得为直接参与摘取死者器官或组织的医生，或者直接参与嗣后器官移植的医生，或者潜在受赠人的主治医生。

第 17 条　同意和授权

除非已得法律要求的同意或授权，不得自死者身体摘取器官或组织。

死者曾为反对表示的，不得摘取。

第 18 条　尊重身体

摘取过程中，应尊重［死者］身体，并应采取一切合理措施，恢复尸体外观。

第 19 条　推动捐赠

各当事国应采取一切适当措施，推动器官、组织的捐赠。

第五章 非为捐赠以便移植而摘取的器官或组织

第 20 条 非为捐赠以便移植而摘取的器官或组织

（1）并不是为了捐赠用于移植而自当事人摘取的器官或组织，只有已向当事人说明了后果和可能的风险，并取得其同意，或者在其无同意能力的情形，已取得适当授权，方得用于移植。

（2）除第三章、第四章外，本议定书的所有规定亦适用于第 1 款所指情形。

第六章 牟利禁止

第 21 条 牟利禁止

（1）不得利用身体或身体部分牟取经济利益或者类似好处。

前句规定不妨碍不构成经济利益或者类似好处的给付，尤其是：

－对活体捐赠人的收入损失，以及因为［器官］摘取或相关医疗检查造成的合理支出，给予补偿（compensation）；

－就涉及［器官］移植的合法医疗服务或相关技术服务，支付合理费用；

－自活体摘取器官或组织，造成不当损害的，给予赔偿。

（2）不得为提供或赚取经济利益或类似好处，就器官或组织的需求或供给（availability），从事宣传活动。

第 22 条 禁止器官和组织交易

器官和组织交易，为法所不许。

第七章 保 密

第 23 条 保密

（1）关乎器官或组织供体和受赠人的一切个人数据，皆应予以保密。只得依职业保密和个人数据保护的相关规则，对这些数据加以搜集、处理和传递。

（2）对第 1 款的解释，无碍为医学目的（包括本议定书第 3 条所要求的可追溯），遵从恰当的保障措施，允许就关乎器官、组织供体和受赠人的必要信息加以搜集、处理和传递的法律规范的适用。

第八章 违反本议定书的规定

第 24 条 侵害权利或原则

各当事国应提供适当的司法保护，对不法侵害本议定书所阐明的权利和原则的行为，能够防范和迅即予以制止。

第 25 条 对不当损害的赔偿

因移植措施而遭受不当损害之人，有权依法律设定的条件和程序，得到公正的赔偿。

第 26 条 处罚

对违反本议定书规定的行为，各当事国应加以适当处罚。

第九章 当事国合作

第 27 条 当事国间的合作

各当事国应采取适当措施，确保就器官、组织移植事宜，展开有效合作，尤其是通过信息交换展开合作。

尤其应采取适当措施，为器官、组织出入境的快速、安全运输创造便利条件。

第十章 议定书和公约的关系，议定书的重新检视

第 28 条 本议定书和公约的关系

在各当事国间，本议定书第 1 条至第 27 条应视作公约的附加条款，公约的全部条款相应地予以适用。

第 29 条 议定书的重新检视

为监视科学发展，自本议定书生效后 5 年内，公约第 32 条所指委员会应对

本议定书加以检视，此后并应自行定期加以检视。

第十一章 末 款

第 30 条 签署和批准

本议定书应听由公约各签署方签字。议定书应经批准、接受或赞同。只有先经或同时批准、接受或赞同公约，方得批准、接受或赞同本议定书。批准书、接受书或赞同书应送请欧洲委员会秘书长存放。

第 31 条 生效

（1）待 5 个国家，至少 4 个欧洲委员会成员国，表示同意依第 30 条受本议定书拘束，3 个月后的次月首日，本议定书生效。

（2）就嗣后表示同意受本议定书拘束的签署方，自批准书、接受书或赞同书送存 3 个月后的次月首日，本议定书生效。

第 32 条 加入

（1）自本议定书生效，任何加入公约的国家，亦可加入本议定书。

（2）自加入书送请欧洲委员会秘书长存放，3 个月后的次月首日，加入生效。

第 33 条 退约

（1）任何当事国，得随时知照欧洲委员会秘书长，退出本议定书。

（2）自秘书长收悉退出知照，3 个月后的次月首日，退出生效。

第 34 条 知照

欧洲委员会秘书长应向欧洲委员会各成员国、欧洲共同体、任何签署方、任何当事国以及任何其他受邀加入公约的国家，知照以下事宜：

（a）任何签署行为；

（b）任何批准书、接受书、赞同书或加入书的送存；

（c）本议定书依第 31 条、第 32 条每次生效的日期；

（d）涉及本议定书的任何其他行为、知照或通报。

兹由下列人士，经正式授权，谨签字于本议定书，以昭信守。

2002 年 1 月 24 日，签署于斯特拉斯堡，英文本和法文本同一作准，原件送请欧洲委员会档案室存放。欧洲委员会秘书长将传递经核验的副本于欧洲委员会各成员国、参与公约起草的非成员国、受邀加入公约的任何国家以及欧洲共同体。

欧洲人权和生物医学公约
关于生物医学研究的附加议定书[1]

斯特拉斯堡，2005 年 1 月 25 日

《修订欧洲联盟条约和建立欧洲共同体条约的里斯本条约》（The Treaty of Lisbon amending the Treaty on European Union and the Treaty establishing the European Community）自 2009 年 12 月 1 日生效。以故，自是日起，凡所称欧洲共同体，皆读作欧盟。

序

欧洲委员会各成员国、非成员国以及欧洲共同体，即《在生物学和医学应用领域保护人权和人格尊严的公约》（以下简作"公约"）本件附加议定书各签署方，

虑及欧洲委员会以实现成员国间更深程度的一体化为鹄的，而维护和深入落实各项人权和基本自由，则为重要手段；

虑及公约的意旨在于，如其第 1 条所说，保护一切人的尊严和人格，确保不加歧视地尊重任何人的身心完整以及生物学和医学应用方面的其他各项权利和自由；

虑及医学和生物科学的进步，尤其是通过生物医学研究取得的进步，有助于挽救生命和改善生活质量；

鉴悉生物医学和实践的进步，倚赖［生物医学的］知识［积累］和发现，以故人体研究实为必要；

须知此类研究往往是跨越学科、超越国界的；

---

［1］《欧洲人权和生物医学公约关于生物医学研究的附加议定书》（Additional Protocol to the Convention on Human Rights and Biomedicine, concerning Biomedical Research），资料来源于欧盟患者权利网站：http://europatientrights. eu/about_us. html, 2016 年 8 月 28 日最后访问，唐超译。

考虑到生物医学研究领域的国内和国际专业标准，以及欧洲委员会部长理事会和议会在此领域此前的工作；

确信有悖于人类尊严和人权的生物医学研究，绝不许开展；

深知［生物医学研究的］首要关注，乃是保护参与研究之人；

确信对生物医学领域易受伤害的人群，应予格外保护；

承认任何人都有权利接受或拒绝生物医学研究，不得强迫任何人参与此类研究；

遂决意在生物医学研究领域，采取必要措施，捍蔽个体的人格尊严、各项基本权利和自由。

达成协议如下：

第一章　目的和适用范围

第1条　目的

本议定书各当事国，就生物医学领域涉及人体干预的任何研究活动，都应保护人类尊严和人格，确保不加歧视地尊重任何人的身心完整以及其他各项权利和基本自由。

第2条　适用范围

（1）本议定书涵盖医疗领域涉及人体干预的一切研究活动。

（2）本议定书不适用于试管胚胎（embryos in vitro）研究。本议定书适用于胎儿和体内胚胎（embryos in vivo）研究。

（3）本议定书所谓"干预（intervention）"，包括：

（i）身体干预（physical intervention）；

（ii）给当事人带来心理健康风险的任何其他干预。

第二章　一般规定

第3条　人类优位

参与研究之人的利益和福祉，优先于纯粹的社会或科学利益。

第 4 条　一般规则

得自由开展研究活动，惟应遵守本议定书以及确保人类安全的其他法律规定。

第 5 条　没有替代方案

找不到具有相当效果的替代方案的，方得开展人体研究。

第 6 条　风险和效益

（1）研究活动，不能带来和潜在效益不相称的风险和负担。

（2）活动不能给研究参与人的健康带来直接效益的，只有研究活动带来的风险和负担都是可接受的（acceptable），研究方得开展。无碍第 15 条第 2 款第 ii 项保护无同意能力人的规定。

第 7 条　批准

研究项目只有先经对其科学价值的独立审查（包括对研究目标重要性的评估），对其伦理可接受性的跨学科审查，继而经有权机关批准，研究活动方得开展。

第 8 条　科学质量

任何研究皆应于科学上持之有据，合乎公认的科学质量准则，并于具备相当资格的研究人员的监督之下，依相关专业义务和标准为之。

第三章　伦理委员会

第 9 条　伦理委员会的独立审查

（1）任何研究项目，皆应提交伦理委员会，就其伦理上的可接受性（ethical acceptability），加以独立审查。研究活动不论于何当事国开展，研究项目皆应于该当事国提交独立审查。

（2）对研究项目伦理可接受性的跨学科审查，目的在于保护研究参与人的尊严、权利、安全和福祉。对伦理可接受性的评估，应利用适当范围内的足以反映专业和非专业立场的专长和经验（expertise and experience）。

（3）伦理委员会应出具意见，包含其结论的理由。

第 10 条　伦理委员会的独立性

（1）本议定书各当事国应采取措施，以确保伦理委员会的独立性。不应受不当外部影响。

（2）伦理委员会成员对可能导致利益冲突的一切具体情势，皆应予以声明。冲突一旦发生，牵涉的成员即不得参与审查。

第 11 条　向伦理委员会提供信息

（1）为研究项目的伦理评估所必要的一切信息，皆应以书面形式提交给伦理委员会。

（2）尤其是本议定书附件所载条目，只要关乎研究项目，即应提供相关信息。依公约第 32 条设立的委员会，经 2/3 多数投票，得修改本议定书附件。

第 12 条　不当影响

伦理委员会应确信参与研究之人未受不当影响，包括经济方面的不当影响。对弱势人群或者不能独立生活的人（dependent），应予格外关切。

第四章　信息和同意

第 13 条　向研究参与人提供信息

（1）对受邀参与研究项目之人，应以可理解的方式，向其提供充分信息。这些信息应记录在案。

（2）这些信息应涵盖研究项目的意图、总体计划，以及可能的风险和效益，还应包括伦理委员会的意见。在同意参与研究项目之前，依研究性质和目的，应特别向当事人说明以下事宜：

（i）所涉医疗措施的性质、范围和持续时间，尤其是研究项目所承受的任何负担的细节；

（ii）可得的预防、诊断和治疗措施；

（iii）为应对不良事件或研究参与人关切的事项，所为之安排；

（iv）为确保对私人生活的尊重，确保个人数据的保密，所为之安排；

（v）就获取关乎参与人和研究结果的信息，所为之安排；

（vi）就发生损害情形下的公正赔偿事宜，所为之安排；

（vii）就研究结果、数据或生物材料，将来可预见的利用事宜，包括商业利用；

（viii）研究项目的资金来源。

（3）此外，还应向受邀参与研究项目之人说明法律规定的权利和保护措施，特别是患者有权利拒绝同意和随时撤回同意，而不受任何形式的歧视待遇，尤其是在获得医疗服务的权利方面不得受歧视。

第14条　同意

（1）无碍第五章和第19条的规定，未经当事人充分知情的、基于自由意志的、明确、具体的同意并记录在案，任何人体研究，不得开展。当事人于研究的任何阶段，得随时自由地撤回同意。

（2）拒绝同意参与研究或者撤回同意的，不得因此对当事人加以任何形式的歧视，尤其是在获得医疗服务的权利方面不得受歧视。

（3）当事人同意能力存疑的，应依相应安排，确认当事人是否具备同意能力。

第五章　对无同意能力人的保护

第15条　对无同意能力人的保护

（1）只有合乎下列全部条件，方得对无同意能力人开展人体研究：

（i）研究结果可能给当事人带来真实、直接的好处；

（ii）不能在具备同意能力的人身上开展效果相当的研究；

（iii）已向接受研究的人说明其享有的权利和法律规定的保护措施，除非当事人处于不能接受信息的状况；

（iv）法定代理人或者法律规定的机关、个人或机构，已获知依第16条应掌握的信息，并考虑了当事人此前明确表达的意愿或反对，以书面形式，具体地给予必要授权。就无同意能力的成年人，应尽可能［使其］参与授权程序。就未成年人，其意见应予考虑，年齿愈增，心智发育愈成熟，愈具决定意义；

（v）当事人未予反对。

（2）研究活动不能给当事人健康带来直接好处的，例外地，并依法律规定的保护条件，倘合乎第1款第ii项、第iii项、第iv项和第v项所设条件，以及下列额外条件，得予授权：

（i）研究目的在于，通过显著提升对个体病情、疾病的科学理解，促成取得最终成果，能够给当事人，给处于同样年纪、罹患同样疾病或者体验同样病情的其他人带来好处；

（ii）研究只会给当事人带来微不足道的风险和负担；不得以研究活动任何额外的潜在好处，来为增加风险或负担提供理由。

（3）反对参与研究，拒绝授权参与研究或者撤回授权的，不得因此对当事人加以任何形式的歧视，尤其是在获得医疗服务的权利方面不得受歧视。

第 16 条　授权之前应予提供的信息

（1）受请给予授权之人，在其授权使当事人参与研究项目之前，应以可理解的方式向其提供充分信息。这些信息应记录在案。

（2）这些信息应涵盖研究项目的意图、总体计划，以及可能的风险和效益，还应包括伦理委员会的意见。还应向其说明，为保护无同意能力人，法律规定的权利和保障措施，特别要说明拒绝的权利和随时撤回授权的权利，不得因此对当事人加以任何形式的歧视，尤其是在接受医疗服务的权利方面不得受歧视。特别应依研究性质和目的，向其说明第 13 条所列信息。

（3）这些信息亦应提供给当事人，除非当事人处于不能接受信息的状况。

第 17 条　微不足道的风险和负担

（1）考虑到干预的性质和规模，倘可以预计，研究活动至多给当事人的健康带来极为轻微和暂时的消极影响，即为本议定书所谓微不足道的风险。

（2）倘可以预计，当事人感受到的不适（discomfort），至多只是暂时的、极轻微的，即为本议定书所谓微不足道的负担。受当事人特别信任之人，在适当情形应评估负担的大小。

第六章　特殊情形

第 18 条　妊娠和哺乳期间的研究

（1）施之于妊娠期妇女的研究，不会给孕妇、胚胎、胎儿或产下的婴儿带来直接好处的，只有合乎下列条件，方得开展：

（i）研究目的在于，促成取得最终成果，能够给其他妊娠期妇女、其他胚胎、胎儿或婴儿，带来好处；

（ii）于非妊娠期妇女身上，不能开展具有相当效果的研究；

（iii）研究活动只会带来微不足道的风险和负担。

（2）研究活动针对哺乳期妇女的，应格外注意，避免给婴儿健康造成任何不良影响。

第19条　紧急临床状况下的研究

（1）倘（i）当事人处于不能为同意表示的状况；并且

（ii）因为形势紧迫，不能及时获得代理人的授权，或者在非紧急情况下将受请授权的机关、个人或机构的授权，

则由法律决定，是否可以且在何等额外保护条件下，得于紧急情况下开展研究。

（2）法律应纳入下列特别条件：

（i）于并未处于紧急情况下的人身上，不能开展具有相当效果的研究；

（ii）有权机构已特别针对紧急情况批准研究的，研究项目方得为开展；

（iii）研究人员所知晓的、当事人此前表达的反对立场，应予尊重；

（iv）研究不能给当事人带来直接好处的，研究目的在于通过显著提升对个体病情、疾病的科学理解，促成取得最终成果，能够给当事人，给处于同样年纪、罹患同样疾病或者体验同样病情的其他人带来好处，并且只有微不足道的风险和负担。

（3）应尽快向参与紧急研究项目之人，或者在相应情形，向其代理人，说明一切相关信息。应在合理范围内，尽快征得对继续参与的同意或授权。

第20条　被剥夺自由之人

法律允许对被剥夺自由之人开展研究的，只有满足下列额外条件，当事人方得参与不会给其健康带来直接好处的研究项目：

（i）没有此等人的参与，具有相当效果的研究不能开展；

（ii）研究目的在于促成取得最终成果，能够给被剥夺自由的人带来好处；

（iii）研究活动只有微不足道的风险和负担。

第七章　安全和监督

第21条　风险和负担的最小化

（1）应采取一切必要措施，确保安全，并将风险和负担减到最小。

（2）只有在具备必要资质和经验的临床专业人员的监督下，研究活动方得开展。

第 22 条 对健康状况的评估

（1）在将当事人纳入研究之前，研究人员应采取一切必要措施，评估当事人的健康状况，确保将因为参加特定项目而面临增大风险的人排除在外。

（2）当事人处于育龄期的，应格外注意当前或将来的妊娠，以及胚胎、胎儿或婴儿的健康，可能面临的不良影响。

第 23 条 不干涉必要临床干预

（1）研究活动不得耽搁参与人接受医疗上必要的预防、诊断或治疗措施，或者剥夺参与人接受医疗上必要的预防、诊断或治疗措施的机会。

（2）在涉及预防、诊断或治疗的研究活动中，分配到对照组的参与人，应确信其接受的预防、诊断或治疗措施是行之有效的。

（3）倘缺乏行之有效的方法，或者不采用行之有效的方法也不会造成不可接受的风险或负担，则得利用安慰剂（placebo）。

第 24 条 新发展

（1）鉴于科学发展动态或者研究过程中发生的事件，有必要对研究项目重新检视的，本议定书各当事国应采取措施，确保此点。

（2）重新检视的目的在于确认以下事宜：

（i）是否应停止研究，或者为继续研究而有必要对项目加以改变；

（ii）是否有必要向参与人，在合适的情形，向其代理人，说明科学发展动态或者发生的事件；

（iii）对参与研究，是否需要额外的同意或授权；

（3）涉及当事人参与研究的任何新信息，应及时向参与人说明，在合适的情形，向其代理人说明。

（4）研究项目提前结束的，应向有权机关说明原因。

第八章 保密和知情权利

第 25 条 保密

（1）于生物医学研究过程中搜集的、个人性质的任何信息皆应保密，并依私人生活保护的法律规则处理。

（2）依本议定书提交给伦理委员会的、涉及研究项目的任何其他信息，法律应加以保护，防止不当披露。

第 26 条　知情权利

（1）依公约第 10 条搜集的有关参与人的任何健康信息，参与人有权利知晓。

（2）为研究项目搜集的其他个人信息，依保护个人数据处理的法律获取。

第 27 条　注意义务

研究中得到的、关乎参与人现在或将来健康或生活质量的信息，应告知参与人。告知事宜应于医疗服务或医疗咨询框架内为之。［研究人员］告知此类信息应尽恰当注意，以保守参与人的秘密，并尊重参与人不接受此类信息的愿望。

第 28 条　获知研究结果

（1）研究活动完成，应向伦理委员会或者有权机关提交报告或概要。

（2）应参与人请求，应于合理时间内使参与人得到研究结论。

（3）研究人员应采取适当措施，于合理时间内公布研究结果。

第九章　在非当事国开展的研究

第 29 条　在非当事国开展的研究

本议定书当事国域内的赞助人或研究人员，计划在非当事国开展或者指导研究项目的，无碍于该国适用的规定，应确保研究项目合乎本议定书的基础原则。倘有必要，当事国得为此采取适当措施。

第十章　违反本议定书的规定

第 30 条　侵害权利或原则

对不法侵害本议定书阐明的权利或原则的行为，当事国应采取适当司法保护措施，予以防范或迅即制止。

第 31 条　损害赔偿

因参与研究而遭受损害的，得依法定条件和程序得到公正赔偿。

第 32 条　处罚

对违反本议定书规定的行为，当事国应施加适当处罚。

第十一章　本议定书和其他规定的关系，议定书的重新检视

第 33 条　本议定书和公约的关系

在各当事国间，本议定书第 1 条至第 32 条，应视作公约的附加条款，公约一切条款相应地予以适用。

第 34 条　宽泛保护

当事国得给予研究参与人较本议定书更为宽泛的保护，本议定书的任何条款，不得解释为限制或以其他方式影响此种可能性。

第 35 条　重新检视

为监视科学发展，自本议定书生效后 5 年内，公约第 32 条所指委员会应对本议定书加以检视，此后并应自行定期加以检视。

第十二章　末　款

第 36 条　签署和批准

本议定书应听由公约各签署方签字。议定书应经批准、接受或赞同。只有先经或同时批准、接受或赞同公约，方得批准、接受或赞同本议定书。批准书、接受书或赞同书应送请欧洲委员会秘书长存放。

第 37 条　生效

（1）待 5 个国家，至少 4 个欧洲委员会成员国，表示同意依第 36 条受本议定书拘束，3 个月后的次月首日，本议定书生效。

（2）就嗣后表示同意受本议定书拘束的签署方，自批准书、接受书或赞同

书送存 3 个月后的次月首日，本议定书生效。

第 38 条 加入

（1）自本议定书生效，任何加入公约的国家亦可加入本议定书。

（2）自加入书送请欧洲委员会秘书长存放，3 个月后的次月首日，加入生效。

第 39 条 退约

（1）任何当事国，得随时知照欧洲委员会秘书长退出本议定书。

（2）自秘书长收悉退出知照，3 个月后的次月首日，退出生效。

第 40 条 知照

欧洲委员会秘书长应向欧洲委员会各成员国、欧洲共同体、任何签署方、任何当事国以及任何其他受邀加入公约的国家，知照以下事宜：

（a）任何签署行为；

（b）任何批准书、接受书、赞同书或加入书的送存；

（c）本议定书依第 37 条、第 38 条每次生效的日期；

（d）涉及本议定书的任何其他行为、知照或通报。

兹由下列人士，经正式授权，谨签字于本议定书，以昭信守。

2005 年 1 月 25 日，签署于斯特拉斯堡，英文本和法文本同一作准，原件送请欧洲委员会档案室存放。欧洲委员会秘书长将传递经核验的副本于欧洲委员会各成员国、参与公约起草的非成员国、受邀加入公约的任何国家以及欧洲共同体。

附录：向伦理委员会提供的信息

下列条目所述信息，只要关乎研究项目，即应向伦理委员会提供：

（1）对项目的描述

（i）首席研究员的姓名，各研究人员的资质和经验，在合适的情形，临床负责人，以及财务安排；

（ii）依据最新科学知识，研究的目标和合理性；

（iii）设想的方法和措施，包括统计和其他分析技术；

（iv）以非专业语言，对研究项目的概要说明；

（v）为评估或批准，此前或同时提交研究项目（供审查）的情况，以及提交审查的结果。

（2）参与人、同意和信息

（vi）将人体研究纳入研究项目的正当理由；

（vii）将各类人纳入或排除出研究项目的标准，以及挑选或征募这些人的方法；

（viii）采用或不采用对照组的理由；

（ix）因参与研究而可能遭遇的可预见的风险，其性质和程度；

（x）将施之于参与人的医疗干预的性质、程度和持续时间，以及研究项目所承受的任何负担的细节；

（xi）对研究参与人现在或将来的健康可能造成影响的意外事件，加以监视、评估和反应的相关安排；

（xii）为将参与研究项目之人提供信息的时间和细节，以及打算用来提供信息的方法；

（xiii）用于征求同意参与研究项目的文件，在当事人无同意能力的情形，用于征求授权的文件；

（xiv）确保将参与研究之人的私生活受到尊重的相关安排，确保个人数据保密的相关安排；

（xv）为可能得到的、关乎将参与研究之人及其家属现在或将来健康的信息，预为安排。

（3）其他信息

（xvi）研究项目中一切付款和报酬的细节；

（xvii）可能导致利益冲突，从而影响研究人员独立判断的一切情况的细节；

（xviii）对研究结果、数据或生物材料，任何可预见的潜在的利用方式，包括商业利用，相关细节；

（xix）研究人员意识到的、一切其他伦理事宜的细节；

（xx）研究中倘遭损害，任何保险或补偿事宜，相关细节。

为评估研究项目所必要，伦理委员会得要求提供更多信息。

欧洲人权和生物医学公约关于为健康目的
而为之基因检测的附加议定书[1]

斯特拉斯堡，2008 年 11 月 27 日

序

欧洲委员会各成员国、非成员国以及欧洲共同体，即《在生物学和医学应用领域保护人权和人格尊严的公约》（以下简作"公约"）本件附加议定书各签署方，

虑及欧洲委员会以实现成员国间更深程度的一体化为鹄的，而维护和深入落实各项人权和基本自由，则为重要手段；

虑及公约的意旨在于，如其第 1 条所说，保护一切人的尊严和人格，确保不加歧视地尊重任何人的身心完整以及生物学和医学应用方面的其他各项权利和自由；

谨记 1981 年 1 月 28 日《个人数据自动化处理领域的个人保护公约》；

谨记其他政府间组织所从事的工作，尤其是 1998 年 12 月 9 日联合国大会签署的《世界人类基因组与人权宣言》（Universal Declaration on the Human Genome and Human Rights）；

念及人类基因组为人类共享，并将人类凝聚于一处，而细微的差异则带来丰富的个性；

尤应重视家属间这特别的纽带；

虑及医学进步有助于挽救生命和改善生活质量；

---

[1]《欧洲人权和生物医学公约关于为健康目的而为之基因检测的附加议定书》（Additional Protocol to the Convention on Human Rights and Biomedicine, concerning Genetic Testing for Health Purposes），资料来源于欧盟患者权利网站：http://europatientrights.eu/about_us.html，2016 年 8 月 28 日最后访问，唐超译。

承认遗传学在医疗领域的作用，尤其是基因检测的作用；

虑及在医疗领域，遗传学服务构成面向大众的医疗服务的必要组成部分，并念及为使大众平等获得质量可靠的遗传学服务，衡诸医疗需求和可得资源而采取适当措施，意义重大；

又鉴悉对基因检测可能的不恰当利用，尤其是对所得信息的不恰当利用，多有忧惧；

再次肯定维护人格尊严的基本原则，禁止任何形式的歧视，尤其禁止基于遗传性状的歧视；

考虑到遗传学服务领域各国和国际的专业标准以及欧洲委员会部长理事会和议会此前所做工作；

遂决意采取必要措施，捍蔽人类尊严，捍蔽个体在为健康目的而检测基因方面的基本权利和自由。

达成协议如下：

第一章　目　的

第1条　目的

本议定书各当事国，就依第2条本议定书予以适用的检测活动，应保护人类尊严和人格，确保不加歧视地尊重任何人的身心完整以及其他各项权利和基本自由。

第2条　适用范围

（1）本议定书适用于为健康目的而为之检测，此类检测涉及对人类生物样品的分析（analysis of biological samples），主要目的在于查实先天的或者早期产前阶段获得的遗传性状（以下简作：基因检测 genetic tests）。

（2）本议定书不适用于：

（a）施之于人类胚胎或胎儿的基因检测；

（b）为研究目的而为之基因检测。

（3）第1款中，

（a）"分析"意指：

（i）染色体分析；

（ii）脱氧核糖核酸（DNA）或核糖核酸（RNA）分析；

（iii）对任何其他成分的分析，从而可以取得相关信息，和依前两项取得的信息作用相当。

（b）"生物样品"意指：

（i）为检测目的从身体取除之生物材料；

（ii）为其他目的此前从身体取除之生物材料。

第二章　一般规定

第3条　人类优位

本议定书所涵盖的基因检测，所涉当事人的利益和福祉优先于纯粹的社会利益或科学利益。

第4条　不受歧视和偏见

（1）出于遗传基因的理由而对他人（不论是个体身份还是群体成员身份）施以任何形式的歧视，皆为法所不许。

（2）应采取适当措施，以防止对涉及特定遗传性状的个体或人群的偏见。

第三章　遗传学服务

第5条　遗传服务的质量

各当事国应采取必要措施，确保基因检测具备可靠质量。尤其做到：

（a）基因检测合乎公认的科学有效性标准和临床有效性标准；

（b）各实验室皆应落实质量保证计划，实验室并应受定期检查；

（c）提供遗传学服务的人员，具备适当的资质，得依专业义务和标准行事。

第6条　临床效用

是否向个体或特定人群提供基因检测服务，临床效用是关键标准（essential criterion）。

第7条　个别监督

（1）为健康目的而为之基因检测，只有在个别医疗监督下方得为之。

（2）各当事国得针对第1款之一般规则设置例外，惟为落实本议定书的其他规定，仍应考虑检测的方法，而采取恰当的措施。

基因检测对当事人或其家属的健康意义重大，或者对生殖选择意义重大的，不得设置例外。

第四章　信息、遗传咨询和同意

第 8 条　信息和遗传咨询

（1）谋划基因检测的，应提前向当事人提供适当信息，尤其是检测目的和性质，以及检测结果的意义。

（2）就公约第 12 条所指的预测性质的基因检测，当事人应能得到适当的遗传咨询。

预测性质的基因检测包括：

－预测单基因疾病的检测；

－探查特定疾病的遗传倾向或者遗传易感性的检测；

－为查实致病基因的健康携带者而为之检测。

遗传咨询的形式和范围，依基因检测结果的意义以及对当事人或其家属的重要性而定，包括就生殖选择可能的意义。

遗传咨询的方式应是非指导性的（non-directive）。

第 9 条　同意

（1）只有经当事人基于自由意志的知情同意，基因检测方得为之。

对第 8 条第 2 款所指基因检测的同意应记录在案。

（2）当事人得自由地随时撤回同意。

第五章　无同意能力人

第 10 条　对无同意能力人的保护

无碍本议定书第 13 条之适用，对无同意能力人，只有为其直接利益，方得开展基因检测。

未成年人依照法律规定无同意能力的，惟待其取得同意能力，方得开展基因检测，推延检测危害其健康或福祉的除外。

第 11 条 授权前提供信息，遗传咨询，对授权人的支持

（1）谋划就无同意能力人开展基因检测的，应事先向待其授权之人、机关或机构提供适当信息，尤其是涉及检测目的和性质，以及检测结果的意义的信息。

就无同意能力的当事人，在其理解能力的范围内，亦应事先向其提供适当信息。

就待其授权之人、机关或机构可能提出的问题，在适当情形，并就检测所涉当事人可能提出的问题，应有具备资质的人员负责回答。

（2）在无同意能力人的理解能力范围内，第 8 条第 2 款应予适用。

待其授权之人，在重要情形可以得到适当支持。

第 12 条 授权

（1）未成年人依照法律规定无同意能力的，惟经其代理人，或者法律规定的机关、个人或机构授权，方得开展基因检测。

未成年人的意见应予考虑，随其年齿愈增，心智发育愈成熟，愈具决定意义。

（2）成年人因为精神障碍、疾病或者类似缘故，依照法律规定无同意能力的，惟经其代理人，或者法律规定的机关、个人或机构授权，方得开展基因检测。

成年人于其具备同意能力时，曾就基因检测明确表达过的意见，应予考虑。

当事人于其理解能力范围内，应参与授权程序。

（3）对第 8 条第 2 款所指基因检测的同意应记录在案。

（4）本条第 1 款和第 2 款所说的授权，本着当事人最佳利益，得随时撤回。

第六章 为家属利益的检测

第 13 条 无同意能力人

例外地，倘合乎下列条件，法律得背离公约第 6 条第 1 款和本议定书第 10 条，为家属利益，准许就无同意能力人开展基因检测：

（a）检测目的在于，使家属可以得到预防、诊断或治疗上的益处，这益处经独立评估，对家属健康至关重要，或者使家属得就生殖事宜为知情抉择；

（b）非经此检测，不能得到预想的益处；

（c）医疗干预的风险和负担，对当事人微不足道；

（d）经独立评估，期待的益处，显著大于因搜集、处理或传递检测结果而给私人生活带来的风险；

（e）无同意能力当事人的代理人，或者法律规定的机关、个人或机构已经授权；

（f）无同意能力的当事人，依其理解能力和心智发育成熟情况，参与了授权程序。倘当事人反对，检测即不得为之。

第 14 条　无法与当事人取得联系

此前为其他目的曾自当事人身体取除生物材料，现为当事人家属利益需就取除的生物材料为基因检测，而经合理努力又无法联系上当事人的，倘期待的益处无法自其他途径取得，而检测又不能推迟，则法律得准许依比例原则（principle of proportionality）开展基因检测。

依公约第 22 条，就当事人明确反对检测的情形，应制定相应条款。

第 15 条　对死者的检测

－自死者尸体取除的生物样品，或者

－自活体取除的生物样品，当事人现已死亡的，

欲为家属的利益而就这些生物样品为基因检测的，只有经同意或者法律要求的授权，检测方得为之。

第七章　私人生活和知情权利

第 16 条　尊重私人生活和知情权利

（1）任何人都有要求私人生活受尊重的权利，尤其是得自基因检测的个人数据应受保护。

（2）任何接受基因检测之人，有权利知晓得自基因检测的个人健康信息。

得自检测的结论，应以可理解的形式，使当事人可以得到。

（3）当事人不欲知晓相关信息的，其意愿应予尊重。

（4）在例外情形，为当事人利益，法律得就行使第 2 款、第 3 款的权利加以限制。

第17条　生物样品

第2条所说生物样品，只有确保安全，确保得自其间的信息的秘密性质，方得加以利用和保存。

第18条　关乎当事人家属的信息

基因检测的结果关乎当事人家属健康的，应告知当事人。

第八章　为健康目的而为之基因筛查计划

第19条　基因筛查计划

需要利用基因检测的健康筛查计划，惟经有权机关批准，方得为之。惟经对筛查计划伦理可接受性的独立评估，并合乎下列特别条件，有权机关方得批准：

（a）筛查计划关乎大众或者特定人群的健康，此点得到认可；

（b）筛查计划在科学上的有效性得到证明；

（c）针对筛查所指向的疾病，所涉当事人可以得到适当的预防、治疗措施；

（d）采取适当措施，确使可以平等获得筛查服务；

（e）采取措施，向大众或所涉特定人群充分说明筛查计划的目的和参与途径，以及参与的自愿性质。

第九章　公共信息

第20条　公共信息

各当事国应采取适当措施，便利公众获知有关基因检测的一般、客观信息，包括检测性质以及检测结果潜在的意义。

第十章　本议定书和其他规定的关系，本议定书的重新检视

第21条　本议定书和公约的关系

在各当事国间，本议定书第1条至第20条，应视作公约的附加条款，公约

一切条款相应地予以适用。

第 22 条　宽泛保护

当事国得给予为健康目的而为之基因检测的当事人，较本议定书更为宽泛的保护，本议定书的任何条款，不得解释为限制或以其他方式影响此种可能性。

第 23 条　重新检视

为监视科学发展，自本议定书生效后 5 年内，公约第 32 条所指委员会应对本议定书加以检视，此后并应自行定期加以检视。

第十一章　末　款

第 24 条　签署和批准

本议定书应听由公约各签署方签字。议定书应经批准、接受或赞同。只有先经或同时批准、接受或赞同公约，方得批准、接受或赞同本议定书。批准书、接受书或赞同书应送请欧洲委员会秘书长存放。

第 25 条　生效

（1）待 5 个国家，至少 4 个欧洲委员会成员国，表示同意依第 24 条受本议定书拘束，3 个月后的次月首日，本议定书生效。

（2）就嗣后表示同意受本议定书拘束的签署方，自批准书、接受书或赞同书送存 3 个月后的次月首日，本议定书生效。

第 26 条　加入

（1）自本议定书生效，任何加入公约的国家，亦可加入本议定书。

（2）自加入书送请欧洲委员会秘书长存放，3 个月后的次月首日，加入生效。

第 27 条　退约

（1）任何当事国，得随时知照欧洲委员会秘书长，退出本议定书。

（2）自秘书长收悉退出知照，3 个月后的次月首日，退出生效。

第 28 条　知照

欧洲委员会秘书长应向欧洲委员会各成员国、欧洲共同体、任何签署方、

任何当事国以及任何其他受邀加入公约的国家,知照以下事宜:

（a）任何签署行为;

（b）任何批准书、接受书、赞同书或加入书的送存;

（c）本议定书依第 25 条、第 26 条每次生效的日期;

（d）涉及本议定书的任何其他行为、知照或通报。

兹由下列人士,经正式授权,谨签字于本议定书,以昭信守。

2008 年 11 月 27 日,签署于斯特拉斯堡,英文本和法文本同一作准,原件送请欧洲委员会档案室存放。欧洲委员会秘书长将传递经核验的副本于欧洲委员会各成员国、参与公约起草的非成员国、受邀加入公约的任何国家以及欧洲共同体。

世界医学会关于儿童获得医疗服务权利的
渥太华宣言（1998）[1]

第 50 届世界医学大会，
渥太华，1998 年 10 月

序

1. 儿童医疗服务，不论在家里还是在医院，包括在治疗过程中相互影响的医疗、情感、社会和经济各方面，这些方面要求对儿童身为患者的权利投以格外关注。

2. 1989 年联合国《儿童权利公约》第 24 条，认可儿童获得可达到的最优质医疗服务的权利，于医疗机构接受疾病治疗和身体康复服务的权利，并声明，国家应努力使儿童获得医疗服务的权利不被剥夺。

3. 本宣言中所谓儿童，意指自出生至 17 周岁届满之人，[2]除非依当事国可适用的法律，以其他年龄标准为成年。

一般原则

4. 任何儿童都享有固有的生命权利，都有于适当的医疗机构接受健康促进、疾病防治和身体康复服务的权利。医生及其他医疗服务提供人负有责任承认并宣传这些权利，推动将物质资源和人力资源用于维护和实现这些权利。尤应竭忠尽智，做到以下几点：

---

〔1〕《世界医学会关于儿童获得医疗服务权利的渥太华宣言》［World Medical Association, Declaration of Ottawa on the Right of the Child for Health Care（1998）］，资料来源：https://www1. umn. edu/humanrts/instree/ottawa. html，2016 年 8 月 28 日最后访问，唐超译。

〔2〕17 周岁届满（the end of her/his seventeenth year），当指 18 周岁生日前。

（i）尽最大可能保护儿童的生存和发展，并承认父母（或有权代理人，legally entitled representatives）对儿童发展负首要责任，父母双方对此负有共同责任；

（ii）确保将儿童的最佳利益当作医疗领域的首要考虑因素；

（iii）不得基于儿童或者其父母、有权代理人的年龄、性别、疾病或残障、信仰、种族、国籍、政治立场、人种、性取向或者社会地位，而在提供医疗服务方面加以歧视；

（iv）使母亲和儿童得到适宜的产前及产后医疗服务；

（v）确保任何儿童得到充分的医疗服务，尤应重视初级医疗服务、对有相应需求儿童的精神病学服务、关乎残障儿童特殊需求的疼痛管理和服务；

（vi）保护儿童，不使其接受不必要的诊断、治疗和研究；

（vii）对抗疾病和营养不良；

（viii）发展预防医疗服务；

（ix）根除任何形式的虐待儿童；

（x）根除有害儿童健康的传统做法。

特别原则

◆ 医疗服务的质量

5. 为儿童提供医疗服务的团队，应保证服务的连贯和质量。

6. 医生及其他为儿童提供医疗服务之人，应接受必要的特别培训，掌握必要的技能，得恰当应付儿童及其家属在医疗、身体、情感和发展方面的需求。

7. 特定医疗服务供给有限，从而必须在儿童患者间加以选择的，只得依医学标准设计公平的选择程序，不得歧视。

◆ 自由选择

8. 父母或有权代理人，儿童患者心智足够成熟的，患者自己：

– 得自由选择并更换医生；

– 得确信选择的医生自主地为临床和伦理判断，而不受任何外界干扰；

– 得随时自其他医生处征求第二意见。

◆ 同意和自我决定

9. 儿童患者及其父母或有权代理人，有权利在充分知情的基础上，积极参与涉及儿童医疗服务的一切决策。医疗决策中，儿童患者的意愿应予考虑，其权重视儿童的理解能力而定。依医生的判断，儿童患者心智发育成熟的，得自为医疗决策。

10. 除紧急情况外（第12条），于儿童身上施行任何诊断或治疗措施之前，尤其是侵入性措施，应取得知情同意。尽管儿童患者的意愿应予考虑，但多数情形下，应取得父母或者有权代理人的同意。倘儿童心智足够成熟，具备相应理解能力，则应取得儿童患者自己的同意。

11. 一般而言，具备相应能力的儿童患者及其父母或有权代理人，有权撤回对任何医疗措施所为之同意。可想而知，父母或有权代理人多会依儿童最佳利益行事，乖谬亦所难免。倘父母或有权代理人拒不同意某医疗措施，无之儿童健康将处于重大且不可逆的危险当中，而在公认的医疗服务范围内，又无可行的替代方案，则医生应取得施行治疗的司法授权或者其他合法授权。

12. 儿童丧失意识，或出于其他原因不能为同意表示，父母或有权代理人又联系不上，倘迫切需要医疗干预，则得假定已得同意，除非基于此前明确表达的意愿或信念，显然可以排除任何合理怀疑地认为，［患者］在此种特定情形，当会拒绝接受医疗干预（第7条的但书除外）。

13. 儿童患者及其父母或有权代理人，有权拒绝参与医学研究或教学。不得因拒绝而妨碍医患关系，或害及儿童的医疗服务或有权得到的其他利益。

◆ **获知信息**

14. 儿童患者及其父母或有权代理人（第18条的情形除外），只要和儿童的利益不相抵牾，即有权充分知晓患者的健康状况和医疗状况。患者病历中涉及第三人的保密信息，未经该第三人同意，不得披露给患者、父母或有权代理人。

15. 提供信息的方式，应合乎特定文化，合乎接受人的理解水平。这在向儿童提供信息的场合格外重要，其有权了解一般健康信息。

16. 例外地，倘有充足理由相信，提供特定信息会给儿童生命或健康造成严重危险，或给他人身体或心理健康造成严重危险，则得不向儿童或者其父母或有权代理人提供这些信息。

◆ **保密**

17. 医生及其他医务工作者负有义务，对患者个人信息和医疗信息保密

（包括有关健康状况、医疗状况、诊断、预后及治疗的信息），这项义务同样地适用于儿童患者和成年患者。

18. 儿童患者的心智发育足够成熟，不必由父母或有权代理人陪同就诊的，有隐私权，并得要求得到保密服务。此等请求应予尊重，且在此等保密的就诊或咨询服务中得到的信息，不得披露给患者父母或有权代理人，除非患者同意，或者是即便成年人的信息亦不得保密的情形。此外，倘主治医生有充足理由认为，儿童虽未经陪同就诊，实无为知情抉择的能力，或者不经父母指导或参与，儿童健康将陷入严重的不可逆的危险中，则于例外情形，得将于未经陪同的治疗当中得到的保密信息，披露给父母或有权代理人。此前，医生应与儿童患者讨论其希望保密的理由，并尽力说服儿童同意医生的做法。

◆ 住院

19. 儿童患者需要的医疗服务，不能于家中或门诊提供的，方得许其住院。

20. 住院的儿童患者，应将其安置于专门设计、布置的适合其年纪、健康状况的环境中，不得将儿童患者安置于成年病房，除非在特殊情形，病情有此要求，例如，住院目的在于分娩或终止妊娠。

21. 应尽最大努力，使住院儿童得到父母或他人（parent substitutes）陪伴，倘有必要，应为陪伴人在医院或左近安排免费或便宜的膳宿条件，应使陪伴人有机会暂离工作场所而不致影响雇佣关系。

22. 合乎优质医疗服务的要求，应尽可能使住院儿童接触外界、接待探访，不对访客加以年龄限制，除非主治医生有充足理由认为，探访有悖于儿童自己的最佳利益。

23. 在母亲哺乳期内，儿童住院的，应为母亲安排哺乳机会，除非医学上的禁忌证要求不得为此。

24. 依住院儿童的年龄，应为其玩耍、娱乐和继续接受教育，提供一切便利和设施。就教育事宜，应鼓励安排专门的教师，或者提供适当的远程教育。

◆ 虐待儿童

25. 应采取一切适宜措施，保护儿童免遭各种形式的医疗过失伤害、生理和心理暴力、强制、粗暴对待、伤害或虐待，包括性虐待。这里应注意《世界医学会针对虐待、遗弃儿童的声明》（WMA's Statement on Child Abuse and Neglect）中的相关条款。

◆ **健康教育**

26. 父母以及年龄和心智发育情况许可的儿童，应能得到有关儿童健康和营养学（包括哺乳的好处）、卫生学、环境卫生、意外预防以及性和生殖健康方面的基础知识，并在获取这些知识方面得到充分帮助。

◆ **患者尊严**

27. 为儿童患者提供医疗服务，应始终抱以耐心和技巧，维护患者尊严和隐私。

28. 应尽最大努力防止痛苦与创伤（pain and/or suffering），不能防止的，亦应减至最小，并减轻儿童患者身体或精神上的紧张。

29. 对晚期儿童患者，应提供适当姑息治疗，并提供一切必要帮助，尽可能使患者舒适、体面地离开人世。

◆ **宗教帮助**

30. 应尽最大努力，使儿童患者可以得到精神慰藉，包括依其意愿得到特定牧师的帮助。

世界医学会关于
儿童医疗服务的渥太华宣言 （2009） [1]

第 50 届世界医学大会通过，渥太华，1998 年 10 月

第 60 届世界医学会大会修订，新德里，2009 年 10 月

序

科学业已证明，为发掘出儿童的潜能，儿童应在精神、情感、心理、身体及智力上能茁壮发展的地方成长。[2]这样的地方有四项基本要素：

– 安全稳当的环境；

– 能得到最好的生长发育的机会；

– 需要时能得到医疗服务；

– 为了有据可查的持续发展，开展监测、研究。[3]

医生深悉，世界的未来在于儿童：儿童得到的教育，儿童的就业能力、生产能力、创造能力，彼此间以及对这个星球的爱和关怀。儿童的早期体验深刻影响未来的发展，包括基本的学习能力、学业的好坏、参与经济生活和社会生活的能力，以及健康状况。[4]大抵而言，没有当地、地区、国家以及世界组织的帮助，单靠父母和看护人，不能提供有力的养育环境。[5]是以，医生、父母

---

〔1〕 《世界医学会关于儿童医疗服务的渥太华宣言》（WMA Declaration of Ottawa on Child Health），资料来源于世界医学会官网：http://www.wma.net/en/30publications/10policies/c4/index.html，2016 年 8 月 28 日最后访问，唐超译。

〔2〕 原注：Irwin LG, Siddiqi A, Hertzman C., "Early Child Development: A Powerful Equalizer. Final Report", World Health Organization Commission on the Social Determinants of Health, June 2007.

〔3〕 原注：WHO Commission on Social Determinants of Health (Closing the Gap in a Generation), 2008.

〔4〕 原注：Canadian Charter for Child and Youth Health.

〔5〕 原注：Irwin LG, Siddiqi A, Hertzman C., "Early Child Development: A Powerful Equalizer, Final Report", World Health Organization Commission on the Social Determinants of Health, June 2007.

和世界领袖（world leaders）携手，共同倡导儿童健康。

本宣言的原则，适用于全世界自出生至 18 周岁的儿童，不问儿童或其父母、监护人的人种、年龄、种族、民族、政治倾向、信仰、语言、性别、疾病或残障、体质、心智、性取向、文化背景、生活经历或者社会地位。所有国家，不问资源丰寡，遵循这些原则，乃是父母、社区以及政府的当急要务。《联合国儿童权利公约》（1989）针对所有儿童、青少年阐述了更为宽泛的权利，倘无健康为据，这些权利自然无法落实。

一般原则

1. 安全稳当的环境，意味着：
（a）清洁的水、空气和土壤；
（b）得到保护，不受伤害、剥削、歧视，摒除有害儿童健康的传统做法；
（c）健康的家庭、住所和社区。

2. 儿童能得到良好健康和发展的地方，应能提供：
（a）产前和孕妇保健，让孩子尽可能健康出生；
（b）顺利成长、发展以及长期健康所需要的营养；
（c）早期学习的机会，在家庭和社区可以得到优质医疗服务；
（d）体育活动的机会，并鼓励参加体育活动；
（e）可负担、易获取的优质初级教育和中等教育。

3. 通过各种途径，得到全面医疗服务：
（a）儿童的最佳利益，应为医疗服务供给中的首要考虑；
（b）照护儿童之人，应接受特别培训，掌握专门技能，俾能妥善应对儿童及儿童家属的医疗、身体、精神及发展方面的需求；
（c）基本医疗服务包括健康促进、推荐的免疫、药品及牙科服务；
（d）心理健康医疗服务，发现问题时立即转介接受医疗干预；
（e）母亲、孩子生命或肢体健康面临危险的，得优先获取药物；
（f）只有所需要的医疗服务，无法于家中、社区或门诊提供的，才应住院；
（g）有需要时，接受专科诊断及治疗服务；
（h）社区内的康复服务；
（i）止疼治疗（pain management），预防疼痛或将疼痛减至最小；
（j）于儿童身上施行任何诊断、治疗、康复或研究措施，皆应取得知情同

意。大抵而言，由父母或监护人同意，某些情形，由大家庭（extended family）
决定，有意识能力的儿童，其意愿亦应予以考虑。

4. 对持续发展的监测、研究，[1]包括：

（a）所有婴儿，出生后一个月内，应予官方登记；

（b）所有儿童，人格皆应受尊重；

（c）通过对服务的持续监控，包括搜集数据、评估医疗结果，确保医疗服
务的质量；

（d）儿童能分享关乎儿童需求的科学研究的好处；

（e）儿童患者的隐私应受尊重。

---

〔1〕　原注：Proposed WMA statement on ethical principles for medical research on child subjects.

欧洲委员会部长理事会就建立公民和患者参与医疗事务决策相关机制的事宜对成员国的建议 [1]

第 R（2000）5 号
欧洲委员会部长理事会
2000 年 2 月 24 日，第 699 次部长代表会议

部长理事会，依《欧洲委员会章程》（Statute of the Council of Europe）第 15.*b* 条，

虑及欧洲委员会以实现成员国间更深程度的一体化为鹄的，而在公众健康领域采取共同行动则为格外重要的途径；

谨记《欧洲社会宪章》（European Social Charter）第 11 条关于得到健康保护的权利；[2]

犹记《在生物学和医学应用领域保护人权和人格尊严的公约》第 3 条要求缔约各方"使人民平等获得适当品质的医疗资源"，第 10 条关于任何人都有知晓自己健康信息的权利；

思及《个人数据自动化处理领域的个人保护公约》（ETS No. 108），以及第 R（97）5 号和第 R（97）17 号关于建立和落实医疗领域质量改善机制的建议；

谨记欧洲委员会议会关于代议民主体制下公民参与手段的报告〔Doc. 7781

---

〔1〕《欧洲委员会部长理事会就建立公民和患者参与医疗事务决策相关机制的事宜对成员国的第 R（2000）5 号建议》〔Recommendation No. R（2000）5 of the Committee of Ministers to member states on the development of structures for citizen and patient participation in the decision-making process affecting health care〕，资料来源于欧洲委员会官网：https://wcd. coe. int/ViewDoc. jsp? id = 340437&Site = CM，2016 年 8 月 28 日最后访问，唐超译。

〔2〕《欧洲社会宪章》第 11 条〔健康得到保护的权利〕："为了确保有效行使健康得到保护的权利，当事方承诺，直接地或者与各公私组织合作，采取各种适当措施，尤其是以下措施：（1）尽可能消灭病源；（2）为促进健康，鼓励个体负起健康责任，创设相应咨询和教育设施；（3）尽可能预防传染病、地方病、其他疾病以及事故。"载 http://www. hrcr. org/docs/Social_Charter/soccharter5. html，2016 年 8 月 28 日最后访问。

(1977)〕;

注意到世界卫生组织针对欧洲区的健康 21 项目 (Health 21 programme),〔1〕以及世界卫生组织关于患者权利和公民参与的近期政策文件的重大意义;

犹记《促进欧洲患者权利宣言》;

注意到世界卫生组织签署的《卢布尔雅那医疗改革约章》(Ljubljana Charter on Reforming Health Care),强调医疗体制应以人为本,允许"公民的声音和抉择,影响医疗机构的规划和运行方式";

更注意到《渥太华健康促进约章》〔Ottawa Charter for Health Promotion (1986)〕和《推动 21 世纪健康促进的雅加达宣言》〔Jakarta Declaration on Leading Health Promotion into the 21st Century (1997)〕,其对公众健康指导原则的阐述意义重大;

认可医疗体制应以患者为导向 (patient-oriented);

虑及公民参与医疗事务决策乃是理有当然;

认可在自由民主社会中,公民〔参与〕决定医疗领域目标和指标的基本权利;

---

〔1〕 "健康 21 (Health 21)",系世界卫生组织欧洲区的政策框架 (policy framework),源出 1998 年世界卫生大会通过的面向 21 世纪 "人人健康 (health-for-all)" 政策。名称由来不仅在于其面向 21 世纪的健康事宜,还在于其设定了改善欧洲健康水平的 21 项目标。这 21 项目标为:① "团结起来为健康 (Solidarity for health in the European Region)",或者 "缩小国别健康差距";② "健康公平 (Equity in health)",或者 "缩小国内健康差距";③ "人生健康始 (Healthy start in life)",例如,"健康政策应促成彼此扶助的家庭 (supportive family),合乎期待的孩子,适格的父母";④ "健康青少年",即青少年应该更健康,能够更好地扮演其社会角色;⑤ "健康老年 (Healthy aging)",表现为预期寿命增长、生活能自理的预期寿命的增长、健康而不必住院的老年人口的比例增长;⑥ "提升心理健康水平";⑦ "减少传染病";⑧ "减少非传染性疾病";⑨ "减少暴力伤害和事故伤害";⑩ "健康安全的自然环境";⑪ "健康生活",例如 "在营养摄取、身体锻炼、性生活等方面的健康习性",以及 "提升安全健康食品的可得性、可负担性以及易获取性";⑫ "减少酒精、药物、烟草伤害";⑬ "健康设施",尤其是,"不论在家里,在学校,在工作场所,还是在地方社区,欧洲人民都应有机会生活在健康的物质和社会环境中";⑭ "多部门负责";⑮ "综合性的医疗体系","更易得到的,家庭导向和社区导向的初级医疗服务,辅以有灵活应变能力的医院体系";⑯ "医疗质量管理",通过关注结果;⑰ "立足于平等获取、成本效益、社会连带、最优质量原则,建设可持续的筹资机制和资源分配机制";⑱ "大力开发健康人力资源",确保医务人员及其他人 "掌握适当的知识、技能,以适当的态度,保护和促进健康";⑲ "健康相关研究和知识 (Research and knowledge for health)","开展相关研究,建设相关信息机制","以促进知识的获取、有效利用和传播";⑳ "各界共参与 (Mobilizing partners for health)",包括政府、专业人员、非政府组织、私营部门以及个体公民;㉑ "人人健康的政策 (Policies and strategies for health for all)",落实在 "国家、地区及地方层面"。参见维基百科:https://en. wikipedia. org/wiki/Health_21,2016 年 8 月 28 日最后访问。

认可患者、消费者、受保人、公民的民间自助组织（civic and self-help organisations）在代表医疗领域"使用人/顾客（users）"利益方面起到的重大作用，并认可其主要作用既在于为其成员提供支持和服务，也在于促进其成员利益；

虑及参与医疗事务决策程序，有助于公众接受医疗政策目标；

虑及各成员国有必要向公众普及一般的健康知识，促进健康生活、疾病预防和对自己健康负责的方式；

认可下面的事实，即赋权予民，得复振代议民主、强化社会凝聚力、提升医疗体制的运行效果、更好地平衡各方主体间的利益并建立各方主体间的伙伴关系；

鉴悉患者赋权（patient empowerment）及公民参与之实现，惟待患者基本权利之落实，而患者参与又是日常实践中全面落实这些权利的重要途径；

认可公民赋权分为不同层次，从影响医疗体制全面管理的能力，到参与医疗事务决策程序的能力，表现为通过患者组织或公民组织，通过医疗体制管理机构中利益代表来增进特殊利益，通过自主抉择来直接影响医疗服务的供给。

遂向各成员国政府建议如下：

－确保公民参与［这个理念］落实到医疗体制的方方面面（国家、地区及地方层面），医疗体制的所有营运人（operators），包括专业人员、保险公司和主管当局，都切实遵守；

－采取措施，将本建议附录中所载指导方针体现于内国法律中；

－创建相应法律框架和政策（倘无此类框架和政策），促进公民参与和患者权利；

－采纳相关政策（倘无此类政策），为医疗资源"使用人/顾客（users）"民间组织的生长（表现在成员、方向和目标方面），创造适宜的环境；

－支持大力传播本建议及其说明书，对意图参与医疗事务决策的所有个体和组织，投以格外关注。

第 R（2000）5 号建议附录：指导方针

一、公民参与和患者参与之为民主进程

1. 公民和患者参与医疗事务决策程序（如果愿意参与）的权利，应视作任何民主社会基本的、内在的成分。

2. 政府应制定政策、策略，促进患者权利和公民参与医疗事务决策，并负责传播、监督和更新这些政策、策略。

3. 患者/公民参与应为医疗体制内在的成分，并为当前医疗体制改革不可或缺的内容。

4. 通过以下几点，使决策更为民主：

－清晰地划分医疗事务决策的职责；

－使所有利益集团，包括积极参与医疗事务的民间团体（civic associa-tions），而不限于利害相关各方（专业人士、保险公司等），都能发挥适当影响；

－公众参与这些事务的政治辩论；

－在发现问题和政策发展阶段，尽可能使公民参与；参与［形式应多样化，而］不限于解决问题，只是在拟定的数方案中加以选择。

5. 更为广泛地利用公开辩论，加强参与机制。

二、信息

6. 有关医疗事务和决策机制的信息，应广泛传播，以促进［公民］参与。信息应轻易可得、及时、易于理解且相关。

7. 各成员国政府应改善和加强沟通，信息策略应适合针对的人群。

8. 利用常规的宣传活动以及其他方法（例如电话热线），提升公众对患者权利的认识。应置备相应查询系统，俾便患者了解更多信息（关于患者权利及可用的执行机制）。

三、积极［公民/患者］参与的若干支持政策

9. 政府应创设良好环境，支持公民参与医疗事务决策并担起责任。

这意味着：

－为公民参与，设立或强化相应的机制及/或结构；在各管理层面，在所有地区、联邦、国家的医疗主管机关，听取患者和公民意见，应成为整个医疗体制持续关注的事宜（constant concern）；

－就各伦理委员会、卫生委员会、咨询机构或者任何其他负责医疗决策事务的机构，支持公民代表提名和选择的民主程序；

－使公民和医疗资源使用人/顾客参与医疗体制不同结构的管理；

－引入对参与机制的持续评估，应使公民和患者参与此种评估；

－确使所有相关人群都能够在平等的基础上参与；

－消除［公民/患者］参与的经济、地理、文化、语言限制；

- 给弱势群体额外帮助，推动弱势群体参与；

- 扶持教育和培训机构，推动民主参与。

10. 政府应采纳政策，通过以下途径，为医疗资源"使用人/顾客（users）"民间组织的生长（表现在成员、目标和任务方面），创造支持性的环境：

- 为公民参与医疗机构和保险公司管理创造法律基础；

- 在法律体制和财政体制里，为设立、运行此类组织创造良好的条件；卫生预算里，应尽可能包括支持此类组织的拨款；

- 创造良好的法律条件，支持业界为此类组织筹资，并避免利益冲突；

- 尽可能促进不同组织间的合作，同时尊重不同组织的差异。医疗领域的各民间组织，应同心协力，形成战略联盟；

- 推动这些组织为尽可能多的人提供服务和帮助；

- 让这些组织发挥作用，向组织成员和一般公众，就特定事务提供信息以及/或者提供一般健康信息；

- 在医疗领域众多利益集团（专业人士、保险公司的组织等）中间，为这些［患者民间］组织安排合适的位置；

- 鼓励这些组织内部民主地展开伦理辩论；

- 在公权机构和这些组织间，建立透明、开放的关系。

11. 应考虑采取下列配套措施：

- 就公民参与医疗事务决策程序的进展情况，出版年度报告；

- 确保和公权机构订立的任何契约，或者医疗体制内重要营运人（key operators）间订立的契约，应承诺推动公民/患者参与；

- 在沟通和参与实践中，培训医务人员；

- 经与非政府组织（NGO's）磋商，就公民/患者参与，开展研究课题，并建立最为有效的机制，确保参与医疗事务决策程序。

四、参与机制

12. 公民应全程参与医疗立法：法律的起草、法律的实施和跟踪，包括将来的修正程序。不论是什么委员会，还是公众辩论，只要合适，皆可参与。

13. 公民/患者应有机会参与设定医疗领域的优先次序。

为此，应将优先次序设定的各个不同方面予以清晰说明，俾使公民参与乃是负责任的、充分知情的。牵系于这些抉择的目标、结果和职责，应予清晰设定，关乎医疗资源配置、医疗体制重组以及医疗体制内不同部件之间关系的这些抉择，其意义亦应予以清晰设定。

14. 评估医疗服务质量，应将患者立场和期待纳入考虑。患者就内部评估有发言权，亦应通过患者协会使患者参与外部评估。和服务提供人订立的契约，应包含具有此种效果的有拘束力的条款。

15. 患者和患者团体，应有充分的机制于个案中落实患者权利，并得由独立机构通过监管机制加以补充。

为了有效落实患者权利，这些机制应涵盖广泛，提供各式调解途径。正式的投诉程序，应可径直、轻易启动。这些机制应可平等获取，经济障碍应尽行拆除，或者免费，或者予低收入人群以补贴。

16. 对患者投诉，应系统收集并加分析，以获取有关医疗服务质量的信息，并用作线索，找出需要改善的各个领域和方面。

欧洲患者权利约章[1]

基础文件

2002 年 11 月，罗马

序言

欧盟各成员国的医疗体制虽有差异，却都将患者、消费者、使用者、家属、弱势群体以及普通人的权利置于风险境地。纵有关于"欧洲社会模式"（European Social Model，获得普遍可及的医疗服务的权利）的严正宣言，可若干约束条件却让这权利难以落实。

欧洲人民不能接受，在理论上认可的某些权利，却在实践中因为财政紧张

〔1〕 原注：这份文件，系积极公民权组织（Cittadinanzattiva-Active Citizenship Network）专家小组的工作成果，小组成员有：Giuseppe Cotturri，Stefano A. Inglese，Giovanni Moro，Charlotte Roffiaen，Consuelo Scattolon。小组于 2002 年 7 月草成初稿，提交 2002 年 9 月 7 日罗马会议讨论。参加罗马讨论会的有：Ekkehard Bahlo，Deutsche Gesellschaft für Versicherte und Patienten e. V. （DGVPV）；Pascale Blaes，Fédération Belge contre le Cancer；Fátima Carvalho Lopes，APOVITA，Portugal；Ana Etchenique，Confederacion de Consumidores y usurarios（CECU），Spain；Ioannis Iglezakis，KE. P. KA，Greece；Stefano A. Inglese，Cittadinanzattiva / Tribunal for Patients' Rights，Italy；Stephen A. McMahon，Irish Patients Association Ltd；Giovanni Moro，Active Citizenship Network；Margrethe Nielsen，Danish Consumer Council；Teresa Petrangolini，Cittadinanzattiva，Italy；Ysbrand Poortman，Vereniging Samenwerkende Ouder - en Patiëntenorganisaties（VSOP），The Netherlands；Charlotte Roffiaen，Active Citizenship Network；Martin Rusnak，International Neurotrauma Research Organization，Austria；Bas Treffers，Nederlandse Patiënten Consumenten Federatie（NPCF）；Simon Williams，The Patients Association，UK。据罗马讨论会，形成这份文本。感谢 George France 对这份文本的细致审校。当然，文本内容由积极公民权组织负责。

译注：Cittadinanzattiva，意大利的公民参与运动组织，倡导公民和消费者权利保护，创立于 1978 年，系政治上独立的非营利组织。

《欧洲患者权利约章》（European Charter of Patients' Rights），资料来源：http://ec. europa. eu/health/ph_overview/co_operation/mobility/docs/health_services_co108_en. pdf，2016 年 8 月 28 日最后访问，唐超、周畅译。

而遭否定。财政紧张固可理解，却不能为否定或削减患者权利提供合法性。欧洲人民不能接受，先将这些权利冠冕堂皇地写入法律，旋任其投闲置散，不闻不问，在选战中还言之凿凿、信誓旦旦，新内阁一朝秉政，便抛诸脑后。

《欧盟基本权利宪章》（Charter of Fundamental Rights of the European Union）很快会成为新欧洲宪法的一部分。正是以《欧盟基本权利宪章》为据，得将当下处于风险境地的 14 项具体患者权利布之于众：得到预防服务的权利、获得医疗资源的权利（access）、知情的权利、同意的权利、自由选择的权利、隐私和信息受保护的权利、要求尊重患者时间的权利、要求医疗服务达到优质标准的权利、对医疗安全的权利、得到创新成果的权利、避免不必要的痛苦的权利、得到个性化医疗服务的权利、投诉的权利，以及得到赔偿的权利。这些权利亦与世界卫生组织、欧洲委员会的若干国际宣言、建议紧密勾连。这些国际文件涉及组织标准、技术参数，以及职业模式（professional patterns）和职业行为。

欧盟各成员国的医疗体制，在尊重患者权利方面，表现迥异。有些医疗体制可能有患者权利约章、特别法、行政法规、医疗机构规章、监察专员之类的机构，还有替代纠纷解决机制之类的程序，等等。有些则可能一无所凭。无论如何，本约章都能够强化各成员国对患者/公民权利的保护力度，并协调各医疗体制在保护公民和患者权利方面的立场。尤其是在欧盟内部实现了迁徙自由以及欧盟扩大化进程的背景下，此点格外重要。

对市民社会、欧盟成员国及欧盟各机构，以及有能力以其作为或不作为影响患者权利保护事业的人，本约章得用作参考。约章既着眼于当下欧洲的现实，又远眺医疗服务领域发展的趋势，故得接受未来的考验，并与时行也。

本约章的落实，主要仰给各成员国活跃的、以维护患者权利为主旨的社会组织。同样离不开医务人员、管理者、政府、立法机关及行政机关的勠力同心。

一、基本权利

1. 《欧盟基本权利宪章》

– 《欧盟基本权利宪章》，这欧洲宪法的第一块"砖（brick）"，乃是本约章的主要参照系。《欧盟基本权利宪章》确认了一系列不可剥夺的普遍权利，这些权利，欧盟和各成员国不得限制，个体亦不得放弃。这些权利超越了公民身份，凡自然人皆可享有。虽内国法未加保护，亦无碍这些权利存在；只是对这些权利的一般性阐释（general articulation），即足以让人主张将这些权利转化为更为具体的程序和保障。依《欧盟基本权利宪章》第 51 条，内国法应合乎《欧盟基本权利宪章》精神，但《欧盟基本权利宪章》并不凌驾于内国宪法之上，倘内国宪法的保障水平更高，自当适用内国宪法（第53条）。

总之，《欧盟基本权利宪章》开列的具体权利应作宽泛解释，如此，乞诸相关的一般原则，即得填补具体条款的任何漏洞。

－《欧盟基本权利宪章》第35条将健康得到保护的权利（right to health protection）界定为，"依各成员国法律和惯常做法设定的条件，获得预防性质医疗服务的权利以及得到治疗的权利"。

《欧盟基本权利宪章》第35条明确指出，欧盟确保"高水平的健康保护（a high level of protection of human health）"，这意味着个体健康及医疗服务［事业］，既为个体福利，亦为社会福利（social good）。《欧盟基本权利宪章》的立场为各成员国设置了指导性的标准：各国医疗体制，于提供医疗服务的能力方面虽有差异，皆不得逡巡于"最低标准"，而应致力于最高水平。

－除第35条外，《欧盟基本权利宪章》还有诸多条款，直接或间接涉及患者权利，应值铭记：人格尊严不受侵犯（第1条）和生命权（第2条）；对身体和精神完好性的权利（第3条）；对人身安全的权利（第6条）；个人数据受保护的权利（第8条）；不受歧视的权利（第21条）；文化、宗教和语言多元性受尊重的权利（第22条）；儿童的权利（第24条）；老人的权利（第25条）；得到公平公正工作条件的权利（第31条）；得到社会保障和社会救助的权利（第34条）；对环境保护的权利（第37条）；对消费者保护的权利（第38条）；迁徙和居住自由（第45条）。

2. 其他国际文件

下列14项权利，亦与其他国际文件紧密勾连，尤其是世界卫生组织和欧洲委员会发布的文件。

就世界卫生组织而言，最为重要的文件如下：

－《促进欧洲患者权利宣言》，1994年于阿姆斯特丹签署；

－《卢布尔雅那医疗改革约章》，1996年签署；

－《有关21世纪健康促进的雅加达宣言》（Jakarta Declaration on Health Promotion into the 21st Century），1997年签署。

就欧洲委员会而言，格外重要的是1997年《在生物学和医学应用领域保护人权和人格尊严的公约》和欧洲委员会部长理事会《关于建立公民和患者参与医疗决策的相关机制的建议》。

这些文件都将医疗领域的权利看作自基本权利衍生而来。

二、患者的十四项权利

本约章的第二部分，意在公告 14 项患者权利，通过这些权利，将前述基本权利具体化，使之可以适用，并适应当前医疗服务领域的实际情况。这些权利旨在实现"高水平的健康保护"（《欧盟基本权利宪章》第 35 条），确保各成员国提供优质医疗服务。这些权利，应在整个欧盟都得到保护。

就下文开列的 14 项患者权利，预为说明如下：

对这些权利的界定意味着，公民和医疗服务领域的各相关利害方，各自都承担着责任。权利与义务、责任相关联。

本约章适用于所有个体，承认诸如年龄、性别、宗教、社会经济地位以及教育程度等因素，会影响个体的医疗需求。

本约章无意就伦理事宜表态。

本约章所界定的，乃是在当下欧洲医疗体制内有效的权利。是故，随着这些权利的演化，以及医疗科技的发展，这些权利当然要接受审视和修正。

这 14 项权利是基本权利的具体化，考虑到医疗服务的适当性标准（criteria of the appropriateness of care），应不受财政、经济或政治方面的约束而认可、尊重这些权利。

对这些权利的尊重，也就意味着，既在技术/组织方面达到要求（technical/organisational requirements），也在行为/职业模式（behavioural/professional patterns）方面合乎标准。是以，这些权利的落实，要求内国医疗体制运行模式的全球化改革。

本约章以下各条对各项权利加以界定和阐释，但并不奢望预见所有可能的情况。

1. 得到预防性质医疗服务的权利

［定义］任何个体都有权利得到适当的医疗服务，以预防疾病。

［阐释］公众医疗服务系统（health services）负有义务，通过增进人群对疾病预防［意义］的认识，为各种风险人群（population at risk）定期提供免费医疗服务，并使人人可以得到医疗科技创新的成果，来落实这项权利。

2. 得到医疗服务的权利（right of access）

［定义］任何个体都有权利依其健康需求，得到相应的医疗服务。公众医疗服务系统应保证人人平等获得医疗资源，不得基于财力、居住地、疾病类型或者获取医疗服务的时间而区别对待患者。

［阐释］需要医疗服务，但无力承担费用者，有权接受免费医疗服务。

不论在小医院、大医院还是诊所，任何人都有权利得到充足的医疗服务。

任何人，即便未获居留许可，亦有权利得到紧急、必需的门诊和住院医疗服务。

罕见病患者与常见病患者，享有同样的得到必要治疗和药物的权利。

3. 知情权利

［定义］任何人都有权利知晓有关其健康状况、［可得的］医疗服务、如何利用这些医疗服务，以及一切可得的医疗科技创新成果的全部信息。

［阐释］公众医疗服务系统、医疗服务提供人和医务人员，应依患者标准（patient-tailored）提供信息，尤其应考虑患者的宗教、种族、语言等个体情况。

公众医疗服务系统应通过扫除官僚主义障碍、培训医疗服务提供人、制备和分发信息材料等方式，使一切信息轻易可得。

患者有权利直接查阅临床文件和病历，有权利复制这些材料，有权利就这些材料的内容提问，就可能的错误要求更正。

住院患者有权利要求连续、详尽地提供信息；得以"医导（tutor）"确保患者享有此项权利。

任何人都有权利直接获取有关科研、药物治疗和技术创新的信息。此类信息得借由公私渠道获得，惟信息渠道应合乎精确、可靠、透明的要求。

4. 同意的权利

［定义］任何个体都有权利获取一切可能使其积极参与医疗决策的信息；［掌握］此等信息，乃是施行任何医疗措施（包括参与医疗科研）的前提条件。

［阐释］就打算采取的医疗措施或手术，医疗服务提供人和医务人员必须提供一切相关信息，包括伴随的风险、不适、副作用，以及可采取的替代医疗措施。这些信息应提前（至少24小时）提供，俾使患者得积极参与医疗决策。

医疗服务提供人和医务人员，应以患者通晓的语言，以欠缺专业背景之人亦得理解的方式，向患者传递信息。

在由法定代理人代为知情同意的情形，无论是未成年患者还是不能表达意愿的成年患者，仍应尽可能使其参与医疗决策。

应在此基础上得到患者的知情同意。

患者有权利拒绝治疗或医疗干预，亦得于治疗过程中改变意愿，拒绝继续治疗。

患者有权利拒绝接受有关其健康的信息。

5. 自由选择权

[定义] 任何个体都得基于充足信息，于若干不同医疗措施和医疗服务提供人间加以选择。

[阐释] 患者得决定接受何种诊断检查和治疗，得选择为其提供服务的全科医生、专科医生或医院。公众医疗服务系统负有义务，就有能力提供特定医疗服务的各医疗中心和医生的情况及其业务表现，向患者提供信息，以确保患者选择权利的落实。妨碍患者行使选择权利的任何障碍皆应排除。

患者不信任其医生的，得另为指定。

6. 隐私权利和要求信息保密的权利

[定义] 任何个体都有要求个人信息保密的权利，包括有关其健康状况的信息、可能的诊断或治疗措施的信息，亦得要求于诊断检查、专家查看以及一般治疗过程中，隐私受到保护。

[阐释] 和患者的健康状况、接受的医疗措施相关的一切数据和信息，皆为隐私，应受充分保护。

个体隐私应受尊重，虽在医疗过程中（诊断检查、专家查看、药物治疗等）亦然，医疗活动应于适当环境下开展，只有必要人员方得在场（患者明确同意或要求他人在场的除外）。

7. 患者时间受尊重的权利

[定义] 任何个体，都有权利于预先确定的较短时间内得到必要治疗。此项权利适用于治疗的任何阶段。

[阐释] 公众医疗服务系统，应依明确的标准、根据病情的紧迫程度，设置特定医疗服务的等待时间。

公众医疗服务系统应确保个体得到医疗服务，需要等待的，确保立即将患者列入候诊名单。

任何患者都得请求查询候诊名单，惟应尊重隐私规范。

公众医疗服务系统不能于最大预定时间内提供服务的，应保证患者有机会得到相当质量的替代医疗服务，患者支付的费用，应于合理时间内偿还。

医生应于患者身上投入充足时间，包括用于提供信息的时间。

8. 得到优质医疗服务的权利

[定义] 任何个体都有权利得到优质医疗服务，服务内容以精细的标准详加说明，医疗服务提供人应严格遵守。

[阐释] 得到优质医疗服务的权利，要求医疗机构和医务人员提供的服务，

在技术水平、舒适程度和人际交往方面都合乎标准。这就要求，对精细的质量标准详加说明，并应严格遵守。质量标准系通过公开的协商程序确定，并经定期审查、评估。

9. 得到安全服务的权利

[定义] 任何个体都有权利免遭公众医疗服务系统运转失常、医疗过失和医疗差错造成的损害，都有权利得到合乎高安全标准的医疗服务。

[阐释] 为保障此项权利，医院及医疗系统对风险因素应持续监控，确保电子医疗设备得到良好维护、操作人员得到良好培训。所有医务人员，都要为医疗过程中各个阶段、各项因素的安全负全部责任。

通过遵循先例（monitoring precedents）和持续培训，使医生有能力预防差错风险。

医务人员向上级及/或同事通报现有风险的，不应因此遭受可能的不利后果。

10. 得到创新医疗服务的权利

[定义] 任何个体都有权利得到合乎国际标准的创新医疗措施，包括诊断措施，而不考虑经济或财务因素。

[阐释] 公众医疗服务系统应推动、扶持生物医学研究，对罕见病应投以格外关注。

研究成果应予大力传播。

11. 避免不必要的痛苦的权利

[定义] 任何个体，于疾病任何阶段，皆有权利要求尽可能避免痛苦（suffering and pain）。

[阐释] 医疗服务系统应采取一切措施，维护患者此项权利，例如提供姑息疗法，并使患者更容易获取这些治疗方法。

12. 得到个性化医疗服务的权利

[定义] 任何个体都有权利要求，尽可能依据其个人医疗需求，拟定诊断、治疗方案。

[阐释] 为保障此项权利，医疗服务系统应尽可能以个体需求为导向，拟定有弹性的医疗方案，不得将经济能力标准（criteria of economic sustainability）[1]凌驾于患者权利之上。

---

〔1〕 指医疗体制的财力事宜。

13. 投诉的权利

［定义］任何个体，遭受了医疗伤害，即有投诉的权利，并有权利得到答复或其他反馈。

［阐释］医疗服务系统应保障患者此项权利的行使，（在第三方帮助下）向患者提供信息，使患者了解享有哪些权利，能认识到权利遭受侵害，并得以要求的形式投诉。

医疗主管机构应于确定期间内，以详尽的书面回复形式，跟进患者投诉。

投诉应依标准程序而为，可以得到独立机构及/或市民组织的帮助，不得害及患者提起诉讼或者寻求替代纠纷解决机制的权利。

14. 得到赔偿的权利

［定义］任何个体因医疗服务遭受身体或精神、心理伤害的，有权利在合理的短时间内得到充分赔偿。

［阐释］不论伤害的严重程度如何，亦不论造成伤害的原因如何（是过长的等待时间，还是医疗过失），甚至最终责任不能确定的，公众医疗服务系统都要确保患者得到赔偿。

三、积极公民权

本约章阐明的诸项权利，指向"个体/自然人（individual）"，而非"公民（citizen）"，盖如第一部分所述，基本权利超越了公民身份。惟个体采取行动，保护自己或他人权利，亦即行使"积极公民权（active citizenship）"。是以第三部分使用术语"公民"，以指称欧盟域内积极行动之人（active persons）。

为了促进前述患者权利的落实，若干公民权利应予伸张。这些公民权利主要涉及各有组织的公民群体（患者组织，消费者组织，维权组织，咨询组织，自助组织，志愿者，民间组织等），这些组织在支持和帮助个体维权方面发挥了无与伦比的作用。这些公民权利与市民团体（civic association）的权利紧紧挂钩，见于《欧盟基本权利宪章》第12条第1款。

1. 采取一般权益行动的权利

公民，不论是个体还是团体成员，根植于基层原则（subsidiarity），皆得采取一般权益行动（general interest activities），以保护医疗服务领域的权利；不论是主管机构，还是各相关主体，皆负有相应义务，支持和鼓励此种行动。

2. 采取维权行动的权利

公民有权利采取维权行动，尤其是：

－在尊重隐私权的前提下，人员和信息于公私医疗系统中自由流动的权利；

－为了评估患者权利是否得到有效尊重，采取审计和查证活动的权利；

－为防权利受侵害而采取行动的权利；

－在权利遭受侵害或者没有得到充分保护的情形下，直接介入的权利；

－提交信息和建议的权利，以及医疗服务主管机构所负的审查和回复义务；

－与主管机构公开对话的权利。

3. 参与医疗政策制定的权利

涉及患者权利保护的公共政策，其制定、落实及评估事宜，基于下列原则，公民有参与的权利：

－在设定待议事件（agenda）方面的双边交流原则。即就待议事件的确定，公民和相关机构间应持续交流信息；

－在政策规划和决策两个阶段征求意见的原则。相关机构因之负有义务，听取市民组织的建议并给予反馈，在决策之前征求市民组织的意见；倘决策与市民组织的意见不一致，应说明决策理由；

－在落实活动中的合作原则。所有合作人（公民、相关机构，其他的私人合作者或团体合作者），都负有全部的责任，并有同等地位；

－共同评估原则（shared evaluation）。市民组织活动的成果，应看作评估公共政策的工具。

四、落实本约章的指导方针

本约章的内容，其传布及落实，有待诸多不同层面，尤其是欧盟、各成员国和地方层面的努力。指导方针如下：

1. 信息和教育

本约章既是向公民和医务人员传递信息的媒介，亦是有力的教育手段，故应于医院、专业媒体及其他医疗机构大力宣传。在大中小学校，在其他关注"权利欧洲（Europe of Rights）"建设问题的地方，亦应大力宣传。对医生、护士以及医疗领域利益相关其他各方的培训和教育工作，应予格外重视。

2. 寻求支持

应争取医疗领域利害相关各方及市民组织的支持和帮助。那些作出特殊贡献的医疗体制及医务人员，应予表彰。

3. 监督

本约章亦得用作市民组织、媒体、独立机构（independent authorities）以合适方法监督欧洲患者权利保障情况的手段。并得出版定期报告，引起社会更大关注，并勾勒新的目标。

4. 保护

得利用本约章发起患者权利保护活动，既得预防对患者权利的侵害，亦得用来恢复被侵害的权利。积极公民权组织（active citizenship organisations），其他各类机构和团体，如监察专员（ombudspersons）、伦理委员会或者替代纠纷解决机制下的委员会、治安法官，以及法院，都得推动此类活动。"欧洲法律空间（European legal space）"下的各类机构、程序及工具，皆得用于患者权利保护。

5. 对话

为制定患者权利保护的政策和方案，利益相关各方，得于本约章基础上展开对话。政府主管机构、医疗领域的公私企业，以及医疗行业协会、工会，皆得参与此类对话。

6. 预算

就本约章写明的患者权利，得于卫生预算中拨付特定比例，以应付特定局面（如候诊名单），或保护特别紧急情况下的患者（如精神病人）。预算是否花在预定用途，或者在多大程度上偏离了预定用途，得以年度报告查证。

7. 立法

本约章写明的患者权利，纵然依《欧盟基本权利宪章》将很快得到落实，亦无碍将其得全部或部分纳入各成员国及欧盟法律、法规，使保护患者权利的目标成为公共政策的普通部分。

这份文件仅代表作者立场，并未为欧洲委员会批准，亦不得倚之为欧洲委员会或者卫生与消费者保护总理事会（Health and Consumer Protection Directorate-General of EC）的立场声明。欧洲委员会不保证本文援引数据的准确性，亦不对这份文件的利用承担责任。

乙帙

患者权利法

芬兰患者地位与权利法[1]

（第 785/1992 号法律）
1992 年 8 月 17 日，赫尔辛基

第一章　一般规定

第 1 条　适用

本法适用于医疗领域患者的地位和权利事宜，法律另有规定的除外。

第 2 条　定义

在本法中，

1）患者，谓接受医疗服务之人，或以其他方式而为医疗服务对象之人。

---

〔1〕　早在 1979 年，国家卫生委员会（National Board of Health）即向社会福利部建议立法，但由于经验不足、思虑不周，许多问题不能给出答案，反造成立场的不安定，以故患者和医务界皆未关注。

1982 年，社会福利部设立的患者权利保护委员会提出草案。委员会还设想，是否应将患者责任也纳入，例如患者遵守医疗机构规则的责任。后认为这些写入患者权利法并不合适，遂放弃想法。

依芬兰医事法律，在特定情形，患者有责任接受医疗服务，患者意愿不在考虑之列。倘遇患者身体遭受格外严重的侵入，或者完全无视患者的自主决定权利，这样的情形会引发争议，过去这些事宜由特别法规制，例如精神卫生法。还有像器官移植、人工流产、节育之类，也由特别法调整。由于委员会意在审视患者权利的一般原则，以及对待患者的应然方式，以上事宜便不予考虑。

另外，鉴于对患者权利的现有研究存在很多不足，委员会一致决定，建议就最为重要的患者权利，以及对待患者的方式，制定特别法。将所有可能的患者权利，穷尽写明，这样的法律并不可行。例如，芬兰公民疾病时得到经济扶助的权利，即由社会保障法规制。另外，患者权利仍受其他有效的特别法规制，例如人工流产法。患者权利保护法里写明的系列权利，旨在厘清和强化这些重要权利，从而提升对这些权利的保护水平。See Paula Kokkonen，"The New Finnish Law on the Status and Rights of a Patient"，*European Journal of Health Law*，1(1994)，pp. 127 ~ 135.

《芬兰患者地位与权利法》（Act on the Status and rights of patients，No. 785/1992），资料来源：http://www. finlex. fi/en/laki/kaannokset/1992/en19920785. pdf，2016 年 8 月 28 日最后访问，唐超、刘畅译。

2）医疗服务（health care and medical care），谓为了评估健康状况，恢复或维系健康，而由医务人员采取的或者在医疗单位采取的措施。

3）医务人员（health care professionals），谓《医护人员法》（Act concerning Health Care Professionals）第 2 条所指之人。

4）医疗单位（health care unit），谓《初级医疗服务法》［Act on Primary Health Care（66/72）］中的医疗中心（health centres），《专科医疗服务法》［Specialized Medical Care Act（1062/1989）］中的医院，独立于医院的医疗机构（medical care units），以及由联合当局（joint authority）[1]认定的、为特定医院辖区提供医疗服务的其他机构，《私人医疗服务法》［Private Health Care Act（152/1990）］中提供医疗服务的单位，芬兰职业病研究所提供《职业病研究所筹资及活动法》［Act on the Activities and Financing of the Institute of Occupational Health（159/1978）］所说的医疗服务的，《精神病院法》［Act on State Mental Hospitals（1292/1987）］中的精神病院，《国防部队医疗服务法》［Act on Arranging Health Care in the Defence Forces（322/1987）］中的医疗机构，《狱政法令》（Decree on Prison Administration）中的监狱精神病院、精神病房，监狱里其他的医院机构、病房、门诊。

5）病历（patient documents），谓为患者安排、提供医疗服务过程中所使用、拟就或得到的文件或技术材料，包含患者的病情和其他个人信息。

第2a条　国家医疗伦理咨询委员会

（1）芬兰政府每4年任命一次国家医疗伦理咨询委员会。咨询委员会的任务在于，从根本上解决医疗领域的伦理问题以及患者地位事宜，并就此提出相关建议。

（2）委员会的组成及任务，更细致的事宜由法令（Decree）定之。（15.5.1998；333/1998）

第二章　患者权利

第3条　获得优质医疗服务的权利

（1）任何芬兰永久居民，在可得医疗资源的限度内，都有权利依其病情获

---

〔1〕 似指第3条提到的联合市政委员会。

得相应的医疗服务，不受任何区别对待。就暂住居民获得医疗服务的权利，此前法律的特别规定及各州间的互惠协议，仍然有效。自治市和州安排医疗服务供给的义务，见于《初级医疗服务法》《专科医疗服务法》《传染病防治法》[Communicable Diseases Act (583/1986)]《精神卫生法》《狱政法令》以及《国防部队医疗服务法》。(30.6.2000/653)

（2）患者有权利获得优质的医疗服务。医疗服务之提供，应使患者尊严不受侵犯，患者的信仰和隐私受到尊重。

（3）为患者提供医疗服务，应尽可能考虑患者使用的语言、个人需求和文化背景。

（4）患者使用芬兰语或瑞典语的权利，要求医务人员以芬兰语或瑞典语将决定告知自己或记入病历的权利，以这些语言与有关部门交涉时得到翻译的权利，见于《语言法》[Language Act (423/2003)] 第10条、第18条和第20条。自治市和联合市政委员会（joint municipal boards），以芬兰语和瑞典语供给医疗服务的义务，见于《初级医疗服务法》和《专科医疗服务法》。(6.6.2003/429)

第4条　获取医疗服务

（1）提供医疗服务的日期，应告知患者。日期有变的，应即刻告知新日期及更改原因。有关接受医疗服务以及初级医疗单位和专科医疗单位提供医疗服务的特别规定，见于《初级医疗服务法》和《专科医疗服务法》。(17.9.2004/857)

（2）对需要紧急医疗服务的患者，应予救治，或者以《初级医疗服务法》第14条第1款第2项、《专科医疗服务法》第30条第2款、《医务人员法》第15条规定的方式收治。(30.6.2000/653)

第4a条　检查、治疗、康复方案（17.9.2004/857）

为患者安排医疗服务，倘有必要，应草拟检查、治疗、康复计划或类似文件。医疗服务的供给及时间安排应写入计划。计划的草拟，应与患者、患者亲属或其他重要之人，或者患者的法定代理人充分沟通。此外，计划的内容及所涉当事人，另有专门规定。(30.6.2000/653)

第5条　知情的权利

（1）医务人员应告知患者其病情、治疗的意义、各种替代方法及效果，以及对患者作出决定有重大影响的其他因素。倘有悖于患者意愿，或者告知相关信息会给患者生命或健康造成严重损害，即不得告知。

（2）医务人员应以患者得理解的方式，向患者提供信息。倘医务人员不懂患者的语言，或者因为患者的知觉或语言障碍，医务人员不能理解患者的意愿，应尽可能提供翻译、解释服务。

（3）就患者核实病历中有关自己的信息的权利，《个人数据法》［Personal Data File Act（523/1999）］第 26～28 条应予适用。就患者获取信息的权利，《政务公开法》［Act on the Openness of Government Activities（621/1999）］第 11 条和第 12 条的相关规定应予适用。（30.6.2000/653）

第6条 病人自主决定的权利

（1）为患者提供医疗服务，要和患者充分沟通。患者拒绝特定治疗措施的，也应和患者充分沟通，尽可能地以其他医学上成立的方法施治。

（2）成年患者由于精神障碍、智力缺陷或其他原因，不能为医疗决策的，［医务人员］在为重要医疗决策前，应听取患者法定代理人、家属或其他亲近之人的意见，以判断何种治疗方法合乎患者意愿。倘无法判断，即应以一般认为合乎患者个人利益的方法施治。

（3）在第 2 款所述情形，患者的法定代理人、近亲属或其他亲近之人，应同意治疗。法定代理人、近亲属或其他亲近之人，于同意之际，应尊重患者此前表达的意愿，倘患者未表达过相应意愿的，应尊重患者的健康利益。法定代理人、近亲属或其他亲近之人拒不同意为患者施治的，［医务人员］应尽可能与拒绝之人达成一致，以其他医学上成立的方法施治。倘法定代理人、近亲属或其他亲近之人彼此不能达成一致的，应依患者最佳利益提供医疗服务。（9.4.1999/489）

（4）得不顾患者意愿施治的相关条款，见于《精神卫生法》（1116/1990）、《麻醉品滥用社会工作法》［Act on Social Work with Intoxicant Abusers（41/1986）］、《传染病防治法》（583/1986）、《精神障碍患者特别医疗服务法》［Act on Special Care for the Mentally Handicapped（519/1977）］。

第7条 未成年患者的地位

（1）考虑到未成年患者的年龄和心智发育水平，倘有可能，对其意见应加估量。依未成年患者的年龄和心智发育水平，得自为医疗决策的，应在与患者充分沟通的基础上为其提供医疗服务。

（2）未成年患者不能自为医疗决策的，应在与其监护人或法定代理人充分沟通的基础上为患者提供医疗服务。

第 8 条　紧急治疗

即便患者丧失意识，或出于其他原因，不能判断患者意愿的，为了避免患者生命或健康受到危害，应为患者提供必要医疗服务。倘患者事前立场鲜明地表达了自己的医疗意愿，则不得违背患者意愿施治。

第 9 条　代理人的知情权利和权限

（1）在第 6 条第 2 款、第 3 款所述情形，患者的法定代理人、近亲属或者其他亲近之人，有权利获取患者的健康信息，以便就患者的医疗活动发表意见并表示同意。(9. 4. 1999/489)

（2）未成年患者，依其年龄及心智发育水平，得自为医疗决策的，有权利禁止将其医疗信息告知监护人或其他法定代理人。

（3）在第 7 条第 2 款的情形，第 5 条第 1 款和第 2 款所述信息，应告知未成年患者的监护人或其他法定代理人。未成年患者的监护人或其他法定代理人，对那些使患者免遭生命或健康危险的必要医疗措施，不得拒绝。

（4）未成年人或者第 6 条第 2 款所说患者，其监护人或其他法定代理人，对那些有可能使患者免遭生命或健康危险的医疗措施，不得拒绝。(9. 4. 1999/489)

第三章　异议及督察员

第 10 条　异议

（1）患者对接受的医疗服务不满意的，得向所涉医疗机构的医务处负责人提出异议。［负责人］应在异议提交后的合理时间内作出决定。

（2）患者提交异议的，无碍其就所接受的医疗服务向医疗主管部门投诉（appeal）。

（3）在处理异议过程中，倘发现医疗活动显然会造成《患者损害赔付法》［Patient Injury Act (585/1986)］中的医疗伤害赔付责任，《侵权法》［Act of Torts (412/1974)］中的赔偿责任，引起法律诉讼，导致依医务人员执业相关法律取消、限制执业权限或者启动相关纪律惩戒程序，则应告知患者如何在相应有权机关处理这些问题。

第 11 条 医疗服务督察员（patient ombudsman）

（1）应为医疗单位任命督察员。亦可为多家医疗单位任命一位督察员。

（2）督察员任务如下：

1）就本法的适用事宜，为患者提供咨询服务；

2）就第 10 条第 1 款、第 3 款所说事宜，帮助患者；

3）告知患者其享有的权利；以及

4）通过其他活动，促进、落实患者权利。

第四章 病 历

第 12 条 病历及其他医疗资料（30.6.2000/653）

（1）为了安排、规划、提供和监督医疗服务所必要的信息，医务人员应将之记入病历。医疗单位，还有独立执业的医务人员，在为了安排、提供医疗服务，为了调查可能的医疗伤害赔付请求，为了医学研究所必要的时间内，应保存病历、包含了检查治疗中产生的生物材料的样品，以及器官模型。前述保存理由消灭的，应即刻将病历、样品和模型销毁。

（2）病历的拟订，病历、样品、模型的保存，依用途而予以保存的时间，如此等等，由社会事务与卫生部（Ministry of Social Affairs and Health）以法令详加规范。倘于安排或提供医疗服务有其必要的，虽于卫生部法令所定期间经过后，医疗文书、样品、模型仍得予以保存。于卫生部法令所定期间经过后仍予保存的必要性，应至少 5 年评估一次，法律另有规定或者信息保护委员会（Data Protection Board）依《个人数据法》（Personal Data File Act）第 43 条第 2 款允许的除外。

（3）有关永久保存相关文件的规定，见于《档案法》[Archives Act（831/1994）]。

第 13 条 病历中的信息应予保密（30.6.2000/653）

（1）病历中所载信息应予保密。

（2）未经患者书面同意，医务人员，或者于医疗单位工作之人或执行医疗单位任务之人，不得将病历中记载的信息披露给外人。患者不能评估同意的意义的，得经患者法定代理人书面同意而披露信息。本法［前句］所谓外人，意指在医疗单位或受医疗单位指令而参与治疗或者相关工作之人以外的人。雇佣关系或工作关系结束后，仍负保密义务。

（3）以下情形为第 2 款之例外：

1）法律就信息披露或查阅权有明文规定的，病历中的信息得予披露；

2）为安排检查、治疗所必要的信息，得提供给其他医疗单位或医务人员，经患者或患者法定代理人口头同意，或依具体情势显然会同意的，对患者治疗活动的小结，得提供给将患者转介来的医疗单位或医务人员，或提供给可能被任命负责患者治疗的医生；

3）患者因为精神障碍、心智缺陷或者类似缘故，不能评估同意的意义，且没有法定代理人的，或者因为丧失意识或类似缘故，不能为同意表示的，为安排和提供检查、治疗活动所必要的信息，得提供给其他芬兰或国外医疗单位或医务人员；

4）患者因为丧失意识或类似缘故，正接受治疗的，有关患者身份和健康状况的信息，得提供给患者家属或者其他亲近之人，除非有理由相信，患者不许披露信息；

5）有关患者死亡前所接受医疗服务的信息，为了维护切身重大利益而有必要的，得以书面形式请求获得这些信息；取得信息之人，不得为其他目的而利用或传递信息。

（4）为科研、统计目的而提供病历中所载信息的，《政务公开法》《医疗信息登记法》［Act on National Personal Data Registers for Health Care（5561989）］及《个人数据法》（Personal Data File Act）的相关规定应予适用。此外，私营医疗单位或个体医务人员制作的病历，非为《政务公开法》所谓官方文件的（authorities' documents），为了科研目的，于个案中，社会事务与卫生部亦得许可获取其中记载的信息。倘提供相关信息不会侵犯保密义务所要保护的利益，卫生部即得许可。卫生部考虑是否许可提供相关信息，应注意保护科学研究的自由。卫生部的许可得只限于固定期间，同时应附加必要的保护个人利益的规定。卫生部认为有必要，得取消许可。（23.5.2001/411）

（5）第 3 款第 2 项所谓依具体情势显然会同意的，意指以书面或口头之外的方式表示同意，要求患者系出自愿，且对提供信息、获得信息之人、对信息的利用以及提供信息的意义有清醒认知。

（6）依第 2 款、第 3 款提供信息，以及提供信息的理由，应记入病历。

第五章 杂项条款

第14条 违反保密义务（30.6.2000/653）

违反第 13 条第 2 款、第 3 款第 5 项保密义务的，应依《刑法》第三十八章第 1 条或第 2 条处罚；该行为应依《刑法》第四十章第 5 条处罚的，或者其他法律施加了更严历处罚的，除外。

第15条 上诉权

就第 10 条第 1 款所谓针对异议的决定，不得上诉。

第16条 进一步规定

倘有必要，就本法的实施，得以法令详加规范。

第17条 生效

（1）本法自 1993 年 3 月 1 日起生效，以下条款相应废除：

1）1989 年 3 月 1 日颁布的《专科医疗服务法》（1062/1989）第 33 条第 4 款；

2）1972 年 1 月 28 日颁布的《初级医疗服务法》（66/1972）第 18 条；

3）1990 年 2 月 9 日颁布的《私人医疗服务法》（152/1990）第 11 条，该条系于法律部分修订后方依 1991 年 1 月 17 日法律订入（79/1991）。

（2）本法施行前，得采取必要措施。

17.9.2004/857：本法自 2005 年 3 月 1 日施行。[1]

---

〔1〕 这部法律 1993 年生效，这里的 2005 年指修订内容的生效时间。

冰岛患者权利法^{〔1〕}

（第 74/1997 号法）

经第 77/2000 号法、第 40/2007 号法、第 41/2007 号法、第 112/2008 号法、第 55/2009 号法、第 162/2010 号法、第 126/2011 号法、第 34/2012 号法及第 44/2014 号法修订。

第一节　序　款

立法目的

第 1 条

本法目的在于依一般人权和人格尊严，确保患者的特殊权利，从而加强患者面对医疗机构的法律地位，维护患者和医疗执业人间应有的信任关系。

不得基于性别、宗教、信仰、国籍、种族、肤色、经济地位、家庭关系或其他方面的地位，区别对待患者。

第 1a 条

患者在开展医疗研究中的权利，适用《医疗科研法》（Act on Scientific Research in the Health Sector）的相关规定。（Act No. 44/2014，Article 36.）

定义

第 2 条

患者，谓利用医疗服务之人。

---

〔1〕《冰岛患者权利法》（Patients' Rights Act，No. 74/1997），资料来源于冰岛福利部官网：http://eng. velferdarraduneyti. is/media/acrobat-enskar_sidur/Patients-Rights-Act-No-74-1997. pdf，2016 年 8 月 28 日最后访问，唐超、郭姿译。

医疗执业人（Healthcare practitioner），谓经卫生署长（Medical Director of Health）许可（Act No. 112/2008, Article 63.），得使用经过批准的医疗专业的专业头衔，于医疗领域工作之人。（Act No. 41/2007, Article 24.）

医疗，谓为了诊断、治疗，为了使患者康复，为了护理或照顾患者，由医生或其他医疗执业人提供的测试、检查、手术或其他医疗服务。（Act No. 55/2009, Article 26.）

……（Act No. 44/2014, Article 36.）

医疗服务质量

第 3 条

患者有权利得到可以得到的（available）、最好的医疗服务。

患者有权利得到与其病情、预后相适应的医疗服务，有权利了解可以得到的、最好的医学知识。医疗执业人应尽力建立牢靠的医患关系。

患者有权利得到连贯的医疗服务，有权利期待所有参与治疗活动的医疗执业人和机构的密切合作。

获取有关患者权利的信息

第 4 条

福利部（Act No. 126/2011, Article 244）确保有关患者权利、患者协会以及医疗保险（Act No. 112/2008, Article 63）的信息可得。不论医疗机构，还是个体医疗执业人，皆应于其工作场所置备这些信息，使患者可以轻易获取。并应尽力向社会提供有关儿童和成年人患病原因和后果的信息。

第二节 知情同意

有关医疗服务的信息

第 5 条

患者有权利获知有关下列事宜的信息：

a）患者的健康状况，包括关于病情和预后的医学信息；

b）推荐的治疗方案，以及有关疗程、风险和疗效的信息；

c）推荐方案外的其他可能的方案，以及不治疗的后果；

d）就治疗、病情、预后等事宜，征求其他医生或其他医疗执业人意见的可能性。

本条所述信息已提供给患者的，应于患者病历中记明。

只要有向患者提供本条所述信息的理由的，即应随时提供，并应以患者能理解的方式，在恰当的场合，提供相关信息。

患者不懂冰岛语或手语的，应向其解释本条所述信息。

信息提供原则的例外

第 6 条

应患者的要求，第 5 条所述的信息得不予告知。患者得指定他人代为接受信息。

倘患者拒绝了解有关其健康和预后的信息，或指定他人代为接受信息，应于病历中记明。受指定人的身份，亦应记入病历，参见本条第 1 款、第 7 条和第 25 条。

患者不能理解第 5 条所述信息的，相关信息应提供给患者近亲属，患者被剥夺法律能力（legal competence）的，提供给其法定监护人（legal guardian）。

第 7 条

患者决定是否接受治疗的权利应受尊重。

患者因智力缺陷或《法律能力法》（Act on Legal Competence）写明的其他原因，没有能力为医疗决策的，患者的同意事宜适用该法的相关规定。但仍应尽可能地与患者磋商。

非经患者同意不得施治，但参见第 9 条第 1 款、第 2 款。但凡可能，应以书面形式为同意表示，并写明提供给患者的信息以及患者已经理解相关信息的事实。

拒绝治疗

第 8 条

患者拒绝接受治疗的，医生应告知其拒绝决定的可能后果。

患者得随时中断治疗，除非其他法律另有规定。患者拒绝接受治疗的，医生或负责监督工作的医疗执业人，应告知其拒绝决定可能的后果。患病儿童拒绝治疗的，适用第26条。

患者拒绝或中断治疗的决定，应于病历中记明，并确认患者已经了解有关其决定后果的信息。

同意原则的例外

第9条

患者丧失意识，或者因病情而不能表达对紧急治疗的意愿，得假定同意［紧急治疗］，除非确凿地知道，患者当会拒绝治疗。

对医学研究的同意

第10条

……（Act No. 44/2014，Article 36.）

参与医学生的培训、教学

第11条

患者接受治疗过程中，为了医学生的培训、教学内容，将安排医学生在场观摩的，应将此点告知患者。患者得拒绝参与此类培训、教学活动。

第三节 保密义务

医疗执业人的保密义务

第12条

医疗执业人就工作中了解到的有关患者健康状况、病情、诊断、预后、治疗的一切信息，以及其他个人信息，应尽最大努力予以保密。虽患者故去、执业人离职，保密义务亦不消灭。出于紧迫原因，经对死者的意愿以及所涉之人的利益予以恰当考虑，医疗执业人得提供相关信息。倘医疗执业人不敢遽下决心，得征求卫生署长（Medical Director of Health）的意见。

保密义务的例外

第 13 条

就依照其他法律规定，例如《儿童保护法》（Child Protection Act）的相关规定，医疗执业人应予报告的事宜，第 12 条不予适用。此际，医疗执业人应向恰当的机构报告。

经患者或其监护人同意，医疗执业人的保密义务即得免除。

医疗执业人于法庭上作证的义务，适用《医疗执业人法》（Healthcare Practitioners Act）的相关规定。（Act No. 34/2012，Article 34.）

第四节　病历中信息的处理

病历查阅

第 14 条

病历中信息的处理，适用《病历法》（Health Records Act）的相关规定。（Act No. 55/2009，Article 26.）

第 15 条

……（Act No. 44/2014，Article 36.）

第 16 条

……（Act No. 55/2009，Article 26.）

第五节　治　疗

尊重患者人格

第 17 条

医疗执业人，或者其他因工作需要而必须与患者沟通之人，应尊重患者。

只有与治疗活动直接相关之人，方得参与其中。医疗执业人应细致安排医疗活动的开展，不使无关之人得以窥见，并确保相关医疗执业人之外的其他人，无法得到医疗信息。

等待治疗

第 18 条

患者不得不等待治疗的，相关医生应说明延宕的原因，告知预估的等待时间。

倘有可能于他处更早地获得必要治疗，应告知患者。

优先秩序

第 19 条

倘有必要为等待治疗的患者排定先后顺序，顺序的安排，应主要考虑医学上的理由，并视具体情况，考虑其他的医疗专业方面的标准。

选择医疗执业人

第 20 条

尽管《医疗服务法》（Health Service Act）将冰岛划分为若干医疗服务区（Act No. 40/2007，Article 39），患者仍得本着最方便原则寻找医生咨询。患者就诊断、治疗、病情和预后事宜，亦得寻求其他医生的意见。前两句规定，亦适用于其他医疗执业人。

患者对自己健康的责任

第 21 条

患者在其能力范围内，在其健康状况允许的情况下，对自身健康负有责任。患者应尽可能积极地参与经其同意的治疗。

入院出院规则

第 22 条

患者入院的，负责患者治疗的各医疗执业人应介绍自己的情况及各自的工作领域。此外，还应告知患者医院内部的规则和惯例。

应告知患者主治医生的身份事项。

患者住院期间，［医院］应了解患者的具体情况，尽可能提供充分的家庭式服务（home service）。

患者出院的，就后续治疗的重要事宜，诸如药物管理、饮食、理疗和运动，应给患者必要的指示。患者要求的，指示应以书面写成。

针对疾病、医疗意外、住院治疗等事宜发布的函件（letters and certificates），应提供给患者，不得有不当迟误。

抚平创痛和亲友陪伴

第 23 条

应尽最大能力抚平患者的创痛。

在治疗和住院期间，患者有权利得到家属、亲友的支持。患者及其近亲属，有权利得到精神上的、社会上的和宗教上的支持。

临终治疗

第 24 条

临终患者有权利带着尊严死去。倘患者明确表示，拒绝继续维持生命的治疗或者心肺复苏术，医生应尊重其决定。

倘临终患者因身心太过脆弱而不能参与医疗决策，医生在决定是继续还是停止治疗前，应尽力征求患者亲属和自己同事的意见。

第六节　对患病儿童的特别规则

有关患病儿童的信息

第 25 条

患者不满 16 周岁的，第 5 条所述信息，以及本法提及的其他信息，应提供给患者父母。

向患病儿童提供信息，应符合其年龄及心智发育程度。患病儿童同样有权利拒绝接受信息（参见第 6 条）。

同意对患病儿童的治疗

第 26 条

患病儿童不满 16 周岁的，对必要的治疗，有监护权的父母应予同意。患病儿童已满 12 周岁的，应尽可能征求其意见。

有监护权的父母拒绝必要治疗的（参见第 1 款），医生或其他医疗执业人应依《儿童保护法》（Child Protection Act）相关规定，乞援于儿童保护机构。

就紧迫的维持生命的医疗措施，倘无暇乞援于儿童保护机构（参见第 2 款），则儿童的健康为医疗决策的决定性因素，应立即予以必要治疗。

有关患病儿童的杂项规定

第 27 条

在患病儿童健康状况允许的范围内，尽一切努力使患病儿童克服疾病和医疗活动的影响，仍能享受人生。

不得使儿童接受不必要的检查、治疗。

住院期间的患病儿童，有权利得到父母或其他近亲属的陪伴，应尽可能为患病儿童的父母或其他近亲属提供便利。

住院的患病儿童，只要条件允许，兄弟姐妹和朋友即可探访。

患病儿童处于义务教育适龄阶段的（6 ~ 16 周岁），应依其年龄和健康状况提供适合的教育。

医疗机构应根据患病儿童的年龄、心智发育程度和健康状况，提供合适的环境和照护服务。

第七节　投诉的权利

评价和投诉

第 28 条

患者对医疗机构所提供服务的评价，应传递给医疗机构的管理部门。

患者欲就医疗事务投诉的，得将投诉书递交卫生署长。〔Act No. 41/2007, Article 24. 该条又经修订，item 4b, Article 39, Act No. 40/2007, 该条写道，患者

欲就医疗事务投诉的，应依《卫生署长法》（Medical Director of Health Act），将投诉书递交给卫生署长。]

患者或其亲属欲发表评价或投诉的，医疗机构的工作人员应予指导。工作人员认为患者权利受到侵害，向医疗机构通报的，管理部门应予调查。

对患者的评价或投诉，应尽快以书面形式答复。

第八节　本法的生效

部长颁布条例的权力

第 29 条

就本法的落实事宜，部长得颁布条例。

生效

第 30 条

本法自 1997 年 7 月 1 日生效。

丹麦患者权利法 [1]

1998 年 7 月 1 日关于保护患者权利的第 482 号法律

本法重复《行医法》（Law on the practice of medicine，依 1995 年 7 月 20 日第 632 号命令颁布）第 6 条（第 2.5 项）、第 6a 条的内容，经 1997 年 6 月 10 日第 463 号关于医疗服务广告的法律修订，经恰当程序并依说明，将废止并替代 1992 年 9 月 18 日第 782 号关于预先指示的命令以及前述《行医法》第 31 条。第一章至第五章的主要内容如下：

第一章　目的、范围和定义

第 1 条

本法目的在于确保患者的人格尊严、身体完整性和自主地位受到尊重。并确保患者和医疗服务提供人建立起彼此信任、可以托付的关系。

第 2 条

患者于医疗系统（health system）内或其他提供医疗服务的场所，自医疗提供人处接受或者已经接受医疗服务的，适用本法，法律另有规定的除外。

---

〔1〕　丹麦在 1992 年和 1998 年引入患者权利相关法律。2005 年 6 月 24 日，国会通过第 546 号医疗法（Health Act），整合了涉及患者权利的多部法律，尤其是 1998 年 7 月 1 日关于患者权利的第 482 号法律，还有诸如堕胎法、辅助生殖法、器官移植法中的相关条款。新法于 2007 年 1 月 1 日生效。新法的多数条款，与此前的法律相似。"和 1998 年法律相较，新法只有微小的变化。最重要的变化是对《患者权利保护法》第 24 条的修订，依该条，医院得不经患者明确同意，将患者的治疗事宜告知患者的全科医生（参见新法第 41 条第 2 款第 2 项）。"是以，1998 年《患者权利保护法》的立法资料，关乎该法的文献和判例法，对 2005 年法的解释和适用来说，仍可利用。See H. NYS, et al., "Patient Rights in the EU-Denmark", *European Ethical-Legal Papers N°2*, Leuven, 2007, pp. 8 ~ 9.

未检索到新法，这里移译的系 1998 年法。《1998 年 7 月 1 日第 482 号关于保护患者权利的法律》（Law No. 482 of 1 July 1998 on patients' rights），资料来源：http://waml. haifa. ac. il/index/reference/legis-lation/denmark/denmark1. htm，2016 年 8 月 28 日最后访问，唐超、孙琦译。

第 3 条

本法所谓"医疗（treatment）"，意指针对特定患者的检查、诊断、疾病治疗、康复，以及治疗和预防性质的服务等。

第 4 条

本法所谓"医疗服务提供人（health care provider）"，意指依专门的法律规定，获准从事专业的医疗服务之人，亦包括在其监督下从事工作的其他人。

第 5 条

患者无力独自保护其权益的，为确保患者权益在具体情境下受到保护，得到法律授权之人应于必要范围内介入以维护患者权利。

第二章　自主决定

知情后同意

第 6 条

（1）非经患者知情后同意，不得实施或继续治疗，本法及其实施条例另有规定的情形，以及本法第 8 条至第 10 条适用的情形，除外。

（2）患者得随时撤回第 1 款所说的同意。

（3）本法所谓"知情后同意（informed consent）"，意指基于医疗服务提供人依第 7 条所提供的充分信息所为之同意。

（4）本章涉及的知情后同意，得为书面、口头形式，亦得为默示形式（tacit）。[1]

（5）就知情后同意的形式和内容，卫生部得制订特别规则。

第 7 条

（1）患者有权利了解有关其健康状况和所接受医疗服务的可能结果（possibilities）的信息，包括有关并发症和副作用的风险的信息。

（2）患者有权利拒绝接受前款提到的信息。

---

〔1〕 单纯的沉默，非为默示。

（3）医疗服务提供人一旦掌握相关信息，即应以患者可理解的方式，以体贴入微的态度，考虑患者的年龄、心智成熟程度和［就医］经验等具体情况，将病情、检查结果和设想的治疗方案等告知患者。

（4）应告知的信息包括有关预防、治疗、护理可能结果的细节，也包括在医学上成立的其他可能结果，以及不实施任何治疗的后果。倘医疗活动包含着造成严重并发症和副作用的即时风险，应更为详尽周全地向患者说明。

（5）倘医疗服务提供人认为，患者没有意识到第 6 条提及的对于医疗决策很重要的因素（elements），[1] 则医疗服务提供人应予告知，除非患者依第 2 款明确表示不愿了解。

（6）［卫生部长的权限］

未成年患者

第 8 条

（1）年满 15 周岁的患者，得自为知情后同意，行使亲权之人亦得依第 7 条获知相关信息，并应参与未成年患者所为之医疗决策。

（2）年满 15 周岁的患者，医疗服务提供人于评估之后认为，不能独立理解其决定后果的，应由行使亲权之人代为知情后同意。

（3）年满 15 周岁的患者，得依第四章的规定，查阅和自己有关的医疗文件，并得依第五章的规定，同意披露有关自己健康状况等的信息。

永久没有同意能力的患者

第 9 条

（1）患者永久失去同意能力的，得由最为亲近之人代为知情后同意。患者受监护的，倘监护职责涵盖受监护人的个人事项，包括《监护法》第 5 条所指之健康事项，则得由监护人代为知情后同意。

（2）患者永久失去同意能力，又没有近亲属或者监护人的，倘医疗服务提供人能够得到同领域具备相应业务能力的（competent）另一医疗服务提供人的附议，且该医疗服务提供人此前未曾参与过所涉患者的治疗，以后也不会参与

---

〔1〕 患者的知情同意权利。

此类医疗活动的，即得实施所设想的医疗方案。

（3）在第 2 款所述情形，倘医疗服务提供人设想的医疗方案，从程度或持续时间看，并非激进方案，则得不待援引其他医疗服务提供人，即行施治。

（4）患者近亲属或监护人依第 1 款履行其义务的，倘其决定在医疗服务提供人看来显然对患者或疗效有害，只要得具备相应业务能力的国家医疗机构（State medical institution）的附议，医疗服务提供人即得施治。

需要立刻治疗

第 10 条

患者暂时或永久失去同意能力或者不满 15 周岁，为了挽救患者生命、提高患者生存机会或者显著改善疗效而需要立即治疗的，医疗服务提供人得不待患者、行使亲权之人、近亲属或者监护人同意，即行施治或继续治疗。

患者参与治疗

第 11 条

患者不能独立为知情后同意的，只要不会给患者造成损害，仍应在其能够理解的范围内，向其告知信息并使其参与医疗决策。只要患者提供的信息是新的、关乎治疗的，即应予以充分重视。

医疗服务提供人的责任

第 12 条

负责治疗的医疗服务提供人应确保以下事宜：

（i）依第 6 条至第 8 条以及第 9 条第 1 款，得到了知情后同意；

（ii）依第 9 条第 2 款，得到了其他医疗服务提供人的附议；

（iii）依第 9 条第 4 款，得到了合适的国家医疗机构的附议；以及

（iv）依第 11 条，向患者提供了相关信息并使其参与医疗决策。

第三章　特殊情形下的自主决定

第 13 条

第 6 条和第 7 条关于知情后同意的规定，第 8 条关于未成年患者的规定，第

11 条关于患者参与的规定，以及第 12 条关于医疗提供人责任的规定，亦适用于本章。但第 8 条关于未成年患者的规定不适用于第 17 条的预先指示。

绝食

第 14 条

患者显然开始绝食，并且已经告知患者绝食对健康的影响的，医疗服务提供人无权阻止。

拒绝输血

第 15 条

（1）医疗活动需要输入血液或血液制品的，非经患者知情后同意，不得施行或继续。

（2）患者拒绝接受输入血液或血液制品的决定，应系针对当下的病情而为，且以医疗服务提供人就不输血的医疗后果提供了充分信息为前提。

（3）倘施行不得输入血液或血液制品的医疗活动有悖于医疗服务提供人的伦理观念，医疗服务提供人即得不施行此类医疗活动并将患者转往其他医疗服务提供人，依《行医法》第 7 条第 1 款需要紧急施治的情况除外。

临终患者的治疗

第 16 条

（1）临终患者得拒绝只为推迟死亡的医疗活动。

（2）临终患者已不能行使自主决定权利的，医疗服务提供人得不施行或不继续第 17 条第 3 款界定的延续生命的医疗活动。

（3）为减轻病痛，临终患者得使用止痛药、镇静剂或类似药物，即便会加速死亡。

预先医疗指示

第 17 条

（1）年满 18 周岁且其个人事务，包括《监护法》第 5 条所说的医疗事务，未受监护之人，得起草预先医疗指示。倘陷入不能独立行使自主决定权的境况，医疗活动该如何展开，起草人得就此于预先指示中表明其意愿。

（2）患者得于预先指示中写明以下事宜：

（i）在临终状态，不愿接受延续生命的医疗活动；

（ii）倘因疾病、年老体衰、意外事故、心脏骤停或类似情况，造成能力的严重丧失，在身心两方面都永远地无法照顾自己，在此情形下，不愿接受延续生命的医疗活动。

（3）延续生命的医疗活动，谓医疗活动之目的仅在于延续生命，而无治愈疾病、改善病情或者减轻痛苦的希望。

（4）患者不能独立行使自主决定权的，倘医疗服务提供人打算为临终患者施行延续生命的医疗活动，或者为诸如第 2 款第 2 项所指情形下的患者继续此类医疗活动，则医疗服务提供人应联络第 18 条所说的预先医疗指示登记官（Living Will Register），以确认患者是否起草了预先指示。

（5）在第 2 款第 1 项情形下，预先医疗指示中表达的意愿，对医疗服务提供人有约束力，而据第 2 款第 2 项表达的意愿，仅供医疗服务提供人参考，系医疗服务提供人作医疗决策时考虑的一部分。

第 18 条

（1）卫生部应设立预先指示登记官职位，并就预先指示的起草、形式、登记、撤回等事宜，制定专门的规则。

（2）［登记费用］

第四章　查阅医疗文件的权利

第 19 条

（1）本章规则适用于病历等医疗文件，此类文件由医疗服务提供人制备，并存放于公立/私立医院、门诊病人中心、私人诊所、关涉医疗服务活动的私宅，或者其他为患者提供医疗服务的公私机构。

（2）由公共机构登记法规范的登记事宜，或者纯粹为科研、统计目的所为之登记，本章规则不予适用。

（3）［卫生部的权限］

第 20 条

（1）应患者请求，就病历中记载的患者健康数据的利用情况，应告知患者。倘利用了这些健康数据，应患者请求并以患者易于理解的方式，应将以下事宜告知患者：

（i）所用数据的性质；

（ii）利用目的；

（iii）是何等人得到这些数据；

（iv）有关数据来源的信息。

（2）为了那些对相关之人或者其他私人利益至关重要的考虑，不得不牺牲患者获知相关数据的利益的，得对第 1 款所说的患者权利加以相应限制。

第 21 条

（1）就查阅病历资料的权利，由主管部门、医疗机构或者持有病历的医疗服务提供人决定。

（2）主管部门、医疗机构或医疗服务提供人应尽快决定，是否照准查阅请求，是否采取当场检查（on-the-spot examination）的形式，或者是否应向相关之人提供病历资料的抄本或副本。

（3）主管部门、医疗机构或者医疗服务提供人，自收到查阅请求之日起 10 日内，未予照准或拒绝的，应向患者说明延宕的原因，并明确将作出决定的时间。

（4）医疗服务提供人依第 1 款至第 3 款就病历查阅事宜作决定的，由医疗机构的管理部门就此事务负全面责任。

第 22 条

［卫生部的权限］

第五章　职业秘密和医疗数据的公开

医疗服务提供人应尊重患者维持信息保密的权利

第 23 条

（1）医疗服务提供人于工作中获知的患者隐秘信息，就患者健康状况所为之推测，以及其他纯粹私人性质或保密性质的信息，患者有权要求医疗服务提供人予以尊重，本章另有规定的除外。

（2）本章所说的医疗服务提供人，依特别规定就此事宜负责的，由医疗机构的管理部门对信息传播事宜负全面责任。

医疗相关信息的披露

第 24 条

（1）经患者同意，医疗提供人得将有关患者健康状况的数据，以及与医疗活动相关的绝对私人性质的或保密性质的信息，披露给其他医疗提供人。

（2）下列情形，第 1 款所说的信息得不经患者同意而披露：

（i）就提供给患者的医疗服务，为了这种服务的发展而有必要披露相关信息，且对患者的利益和需求也给予了适当考虑；

（ii）为了保护明显的共同利益，或者为了保护患者、医疗服务提供人或其他人的重要利益，而有必要披露相关信息；

（iii）披露给患者的全科医生。[1]

（3）在第 2 款第 1 项的情形，患者于治疗过程中，得随时要求不得披露相关数据。

（4）由持有保密数据的医疗服务提供人来判断，得在何种程度上依第 2 款披露相关数据。

（5）依第 2 款第 2 项披露相关数据的，对数据关涉之人，应告知其披露事宜及披露原因。

（6）〔卫生部的权限〕

第 25 条

（1）第 24 条第 1 款所说的同意，得为口头或书面形式。同意表示，既得向披露信息的医疗服务提供人为之，亦得向接受信息的医疗服务提供人为之。患者同意，应于病历中记明。

（2）〔卫生部的权限〕

――――――――――

〔1〕 原文为 "such disclosure is made to a general practitioner treating the patient by a *beam tenens* operating on the former's behalf"，内中拉丁术语的含义不明。

为其他目的而披露医疗信息

第 26 条

（1）经患者同意，医疗服务提供人得出于治疗以外的目的，向主管机关、医疗机构和个人等披露有关患者健康状况的数据，以及患者的私人信息或保密信息。

（2）在下列情形，第 1 款所说的数据得不经患者同意而披露：

（i）依相关法律及实施细则应予披露，并对负责检查病历的主管部门非常重要；

（ii）为了保护明显的共同利益，或者为了保护患者、医疗服务提供人或者其他人的重要利益，而应予披露的；

（iii）为了主管机关行使监督、管理职能而有必要披露的；

（3）由持有保密数据的医疗服务提供人来判断，得在何种程度上依第 2 款披露相关数据。

（4）依第 2 款第 2 项披露相关数据的，对数据关涉之人，应尽快告知其披露事宜及披露原因。

第 27 条

（1）第 26 条第 1 款所说的同意，应以书面形式为之。因医疗文件的性质或者所涉具体情况使然，得就书面形式要求设置例外。同意应记载于患者病历。

（2）第 1 款所说的同意，于同意表示做出之日起至少一年失其效力。

（3）［卫生部的权限］

将死亡患者的医疗数据提供给近亲属

第 28 条

（1）患者死亡的，有关其病情的发展、死亡的原因和方式等信息，只要不与死亡患者的愿望相悖，只要不会严重害及死亡患者的尊严和其他私人利益，即得披露给死亡患者的近亲属。亦得依第 26 条第 2 款第 2 项，向死亡患者的近亲属提供信息。

（2）死亡患者的近亲属表达了愿望，欲从死亡患者的家庭医生或者主治医生处获取第 1 款第 1 句所说信息的，家庭医生或主治医生得请求（为死亡患者提供医疗服务的）医院或医疗服务提供人披露这些信息。

为特殊目的（科研、统计等）而披露信息

第 29 条

（1）有关科学伦理委员会的法律（1992 年 6 月 24 日第 503 号法令颁布）以及有关生物医学研究项目的法律（1997 年 3 月 4 日第 221 号法令颁布）所准许的生物医学研究项目，需要患者病历中所记载的有关患者健康的信息、有关患者私人性质或保密性质的信息的，得披露给项目研究人员供科研之用。

（2）有关科学伦理委员会的法律并不涉及的研究项目，倘该项目对社会有重大利益，经国家卫生委员会（National Board of Health）批准后，得将第 1 款所说的信息披露给项目研究人员，供科研之用，披露条件由国家卫生委员会设定。

（3）……〔1〕

第 30 条

（1）经国家卫生委员会依［第 29 条］第 2 款批准，第 29 条所说的信息得披露用于统计或规划，国家卫生委员会并负责制定利用这些信息的条件等事项。

（2）倘法律有强制要求的，第 1 款所说的信息，不经国家卫生委员会的批准即得披露。

第 31 条

（1）为科研、统计或规划之用，依第 29 条、第 30 条收集的数据，嗣后不得用于科研或统计之外的目的。

（2）第 1 款所说的数据，只有确保所涉之人匿名的，方得发表。

（3）［卫生部的权限］

披露给第三国

第 32 条

［卫生部的权限］

---

〔1〕 原文即略去。

挪威患者权利法[1]

第一章　一般规定

第1-1条　立法目的

本法目的在于，通过确认患者针对医疗机构享有的权利，来确保所有公民平等地获得优质医疗服务。本法有助于促进医患间的信任关系，维护对患者生命、身体完好性和人格的尊重。

第1-2　条适用范围

（1）本法适用于所有居住在挪威王国之人。对并非挪威公民或永久居民者，国王[2]得以条例（regulations）不许其依第二章享有权利。

（2）国王将颁布条例，将本法适用于斯瓦尔巴群岛及扬马延岛（Svalbard and Jan Mayen），并得考虑当地情况制定特别规则。依国王颁布的条例，从事外贸的挪威船只，从事国际运输的挪威民用航空器，在挪威大陆架上工作的设施及船舶，其上之人亦得适用本法。

第1-3条　定义

本法使用的若干术语，含义如下：

a）患者，谓向医疗机构寻求医疗服务之人，或医疗机构为之提供医疗服务之人；

b）患者近亲属，谓患者指其为亲属之人。患者不能指明的，即为在最大程度上与患者有着长久、持续联系之人，并依下列顺序而定：配偶，登记的伴侣，

---

〔1〕《1999年7月2日有关患者权利的第63号法律》［The Act of 2 July 1999 No. 63 relating to Patients' Rights（the Patients' Rights Act）］，资料来源：http://app. uio. no/ub/ujur/oversatte - lover/data/ lov - 19990702 - 063 - eng. pdf，2016年8月29日最后访问，唐超、陈舒民译。

〔2〕现任国王为哈拉尔五世（Harald V），1991年即位。

与患者共同生活的相当于配偶或伴侣之人，达到法定年龄〔1〕并具有法律能力的子女，父母或其他承担亲权责任之人，达到法定年龄并具有法律能力的兄弟姐妹，祖父母、外祖父母，其他亲近的家属，监护人或临时监护人；

c）医疗服务（health care），谓医务人员为护理、治疗目的而实施的，具有预防、诊断、治疗、保健或康复效果的行为；

d）医疗机构（health service），谓初级医疗机构，专科医疗机构以及牙科医疗机构；

e）医务人员，谓《医务人员法》（Act relating to health personnel）第3条所指之人。

第二章　获得医疗服务和交通补助的权利

[标题由2003年11月28日第95号法修订，自2004年1月1日生效。]

第2-1条　获得必要医疗服务的权利

（1）患者有得到紧急医疗服务的权利。患者有权利从市政医疗机构得到必要医疗服务。〔2〕

（2）患者有权利从专科医疗机构获得必要医疗服务。此种医疗服务于患者应有疗效，且相对疗效，医疗费用合理，只有如此，患者方有此种权利。专科医疗机构应依医学上的理由设置期限，有权利的患者得于该期限内得到必要医疗服务。

（3）医疗机构应向申请得到医疗服务之人提供相关的为维护患者权利所需要的信息。

（4）政府医疗企业（regional health enterprise）〔3〕不能确保患者于第2款所

---

〔1〕　本法所谓法定年龄，当为18周岁。

〔2〕　指初级医疗服务。下款则为专科医疗服务。

〔3〕　挪威医疗体制以普遍可及（universal access）、地方分权（decentralisation）以及自由选择医疗服务提供人（free choice of provider）为构建基础。其筹资来源为税收、雇主和雇员缴费（和收入挂钩）以及现付部分（co-payments）。所有居民都纳入全民医保（Folketrygden, NIS），由挪威卫生经济署（Helseøkonomiforvaltningen, HELFO）经办。私人投保较少。虽然医疗政策由中央控制，但医疗服务的供给却由地方负责。市级政府依地方需求，负责初级医疗服务的组织和筹资工作。医院[专科服务]的管理和筹资，则由中央政府负责。设四大区域医疗管理局（regional health authorities，北挪威、中挪威、西挪威、南部和东部挪威），通过27家政府医疗企业（health enterprises）提供专科服务。参见挪威药物署官网：http://www.legemiddelverket.no/english/the-norwegian-health-care-system-and-pharmaceutical-system/sider/default.aspx，访问日期：2015年9月19日。

说期限内获得必要专科医疗服务的，倘有必要，患者得于私营医疗服务提供人或者境外医疗服务提供人处立即获取医疗服务。

（5）因为区域内医疗机构不足，政府医疗企业不能为患者提供必要医疗服务的，患者得于第2款所说期限内，于境外医疗机构获得必要医疗服务。

（6）何谓患者有权利获得的医疗服务，得由国王以条例定之。

（7）就第2款所说期限的确定及信息事宜，就患者依第4款有权利自私营医疗服务提供人或境外医疗服务提供人处获得的医疗服务，其组织及付费事宜，卫生部[1]得以条例详加规范。

［依2001年6月5日第93号法律（依2001年12月14日第1417号法令，自2002年1月1日生效）、2003年12月12日第110号法律（依2004年3月19日第540号法令，自2004年9月1日生效）修订。］

第2-2条　得到医疗评估的权利

（1）患者给转介至医院或专科门诊的，有权利在［专科医疗机构］接受转介后30个工作日内得到对自己病情的医疗评估。［专科医疗机构］应就是否有必要提供医疗服务加以评估，并告知患者预计得于何时施治。

（2）患者是否有权利接受第2-1条第2款所说的专科医疗服务，倘有权利，是否应依同款第2句[2]设置相应期限，［专科医疗机构］皆应予以评估。评估结果应知会患者。还应告知患者有投诉的权利，投诉的期限，以及有关投诉程序的细节。相关情况，亦应知会将患者转介至专科医疗机构的医生（referring physician）。

（3）评估应以转介资料（referral）为据。倘有必要，应进一步了解信息，或召患者接受检查。

（4）倘疾病很可能性质严重或危及生命，患者有权利要求从速评估。

［依2003年12月12日第110号法律（依2004年3月19日第540号法令，自2004年9月1日生效）修订。］

第2-3条　要求重新评估的权利

全科医生将患者转介的，患者得要求专科医疗机构对其病情重加评估。就同一疾病，此项权利仅得行使一次。

---

〔1〕 挪威卫生部（Norwegian Ministry of Health and Care Services）。

〔2〕 应为第3句。

第2-4条 选择医院的权利

（1）患者有权利选择医院、地方精神疾病治疗中心，或者此类机构中的治疗单位，于此接受医疗服务。只有医院或地方精神疾病治疗中心属于政府医疗企业，或者与政府医疗企业订有协议的，患者方得行使此项选择权利。

（2）患者不得选择治疗的等级（level of treatment）。

（3）就第1款所说之协议，卫生部得以条例详加规范。

［依2003年12月12日第110号法律（依2004年3月19日第540号法令，自2004年9月1日生效）修订。］

第2-5条 请求医疗机构拟订个别服务计划的权利

患者需要长期的、协调性的（coordinated）医疗服务的，得要求（医疗机构）依《市政医疗机构法》（Municipal Health Service Act）、《专科医疗机构法》（Specialist Health Service Act）和《精神科医疗服务法》（Act on the provision and implementation of mental health care）为自己拟订个别的医疗服务计划（individual plan）。

［依2001年6月8日第595号法令，自2001年7月1日生效。］

第2-6条 请求交通费用补助的权利

（1）患者需要往返的医疗机构，系1999年7月2日第61号有关专科医疗机构的法律（Act of 2 July 1999 No. 61 on specialist health services, etc.）的规制对象，或者依2001年6月15日第93号有关政府医疗企业的法律（Act of 15 June 2001 No. 93 on health enterprises, etc.）隶属于政府医疗企业的，患者及其陪护人得要求必要交通费用得到补助。往返1997年2月28日第19号全民医疗保险法（National Insurance Act of 28 February 1997 No. 19）第五章下的医疗机构的，还包括家庭福利办公室（family welfare office）和公共卫生所（public health clinic），前句亦适用之。

（2）只有往返可以得到医疗服务的最近地点，交通费用方得予以补助。

（3）交通费用的补助，应依事先制成的交通工具目录中最为便宜的交通方式来计算，除非因为患者的病情，有必要利用更为昂贵的交通工具，或者无法得到目录中所列的交通方式。

（4）交通费用依其他法律得到补偿的，本条即不予适用。

（5）患者的交通费和膳宿费，必要陪护人支出的费用，包括因自由选择医院而生的费用，这些费用的补偿以及退款规则事宜，〔卫生〕部得以条例详加规范。

［依 2003 年 11 月 28 日第 96 号法律（2004 年 1 月 1 日生效）添加。〕

第 2 - 7 条　公共行政法的适用

《公共行政法》（Public Administration Act）相关条款不适用于依本章所为之行政决定。

［依 2003 年 12 月 12 日第 110 号法律（依 2004 年 3 月 19 日第 540 号法令，于 2004 年 9 月 1 日生效）添加。〕

第三章　参与和知情的权利

第 3 - 1 条　患者参与权

（1）患者有权利参与医疗活动的实施。包括在若干种可行的、医学上成立的检查、治疗方法中参与选择的权利。参与的形式，应适合个别患者的沟通能力。

（2）患者无同意能力的，患者近亲属得协同患者参与。

（3）患者希望他人于医疗活动实施之际在场的，应尽可能满足其愿望。

第 3 - 2 条　患者知情的权利

（1）得使患者深入理解其病情及医疗服务内容的必要信息，应向患者说明。可能的风险和副作用，亦应向患者说明。

（2）不得违背患者意愿向其提供信息，为了避免医疗活动给患者造成损害而有必要向患者说明的，或者法律另有规定的，除外。

（3）为了避免危及患者生命或者避免给患者健康造成严重损害而绝对必要的，信息得不予告知。为患者亲近之人的利益计，披露相关信息显非明智的，亦得不予告知。

（4）倘患者遭受了伤害或严重并发症，应向患者说明。并应告知患者，其有权通过挪威患者赔付体制（Norwegian System of Compensation to Patients）[1]申请获得赔付。

---

〔1〕　关于北欧国家的无过错赔付体制，请参见唐超："瑞典医疗伤害无过失补偿制度研究"，载《河北法学》2015 年第 7 期。

（5）医疗活动结束后，发现患者可能因医疗活动遭受严重伤害的，倘有可能，应告知患者。

第3-3条　向患者近亲属提供信息

（1）患者同意治疗或者个案情势允许治疗的，应向患者近亲属说明患者病情以及提供的医疗服务。

（2）年满16周岁的患者，因为身体或精神障碍、老年痴呆或智力发育迟缓而显然不能维护自身利益的，应同时向患者及其近亲属依第3-2条提供相关信息。

第3-4条　患者未成年情形的信息告知

（1）患者未满16周岁的，应同时向患者及其父母或其他承担亲权责任之人提供相关信息。

（2）患者年满12周岁不满16周岁的，倘出于应予尊重的原因，患者不希望其父母或其他承担亲权责任之人知情的，即不应向此等人提供信息。

（3）患者未满18周岁的，为其父母或其他承担亲权责任之人履行亲权责任所必要的信息，应予告知。

（4）患者系儿童福利机构依《儿童福利法》（Child Welfare Act）第4-8条或者第4-12条负责教养的未满16周岁的未成年人的，前三款相应适用于儿童福利机构。

第3-5条　提供信息的方式

（1）提供信息，应考虑接受人的年龄、心智成熟程度、经验、文化和语言背景等个人情况。应以体贴周到的方式提供信息。

（2）医务人员应尽可能确使患者理解相关信息的内容和意义。

（3）已告知患者的信息，应于患者病历中记明。

第3-6条　要求信息保密的权利

（1）（患者的）医疗信息及其他个人信息，应依现行有关保密的法律规范加以处理。信息的处理应谨慎为之，并应尊重信息所涉之人的人格。

（2）经权利人同意，即不再负保密义务。

（3）医务人员依法定义务而披露信息的，只要具体的情势允许，即应向信息所涉之人说明披露事实以及所涉信息的性质。

第四章　同意接受医疗服务

第4-1条　一般规定

（1）只有经患者同意方得施治，法律另有规定或者有其他得不经同意而施治的有效法律理由的除外。只有患者已经掌握了有关其病情及医疗服务内容的必要信息，同意方为有效。

（2）患者得撤回同意。患者撤回同意的，医疗服务提供人应就不治疗的后果向患者为必要说明。

第4-2条　同意的形式要求

（1）同意表示，既得为明示，亦得为默示（tacitly）。基于患者的行为及其他客观情势，得认为患者很可能（probable）接受治疗的，即为默示同意。[1]

（2）就特定类型医疗服务的同意，卫生部得以条例设置书面或其他形式要求。

第4-3条　同意治疗的权利

（1）下列人等，有同意治疗的权利：

a）达到法定年龄并具有法律能力之人，另有特别规定的除外；以及

b）年满16周岁的未成年人，另有特别规定或者医疗措施的性质别有要求的除外。

（2）患者因身体或精神障碍、老年痴呆或智力发育迟缓，显然不能理解同意的意义的，同意能力即全部或部分丧失。

（3）医疗服务提供人应判断患者是否依第2款而欠缺同意能力。根据患者的年龄、精神状态、心智成熟程度和经验，医务人员应尽最大努力，使患者得自己为同意表示（参见第3-5条）。

（4）医疗服务提供人认为患者欠缺同意能力的，应为书面决定并写明判断理由，倘有可能，应即刻送交患者及其近亲属。患者无近亲属的，书面决定应送交第4-8条所说的医务人员。

---

[1]　默示非为单纯沉默，乃是通过可推断的行为发出表示。

第 4 – 4 条　代表儿童同意治疗

（1）未满 16 周岁的患者，其父母或其他承担亲权责任之人，得代为同意接受治疗。

（2）患者系儿童福利机构依《儿童福利法》第 4 – 8 条或者第 4 – 12 条负责教养的未满 16 周岁的未成年人的，儿童福利机构得同意接受治疗。

（3）随着未成年人成长发育，其父母、其他承担亲权责任之人或者儿童福利机构（参见第 2 款），于同意表示前，应听取未成年人意见。患者年满 12 周岁的，就涉及其医疗的所有事宜，俱得发表意见。随着未成年人的成长，其意见的权重渐次增加。

第 4 – 5 条　青少年无同意能力[1]

（1）患者年满 16 周岁未满 18 周岁，没有同意能力的，其父母或其他承担亲权责任之人，有同意治疗的权利。

（2）患者系儿童福利机构依《儿童福利法》第 4 – 8 条或者第 4 – 12 条负责教养的已满 16 周岁未满 18 周岁的未成年人的，儿童福利机构有同意治疗的权利。

（3）患者拒绝治疗的，即不得施治，特别法另有规定的除外。

第 4 – 6 条　达到法定年龄并有完全法律能力的患者，没有同意能力的

（1）达到法定年龄并有完全法律能力的患者，没有同意能力的（not competent），[2]从程度和持续时间看不具有高度侵入性质的医疗措施，得由医疗服务提供人决定。

（2）非为前款所涵盖的医疗措施，[3]患者近亲属得同意之。其他的医疗措施，合乎患者最佳利益，且患者（倘能表意）当会同意的，医疗服务提供人得予施行。为确定患者意愿，得向患者近亲属了解信息。

（3）患者反对的，不得依前两款提供医疗服务，特别法另有规定的除外。

第 4 – 7 条　宣告无法律能力的患者

患者依 1898 年 11 月 28 日法律被宣告无法律能力的（legally incapacitated），

---

[1]　16～18 周岁为青少年（young people）。

[2]　指昏迷之类的情况，应注意区分法律能力（行为能力）和同意能力。

[3]　当指高度侵入性的医疗措施。

应尽最大可能使其自为医疗决策。倘无可能，监护人得代无法律能力患者为同意表示。

第4-8条 患者不能表意又无近亲属的

患者无同意能力又无近亲属的，医疗服务提供人经与其他合格医务人员磋商后，得代为同意施治。

第4-9条 于特殊情形拒绝接受医疗服务的权利

（1）出于严肃的信念，患者得拒绝血液或血液制品输入，不得强迫绝食患者进食。

（2）濒临死亡的患者得拒绝延长生命的医疗措施。濒临死亡的患者已不能表达意愿的，倘患者近亲属表达了类似意愿，而医务人员基于独立评估（independent assessment），发现此亦为患者意愿，且此意愿显然应予尊重的，医务人员即不得施治。

（3）医务人员应查实，前两款所说患者确已达法定年龄并具备法律能力，患者已掌握了充分信息且理解拒绝治疗的后果。

第五章 查阅病历的权利

第5-1条 查阅病历的权利

（1）患者有权利查阅病历及附件，经特别请求，得获取副本。经患者请求，应对医疗术语等作扼要解释。

（2）为了避免危及患者生命或者给患者健康造成严重伤害而有绝对必要的，或者，考虑到与患者关系密切之人的利益，显然是不明智的，则患者病历中的信息，得不向患者披露。

（3）得不向患者披露的信息，患者代理人（representative）有权利查阅。［患者的］医生或律师要求查阅这些信息的，除非有特别理由，否则不得拒绝。

（4）第3-3条、第3-4条有关其他人获取信息的权利的规定，相应地适用于此处病历查阅事宜。

（5）患者死亡后，其近亲属有权利查阅患者病历，除非出于特别的理由而不许如此。

（6）就查阅病历的权利，包括制作副本的费用等事宜，卫生部得以条例详加规范。

第5－2条　病历的更正和涂销

患者或信息所涉之人，得依《医务人员法》第42条至第44条，要求更正或涂销病历中所载信息。

第5－3条　病历的转移和披露

患者得反对公开其病历或披露其中的信息。倘有理由相信，患者若经询问当会反对的，信息亦不得披露。出于重大理由，信息得予披露。病历或病历所载信息的转移（transfer）或披露，应依有关医务人员的法律为之。

第六章　儿童的特别权利

第6－1条　得到健康检查的权利

儿童有得到必要医疗服务的权利，包括在其生活或暂住的市接受健康检查的权利（《市政医疗机构法》第2－2条）。

第6－2条　住院期间得到父母陪护的权利

儿童住院期间，其父母至少一位或者其他承担亲权责任之人得于医院陪护，除非出于儿童利益考虑，此举显非明智，或者依《儿童法》（Children Act）或《儿童福利法》（Child Welfare Act），不得行使联络的权利。

第6－3条　住院期间的活动权利（right to activity）

考虑到儿童的健康状况，在合适的限度内，儿童于住院期间，仍得保持活泼天性。

第6－4条　住院期间受教育的权利（right to tuition）

（1）义务教育年龄段的儿童，于住院期间，有依《教育法》（Education Act）得到教育的权利。

（2）青少年于住院期间，得依《教育法》得到教育。

（3）学龄前儿童，于住院期间，得依《教育法》得到特别教育援助。

[依2000年12月21日第127号法律（依2000年12月21日第1359号法令，自2001年1月1日生效）修订。]

第七章　投　诉

第7-1条　要求医疗服务提供人履行义务

（1）患者或患者代理人，认为第二章、第三章、第四章，第5-1条、第6-2条、第6-3条的规范遭违反的，得要求医疗服务提供人履行义务，以实现患者权利。

（2）其他人认为自己依第三章至第六章享有的独立权利未能实现的，前款相应予以适用。

（3）第1款所谓患者代理人，系有代表患者投诉的权限之人，或者得依第四章代为同意之人。患者代理人非为律师的，应持书面授权。

第7-2条　投诉

（1）医疗服务提供人拒绝患者依第7-1条提出的请求，或者认为患者权利已经实现的，患者得向挪威卫生委员会（Norwegian Board of Health）的郡办公室（county office）投诉。

（2）患者或者患者代理人，认为第2-1条第5款的规定没有得到遵守的，得向卫生部任命的投诉委员会投诉。投诉委员会由5位成员组成，由律师担任主席。委员会成员及其副职（deputies），两年任命一次，可以连任。

（3）第7-1条第2款、第3款，相应地适用于依本条提起的投诉。

［依2003年8月29日第87号法律（依2003年8月29日第1092号法令，自2003年9月1日生效）、2003年12月12日第110号法律（依2004年3月19日第540号法令，自2004年9月1日生效）修订。］

第7-3条　投诉的形式和内容

向挪威卫生委员会所设郡办公室投诉，应采书面形式。投诉应有患者或患者代理人签字。投诉应写明投诉事项的具体情况，并提供对审查投诉可能重要的信息。投诉不合要求或有瑕疵的，郡办公室应给予短暂期限，要求更正或补充。

第7-4条　请求对可能的义务违反加以评估

患者或其他权利人倘认为《医务人员法》的相关义务规范遭违反，害及自己利益的，得要求监察机构审查。在适当情形，监察机构得依《医务人员法》第十一章加以行政处罚。本章规定此际不予适用。

[依 2000 年 12 月 21 日第 127 号法律（依 2000 年 12 月 21 日第 1359 号法令，自 2001 年 1 月 1 日生效）修订。]

第 7 – 5 条 请求和投诉的期限

（1）依第 7 – 1 条提出要求的，自当事人得到或应该得到充分信息足以提出要求时起，期限为 4 周。已提出要求的，时限不再适用。

（2）依第 7 – 2 条向郡办公室投诉的，自当事人知道或者应该知道请求处理结果时起，期限为 3 周。

[依 2003 年 8 月 29 日第 87 号法律（依 2003 年 8 月 29 日第 1092 号法令，自 2003 年 9 月 1 日生效）修订。]

第 7 – 6 条 公共行政法的适用

（1）郡办公室处理投诉事宜，《公共行政法》有关处理涉及个别决定和投诉事宜的法律规则，相应地得予适用，并应适用本章的特别规定。

（2）《公共行政法》有关处理投诉事宜的相关规定，相应地适用于投诉委员会对投诉的处理，本章另有规定的除外。就投诉委员会的组成和工作程序，卫生部得以条例详加规范。

[依 2003 年 8 月 29 日第 87 号法律（依 2003 年 8 月 29 日法令，自 2003 年 9 月 1 日生效）、2003 年 12 月 12 日第 110 号法律（依 2004 年 3 月 19 日第 540 号法令，自 2004 年 9 月 1 日生效）修订。]

第八章 维护患者权利监察专员

第 8 – 1 条 目标

维护患者权利监察专员（Patient Ombudsman）的任务在于满足患者需求，保护患者权益，改善医疗服务的质量。

第 8 – 2 条 监察系统的职能和责任

（1）中央政府应确保各郡皆设有监察专员。公众专科医疗服务（public specialist health services）亦应纳入监察专员的职能。

（2）监察专员应独立、自主地履行其职能。

[依 2001 年 6 月 15 日第 93 号法律（依 2001 年 12 月 14 日第 1417 号法令，自 2002 年 1 月 1 日生效）修订。]

第 8 - 3 条　联络监察专员的权利

（1）监察专员得应口头或书面请求，或者主动地，对涉及公众专科医疗服务的事宜加以调查。

（2）任何人都得联络监察专员，请求对个案加以调查。得以匿名形式提出请求。

第 8 - 4 条　审查提出的请求

监察专员应决定当事人是否提供了调查案件的充分理由。监察专员决定对案件不予调查的，应知会请求人并简要说明决定的原因。

第 8 - 5 条　监察专员获取信息的权利

公共主管当局及其他从事公共行政服务的机构，应为监察专员提供其履行职务所需要的信息。《民事诉讼法》（Civil Procedure Act）第 204 条至第 209 条相应地适用于监察专员获取信息的权利。

第 8 - 6 条　自由查看医疗场所

监察专员得自由查看提供公众专科医疗服务的场所。

第 8 - 7 条　监察专员的职责

（1）就其职责范围内的事宜，监察专员应于合理限度内，向任何请求人提供信息，给予建议和指导。

（2）就其职责范围内的事宜，监察专员得发表意见并提出特别的改善措施。监察专员自己决定向谁发表意见。监察专员发表的意见并无拘束力。

（3）向监察专员询问案件审查结果的，监察专员皆应回复并予以简要说明。

（4）需要监督机构（supervisory authorities）跟进的，监察专员应知会监督机构。

（5）监察专员应对外宣传监察体制。

第 8 - 8 条　条例

就监察专员相关规范的落实和补充，卫生部得以条例详加规范。

第九章　生效及其他法律修订

第9－1条　生效

本法生效日期由国王决定。国王得就本法不同部分，确定不同生效日期。

〔依 2000 年 12 月 1 日第 1198 号法令，自 2001 年 1 月 1 日生效，惟第 2－5 条，依 2001 年 6 月 8 日第 595 号法令，自 2001 年 7 月 1 日生效。〕

第9－2条　对其他法律的修订

自本法生效之日起，其他法律相应修订如下：

……〔1〕

―――――――――

〔1〕　英译本以下即略去。

挪威对患者权利法及生物库法加以修订的法律

（医疗服务和研究——无同意能力的患者）〔1〕

1. 第4A章　为反对治疗的无同意能力患者提供医疗服务〔2〕

第4A－1条　目的

（1）本章目的在于提供必要医疗服务，以免患者遭受重大伤害，并避免或限制使用强制手段（use of force）。

（2）提供医疗服务，应确保患者身体和精神完好性得到尊重，并尽可能保障患者的自我决定权利。

第4A－2条　适用范围

（1）本章适用情形为，患者年满16周岁但缺乏同意能力（参见第四章）并拒绝接受医疗服务。

（2）未经精神障碍患者自己同意而提供检查、治疗服务的，仅得依1999年7月2日第62号关于精神疾病医疗服务的法律（Act of 2 July 1999 No. 62 relating to Mental Health Care）为之。

第4A－3条　患者反对仍得施治的权利

（1）向患者提供其反对的医疗服务之前，应尽力得到患者信任，此种努力显然无意义的除外。

（2）患者坚持反对立场的，或者医务人员知道所涉之人极为可能坚持反对

---

〔1〕《对患者权利法及生物库法加以修订的法律》［Act amending the Patients' Rights Act and the Biobank Act（health care and research-persons without competence to give consent）］，2009年1月生效。资料来源：http://app. uio. no/ub/ujur/oversatte-lover/data/lov-20061222-099-eng. pdf，2016年8月29日最后访问，唐超、陈舒民译。

〔2〕标题"2"当是对生物库法的修订，英文本即略去。

立场的，倘合乎下列条件，得为予以施治的行政决定（administrative decision）：

　　a）不予施治，会给患者健康造成严重损害；

　　b）拟提供的医疗措施是必要的；且

　　c）拟提供的医疗措施与医疗需求相适应。

（3）第 1 款和第 2 款的要件虽经满足，还要经全面评估，认为显然最为合乎患者利益的，方得施治。于评估之际，尤其应重视患者反对的强度以及患者短期内恢复同意能力的可能性。

第 4A – 4 条　医疗活动的施行

（1）第 4A – 3 条的要件满足的，即得以强制手段或其他手段不恤患者反对而施治。

（2）为了医疗活动的施行而有必要的，得将患者收治入院并限制其自由（detained）。

（3）本法要件得到满足的，亦得利用配备了技术装置和强制手段（restraining measures，如皮带之类）的警戒系统（warning system）。

（4）对医疗服务应加持续评估，本法要件一旦不能满足，即应停止施治。应格外重视医疗服务是否未能发挥期待的疗效，或者是否发生了未能预见的副作用。

第 4A – 5 条　施行患者反对的医疗服务的行政决定

（1）依本章所为之施行治疗的行政决定，由负责提供医疗服务的医务人员为之。每为此种决定，效力至多一年。

（2）医疗服务牵扯到对患者严重干预的（serious intervention），即应由前款所指之医务人员，经与其他合格医务人员磋商，为行政决定。判断是否构成对患者的严重干预，尤其应考虑是否会实施侵入性医疗措施，是否会使用处方药，以及患者反对的强度。倘患者反对的医疗服务，要通过收治入院或限制自由（detention）的手段来落实，或者患者反对使用强制手段，此种医疗干预即为重大干预。

（3）有关检查、治疗的行政决定，涵盖了施行检查、治疗所必要的护理活动。倘医疗活动的主要目的即在于护理，则应就此为专门行政决定。

（4）依本条第 1 款、第 2 款为行政决定前，倘有可能，就患者可能的意愿，应听取患者近亲属意见。

第 4A - 6 条　通知

（1）依第 4A - 5 条所为之行政决定，应尽快通知患者及患者近亲属。倘及时通知包含着医疗活动无法施行的风险，亦得嗣后通知。

（2）通知中并应说明患者享有上诉权利以及表达意见的权利。

（3）应向对医疗服务负有更高专业责任之人（superior professional responsibility），提交通知副本。依第 4A - 5 条所为之行政决定，亦应向郡医疗监督委员会提交副本。

第 4A - 7 条　上诉[1]

（1）就依第 4A - 5 条所为之行政决定，患者或患者近亲属得向郡医疗监督委员会上诉（appeal）。

（2）第 7 - 3 条相应地适用于依本条所为之上诉。

（3）自所涉之人知道或应该知道决定之日起，应于 3 周内向郡监督委员会提起上诉。

第 4A - 8 条　审查和嗣后监督

（1）依第 4A - 5 条所为之行政决定，郡监督委员会得主动审查。

（2）依本章所为之医疗决定，所涉之人没有上诉而医疗活动继续开展的，自决定发布 3 个月后，郡监督委员会得主动评估医疗活动是否有继续开展的必要。

第 4A - 9 条　公共行政法的适用

依第 4A - 5 条所为之行政决定，《公共行政法》相应得予适用，本章另有规定的除外。

第 4A - 10 条　司法审查

依第 4A - 7 条提起的上诉，其所涉及的行政决定，倘要求将患者收治入院并限制患者自由，或者医疗活动持续时间超过 3 个月的，患者或患者近亲属，得依 1915 年 8 月 13 日关于民事诉讼的法律（Act of 13 August 1915 on Civil Procedure）第三十三章向法院提起诉讼。

---

〔1〕　性质似为申请行政复议。

第 4A – 11 条　细则

就依本章所为之医疗活动的施行，以及行政程序事宜，包括应该对医疗行政决定的文件备办设立相关要求，卫生部得详加规范。

以色列患者权利法[1]

第一章　立法目的

第1条　立法目的

本法目的在于保护寻求医疗服务或接受医疗服务之人的权利，并保护其尊严和隐私。

第二章　定　义

第2条　定义

在本法中，

"医院"，从1940年《公众健康条例》第24条之界定；

"伦理委员会"，谓依本法第24条设立之委员会；

"急诊室"，意在提供紧急医疗服务之场所，至少配备一名医生，且经总司长认可为本法所指之急诊室；

"医疗服务"，包括诊断措施、预防医疗服务、心理治疗及护理服务；

"医疗机构"，意指医院或诊所。

"患者"，谓任何患病之人，或者任何寻求或接受医疗服务之人；

"临床医生（clinician）"，包括医生（physician）、牙医、实习医生、护士、助产士、心理医生，或者经总司长认可为临床医生，且于政府公报上如是登载的任何其他专业人士；

"医疗信息"，谓直接关乎患者身体或心理健康状况，以及治疗情况的信息；

"助产士"，谓依《助产士条例》获准从事助产服务之人（女性）；

---

〔1〕《以色列患者权利法》（Patient's Rights Act, 1996），资料来源：http://waml. haifa. ac. il/index/reference/legislation/israel/，2016年8月29日最后访问，唐超译。

"总司长"，指卫生部总司长；[1]

"医疗机构管理人"，包括代理管理人；

"紧急状况"，意指若不紧急施治，可能会即刻造成死亡或者严重的、不可逆的残疾，此等危险状况；

"诊所"，从1940年《公众健康条例》第34条之界定，至少由5位临床医生提供医疗服务；

"实习医生"，从1976《医生条例》第B.1章之界定；

"重大危险"，意指若不施治，可能会造成死亡或者严重的、不可逆的残疾，此等危险状况；[2]

"社会服务人员"，从1996年《社会服务人员法》之界定；

"心理医生"，谓依1977年《心理医生法》登记于心理医生簿册之人；

"疾病基金"，从1994年《全民医保法》之界定；

"医生"，谓依1976年《医生条例》获准行医之人；

"牙医"，谓依1979年《牙医条例》获准从事牙科业务之人；

"医疗记录"，谓依本法第17条，以书面、摄影复制或任何其他方式所记录的医疗信息，包括患者的个人医疗记录，内含关涉患者的医疗文档；

"部长"，指卫生部长。

第三章　获取医疗服务之权利

第3条　获取医疗服务之权利

（a）凡需求医疗服务之人，皆有权利依当时以色列医疗体制下之一切法律和法规、条件和常规，获取医疗服务。

（b）若遇紧急医疗状况，则得无条件获取紧急医疗服务。

---

〔1〕 总司长（Director-General），从中国官方新闻报道的译法（参见国家计生委官网：http://www.nhfpc.gov.cn/gjhzs/s3582/201402/241f142ab6274ca4ad0878ba998fca39.shtml，2016年8月29日最后访问）。总司长由卫生部长任命，负责落实卫生部的政策及医疗体制的日常运转，就医疗体制的专业及组织事务，充任部长的顾问。现任卫生部长为Yael German女士，总司长为病理学家Arnon Afek（参见以色列卫生部官网：http://www.health.gov.il/English/MinistryUnits/Pages/DirectorGeneral.aspx，2016年8月29日最后访问）。

〔2〕 区分所谓紧急状况和重大危险，后者不以紧急性为要件。

第4条 禁止歧视

任何医疗机构或临床医生，不得基于宗教、种族、性别、国籍、出生地或者其他此类事由对患者区别对待。

第5条 恰当的医疗服务

患者有权利得到恰当的医疗服务，这里要考虑服务的专业性、服务质量以及服务中的人际关系。

第6条 有关医疗执业人身份之信息

（a）患者有权利知晓为其提供服务的临床医生身份和地位方面的信息。

（b）总司长应发布指令，明确辨识特定临床医生或医疗机构其他工作人员的方法。

第7条 获取第二意见的权利

患者就其获取之医疗服务有权利要求听取第二意见；就实现此项权利所需要之一切，临床医生及医疗机构负有帮助义务。

第8条 确保恰当医疗服务连贯的权利

患者从此临床医生或医疗机构转往彼临床医生或医疗机构的，患者有权利要求彼此临床医生或医疗机构在医疗服务方面相互合作，确保恰当医疗服务的连贯。

第9条 接待访客

住院患者有权利依照医疗机构管理人设置的规程定期接待访客。

第10条 患者尊严及隐私之维护

（a）在整个治疗过程中，临床医生、在临床医生指导下工作之人以及医疗机构的其他工作人员，皆应维护患者之尊严和隐私。

（b）就于其医疗机构接受医疗服务之患者，其尊严和隐私的维护事宜，医疗机构管理人应发布指令。

第11条 紧急状况或重大危险情形下的医疗服务

（a）患者所处之情况，自表面判断，构成紧急状况或重大危险的，临床医生或医疗机构既经请求（be requested），应尽其最大能力予以诊断、治疗。

（b）临床医生或医疗机构无力提供医疗服务的，应尽最大能力将患者转移给患者可以得到恰当医疗服务的医疗机构。

（c）医疗机构管理人应制定恰当措施，以落实本条。

第12条　急诊室检查

（a）请求急诊室服务的患者，有权利得到医生的检查。

（b）负责检查的医生，若是发现患者需要紧急治疗的，即应给予紧急治疗；若是患者所需要之医疗服务，急诊室无力提供的，医生应将患者转移给恰当的医疗机构，并应尽其最大能力保证患者确实转移到了该医疗机构。

（c）设有急诊室的医疗机构，管理人应制定恰当措施，以落实本条。

第四章　知情同意

第13条　对医疗措施的知情同意

（a）非依本章经患者之知情同意，不得为任何医疗措施。

（b）欲获知情同意，临床医生应向患者提供医疗信息至合理程度，使患者得决定是否同意医生建议的方案；这里所谓"医疗信息"，包括：

（1）对患者健康状况的诊断结果及预后；

（2）对医生建议方案的实质、过程、目标、预期疗效及成功可能性的描述；

（3）建议方案包含的风险，包括副作用、疼痛及不适；

（4）替代方案的成功可能性及风险，不治疗的可能后果；

（5）若替代方案具有革新性质，亦应告知。

（c）临床医生应尽可能早地将医疗信息告知患者，告知之方式，亦应尽可能使患者理解相关信息，从而为自由、独立之决定。

（d）伦理委员会确信，就涉及患者健康状况的信息，若予以告知，很可能会给患者心理或身体健康造成严重损害的，临床执业人得不予告知，本条 b 款此际不予适用。

第14条　知情同意之方式

（a）知情同意得以口头、书面方式为之，亦得表现为患者之行为。

（b）就本法附录列举之医疗措施，知情同意应以书面为之，向患者所为之说明，应于书面文件中胪列摘要。

（c）患者需要本法附录列举之医疗措施，又不能以书面形式为同意表示的，得于两位证人前为同意表示，但要求所为之同意及证人证言尽可能快地记录在案。

（d）在紧急状况下，就本法附录列举之医疗措施，得以口头方式为同意表示，但要求该同意表示尽可能快地记录在案。

第 15 条　未经同意之医疗

虽有第 13 条之规定，

（1）就本法附录列举之外的医疗措施，下列条件全部得以满足的，临床医生得不经患者知情同意而为之：

- 依患者的身体或心理状况，不允许获取其知情同意；
- 临床医生未闻患者或其监护人反对过此种医疗措施；
- 若依本法第 16 条指定了代理人，不能获得代理人的同意，或者，若患者未成年或欠缺能力，不能获得监护人的同意。[1]

（2）患者身处重大危险，依其危险情况，某种医疗措施必须尽可能快地施行，患者却加以反对的，倘伦理委员会确信，下列条件全部得以满足，临床医生则得不恤患者意志而施治：

- 为知情同意所需要的信息，已经告知患者；
- 该种医疗措施相信可以显著改善患者健康状况；
- 有合理理由相信，患者于接受治疗后，当会溯及给予同意。

（3）在紧急情况下，因情势之紧急（包括患者的身体或心理状况），不可能获取患者知情同意的，临床医生得不经患者知情同意而施行紧急医疗措施；就本法附录列举之医疗措施，则须经 3 位医生同意方得为之，情势紧迫不许为此的除外。[2]

---

〔1〕这里的不能（impossible），非不同意，乃指联系不上之类情形。

〔2〕第 1 项、第 3 项，是"不经知情同意（without informed consent）"，主要指患者昏迷不能表意之类情形；第 2 项则为"不恤患者意志（against the patient's will）"，指患者虽能表意，医生亦得不从。第 3 项大致相当于中国《侵权责任法》第 56 条。第 1 项，在中国法上虽无相当之明确条文，但在合同法或无因管理法的背景下，亦可得到同样结论。第 2 项之立场，实为少见，值得研究。以色列海法大学的格罗斯教授评论此项道："强行施治让人心痛。主要限于无能力患者，不顾有能力患者的明示意愿而施治，极难想见。事实上，尊重患者自主的道德原则，再加上保护患者权利的制定法，不许强行治疗的立场彰明较著。可社群民主思潮（communitarian democratic）有意抹杀公私利益的界限，无所顾忌地践踏私域，以色列立法者本此精神，虽不厌其烦胪列诸项患者基本权利，却又设此机制，来将基本权利侵犯"，"在极罕见的情形，患者会和医生陷入严重分歧，患者拒绝显然有益的医疗方案，虽经医生苦口婆心，患者亦不为所动。此际，可以想见，医生定愿将患者绑缚于手术台上，径予施治。哦，以色列法可不正是如此"。See Michael L. Gross, "Treating competent patients by force：the limits and lessons of Israel's Patient's Rights Act", *Journal of Medical Ethics*, vol. 31, 1 (2005), pp. 29~34.

第 16 条　指定代理人

（a）患者得指定代理人，授权其代患者为同意表示；授权书应详细写明在何种情形、何种条件下，代理人得代患者为同意表示。

（b）就依本条所为之授权，卫生部得就授权书之形式发布指示。

第五章　医疗记录及医疗信息

第 17 条　医疗记录的保存义务

（a）临床医生应保存治疗过程的医疗记录；这些医疗记录应包括辨识患者和临床医生的细节，患者所接受医疗措施的医疗信息，所知晓的患者以前的病历资料，患者目前健康状况的诊断结果，以及医生给患者的治疗方面的指导；临床医生的个人笔记不构成医疗记录的组成部分。

（b）临床医生或者（若在医疗机构，则机构）管理人负有责任，依相关法律、法规，对适时更新的医疗记录，妥善维护和保管。

（c）若将医疗记录交患者保管的，临床医生或医疗机构应将之记录在案。

第 18 条　患者获取医疗信息的权利

（a）患者有权利自临床医生或医疗机构处获取关乎自身的医疗信息，包括医疗记录的复制品。

（b）医疗团队的成员，只能在其专业领域范围内告知患者相关信息，而且应与医疗团队负责人相协调。

（c）若是关乎患者的信息，容易给患者身体或心理健康造成严重损害，或者危及患者生命，临床医生得拒绝将部分或全部信息提供给患者，本条 a 款、b 款此际不予适用；若临床医生如本款前句所说，决定不将特定信息提供给患者的，应即刻知照伦理委员会，并将隐瞒的信息及隐瞒的理由提交给伦理委员会。

（d）伦理委员会得认可、撤销或修改临床医生的决定。

（e）伦理委员会公布决定前，得听取患者或任何他人之意见。

第 19 条　医疗事务的保密

（a）临床医生或者医疗机构的任何工作人员，就其于履行义务或工作过程中所获知的关乎患者的任何信息，皆不得予以披露。

（b）临床医生及（若在医疗机构，则机构）管理人应制定措施，确保其隶下的工作人员，就于履行义务或工作过程中获知的任何事宜，不致泄露。

第 20 条　向第三人披露医疗数据

（a）下列情形，临床医生或医疗机构得向第三人提供医疗信息：

（1）患者同意向第三人披露信息的；

（2）临床医生或医疗机构负有提供信息的义务的；

（3）为了其他医生给患者治疗而提供信息的；

（4）依第 18 条 c 款，医疗信息不提供给患者，而伦理委员会批准向第三人披露的；

（5）伦理委员会于给了患者表达意见的机会之后决定，医疗信息的披露于他人或公众健康的保护至关重要，且披露的必要性压倒患者保密利益的；

（6）为了信息处理或归档，或为法律要求的通知事宜，而向治疗患者的医疗机构或其职员提供信息的；

（7）为了在医学杂志上发表或者为研究、教学目的而披露信息，符合部长指令的要求且所有用以辨识患者身份的细节皆已隐去。

（b）依本条 a 款披露信息的，仅以具体情势所要求的程度为限，并应尽一切努力隐去患者身份。

（c）依本条 a 款获得医疗信息的，准用第 19 条及本条规定。

第六章　委员会

第一节　调查委员会

第 21 条　调查委员会

（a）本法所称"调查委员会"，意指由下列人等委任的委员会，对患者或其代理人的投诉，或者涉及所提供医疗服务的意外事件，展开调查：

（1）医疗机构管理人，就该医疗机构主持下开展的医疗活动；

（2）疾病基金管理人，就该疾病基金隶下医疗机构内开展的医疗活动；

（3）总司长或其授权之人。

（b）调查委员会的调查结果，应提交给委员会的委任人及所涉患者，这里准用第 18 条的规定；很可能因调查委员会的结论而受伤害的临床医生，调查结果和结论也应向其提供。

（c）调查委员会讨论的备忘录，只应向委任人和总司长公开。

（d）法院得令将备忘录向患者或其代理人或者临床医生公开，法院若是认为，为行公正，将调查结果和结论公开给患者，其必要性重于患者的保密利益，亦得令将调查结果和结论向患者公开；此种指令，既得由法院于司法程序中发布，亦得由治安法官应请求而发布。

（e）总司长若决定依法启动纪律程序，或对涉嫌犯罪之人提起控告，得令将备忘录提交给获授权之人，以备调查或前述程序开展，并提供给纪律程序或控告所针对的临床医生。

第二节　控制和质量委员会

第22条　控制和质量委员会

（a）下列委员会，为本法所称之"控制和质量委员会"：

（1）为评价医疗活动，改善医疗服务的质量，由医疗机构管理人委任的机构内部委员会；

（2）改善疾病基金隶下医疗机构的服务质量，由疾病基金管理人设立的委员会；

（3）总司长为改善医疗服务质量设立的委员会。

（b）委员会讨论的内容，讨论备忘录，为讨论准备的资料及提交给委员会的资料，委员会的总结和结论，皆为内部信息，不得披露给任何他人（包括所涉患者），亦不得在任何司法程序中用为证据。

（c）委员会的总结和结论应提交给委任人，委任人并得对讨论的备忘录及所有其他提交的材料加以研究，b款规定此际不予适用。

（d）若委任人发现，有初步理由对某临床医生施加纪律措施，应将情况知照总司长。

（e）委员会就患者的健康状况、治疗和结果所认定的事实调查结果，一经认定，应即时纳入医疗记录，并构成医疗记录的一部分。

第23条　异议

（a）患者或其代理人相信，［控制和质量委员会的］事实调查结果未依前条e款纳入医疗记录的，得向伦理委员会提出异议。

（b）有依本条a款向伦理委员会提出异议的，伦理委员会应对控制和质量委员会的讨论备忘录、为讨论预备的和提交给质量委员会的一切文件、质量委员会的总结和结论、所涉当事人的医疗记录加以检查，第22条 b 款规定此际不予适用；伦理委员会若认定，事实调查结果未依要求纳入的，应令纳入医疗记录，并应知照患者或其代理人。

第三节　伦理委员会

第 24 条　伦理委员会

（a）伦理委员会由总司长委任；伦理委员会由如下 5 人构成：

（1）得充任地方法院法官者，自司法部长开列的此等人清单中选出，任委员会主席之职；

（2）出自不同领域的两名专科医生；

（3）心理学家或社会服务人员；

（4）公众代表或神职人员。

（b）就依第 23 条提出之异议，仅由主席及两位专科医生组成伦理委员会聆讯，本条 a 款此际不予适用。

（c）具体情势需要伦理委员会之紧急决定，却又不能坐待委员会召集的，得以地方法院充任伦理委员会。

（d）就伦理委员会成员之任命方式、委员会任期及工作安排，部长得发布规章。

第七章　医疗机构遵奉患者权利之责任

第 25 条　患者权利之遵奉

医疗机构管理人应指派专人，负责患者权利之遵奉，其职责包括：

（1）就患者本法下权利之实现，给患者以建议和帮助；

（2）受理、调查并处理患者投诉；就医疗质量的投诉，应转医疗机构管理人批阅；

（3）以各种方式，为医疗机构一切医务及行政人员，负责本法内容之教育、说明。

第 26 条　医疗机构管理人之责任

医疗机构管理人应采取措施，落实本法课予医疗机构的全部义务。

第八章　有关保安部队的规定

第27条　有关保安部队的规定

无损第30条关于本法适用于政府的规定，本法适用于以色列国防军、国家警察局及狱政部，并做如下调整：

（1）以色列国防军的医疗部队、以色列国家警察局的内部医疗系统，以及以色列狱政部的医疗处，视作第7条、第8条、第10条、第17~23条以及第26条中的医疗机构；

（2）以色列国防军、国家警察局及狱政部的首席医务官，应有本法所称医疗机构之管理人的权限，负同样义务，并有总司长依第24条委任伦理委员会的权力；

（3）就下列事宜，得以1995年《军事审判法》所界定之军令、1971年《警察条例》所界定之国家警察局命令，以及1971年《监狱条例》所界定之狱政部命令形式，发布指令：

－ 受拘押患者依第7条获取第二意见的方式事宜，但要求不侵犯任何受拘押患者主动获取第二意见的权利；

－ 在以色列国防军服役的患者或者受拘押的患者，在医疗机构间的转诊事宜，但要求转院不得妨害治疗；

－ 对受拘押患者的访问事宜；

－ 为维护受拘押人的健康而需要相关信息的，向兵士、警员或者典狱官披露医疗信息的事宜。

第九章　杂　项

第28条　罚则

（a）临床医生或医疗机构基于宗教、种族、性别、国籍、出生地等事由对患者区别对待的，依1977年《刑法典》第61条a款3项处以罚金。

（b）违反第17条所列之义务，依1977年《刑法典》第61条a款2项处以罚金；本款犯罪不必证明犯罪故意或过失。

第 29 条　法律保留

本法规定不得

（1）贬损现行法律的规定；

（2）免除患者为所接受的医疗服务支付报酬的义务。

第 30 条　适用于政府

本法亦适用于政府。[1]

第 31 条　附录修订

经以色列国会劳动及社会事务委员会批准，部长得就本法附录加以修订。

第 32 条　法律落实与规章

部长负责落实本法，并得为此就下列事宜制定规章：

（1）依第 11 条、第 12 条将患者转移往合适的医疗机构，其转移方式；

（2）必须纳入医疗记录的数据；

（3）经国会劳动和社会事务委员会批准，为获取各种形式的医疗记录副本（全部或一部），或查看医疗记录（全部或一部）确定最高费用；

（4）为在科学杂志上发表，或为研究或教学目的而提供医疗信息的方式；

（5）医疗记录的保护、管理及获取方式，从医疗记录中释放出医疗信息的方式，医疗信息的保密方式，医疗记录的保存时长，基于他人或公众利益，或者为医学研究或监测医疗结果而获取医疗记录。

第 33 条　医生条例第 4 号修正案

于 1976 年《医生条例》第 41 条之末，加入：

（7）违反 1996 年《患者权利法》任何规定的。

第 34 条　牙医条例第 3 号修正案

于 1979 年《牙医条例》第 45 条之末，加入：

（7）违反 1996 年《患者权利法》任何规定的。

第 35 条　心理医生法第 2 号修正案

于 1977 年《心理医生法》第 33 条之末，加入：

---

〔1〕　大概指政府办医院。

（6）违反1996年《患者权利法》任何规定的。

第36条　生效

本法自公布之日起3个月生效。

附录

（第14、15条）

1. 手术，小手术除外（Surgery, other then minor surgery）。

2. 血管插管（Blood vessel catheterization）。

3. 透析（Dialysis）。

4. 放射疗法（Radiotherapy）。

5. 试管婴儿技术（In-vitro fertilization）。

6. 恶性肿瘤化学疗法（Chemotherapy for malignancies）。

比利时患者权利法[1]

患者权利：对话邀请

2007 年 4 月 16 日

这份手册意在向医疗执业人和患者提供信息，介绍当前的法律立场，借此促进医疗场合各主体间牢固的伙伴关系。

依法律，患者不仅享有权利，还负有义务，应尽可能地和医疗执业人合作。

序

自 2002 年起，比利时有了《患者权利法》。这部法律明确了医患间法律关系的特征，旨在提升医疗服务的质量。

这部法律立足于特定法律原则和得到认可的道德准则。这部法律概述了患者的基本权利，就因为法律上或者事实上无能力而不能自己行使权利的患者，这部法律还明确了哪些人可以代其行使权利。

倘患者认为医疗执业人未尊重自己的权利，并要表达自己的不满，得联络医院的督察员办公室（ombudsman service），就不在医院工作的医疗执业人，得联络联邦患者权利督察员事务处（Federal Ombudsman Service for Patients' Rights）。

设于联邦公共健康部（Federal Public Service Public Health）的联邦患者权利委员会（Federal Commission on Patients' Rights），负责评估法律的适用情况，并就患者权利事宜向政府提出建议（参见：www. patientrights. be）。

---

[1] 比利时于 2002 年 8 月 22 日通过《患者权利法》。联邦公共健康部（Federal Public Service）据此制作手册《患者权利：对话邀请》（Patients' Rights – an invitation to dialogue），法律文本置于手册附录，这里将整个手册译出。资料来源于联邦公共健康部官网：http://health. belgium. be/eportal/My-health/PatientrightsandInterculturalm/Patientrights/Brochure/11326448_EN？ie2Term = The% 20Ombudsman% 20Services% 20for% 20Patients'% 20Rights&ie2section = 9124#. Vk_gSdJAUzA，2015 年 11 月 22 日访问，唐超译。

一、适用对象及情形

◆ 患者

患者，意指任何接受医疗服务之人，不论是否系应其请求而提供服务（例如，也可以是为了确认是否有工作能力，而应雇主之请）。

◆ 医疗执业人

医生、牙医、药剂师、助产士、理疗师、护士、辅助医务人员（矫形支具师，修复技师，营养师，职业治疗师，药物技术助理，医学成像技师，医学实验室技师，语言治疗师，视觉矫正师，足科医生，听觉病医生和助听器技师），于其工作职能范围内应尊重患者权利。

◆ 医疗服务

《患者权利法》关涉的医疗服务为，医疗执业人为了促进患者健康、确认病情（如保险用药）、保持健康、恢复健康或者改善健康状况，或者给临终病人以帮助（如姑息治疗），提供的所有服务。

二、患者享有的权利

1. 得到优质医疗服务

所有患者都可以得到和医学知识、医疗技术相应的最好的服务。提供医疗服务之际，于患者人格和自主地位应予恰当尊重，不得基于社会阶层、性取向或者哲学观念而施加任何歧视。

预防、治疗以及减轻身体疼痛、精神痛苦的医疗活动，构成医疗服务的重要内容。

2. 自由选择医疗执业人

患者可以选择医疗执业人，亦可随时寻找其他医疗执业人。

在某些情形，法律得对患者的自由选择加以限制，医疗服务供给安排方面的具体情势也会限制患者的选择机会，例如，强制精神障碍患者接受治疗，或者医院只有一位专科医生接诊的情形。

当然，除紧急情况外，医疗执业人亦得出于个人原因或执业方面的原因，拒绝向患者提供服务。医疗执业人停止提供服务的，应确保医疗服务的连续。

3. 获知自己的健康信息

医疗执业人当向患者披露一切必要信息，使患者了解自己的病情（也就是诊断结果，哪怕是不好的诊断结果），以及病情可能的走向。医疗执业人并应针对病情提出建议，例如，针对妊娠相关的特定风险。

◆ **如何向患者披露信息？**

医疗执业人当以清晰的、适合患者的语言，以口头方式向患者披露信息，对患者的年龄、教育背景和理解能力予以适当考虑。

患者得由可信赖之人（confidant）帮助。患者得要求（医疗执业人）将信息披露给自己信赖之人。只要情形适当，医疗执业人应在病历中记明该人的身份，并记明已将信息披露给该人。

患者信赖之人，系患者指定的家属、朋友、其他患者或者任何人，帮助患者获取病情相关信息、查阅病历或者获取病历副本、提起投诉。联邦患者权利委员会草拟了指定信赖之人的表格（参见，五，附录2）。

◆ **患者不愿意了解相关信息，如何处理？**

医疗执业人当尊重患者意愿（比如，不想知道自己是否罹患绝症，如亨廷顿氏病），并将此记入病历。

倘不将相关信息披露给患者，会给患者或第三人的健康造成严重不良影响（例如，传染病），医疗执业人即不得听从"患者不欲知情的要求"。这种情形，医疗执业人应与其他医疗执业人磋商，倘患者指定了信赖之人，即应与患者信赖之人磋商。

◆ **倘相关信息会给患者健康造成严重不良影响，如何处理？**

例外地，倘医疗执业人相信，将相关信息披露给患者，会给患者健康造成严重不良影响，则得不予披露。医疗执业人就此不平常的临时举措，应听取同侪意见，并将如此作为的理由记入病历。另外，倘患者指定了信赖之人，这些敏感信息应披露给患者信赖之人。

医疗执业人告诉患者，相关信息未予披露的，应谨慎为之。

4. 知情后同意

医疗执业人于施治前，应获得患者基于自愿的知情后同意。

也就是说，医疗执业人必须清楚向患者说明拟采取的医疗措施的诸般性质。

医疗执业人应于合适时间向患者说明（比如，一定得在患者上手术台前），说明的事宜涉及医疗措施的以下方面：目的（比如，是为了诊断，或手术）、性质（比如，医疗措施是否会让患者感到痛苦）、紧迫程度、持续时间、频率、禁忌证、副作用、相关风险、必要的病后护理、经济因素（如费用，医疗执业人是否加入了全民医疗体制）、拒绝治疗的可能后果以及可能的替代方案。

紧急情况下，不能取得患者或其代理人同意的（例如，急诊室里昏迷的患者），医疗执业人得为一切必要医疗措施，并记载于病历中。

◆ **患者如何表示同意？**

患者得口头同意，医疗执业人亦得自患者行为推断（比如，患者伸臂接受注射）。患者得给同意附加条件（比如，倘无结果，即停止化学治疗）。

患者和医疗执业人得达成协议，以书面形式同意，并写入病历（比如，在重要的检测或治疗情形）。

◆ **患者拒绝或者撤回同意，如何处理？**

患者拒绝特定服务的，医疗执业人当予尊重。医疗执业人仍应继续提供优质医疗服务（比如，患者拒绝进食进水的，医疗执业人仍应提供基本的身体护理）。

患者或医疗执业人得要求将撤回表示或拒绝表示记入病历。

患者的健康状况，使其不得表达意志（比如，昏迷或精神障碍），但此前，患者于其尚能行使权利之际，已经就特定医疗活动表达了意志的，医疗执业人应予尊重。患者得以预先表示拒绝接受特定医疗措施。此等预先表示，最好于起草之际，有第三人在场（比如，医疗执业人），以免日后生出歧见。预先表示并无时间限制，只要患者在能行使权利的时候未予撤销，即为有效。

5. 查阅病历、获取副本

医疗执业人应为每位患者妥当保管病历资料，病历资料应置于安全的场所。病历资料包含患者的身份信息和医疗信息（比如，检查结果和诊断情况）。患者得要求医疗执业人将特定文档加入病历资料（比如，涉及患者病情的科学论文，或者指定信赖之人的书据）。

倘患者决定联络其他医疗执业人，得要求转交病历资料，以保持医疗服务的连贯。

◆ **患者如何查阅病历资料？**

患者得要求查阅病历资料。医疗执业人自收到请求后，应于 15 日内提交病历资料，医疗执业人的个人笔记（不许第三人知晓的记录，供医疗执业人自己利用的记录，以及对医疗服务质量没有太大影响的记录）以及关乎第三人的数据（比如，近亲属的身份，而患者并不知晓的）除外。

患者得以书面形式指定信赖之人，帮助自己或代替自己查阅病历资料。倘信赖之人系医疗执业人，还包括查阅个人笔记。患者的请求以及信赖之人的身份信息，应记入病历。

倘医疗执业人担心，相关信息会给患者健康造成严重不良影响，是以决定不披露相关信息（参见，二，3），患者即只能间接查阅病历。此际，只有患者指定的医疗执业人可以查阅病历，包括个人笔记。

◆ **患者如何获取病历副本？**

患者得要求获取病历副本，条件和查阅相同，复制费用，每页不得超过0.10 欧元。每份复制的影像，收费不得高过 5.00 欧元。倘以数字形式提供副本，所有纸张的复制费用不超过 10.00 欧元。病历资料副本的总费用不得超过25.00 欧元。

副本应标记"个人保密信息（strictly personal and confidential）"字样。如何解释，但凭患者之意。

倘迹象表明，患者系受到压力，将相关信息提供给第三人（如雇主或者保险公司），医疗执业人即不应提供副本。

◆ **死亡患者的近亲属，如何获取病历资料？**

倘患者生前未予反对，则患者配偶、伴侣、父母、子女、兄弟姐妹、（外）祖父母、（外）孙子女，只要有合理事由（比如怀疑发生医疗差错，或者查明家族谱系），得指定医疗执业人（比如家庭的全科医生）查阅患者病历资料，包括个人笔记。

为保护患者隐私，只能采取间接方式查阅，可查阅的信息限于和所援引的合理事由直接相关的内容。

6. 隐私受到保护

患者病情相关信息不得披露给第三人（比如为了买人寿险），为保护公众健康和他人权利所必要（比如传染病风险），而由法律明确规定的情形除外。

7. 向督察员投诉

患者认为自己的权利未受尊重的，得向督察员投诉。详参下文。

三、督察员的工作

1. 患者权利督察员办公室的作用

督察员的任务首先在于鼓励患者和医疗执业人沟通，减少投诉。

患者认为自己的权利未受尊重（比如，没有得到病情相关信息，难以查阅病历，服务质量不合格）向督察员投诉的，督察员当在医患双方的合作下主持调解。

当事双方不能达成解决方案的，督察员当告知投诉人，还有哪些寻求救济的途径。

除了公布有关自己组织情况的信息外，督察员应在其年度报告中提出建议，避免某些不尊重患者权利的现象再度发生。年度报告当提交给联邦患者权利委员会。

2. 如何调解？

向督察员投诉，既得为书面形式（信件、传真或电子邮件），亦得为口头形式（电话、预约拜访）。在适当情形，患者可以得到信赖之人的帮助。

启动调解程序前，督察员当请患者亲自和医疗执业人联络。

督察员独立工作，不论其是否系某医疗机构或者协调组织（concertation platform）的雇员。督察员不能因为正当履行职务，从事相关工作，而遭受处罚。

患者提交投诉后，督察员会听取患者陈述，了解事情概况。倘投诉人的愿望很明确，督察员即以口头或书面方式联络所涉医疗执业人，要求医疗执业人就患者所述事实表态。在整个处理过程中，督察员严守中立，不偏向医疗执业人或患者任何一方。

为了恢复对话，督察员得建议同意调解的双方当事人，再次相互联络，或者在督察员在场的情况下，双方见面。倘当事人拒绝提议，督察员即居中调解。就各方当事人的反应和期待，督察员以口头或书面方式，随时使对方知晓。

在调解中，督察员鼓励当事人表达自己的感受、提出自己的建议。督察员尽力缓和冲突，通过商谈、交换信息，来弥合分歧。为解决纠纷，督察员应秉持调解人的良心，在合理的时间表内完成工作。当然，冲突能不能解决，主要看当事人的意愿，当事人得随时中断调解，转而寻求其他途径。

倘当事人达成协议，或者恢复沟通，调解卷宗得加封存。

倘不能解决，督察员当向患者说明，还有哪些救济途径（比如，医院其他部门，医疗保险基金，地方医疗委员会，地方的监督部门，比利时医学会，法院）。

督察员采取的措施皆免费用。

督察员应尊重医疗职业的保密性质，患者或者医疗执业人坦诚相告的任何信息，都不得披露给第三人。

有关［医疗机构的］组织、运转和投诉程序特别要求的内部规章制度，得自医院或者心理健康服务协调组织（mental health concertation platform）的行政首长处获取。联邦督察员事务处的工作规程，得自联邦患者权利委员会的秘书处获取。任何利害相关之人皆得查阅相关内部规程。

3. 患者欲投诉的，和谁联系？

患者投诉针对的医疗执业人，倘在医院工作，患者得联络医院的督察员办公室。

倘所涉医疗执业人在精神病院、老年公寓或者精神障碍患者疗养院工作，这些机构得联络驻在其所属心理健康服务协调组织的督察员。

得自联邦患者权利督察员事务处和联邦公共服务局网站获取督察员的联络途径。患者亦可直接询问所涉医院。

倘投诉针对的医疗执业人，系在医院外的门诊工作，比如，全科医生、在私人诊所工作的专科医生、个体护士、牙医、疗养院的医生或者监狱医生，患者只得向联邦患者权利督察员事务处写信。

联络方式

· 督察员办公室或者心理健康服务协调组织

督察员名单得自下面网站获取：www. patientrights. be。

· 联邦督察员事务处

联邦公众健康、食品安全和环境卫生局

医疗机构司，司长

联邦患者权利督察员事务处

Victor Hortaplein 40，box 10

1060 布鲁塞尔

www. patientrights. be。

荷兰语督察员

Tel. : 02/524. 85. 20，Fax. 02/524. 85. 38

法语督察员

Tel.：02/524.85.21，fax：02/524.85.38

四、患者没有能力行使权利，如何处理？

1. 何等情况，得认为无行使权利的能力？

－未成年人，依医疗执业人的判断，不能合理评估自己的最佳利益；

－处于类似未成年人状况（extended minority）[1]的成年人（依民法典的界定，严重的精神疾病，智力发育迟缓）；

－依法宣告为无能力人的成年人（依民法典的界定，持久的智力低下或精神错乱状态）；

－依医疗执业人的判断，事实上不能表达意志的成年人（比如昏迷的患者）。

2. 谁能代为行使权利？

◆ **倘患者系未成年人，类似未成年人状况的成年人，或者宣告为无能力人。**

父母（父亲、母亲）或者有权行使这些权利的监护人。

依医疗执业人的判断，未成年人可以合理评估自己最佳利益的，仍得独立行使全部或部分权利。

类似未成年人状况的成年人，或者宣告为无能力人的，则无前句之可能。

代理人：患者不能自己行使权利的，代表患者行使权利之人为代理人（representative）。患者信赖之人（confidant）则只是帮助患者。

◆ **成年患者事实上（de facto）不能行使权利的**

患者得事前以书面形式授权他人，于患者不能行使权利之际，代患者行使权利，授权应附具日期并签名。患者应使医疗执业人知晓此授权事宜（如记入病历）。

患者未指定代理人的，下列人等依次序代患者行使权利：共同生活的配偶或伴侣，成年子女，父母，成年兄弟姐妹。

数位可能的代理人（如数位子女）间发生冲突的，或者没有代理人的，医疗执业人经与跨学科小组（multi-disciplinary team）磋商，依患者最佳利益行事。

患者指定的代理人：成年患者，于其尚能行使权利之际，以书面形式指定

---

〔1〕 这是比利时法上的术语。

的代理人。联邦患者权利委员会制作了指定代理人和撤回指定的表格（参见，五，附录2）。

3. 代理人权限的边界

－应依患者的理解能力，尽可能使患者参与权利行使（比如在患者清醒的时候）。

－为保护患者隐私，医疗执业人得拒绝代理人查阅病历。此际，只有代理人指定的医疗执业人方得查阅病历或取得副本。拒绝代理人查阅病历的，应说明原因。

－依跨学科商讨结果，医疗执业人亦得背离代理人的决定。医疗执业人应本着患者最佳利益，避免危及患者生命或使者健康遭受严重影响（比如代理人可以拒绝关乎性命的治疗措施）。倘指定的代理人提出证据，表明其决定合乎患者明示的意愿（比如确认此种意愿的证据或者录像资料），医疗执业人即应遵从。

医疗执业人不遵从代理人决定的，应将其考虑记入病历。

－患者于尚能行使权利之际写明的意愿（拒绝特定医疗措施），代理人不得违背。

－在紧急情况下，患者及代理人意愿不明确的，医疗执业人尽可能依患者最佳健康利益行事。

五、附录

◆ 附录1：

2002 年 8 月 22 日关于患者权利的法津

（比利时政府公报，2002 年 9 月 26 日）

（非官方英译）

第一章　一般规定

第 1 条

本法规制宪法第 78 条指涉之事宜。

第二章　定义和适用范围

第 2 条

本法使用的若干术语含义如下：

（a）患者：医疗服务针对的自然人，不论服务之供给是否系应其之请。

（b）医疗服务：为了促进、维系、恢复或改善患者健康，或者给临终病人以帮助，由医疗执业人提供的服务。

（c）医疗执业人：1967 年 11 月 10 日关于医疗执业的第 78 号皇家法令所指的执业人，以及 1999 年 4 月 29 日关于非传统医学、药物、理疗、护理和辅助医疗职业的法律所指的执业人。

第 3 条

（1）本法适用于涉及医疗服务的（契约和非契约）私法和公法的法律关系。（inserted in W 2006 – 12 – 13，Art. 61）〔1〕

（2）经内阁审议并由第 16 条所指之委员会提议，国王得以法令形式，就本法的适用范围详加规范，

第 4 条

在患者的配合下，医疗执业人在法律赋予其的职能范围内遵守本法。在适当情形下，医疗执业人应本着患者利益，寻求跨学科的意见。

第三章　患者权利

第 5 条

患者有权利要求医疗执业人提供合乎患者需求的优质医疗服务，患者的人格和自主地位应受适当尊重，不得基于任何理由加以区别对待。

第 6 条

患者有权利自由选择医疗执业人，有权利更换执业人，但应受法律的限制。

第 7 条

（1）为了解自己的病情以及病情可能的走向，患者有权利要求医疗执业人

---

〔1〕　这里字母 W 不知所指。

提供一切相关信息。

（2）医疗执业人应以清晰的语言和患者沟通。

患者得要求［医疗执业人］以书面形式确认所披露的信息。

患者有权利指定信赖之人（confidant）帮助自己，通过信赖之人行使了解信息的权利。在适当情形下，医疗执业人得于病历中记明，经患者同意，已将信息披露给患者信赖之人，或者已当着信赖之人披露给患者，并记明患者信赖之人的身份。

患者亦可明确要求将前句所述记入病历。（inserted in W 2006 – 12 – 13, art. 62）

（3）患者明确要求不向自己披露信息的，医疗执业人自应遵从；不向患者披露信息，会给患者或第三人的健康造成严重不良影响的，医疗执业人经与其他医疗执业人磋商，必要情形，经与患者指定的信赖之人讨论，仍应向患者披露。

［前句所述］患者的要求应记入或补入病历。

（4）例外地，将第 1 款所述信息披露给患者，显然会给患者健康造成严重不良影响的，经与其他医疗执业人磋商，得不予披露。

此种情形，医疗执业人应将其考虑记入病历，倘有必要，应向患者指定的信赖之人说明。

相关信息不再会给患者造成第 1 句所说严重不良影响的，医疗执业人即应迅速将信息披露给患者。

第 8 条

（1）就医疗执业人采取的任何医疗措施，患者得在知情基础上，事先给予自愿同意。

患者同意应以明示方式为之，除非医疗执业人向患者充分说明后，得自患者行为合理推断患者同意。

应患者或医疗执业人之请，并经医疗执业人或患者同意，应以书面形式将患者同意记入病历。

（2）为获患者同意而应予披露的信息，涉及［医疗措施的］目的、紧迫程度、持续时间、频率、相关禁忌证、副作用、相关风险、病后护理、可能的替代方案以及经济影响。患者拒绝或撤回同意的可能后果，以及患者或医疗执业人认为重要的其他事项（必要情形，包括应予遵守的法律规定），亦应说明。

（3）就第 1 款所说信息，应事前、及时披露，并合乎第 7 条第 2 款、第 3 款的要求。

（4）患者有权利拒绝或者撤回同意。

应患者或医疗执业人之请，拒绝或撤回表示应以书面形式记入病历。

患者拒绝或者撤回同意的，第 5 条所说的得到优质医疗服务的权利不受影响。

患者于其尚能行使权利之际，以书面形式表示拒绝特定医疗措施的，只要于其尚能行使权利之际未加撤回，即应尊重其拒绝表示。

（5）在紧急情况下，不了解患者或者第四章所说的代理人是否表达过相应意愿的，医疗执业人得本着患者最佳健康利益，立即实施必要医疗措施。医疗执业人应依前面的规定，尽可能快地将此记入病历。

第 9 条

（1）患者有权利要求医疗执业人及时更新并妥善保管病历。

应患者请求，医疗执业人得将患者交付的特定材料加入患者病历。

（2）患者有权利查阅自己的病历。

患者要求查阅自己病历的，医疗执业人应不加迟延地予以配合，自收到请求之日起，不得超过 15 日。

医疗执业人的个人笔记，以及涉及第三人的数据，患者无权要求查阅。

患者得指定信赖之人帮助自己，或通过信赖之人行使查阅权利。倘患者指定的信赖之人亦为医疗执业人，并有权利查阅第 3 句所说的个人笔记。（此种情形，患者的请求应写成书面，患者的请求及信赖之人的身份应记入或补入病历。）（inserted in W 2006 – 12 – 13，Art. 63，1°）

病历中记载有第 7 条第 4 款第 2 句所说的书面考虑的情形，患者通过指定的医疗执业人行使查阅权利的，亦有权利查阅第 3 句所说的个人笔记。

（3）患者有权利依第 2 款的规则，请求得到病历全部或部分的副本。副本应标明个人保密信息字样。（以纸张或其他形式复制的，每页最高收费，由国王决定。）（inserted in W 2006 – 12 – 13，Art. 63，2°）

医疗执业人据明显迹象判断，患者系受到压力，向第三人提供病历副本的，即得不予复制。

（4）患者死亡后，患者配偶、合法同居伴侣、伴侣、二亲等内的血亲，倘有查阅患者病历的正当理由和具体要求，且患者未曾明确反对的，得通过指定的医疗执业人查阅。指定的医疗执业人亦有权利查阅第 2 款第 3 句所说的个人笔记。

第 10 条

（1）在任何医疗活动中，患者都有权利要求隐私（privacy）得到保护，尤其是涉及自己健康的信息。

患者有权利要求自己的私密（intimacy）得到尊重。在护理、检查和治疗活动中，只有医疗执业人提供服务所合理需要之人，方得在场，患者允许他人在场的除外。

（2）只有为了保护公共利益或者他人权利和自由，在法律明确规定的情形，方得对行使此项权利加以限制。

第 11 条

（1）患者就行使本法赋予的权利事宜，得向督察员投诉。

（2）督察员职责如下：

（a）鼓励患者和医疗执业人的交流，预防纠纷和投诉；

（b）患者投诉的，负责调解，促成纠纷解决；

（c）不能依前项解决纠纷的，告知患者还有哪些途径；

（d）就督察员的组织、功能及工作程序，提供信息；

（e）针对导致投诉的弊端，提出建议，预防复重发生。

（3）经内阁审议，国王得颁布法令，就督察员办公室的独立性、职业保密、专业知识、法律保障、组织、功能、筹资、程序事宜及适用领域等方面必须达到的要求加以规制。

第 11a 条（inserted in W 2004 – 11 – 24/42，Art. 2；Coming into force：27 – 10 – 2005）

任何人都得期待自医疗执业人处得到最为合适的医疗服务，以防止疼痛，并应重视疼痛，加以评估、考量，减轻疼痛。

第四章　患者代理人

第 12 条

（1）患者为未成年人的，由行使亲权的父母或者未成年人的监护人行使本法下的权利。

（2）应依未成年人的年龄和心智成熟程度，使患者参与权利行使。未成年患者被认为能够合理评估其最佳利益的，得独立行使本法下的权利。

第13条

（1）成年人处于类似未成年人的状态或者被宣告无能力的，由其父母或监护人行使本法下的权利。

（2）应依患者的理解能力，尽可能使其参与行使权利。

第14条

（1）成年患者不能行使权利，但并不处于第13条所述两种状态下的，由其事前指定之人代其行使权利。

依前句指定他人代行权利的，应有具体的书面授权，附具日期，并由患者和患者指定的代理人（the representative designated by the patient）签字，表明后者同意，指定方为生效。以附具日期并签字的文件形式，患者或其指定的代理人得撤回授权。

（2）患者未指定代理人，或者指定的代理人拒不作为的，由共同生活的配偶、合法的同居伴侣或者事实上的同居伴侣行使本法下的权利。

倘此等人不愿行使，或无此等人，则依下列顺序，由患者的成年子女、父母、成年兄弟姐妹行使。

倘此等人不愿行使，或无此等人，则由医疗执业人本着患者最佳利益行事，此际，医疗执业人应经跨学科磋商，以确定患者的最佳利益。

本款提及的两位或更多得代行权利之人，意见冲突的，亦依前句处理。

（3）依患者的理解能力，应尽可能使患者参与行使权利。

（4）经内阁审议，国王得颁布法令，于以上诸款提及之人中指定某种身份之人，得不受第1款、第2款的约束，行使第11条下的投诉权利。

就本款的适用，经内阁审议，国王得颁布法令，详加规范。（inserted in W 2006 - 12 - 13，Art. 64）

第15条

（1）为保护第10条所说的患者隐私，第12条、第13条及第14条所说之人，欲行使第9条第2款或第3款下的查阅权和复制权的，医疗执业人得全部或部分拒绝其请求。此际，代理人得指定医疗执业人行使查阅权和复制权。

（2）本着患者最佳利益，为避免患者生命遭受危险或者健康受到严重不良影响，医疗执业人经跨学科磋商后，得不遵循第 12 条、第 13 条以及第 14 条第 2 款所说之人的决定。就第 14 条第 1 款所说之人的决定，只有不能证明系本诸患者明确意愿的，医疗执业人方得背离其决定。

（3）在前两款适用情形下，医疗执业人应将其考虑记入病历。

第五章　联邦患者权利委员会

第 16 条

（1）联邦患者权利委员会，设立于社会事务、公共健康和环境部（Ministry for Social Affairs, Public Health, and the Environment）。

（2）委员会任务如下：

（a）搜集、处理国内、国际涉及患者权利事宜的信息；

（b）应请求或主动地，就患者、医疗执业人的权利义务事宜，向公共健康部部长（Minister of Public Health）提出建议；

（c）评估权利的落实事宜；

（d）评估督察员办公室的运行情况；

（e）处理针对督察员办公室运行的投诉。

（3）委员会为督察员设有办公室。患者就权利行使事宜投诉的，设在委员会的办公室将投诉转交给相关有权办公室，没有相关机构的，设在委员会的办公室依第 11 条第 2 款 b 项、c 项亲自处理。

（4）就委员会的组成及运行，国王得制定细则。就委员会的组成，患者、医疗执业人、医院，以及 7 月 14 日关于医疗及付费强制保险的法律第 2 条第 1 项所说的保险机构，各方代表应保持适当比例关系。内阁各部及政府服务部门亦得委派公务员加入委员会，有建议权（advisory vote）。

（5）委员会的秘书处（Secretarial Office），由卫生部长指定官员负责。

第六章　修订条款及最后条款

第 17 条

1987 年 8 月 7 日的医院法，修改如下：

（a）于第一编加入第五章：

"第五章　尊重患者权利"；

（b）加入第 17h 条，内容如下：

"第 17 h 条

各医院皆应遵守 2002 年 8 月 22 日患者权利法相关条款。医院并应保证，并非基于雇佣契约而在医院工作或者任职（tenure）的医疗执业人，亦应遵守患者权利法。

各医院并应确保，就前面条款的遵守事宜，所有投诉都将交由第 70c 条所说督察员办公室处理。"

（就医院和于医院工作的医疗执业人间法律关系的性质，患者有权利自医院了解相关信息。应告知的信息的内容，以及告知信息的方式，依 2002 年 8 月 22 日患者权利法第 16 条所说委员会的建议，由国王决定。）（inserted in W 2006 – 12 – 13，Art. 48，1°）

（于医院工作的医疗执业人，就 2002 年 8 月 22 日患者权利法下的权利，未予恰当尊重的，医院应就此负责，除非在医疗执业人施行医疗措施之前，医院即明确向患者说明，基于医院和医疗执业人间法律关系的性质，医院就医疗执业人的行为不负责任。此种说明，不影响有关就其他人行为负责的法律条款的适用。）（inserted in W 2006 – 12 – 13，Art. 48，2°）

（c）加入第 70c 条，内容如下：

"第 70c 条

为获认证（accredited），各医院必须依 2002 年 8 月 22 日患者权利法第 11 条第 1 款设立督察员办公室，亦得依国王设定的条件，由数家医院订立合作协议，共同设立督察员办公室。"

第 18 条

（1）1992 年 12 月 8 日关于个人数据处理中隐私保护的法律（经 1998 年 12 月 11 日法律修订），第 10 条第 2 款第 1 项，修订如下：

"无碍 2002 年 8 月 22 日患者权利法第 9 条第 2 款，任何人都有权利，直接地或者经由医疗执业人的帮助，获得个人健康信息。"

（2）同法第 10 条第 2 款第 2 项修订如下：

"无碍前述法律第 9 条第 2 款，应信息处理人员或者信息所涉之人的请求，通过所涉之人指定的医疗执业人，得传递信息。"

第 19 条

1992 年 6 月 25 日关于陆上保险契约的法律第 95 条，由下条取代：

"第 95 条　医疗信息

受保人选择的医生，在［保险］契约订立或生效之前，得为受保人出具医学声明。声明限于描述当前的健康状况。

这些声明只得提交给保险人的咨询医生（consultant doctor）。医学声明所针对的风险或者涉及受保人之外的其他人的风险，咨询医生应予重视，不相干的信息不得披露给保险人。

对契约订立或生效至关重要的医学检查，只得基于潜在受保人的病史为之，不得基于用来探寻未来健康状况的基因检测技术为之。

倘保险人证明其已得受保人事先同意，受保人的医生即应就受保人的死亡原因，向保险人的咨询医生出具医学声明。

倘对保险人不再有更多风险，并应受保人的请求，或者在受保人死亡的情形，应受益人的请求，保险人的咨询医生应将医学声明交给请求人。"

以国玺封印，于比利时政府公报刊布。

发布于沙托讷夫 – 德 – 格拉斯（Châteauneuf-de-Grasse），2002 年 8 月 22 日

阿尔伯特

代表国王：

社会福利、公共健康及环境部，部长

M. AELVOET 夫人

国玺封印：

司法部长

M. VERWILGHEN

◆　附录 2：联邦患者权利委员会草拟的表格（www. patientrights. be），用以指定信赖之人，指定代理人或撤回指定。

这些表格仅用作样本，

阁下得选用这些表格，亦得采用其他形式。

指定信赖之人

（2002 年 8 月 22 日患者权利法，第 7 条第 2 款，第 9 条第 2 款，第 9 条第 3 款）

余，_____（患者姓名），于兹指定下列人等为信赖之人，不待余在场，

即可行使下列权利：

---

o 获知自己病情以及病情可能走向的相关信息
 期间：_____
 （例如，特定日期之前，或者不确定期间）
 患者行使权利所针对的医疗执业人的姓名（例如，全科医生）：_____

o 查阅病历
 期间：_____
 （例如，特定日期之前，或者不确定期间）
 患者行使权利所针对的医疗执业人的姓名（例如，全科医生）：_____

o 请求复制病历
 期间：_____
 （例如，特定日期之前，或者不确定期间）
 患者行使权利所针对的医疗执业人的姓名（例如，全科医生）：_____

·患者身份信息：
 －地址：
 －电话：
 －出生日期：

·信赖之人的身份信息：
 －姓名：
 －地址：
 －电话：
 －出生日期

签署于 _____（某地），_____（时间），患者签名：_____

指定代理人

（2002 年 8 月 22 日患者权利法，第 14 条第 1 款）

余，签署人，_____（患者姓名），于兹指定如下人等，倘余不能亲自为医疗决策，不能行使患者权利，其得代余为之。

· 患者身份信息：

  – 地址：

  – 电话：

  – 出生日期：

· 代理人身份信息：

  – 姓名：

  – 地址：

  – 电话：

  – 出生日期：

签署于 _____（某地），_____（时间），患者签名：_____

余接受指定，患者不能亲自行使权利的，余将尽最大能力代行之。

签署于 _____（某地），_____（时间），代理人签名：_____

撤回代理人指定

（2002 年 8 月 22 日患者权利法，第 14 条第 1 款）

余，签署人，_____（患者姓名），就_____，于兹撤回对下列人等的指定。

· 指定遭撤回的代理人的身份信息：

  – 姓名：

  – 地址：

  – 电话：

  – 出生日期：

签署于_____（某地），_____（时间），患者签名：_____

苏格兰患者权利法 [1]

本法议案 2011 年 2 月 24 日经苏格兰议会通过，2011 年 3 月 31 日获御准。

本法目的在于就患者于接受医疗服务之际的权利加以规范；就依照《2005 年吸烟、健康及社会服务（苏格兰）法》[Smoking, Health and Social Care (Scotland) Act 2005] 第 28 条所设立的赔偿计划，对其适用人群的条件加以更详尽规范；以及其他相关目的。

患者权利和责任约章

第 1 条　患者权利和责任约章

（1）苏格兰政府（Scottish Ministers）应于本条生效之日起 6 个月内颁布名为《患者权利和责任约章》（简作《约章》）的法律文件。[2]

（2）《约章》应概述患者及相关之人的权利和责任（依颁布当时的情况）。

（3）《约章》亦得包括以下内容：

（a）对全民医疗各相关机构所负职责的概述；

（b）对患者及相关之人所期待行为方式（behaviour）的概述；

（c）苏格兰政府认为重要的，关乎医疗服务或者医疗机构（health service）的其他信息（例如，有关患者在多长时间内可以得到治疗的信息）。

（4）《约章》不得：

（a）赋予任何新权利；

（b）课加任何新责任；或者

（c）（以任何方式）改变现有的权利或责任。

（5）本条及第 2 条中所谓"相关之人（relevant person）"意指：

---

〔1〕《苏格兰患者权利法》[Patient Rights (Scotland) Act 2011]，资料来源于苏格兰政府官网：http://www.gov.scot/Topics/Health/Policy/Patients-Rights，2016 年 9 月 1 日最后访问，唐超译。

〔2〕参见后文，戊帙译稿。

（a）于患者治疗有个人利益之人（例如患者家属或者看护人）；

（b）苏格兰政府认为合适的其他类人。

（6）《约章》应以苏格兰政府认为适当的形式和方式颁布。

（7）依第1款颁布《约章》前，苏格兰政府应：

（a）向苏格兰政府认为合适之人咨询；

（b）向议会提交副本。

（8）《约章》依第1款颁布后，苏格兰政府应于合理可行范围内，尽快向全民医疗各相关机构知会《约章》颁布事宜。

（9）全民医疗各相关机构应免费向患者、工作人员及公众（staff and members of the public）提供《约章》复制本。

（10）履行第9款下的义务，全民医疗相关机构应考虑患者、工作人员及公众对《约章》形式的特别要求 ｛例如，提供不同语言或者盲文形式的《约章》，或者考虑《2000年无能力成年人（苏格兰）法》［Adults with Incapacity（Scotland）Act 2000（asp 4）］第1条第6款意义上的无能力成年人的特殊要求｝。

第2条 《约章》的审查和修订

（1）苏格兰政府每5年至少对《约章》审查一次。

（2）第1款要求的审查目的在于：

（a）确保《约章》对患者及相关之人权利及责任的概括一直是准确的（依审查时的情况）；并且

（b）评估《约章》是否有效提升了对患者及相关之人权利及责任的认识。

（3）依第1款对《约章》加以审查时，苏格兰政府还必须审查《约章》颁布和传播的安排是否有效提升了［社会］对《约章》的认识，倘认为合适，还可采取必要措施来改善《约章》颁布和传播的安排事宜。

（4）依第1款和第3款审查时，苏格兰政府必须向其认为合适之人咨询。

（5）依第1款所为之第一次审查，不得迟于《约章》依第1条第1款颁布之日起5年。

（6）依第1款审查后，苏格兰政府认为《约章》有下列情形的，应加修订；

（a）对患者及相关之人权利及责任的概括并不准确；或者

（b）未能有效提升对患者及相关之人权利及责任的认识。

（7）倘苏格兰政府认为合适，得随时对《约章》加以修订（不论是否在依第1款审查之后）。

（8）苏格兰政府依第 6 款或第 7 款对《约章》加以修订的，应：

（a）（依其认为合适的形式和方式）颁布修订后的版本；

（b）将修订版本的颁布事宜，知会全民医疗各相关机构。

（9）依第 8 款 a 项颁布《约章》之前，苏格兰政府应：

（a）向其认为合适之人咨询；并且

（b）向议会提交副本。

（10）本法提到《约章》，即指经过修订的《约章》。

患者权利

第 3 条　患者权利

（1）任何患者都有权利要求其接受的医疗服务合乎下款的描述。

（2）医疗服务应；

（a）以患者为中心，即，凡针对患者之所为，皆须考虑患者需求；

（b）于患者的健康和福祉在效益上最佳，应认识此点的重要性；

（c）允许并鼓励患者尽可能参与关乎患者健康和福祉的决策；

（d）认识到向患者提供必要信息和帮助以使患者得依 c 项参与医疗决策并参与任何相关程序的重要意义，采取一切合理措施，确使以合乎患者需求的方式，向患者提供信息和帮助。

（3）任何患者就接受的医疗服务，都有反馈、评论、提出关注或者投诉的权利。

（4）苏格兰政府经咨询其认为合适之人，得命令修订第 2 款。

第 4 条　患者权利（进一步规定）

（1）解释第 3 条第 1 款下的患者权利，下面第 2 款所列事宜应予考虑。

（2）下列事宜应予考虑：

（a）其他患者享有的第 3 条第 1 款所列权利；

（b）提供医疗服务的活动应与具体情势相适应；

（c）第 20 条第 1 款 a 项、b 项所列事宜。

医疗服务的原则

第5条　遵守医疗服务原则的义务

（1）为第3条所列之患者权利，全民医疗各相关机构，

（a）于履行其医疗机构职能之际，凡与其职能相关的医疗服务原则皆应遵守；并

（b）与他人［1］订立了提供医疗服务的契约或协议的，凡与所提供的医疗服务相关的医疗服务原则，应确使该他人遵守。

（2）本法所谓"全民医疗相关机构（relevant NHS body）"意指：

（a）卫生/医疗委员会（Health Board）；

（b）专科卫生/医疗委员会（Special Health Board）；

（c）苏格兰全民医疗服务庶务署（Common Services Agency for the Scottish Health Service）（简作庶务署）。

第6条　医疗服务的原则

（1）本法所谓"医疗服务的原则（health care principles）"，意指附件所列之原则。

（2）苏格兰政府经咨询其认为合适之人，得命令修订附件。

第7条　医疗服务原则：指南和指令

（1）全民医疗相关机构为第5条之目的，必须考虑苏格兰政府为落实医疗服务原则所发布的任何指南。

（2）针对医疗服务原则发布指南之前，苏格兰政府必须向其认为合适之人咨询。

（3）就医疗服务原则的落实事宜，苏格兰政府得向全民医疗相关机构发布指令；相关机构必须遵循任何此类指令。

---

［1］　指提供医疗服务的人，而非患者。

对治疗时间的保证

第8条　对治疗时间的保证

（1）行使第3条第1款赋予的权利，符合条件的患者（eligible patient）应能于最长等待时间内接受商妥的医疗活动（agreed treatment）。

（2）前款给予的保证，即所谓对治疗时间的保证（treatment time guarantee）。

（3）卫生/医疗委员会应采取一切合理可行的措施，确使遵循对治疗时间的保证。

（4）这些措施尤其包括：

（a）监督每次对治疗时间的保证，

（b）依照对治疗时间的保证，考虑患者的临床需求和其他符合条件的等待商妥医疗活动的患者的临床需求，合理确定患者接受商妥医疗活动的开始时间顺序，

（c）为了商妥的医疗活动能够顺利开始，依照对治疗时间的保证，作必要的安排：

（i）或者在自己的辖区，

（ii）或者，倘不能（或预期不能）于自己的辖区为患者治疗，则应通过其他卫生/医疗委员会或者合适的替代医疗服务提供人。

（5）对治疗时间的保证是额外的，不影响卫生/医疗委员会所负下列义务：

（a）遵守苏格兰政府发布的关乎患者可以在多长时间内得到医疗服务的任何命令、条例或指令；或者

（b）考虑苏格兰政府发布的与此目标相关的任何指南。

第9条　对治疗时间的保证（进一步规定）

（1）苏格兰政府应以条例形式就第2款写明的治疗时间保证事宜详加规定。

（2）需要详加规定的事宜为：

（a）符合哪些条件的患者，可适用治疗时间保证规定；以及

（b）等待时间的计算方法（尤其要明确，哪些情形不计入最长等待时间）。

（3）苏格兰政府得以条例形式明确下列事宜：

（a）治疗时间保证规定不适用于哪些或哪类医疗服务和医疗机构，

（b）卫生/医疗委员会为确使遵守治疗时间保证规定而应采取的行动，

（c）最长等待时间可以延长或者重新计算的具体情形（以及如何延长或重新计算），

（d）对治疗时间所负的保证责任转移给其他卫生/医疗委员会的具体情形，

（e）就治疗时间保证，卫生/医疗委员会应提供给患者的信息，包括：

（i）等待时间如何计算，

（ii）最长等待时间可以延长、重新计算或者暂停计算的具体情形，

（iii）苏格兰政府认为合适的其他信息。

（4）苏格兰政府得就以下事宜发布命令：

（a）修改第 13 条写明的最长等待时间的长度，

（b）就命令中指明的医疗活动，设定不同的最长等待时间。

第 10 条　违反治疗时间保证规定

（1）本条适用于卫生/医疗委员会未遵守治疗时间保证规定的情形。

（2）卫生/医疗委员会应：

（a）作必要安排，确使患者商妥的治疗活动在下个空当（next available opportunity）可以开始，

（b）向患者解释，何以治疗活动在最长等待期间内不能开始，

（c）向患者提供以下事宜的细节：

（i）可得的建议和帮助（尤其包括第 18 条所写明的建议和帮助），以及

（ii）如何反馈或评论，如何提出关注的问题或投诉。

（3）作第 2 款 a 项的必要安排，卫生/医疗委员会：

（a）对医疗活动优先次序的安排，从卫生/医疗委员会的立场看，不得害及有着更大临床医疗需求的患者的利益，

（b）必须考虑患者的可得性（availability），

（c）必须考虑其他相关因素。

第 11 条　对治疗时间的保证：指南和指令

（1）卫生/医疗委员会采取措施使符合条件的患者开始接受治疗，必须考虑苏格兰政府发布的关乎治疗时间保证的任何指南（尤其是关乎卫生/医疗委员会遵守治疗时间保证规定的指南）。

（2）就卫生/医疗委员会如何遵守治疗时间保证规定，苏格兰政府得指令卫生/医疗委员会采取具体的行动（尤其包括必须采取哪些措施）。

第 12 条　对治疗时间的保证：暂停

（1）本条适用于苏格兰政府认为应设例外的情形。

（2）苏格兰政府得指令，对治疗时间的保证于其认为必要的期间内暂停。

（3）但暂停期间不得超过 30 日。

（4）苏格兰政府得以命令形式：

（a）将第 2 款下的暂停期间延长，超过第 3 款限定的 30 天，至其认为必要的时间长度，

（b）暂停对治疗时间的保证超过 30 天，至其认为必要的长度。[1]

（5）依第 4 款所下命令（适用第 7 款的除外）：

（a）必须提交苏格兰议会，并

（b）自命令发布经过 28 日，命令即停止生效，除非在第 28 日届至前，议会决议批准该命令。

（6）第 7 款适用于依第 4 款发布的命令，仅以下列事宜为内容：

（a）撤销此前依第 4 款发布的命令，或者

（b）依第 25 条第 1 款 c 项制定的规范。

（7）本款适用的命令，得依议会决议废止。

（8）计算第 5 款 b 项所说的 28 天期间，下列时间不计算在内：

（a）苏格兰议会解散（dissolved）的那段时间，

（b）苏格兰议会休会超过 4 天的那段时间。

（9）第 5 款 b 项不得害及下列事宜：

（a）此前依据下列规定之所为：

（i）依第 2 款发布的指令，

（ii）依第 4 款发布的命令，或者

（b）依第 4 款发布新命令。

第 13 条　对治疗时间的保证：关键术语

本条及第 8 ~ 12 条所用术语含义如下：

商妥的医疗活动（agreed treatment），谓符合条件的患者和卫生/医疗委员会商妥的特定医疗活动；

---

〔1〕 a 项适用的情形为：以指令形式暂停，以命令形式延长；b 项适用的情形为：直接以命令形式暂停。

符合条件的患者（eligible patient），谓依第9条第2款a项所制定的条例，设定了得适用治疗时间保证规定的患者应满足的条件；

卫生/医疗委员会（Health Board），包括候诊时间管理局（National Waiting Times Centre Board）；

"最长等待时间（maximum waiting time）"，指自患者同意商妥的医疗活动之日起12周；

治疗（treatment），意指通常由卫生/医疗委员会提供的手术或者医疗介入（依第9条第3款a项制订的条例中写明的医疗活动除外）；

对治疗时间的保证（treatment time guarantee），含义见第8条第2款。

患者反馈、评论、提出关注的问题或者投诉

第14条　鼓励患者反馈等

（1）全民医疗相关机构鼓励患者就医疗事宜反馈、发表评论，提出关注的问题或者投诉。

（2）患者得向下列组织反馈、发表评论，提出关注的问题或者投诉：

（a）全民医疗相关机构，或者

（b）为患者提供建议和帮助服务之人。

（3）反馈、评论、关注或投诉，倘是提交给为患者提供建议和帮助服务之人，服务提供人得将之转交给全民医疗相关机构（但应经患者同意）。

（4）全民医疗相关机构必须考虑这些反馈、评论、关注或投诉，以提高其履行职责的表现。

（5）苏格兰政府得要求全民医疗相关机构，向其提供这些机构履行第1款、第4款下义务的有关情况。

（6）就全民医疗相关机构履行第1款、第4款下义务的情况，苏格兰政府得向其发出指令。

第15条　处理和回应患者反馈等的相关安排

（1）苏格兰政府应确使全民医疗各相关机构，就第3款所列事宜，皆设充分安排。

（2）全民医疗相关机构应确使其各服务提供人，就第3款所列事宜，皆设充分安排。

（3）就下列事宜，应设充分安排：

（a）对由下列人或代表下列人给予的反馈、发表的评论、提出的关注或投诉，加以处理或回应：

（i）患者，

（ii）苏格兰政府依第 4 款 a 项以条例形式指明的其他人，

（b）利用反馈、评论、关注或投诉，来确定最佳临床操作，

（c）对外宣传下列事宜：

（i）如何反馈、评论、提出关注或投诉，以及

（ii）如何处理反馈、评论、提出的关注及投诉，

（d）对那些给予反馈、发表评论、提出关注的问题或者投诉的人，向其详细说明患者可以得到哪些建议和帮助服务，

（e）对外详细宣传患者可以得到哪些建议和帮助服务（尤其是服务于全民医疗机构的建议和帮助），

（f）对收到的反馈、评论等加以监测，以便：

（i）确定重要的值得关注的领域，并且

（ii）改善在履行职责上的表现。

（4）苏格兰政府得：

（a）以条例形式就下列事宜加以规定：

（i）第 1 款、第 2 款所提及的安排，

（ii）第 3 款所描述的事宜，

（b）就此种安排或事宜，向全民医疗相关机构发布指令。

（5）依第 4 款 b 项发布的指令，尤其得包括以调解、斡旋（conciliation or mediation）方式处理投诉事宜的内容。

（6）本条所谓"服务提供人（service provider）"，意指任何医疗服务提供人，其提供的是依据 1978 年法[1]所订立的契约、协议或安排所要求的服务。

（7）本条赋予苏格兰政府的权力，无碍 1978 年法赋予其的权力。

（8）依本条之所为，不排斥依《2002 年苏格兰公共服务申诉专员法》〔Scottish Public Services Ombudsman Act 2002（asp 11）〕所为之调查。

第 16 条　医院投诉程序法的废止

《1985 年医院投诉程序法》〔Hospital Complaints Procedure Act 1985（c. 42）〕

---

〔1〕　指《全民医疗服务法》，参见第 23 条定义。

废止。

对患者的建议和帮助服务

第 17 条　对患者的建议和帮助服务：

（1）于 1978 年法第 10 条第 1 款（庶务署）"条（款）"之后，加入"及第 10ZA 条"。

（2）于该法第 10 条后加入，

"第 10ZA 条　对患者的建议和帮助服务

（1）庶务署应确保《2011 年患者权利（苏格兰）法》第 18 条就全民医疗各相关机构所要求的向患者提供的充分建议和帮助服务落到实处。

（2）履行第 1 款下的职责，庶务署必须考虑所提供的服务是否可欲（desirability）；

（a）以尽可能有效的方式，且

（b）以和其他提供建议和帮助服务之人的服务相协调的方式。

（3）为患者提供建议和帮助服务之人可以不止一人。

（4）建议和帮助服务非由下列机构提供：

（a）卫生/医疗委员会，

（b）专科卫生/医疗委员会，

（c）苏格兰医疗服务改善局（Healthcare Improvement Scotland），

（d）庶务署。

（5）各相关机构应向建议和帮助服务的提供人，拨付相关费用，并依苏格兰政府可能发布的指令所确定的数额及时间来拨付。[1]

（6）本条所谓相关机构（relevant body）意指：

（a）卫生/医疗委员会，以及

（b）苏格兰政府得以命令指明的任何其他机构。"

第 18 条　对患者的建议和帮助服务

（1）庶务署依 1978 年法第 10ZA 条所要确保的建议和帮助服务，是向患者

---

[1] 原文如下：Each relevant body must make to its provider of the patient advice and support service, in respect of the provider's expenses（as respects its activities relating to the service）, payments of such amounts, and at such times, as the Scottish Ministers may direct.

及其他社会成员提供有关医疗服务的信息。

（2）向患者提供的建议和帮助服务，尤其包括：

（a）促进对患者权利和责任的认识和理解（尤其是促进对《约章》的认识），

（b）给那些愿意反馈、评论、提出关注及投诉之人以建议和帮助，

（c）针对那些有可能合乎利用医疗服务之人利益的事宜，提供信息和建议，

（d）使患者了解，在合适情况下，甚至指导患者利用以下途径：

（i）获得建议和帮助服务的其他渠道（包括就医疗之外的其他事宜提供建议和帮助之人），

（ii）提供代理和维权服务之人，

（e）提供：

（i）庶务署可能会指定的其他建议或帮助，

（ii）庶务署可能会要求的工作报告。

（3）为患者提供建议和帮助服务之人，本法不妨碍其就医疗之外的其他事宜提供建议和帮助服务。

（4）但提供其他的建议和帮助服务，不得害及其依第1款所应提供的建议和帮助服务。

（5）第2款所谓患者责任，包括：

（a）患者对自己健康和福祉的责任，以及

（b）患者在接受医疗服务时举止妥当的义务。

（6）苏格兰政府就为患者提供的建议和帮助服务，尤其是其应提供的服务，得以条例形式详加规范。

第 19 条　分享信息的义务

（1）相关机构应向为患者提供建议和帮助服务之人，在合理可行的情形下，提供以下信息：

（a）相关机构的情况（包括其组织情况）、程序以及提供的具体服务，

（b）a项所说信息的任何变化，以及

（c）为患者提供建议和帮助服务之人合理要求的其他事宜。

（2）庶务署应确保，为患者提供建议和帮助服务之人，向相关机构提供下列信息，

（a）所提供的服务内容，

（b）相关机构可能会合理要求的其他相关事宜。

（3）依前两款提供信息，不得侵害患者保密的事宜。

（4）本条所谓"相关机构"，含义同 1978 年法第 10ZA 条第 6 款的用法。

保护和限制

第 20 条　保护和限制

（1）本法的任何规定不得害及：

（a）临床判断，

（b）对医疗服务组织和资源的有效利用。

（2）除第 3 款外，本法的任何规定无碍法律的任何其他规则。

（3）不得据本法主张：

（a）任何损害赔偿责任，

（b）就具体实施的起诉权，

（c）就实际履行法定义务的起诉权，

（d）就禁令（interdict）的起诉权，

（e）就［时间］暂停的起诉权。

（4）本法赋予患者的权利是额外的，不影响患者依任何其他法律规则就医疗事宜所享有的或者可能得到的权利。

（5）第 4 款的规定不影响第 2 款规定的一般性质（generality）。

（6）本条提及本法时，包括依本法制定的命令、条例及指令。

调查、一般情形及紧急情形下的权力

第 21 条　苏格兰政府的权力

（1）1978 年法第 76、77、78 条及第 78A 条（调查、一般情形及紧急情形下的权力），提及 1978 年法，即包括提及本法。

（2）1978 年法第 77 条，就本法授予或课加的职能，适用于专科卫生/医疗委员会。

向因全民医保的医疗活动而感染丙肝的特定人群提供救济

第 22 条 向丙肝患者提供救济

（1）《吸烟、健康及社会服务（苏格兰）法》第 28 条（向因接受全民医疗服务而感染丙肝的特定人群提供救济）修改如下。

（2）第 1 款

（a）a 项：

（i）i 小项后，加入"以及"，

（ii）ii 小项后的"以及"，删去，

（iii）iii 小项，废止，

（b）b 项：

（i）i 小项后，加入"以及"，

（ii）ii 小项后的"以及"，删去，

（iii）iii 小项，废止。

（c）b 项后加入：

"（c）a 项或 b 项提及之人扶养的家属（dependants）"。

（3）于第 2 款后，加入：

"（2A）在第 1 款 c 项中，第 1 款 a 项或 b 项（infected person，受感染人）所谓'家属'意指：

（a）受感染人的配偶或者民事伴侣，

（b）如配偶般与受感染人共同生活之人，或者与受感染人的关系具有民事伴侣的特征（或者，在受感染人于医院死亡的情形，在受感染人入院当时，与之如此共同生活之人），

（c）赔偿计划可能指明的其他人；赔偿计划可能会详细说明用在这里的家属术语的含义。"

（4）第 3 款

（a）b 项，于"死者"之后，加入"第 1 款 a 项或 b 项的适用范围"，

（b）e 项，于"死者"之后，加入"第 1 款 a 项或 b 项的适用范围"。

（5）在第 4 款 a 项，于"（1）"之后，加入"a 项或 b 项"。

一般规则

第 23 条　术语

（1）除非别有所指，本法使用的术语含义如下：

"1978 年法（1978 Act）"，意指《1978 年全民医疗服务（苏格兰）法》[National Health Service（Scotland）Act 1978（c. 29）]；

"庶务署（Agency）"，含义见第 5 条第 2 款 c 项；

"约章（Charter）"，意指依第 1 条颁布的《患者权利及责任约章》；

"医疗服务（health care）"，意指医疗机构提供的服务；

"医疗服务的原则"，含义见第 6 条第 1 款；

"医疗机构（health service）"，意指依《1947 年全民医疗（苏格兰）法》第 1 条设立的医疗机构（health service）；

"医疗机构的职能（health service function）"，意指依 1978 年法的职能，是和医疗机构相关的职能；

"为患者提供的建议和帮助服务"，依第 18 条第 1 款解释；

"相关全民医疗机构（relevant NHS body）"，含义见第 5 条第 2 款。

（2）除非别有所指，本法及 1978 年法使用的相同术语，含义同 1978 年法的用法。

第 24 条　辅助规定

（1）为了本法的任何规范，或者因为本法的任何规范，或者为了本法任何规范充分发挥效力，苏格兰政府得以命令形式制定继起规范（consequential）、补充规范、过渡规范、暂时规范或者保留规范。

（2）依本条发布的命令，得修改任何法律规则（enactment, instrument or document）。

第 25 条　命令、条例、指令

（1）本法授予苏格兰政府发布命令或制定条例的权力：

（a）应通过行政法规（statutory instrument）行使权力，

（b）得为不同目的（包括不同区域）给予不同的规定，

（c）包括制定必要的或者权宜性质的继起规范、补充规范、附加规范、过渡规范、暂时规范或者保留规范的权力，第 26 条第 3 款下的命令除外。

（2）除非包含着下列命令或条例的规范内容的行政法规（statutory instrument）草案已提交给议会，并经议会决议批准，否则：

（a）不得依第 3 条第 4 款、第 6 条第 2 款或者第 9 条第 4 款，发布命令，

（b）不得依第 9 条第 1 款或者第 3 款，制定条例，或者

（c）不得依第 24 条发布这样的命令，其规范内容增添、省略或者代替了法律的任何部分。

（3）包含着本法下的命令或者条例的任何其他行政法规（statutory instrument）（第 12 条第 4 款或者第 26 条第 3 款下的命令除外），议会得以决议废止。

（4）依本法发布指令的权力，包括修正或者撤销这些指令的权力。

（5）依本法发布指令的权力：

（a）既得针对一般事宜，亦得针对特定区域或事宜的具体情势，

（b）既得关涉权力延伸及于的所有情形，亦得用于设有例外的情形，亦得关涉任何特殊的某些或某类情形，

（c）苏格兰政府得设置其认为合适的例外或条件。

第 26 条　简称和生效

（1）本法得称作《2011 年患者权利（苏格兰）法》。

（2）本条及第 22 条、第 24 条、第 25 条经御准而生效。

（3）本法其他条款于苏格兰政府以命令所定之日生效。

附件

全民医疗相关机构及相关服务提供人应予遵守的原则

（第 6 条第 1 款援引）

以患者为中心

1. 凡所作为牵涉到患者的，皆应考虑患者需求。

2. 维护患者人格尊严。

3. 尊重患者的隐私和保密信息。

4. 对患者体贴，富有同情心。

5. 为获取医疗服务，可以得到必要帮助。

6. 应考虑患者的能力、性格及个人情况。

优质医疗服务

7. 提供医疗服务，应于患者健康和福祉在效益上最佳，应认识此点的重要性。

8. 应考虑到根据患者的具体情况，有多大的选择余地。

9. 提供医疗服务应以当前认可的临床指南为据（current recognised clinical guidance）。

10. 提供医疗服务不得造成可避免的损害。

11. 应于良好环境下照护患者，在合理程度内，尽可能清洁、安全。

患者参与

12. 应使患者尽可能参与事关患者健康和福祉的决策。

13. 应向患者提供必要的信息和帮助，俾使患者得依第12项参与任何相关程序（一般程序或者特殊程序）。

14. 鼓励患者尊重任何参与提供医疗服务之人。

沟通

15. 就患者健康和福祉，以清晰、简明、易懂的方式展开沟通。

16. 就一般服务、程序和决策，以清晰、简明、易懂的方式展开沟通。

投诉

17. 处理投诉，应公允、快捷，遵循正当程序。

其他

18. 提供医疗服务应避免资源浪费。

塞浦路斯患者权利保护法[1]

有关患者权利保护及相关事宜的法律
[第 1 (I) /2005 号法律]

序

鉴于当前的患者权利保护，完全仰赖诸国际条约、欧盟条约及其他法律（legal acts），尤其仰赖塞浦路斯共和国历年批准之国际条约，世界卫生组织《促进欧洲患者权利宣言》（Declaration on the Promotion of Patients' Rights in Eu-

---

[1] 2001 年，非政府组织"患者权利运动"草拟了"患者权利约章"。约章旨在填补患者权利保护和促进方面的漏洞。起草工作组的成员，皆为各界卓越人士，对人权和社会问题有着深刻见识和丰富的工作经验，对患者权利体察入微。约章参考了相关国际文件，尤其是世界卫生组织的"促进欧洲患者权利宣言"。主要目的为：（a）使公民、国家、医生以及一切提供医疗服务之人，对患者权利有更敏锐的认识；（b）通过法律来捍蔽约章写明的权利，并设立相应机制，监督这些权利是否切实得到尊重。对所有参与医疗服务提供之人来说，约章都是应予遵守的行为准则。

2004 年，一份维护患者权利的法案提交国会，名为"患者权利保护法"。主要依据医疗领域的国际公约和 2001 年的约章草成。终于在 2005 年 1 月 7 日，通过《有关患者权利保护及相关事宜的法律》。这部法律格外维护患者的下列权利：（a）得到优质、连贯的医疗服务；（b）选择医生和医疗机构；（c）不得侵犯患者的身体完好性。这部法律还设有相应机制，监督患者权利切实得到保护和受到尊重。这些机制包括：（a）在公立医院设中立官员，负责接受投诉，提供建议；（b）建立患者投诉委员会，审查投诉事宜。据"患者权利运动"的看法，这部法律的落实面临很多难题，尤其是各级医院的管理不善。

See T. GOFFIN, et al. , "Patient Rights in the EU-Cyprus", *European Ethical-Legal Papers* N°10, Leuven, 2007, pp. 7 ~ 9.

《有关患者权利保护及相关事宜的法律》（A Law to Provide for the Safeguarding and Protection of the Patients' Right and for Related Matters），资料来源：http://www. olc. gov. cy/olc/olc/olc. nsf/all/00F2DCA CC3FE3EC4C225748E001D0005/$ file/N. 1 (1)% 202005. pdf? openelement，访问时间：2016 年 9 月 1 日，唐超、周畅、周志勇译。

rope），《欧洲患者权利约章》（European Charter of Patients' Rights），以及并入了
2004 年 10 月 29 日签署的《欧盟宪法条约》（Constitutional Treaty）的《欧洲基
本权利约章》（European Charter of Fundamental Rights），

鉴于医疗领域的人权，尤其是生命权、身心完整安全的权利、医疗服务中
私生活受尊重并得到体面对待的权利、通过恰当的疾病预防和医疗措施使健康
得到保护的权利，并无专门的法律规制，

又鉴于医疗领域的人权保护乃是确保人民医疗水平的重要因素，

为从法律上保障患者权利并建立有效的监督机制，俾使患者权利落到实处，
国会特颁行法律如下：

第一章　序　款

第 1 条　简称

本法得简作《患者权利保护法，2004》。

第 2 条　定义

除依上下文别解外，本法所用术语含义如下：

"泛塞浦路斯医学会委员会（Board of the Pancyprian Medical Association）"
意指依《医疗（协会、纪律、养恤基金）法，1967～2002》［Medical（Associa-
tions, Discipline and Pension Fund）Laws］运行的委员会；

"主管部门（competent authority）"，含义从现行《公共服务法》之界定；

"急诊室"，意指医疗机构设定的用来提供紧急医疗服务的科室；

"遗传数据（genetic data）"，意指任何类型的，涉及个体遗传特征或者涉及
此种特征在相关人群中的遗传方式的一切数据；

"医疗（health care）"，意指出于预防、诊断、治疗或健康促进（包括精神
健康）目的，所从事的任何形式的医学、牙科、辅助医务、实验室、药物或护
理服务；

"医疗服务（health care services）"，意指公立或私立医疗机构针对个体患者
提供的任何形式的医疗服务；

"医疗服务提供人（provider）"，意指依相关法律注册或获准的医生、牙医、
药剂师、助产士以及医务辅助人员，倘从事之职业尚未经法律规制，则得到此
等认可的人员即为医疗服务提供人，提供或参与提供医疗服务的行政人员亦为

医疗服务提供人；

"危及生命的情况（life-threatening situation）"，意指倘不即刻提供医疗服务，会使生命面临紧迫危险或会造成严重的、不可逆的残疾的情况；

"医疗紧急情况（medical emergency）"，意指倘不即刻提供医疗服务，会使生命面临紧迫危险或会造成严重的、不可逆的残疾的事件；

"医疗机构（medical institution）"，意指由个人或群体提供医疗服务的场所，包括医院（medical care institution）、医疗中心（health center）以及任何提供医疗服务的公立机构（由共和国，公营的法人或非法人团体，或者地方政府，拥有或控制），还包括《私营医疗机构（设立及运营）法，2001》[Private Medical Care Institutions (Control of Establishment and Operation) Law] 所界定的私营医疗机构，包括诊断中心、私人诊所、临床实验室以及私营药房；

[90（I）of 2001.]

"医疗执业人（medical practitioner）"，意指依《医疗注册法》(Medical Registration Law) 注册为医疗执业人之人，包括专科医生和预注册医生（pre-registration doctors）；

[Cap. 250.；30 of 1959；30 of 1961；53 of 1961；79 of 1968；114 of 1968；14 of 1974；18 of 1979；72 of 1991；66（I）of 1995；112（I）of 1996；102（I）of 2004.]

"病历"，意指以书面、电子或其他形式编制的档案，以有关患者身心健康状况且可据之判断患者身份的信息为内容，由专业医疗服务提供人编制或由他人代为编制；

"部长"，意指卫生部部长；

"患者"，意指罹患任何病恙的自然人，或者任何寻求或接受医疗服务之人；

"患者权利"，意指本法规定的适用于患者的权利；

"相关法律"，意指规制"医疗服务提供人"术语所指职业的法律；

"国立医院"，意指由共和国所有或控制的医院；

"不当歧视（unfavourable discrimination）"，意指基于（尤其是）性别、性取向、宗教、种族/人种、肤色、哲学和政治观念、宗教信仰、年龄、健康状况、特殊需求以及社会经济地位而违反平等原则。

第3条　本法适用范围

于共和国批准的有关人权保护的国际条约以及就具体人权有特别规定的其他法律之外，本法规定就其界定的权利起补充作用。

第二章　患者权利

第4条　得到治疗的权利

（1）患者有权利得到与其健康需求相适应的治疗，并在与其健康需求相适应的合理时间内得到治疗。

在医疗紧急情况下，患者有权利无条件地得到治疗。

（2）患者有权利得到优质治疗，包括优质医疗技术和医患间良好的人际关系。

（3）从若干治疗方案中加以选择，由医疗服务提供人决定，应主要考虑患者利益。

（4）患者有权利得到不间断的持续治疗，并有权利期待参与诊断、治疗的各医疗服务提供人和医疗机构妥为合作。

（5）（a）患者有权利选择和更换为其提供医疗服务的医疗机构或医疗服务提供人，此项权利不可剥夺（但应合乎医疗体制的运行要求[1]）。

（b）医疗机构或医疗服务提供人应为患者实现前项所指权利提供合理的便利条件（但应合乎医疗体制的运行要求）。

（6）（a）患者住院的医学理由消灭的，出于便宜（expedient），可打发患者出院或者将患者转往其他医疗机构，在此之前，患者有充分知情的权利；

转往其他医疗机构的，须经该医疗机构管理部门同意，方得为之；

（b）患者出院的，应依患者健康状况的需要，为其提供社会服务和家庭服务，但应合乎医疗体制的运行要求。

（7）医疗执业人仍有义务，依泛塞浦路斯医学会委员会颁布的《医疗职业道德规范》（Medical Professional Ethics Regulations）以及相关职业义务和职业标准行事。

第5条　得到体面对待的权利

（1）患者有权利得到体面对待，医疗服务之提供应体现对患者文化价值的恰当尊重。

（2）患者接受治疗过程中，倘有需要，有权利得到家属、亲属、朋友的帮

---

〔1〕　比如三级诊疗体制之类。

助和持续的精神支持，包括宗教的、心理的支持和引导：

医疗机构基于患者的健康状况需求和医疗机构正常运行的要求，制定相应的探访规则，住院患者有前项所说的需要时，要得到前项所说的帮助，还需依探访规则而有接待访客的权利。

（3）在法律许可的限度内，合乎合法的程序，患者有权利要求医疗服务提供人依现有的医学技术及《医疗职业道德规范》的要求，纾缓患者的痛苦。

（4）在法律许可的限度内，合乎合法的程序，患者在生命最后阶段，有权利得到治疗并受到尊重。

第6条 得到医疗服务的权利[1]

依现行医疗体制的能力及国家可用的财政、人力、物质资源，医疗服务必须处于随时可得的状态（available and accessible）。

第7条 禁止不当歧视

（1）医疗服务应面对全体人民平等供给，不得有不当歧视。

（2）倘依客观情势，必须在多位患者间选择，以提供特定医疗服务，应不加歧视地、公平地依客观医学/专业标准选择。

第8条 医疗紧急情况或者危及生命的情况

（1）倘患者所处之情况，经初步判断（prima facie），构成医疗紧急情况或者危及生命的情况，则受请求之医疗机构、医疗执业人或者其他具备资格的医疗服务提供人，应尽最大能力，尽可能快地加以诊断和治疗。

（2）在前款所说情形下，医疗机构、医疗执业人或者其他具备资格的医疗服务提供人不能救治的，应将患者转往可合理期待患者会得到更好治疗的其他医疗机构或医疗服务提供人处，并应尽最大可能确使患者转往该处。倘有数处相当的医疗机构可供选择的，应考虑患者意愿。

（3）医疗机构管理部门应为恰当安排，以落实本条规定。

第9条 急诊室的医疗检查

（1）患者赴急诊室或被转往急诊室的，有权利由具备资格的医疗服务提供

---

[1] 得到治疗的权利（right to health care and treatment，第4条）和得到医疗服务的权利（access to health care services，第6条）有别。

人在合理时间内加以检查。

（2）具备资格的医疗服务提供人发现患者需要急救的，应予急救；

倘患者需要进一步治疗而接诊科室不能提供的，具备资格的医疗服务提供人应将患者转往合适的科室或其他医疗机构，并应尽最大可能确使患者转往该处。倘需转往其他医疗机构，且有数处相当的医疗机构可供选择，应考虑患者意愿。

（3）设有急诊室的医疗机构，应为恰当安排，以落实本条规定。

第 10 条　知情权利

（1）任何人皆有权利知晓患者权利。有关医疗服务的充分信息，以及更好地利用这些信息/医疗服务的方式，皆应依嗣后条款对社会公开。

（2）患者有权利知晓完整的医疗信息。

（3）仅在例外情形，有充分理由相信，相关信息会给患者身心健康造成严重损害的，方得不予向患者说明。

（4）除非患者以书面形式请求，否则不能认为患者放弃知情权利。

（5）患者有权利决定，得否由他人代表自己接受信息。

（6）信息应以可理解的方式传递给患者或者患者指定的代表其接受信息之人，尽量避免使用专业术语。

（7）倘患者有此意愿，其有权利得到第二意见（second medical opinion），此际，患者得依第 18 条的规定得到病历副本，包括检查报告书（medical report）和生物材料（biological substances），并得到一切可能的帮助。

（8）（a）患者入院，应向患者说明提供医疗服务的所有人员的身份信息和专业职位信息，有关住院条件和程序的规章制度，以及有关医疗服务提供的规章制度。

（b）就提供前项所述信息的方式，部长经与泛塞浦路斯医学会委员会磋商后，发布指令。

（9）患者出院后，得依第 18 条的规定取得诊断、治疗和健康状况的书面报告。

（10）患者有权利于治疗任何阶段，得到对医疗费用的合理估算；

虽经合理估算，医疗服务提供人仍得基于患者病情或治疗需要的变化，超过估算收费或者收取额外费用，但应在合理可能的范围内，事先向患者说明。

第 11 条　经患者同意的治疗

（1）医疗服务提供人应于合理时间，以患者得理解的方式，向患者提供信息，使患者得理解并据此为自由、独立的决定，患者于掌握充分信息后表示同意的，方得施治：

倘患者已依第 10 条第 5 款指定了代其接受信息之人，则本条规定准用（mutatis mutandis）于被指定人，并由被指定人代表患者为医疗决定；

于例外情形，倘医疗服务提供人认为，将有关患者健康状况的信息向患者说明，会给患者身心健康造成严重损害，则得不予说明。此际，相关信息应提供给患者配偶、父母、直系卑亲属，或者在具体情势下前述人中任何合理之人，由此等人决定。

（2）患者或者依第 10 条第 5 款代表患者之人，其同意应为书面，倘能尽可能快地记载为书面，亦得以口头为之。

（3）于创新治疗情形，应向患者妥为说明并取得患者书面同意；

于第 10 条第 5 款及本条第 1 款适用的情形，应向代表患者之人妥为说明并取得其书面同意。

（4）利用患者身体任何成分，皆应经患者同意。为了患者已经同意的诊断、治疗活动而利用患者身体成分的，可假定患者同意利用。

（5）经患者同意，方得使其参与临床教学。[1]

第 12 条　医疗信息

第 10 条及第 11 条所谓之"医疗信息"，包括：

（a）对患者病情的诊断，以及可能情形下的预后；

（b）推荐治疗方案的目的、预期疗效及成功的可能性；

（c）推荐治疗方案的风险，包括副作用、疼痛及不适；

（d）不同治疗方案的成功可能性和风险，以及不加治疗的风险。

第 13 条　未经患者同意的治疗

（1）患者因其身心状况不能明确表达意志，而又必须立即采取医疗措施的，得假定患者已同意，除非据患者之前明确表达的意愿，患者显然会拒绝。

（2）因患者之身心状况而已由或应由法律指定代为同意之人的，倘必须紧急采取医疗措施，而又无法及时取得法律指定之人的同意，得径予施治，除非依具体情势，该指定之人显然会拒绝；

─────────────

〔1〕 意指将患者的治疗过程用作教学素材，供观摩之类。

倘应由法律指定之人代为同意的，亦应在患者能力及病情许可的最大限度内使其参与医疗决定。

（3）倘依法律，未成年人无能力表示同意，只有经父母授权或者其他依法律得为授权之人授权，方得施治，并准用前款规定；

惟未成年患者的意见仍应考虑，其权重随患者年纪增长、理智成熟而提升。

（4）倘法律指定之人，在患者为未成年人的情形，患者父母或者其他人，依前款，拒绝同意，而医疗服务提供人认为治疗合乎患者最佳利益，则应在时间允许的范围内，将医疗决定事宜提交法院或法律规定的其他人裁断；

在医疗紧急情况下，医疗服务提供人得依其对患者最佳利益的判断而为之。

（5）不能取得恰当同意（proper consent）的情形：

（a）只有医疗服务提供人认为有利于患者健康或者有助于实现患者最佳利益的，方得提供紧急治疗；

（b）患者就治疗事宜之前明确表达的意愿，应予考虑。

第14条　患者参与医学研究或实验性治疗

（1）除其他法律的规定外，仅当合乎下列条件时，患者方得参与医学研究或实验性治疗：

（a）没有其他方案能取得相当效果；

（b）患者承担的风险与研究的潜在益处，并非不相称；

（c）研究项目的科学价值先经独立审核，包括对研究目标的重要性加以评估，对研究的伦理接受程度加以跨学科评议，而后由有权机构核准；

（d）已将本法规定的患者权利向患者说明；

（e）依第13条所必要的患者书面同意，患者已于接受充分医疗信息后明确为之。

（2）倘患者无同意能力，仅当满足下列条件时，方得接受医学研究：

（a）前款a项到d项提及的条件；

（b）研究结果有可能给患者的健康状况带来实在且直接的益处；

（c）具有相当效果的研究，无法施之于有同意能力之人；

（d）依第13条所必要的授权，已以书面形式明确为之；并且

（e）相关之人无异议。

第15条　保密

（1）（a）除第2款的规定外，与患者病情、诊断、预后和治疗相关的一切

信息以及其他个人数据皆应保密，患者死后亦然，不得向任何人或机构披露。

（b）具备资格的医疗服务提供人或者医疗机构的任何工作人员，于履行职责或工作过程中获悉的任何患者信息，皆不得披露。

（c）医疗机构的管理部门或者具备资格的医疗服务提供人，应为必要安排，确使其工作人员不会披露此类信息。

（2）于下列情形，医疗机构或者具备资格的医疗服务提供人得向第三人披露患者医疗信息：

（a）患者已为书面同意，倘是向参与患者治疗的人披露，得假定患者同意；

（b）披露目的系为了其他医疗服务提供人为患者治疗；

（c）信息系向正为患者提供医疗服务的医疗机构或其工作人员披露，以便信息处理或编制，或应法律的通报（notification）要求而披露；

（d）系为了于医学杂志上发表，或为了研究、教学目的而披露，但患者身份信息不得披露；

（e）负有披露的法律义务；

（f）泛塞浦路斯医学会委员会给了医疗执业人和患者表达意见的机会，而后决定，倘不披露相关信息，可能会给他人的健康或身体完好性造成严重损害，或会给社会整体带来严重影响；

仅在具体案情所需要的限度内披露，尽量使患者身份信息保密；

凡依本条获悉相关信息之人，皆应遵守本条第 1 款的要求。

（3）凡可能泄露患者身份的信息和数据，皆应保密。

第 16 条　患者隐私保护

（1）患者的隐私和家庭生活不受侵犯，除非经患者同意，且于患者的诊断、治疗或护理为必要。

（2）提供医疗服务，应适当尊重患者隐私，原则上，只有那些为提供医疗服务所必需的人员方能在场。

（3）住院患者得利用那些用来保护隐私的设施和安排，尤其在医疗或护理人员提供人身护理（personal care）或者从事医学检查或其他治疗的场合。

第 17 条　医疗档案的保存

（1）具备资格的医疗服务提供人，有义务保存那些体现治疗进程的病历档案。包括患者和医疗服务提供人的身份信息，患者所接受医疗服务的医疗信息，所掌握的以往病历档案，对当前病情的诊断和治疗；

医疗服务提供人的个人笔记（personal note）非为病历组成部分。

（2）医疗机构管理部门或医疗服务提供人，依《个人数据处理（个人保护）法，2001，2003》[Processing of Personal Data（Protection of Individuals）Laws]，负有职责定期保存、更新病历档案并加保管。

[138（I）of 2001；37（I）of 2003.]

第 18 条　患者就病历档案的权利

（1）就病历档案中的患者数据，患者有知晓、获取和反对（利用）的权利，患者行使这些权利，类推适用《个人数据处理（个人保护）法，2001，2003》第 11～14 条以及《个人数据处理（获准利用与费用）条例，2002》[Processing of Personal Data（Licenses and Fees）Regulations] 的相关规定。

（2）不害及前款规定，患者获取病历档案的权利意味着，其得直接地，或者通过其法定代理人（legal representative）间接地，得到病历档案中的信息、副本或摘录。此项权利包括，因记载不准确、不完整而请求更正、涂销或封存（blocking）病历档案；

惟于下列情形，负责保存病历档案之人，对患者获取病历档案的权利得加限制、拒绝或暂缓：

（a）相关信息可能给患者健康造成严重损害，此际，类推适用第 11 条第 1 款第 2 项的规定；或者

（b）可能泄露第三人的信息，而又无法将该信息区隔出去；或者

（c）就遗传数据，相关信息可能会给父系、母系亲属或者与此基因链有直接关联的人造成严重损害。

第 19 条　代表权

患者有权利使其利益得到恰当代表，通过依法注册的民间机关、患者权利组织，就卫生政策的规划、形成、落实等事宜，表达患者立场。

第 20 条　医疗服务提供人的报酬

本法规定不影响医疗服务提供人或医疗机构获取报酬的权利。

第三章　控制机制

第 21 条　患者权利的行使

（1）患者依本章规定，行使本法下的患者权利：

惟行使第 18 条规定的权利，应适用《个人数据处理（个人保护）法》的规定。

（2）应确使患者享受本法下的权利，不受不当歧视。

（3）享受/行使本法下的权利，惟与国际人权条约不相抵触的法律规定（regulation）得加限制。

（4）倘患者不能依本章行使权利，则由患者法定代理人或患者指定之人代为行使。倘无此等人，应采取其他合理措施以落实患者权利。

（5）除开第 1 款的但书规定外，患者有权利获取相关信息和建议，俾便依本章行使权利。患者投诉的，有权利得到一切信息和帮助。

（6）对患者投诉，应依以下条款不加迟延地全面审查，并及时向患者说明详尽的审查结果。

第 22 条　国立医院患者权利官

（1）国立医院应指派专人，负责患者权利保护事宜（以下简作 Patients' Rights Officer，患者权利官），其职责如下：

（a）为维护本法下的患者权利，给予患者建议和帮助；

（b）对患者投诉，依患者权利官的判断，需要立即处理的，则加受理并处理，否则转交依第 23 条设立的投诉审查委员会；

（c）将涉及本法规定的方方面面事宜，通知医疗机构的医务、辅助、护理及行政人员并加指导；

惟本条并未赋予患者权利官下列权限，

（i）审查涉及医学专家证据、医疗过失或赔偿请求的事宜；或者

（ii）就系属泛塞浦路斯医学会纪律委员会以及/或者有权机构权限范围内的事宜，采取纪律惩戒措施。

（2）患者权利官职位，由卫生部部长并财政部部长，依现行程序法规定，指定文官或其他合适之人担任。患者权利官必须独立于其所在国立医院的医疗服务提供人，只向卫生部总署（general administration）负责。

（3）患者权利官不能履行第 1 款所述义务的，以同样方式接受指派并负有同样职责的副职（representative），得履行其义务。

（4）患者权利官（据第 1 款）或其副职（据第 3 款），应公平履行义务，并尽力寻求最好的解决方案，以具体情势下最有利于患者权利保护的措施为旨。

（5）国立医院管理部门应采取一切适当措施，以落实本条下的义务。

第 23 条　投诉审查委员会

（1）各行政区皆应设立投诉审查委员会（Complaints Examination Committee，以下简作委员会），权限如下：

（a）对于第 22 条涵盖范围内的医疗机构（设置患者权利官的国立医院）：

（i）审查患者权利官转交的患者投诉；

（ii）患者对患者权利官依第 22 条所作决定不服，或对〔委员会〕依 i 目所作决定不服，委员会就患者投诉再次审查。

（b）对于第 22 条涵盖范围外的医疗机构：

（i）对患者投诉加以初次审查；

（ii）患者就依 i 目所作决定不服，委员会再次审查。

惟本条并未赋予委员会下列权限：

（i）审查涉及医学专家证据、医疗过失或赔偿请求的事宜；或者

（ii）就系属泛塞浦路斯医学会纪律委员会以及/或者有权机构权限范围内的事宜，采取纪律惩戒措施，此际适用第 8 项的规定。

（2）（a）委员会由部长委派 5 人组成，任期 4 年。法定人数（quorum）为 3 人。

（b）（i）委员会主席必须独立于其所驻区域内的医疗服务提供人和医疗机构；

（ii）审查特定投诉的委员会成员，必须独立于投诉所涉及的医疗服务提供人以及/或者医疗机构，倘有因素妨碍其独立地位的，必须声明。

（3）委员会应于其所驻区域内的最大公立医疗机构设址办公。卫生部应提供文书服务（secretarial services）及一切设备，俾使委员会顺利、高效运转。

（4）（a）依第 1 款 a 项 i 目和 b 项 i 目审查患者投诉的，由一位成员独自审查。

（b）依第 1 款 a 项 ii 目和 b 项 ii 目审查患者投诉的，由委员会审查。

（5）委员会应不迟延地审查递交的投诉，并于合理时间内作出决定，尤其是：

（a）就第 1 款 b 项 i 目所说投诉，应于投诉提交之时起 48 小时内完成审查并发布决定；

（b）就第 1 款 a 项 i 目所说投诉，应于投诉转交之日起 15 日内完成审查并发布决定；

（c）就第 1 款 a 项 ii 目和 b 项 ii 目所说投诉，应于投诉转交给委员会再次审查之日起 1 个月内完成审查并发布决定。

（6）委员会依第 5 款所作决定，应通知患者以及负有义务严肃对待此项决定的医疗服务提供人和/或医疗机构。

（7）委员会会议的记录、提交给会议的预备材料以及会议结论，俱应保密。

（8）倘委员会认为，有采取纪律惩戒措施的初步理由（prima facie case），应通知相关医疗服务提供人，专业团体和/或专业机构（professional authority）。

第 24 条　投诉说明义务

（1）医疗机构管理部门或者医疗服务提供人，应将第 23 条第 1 款所说委员会组成人员的姓名，张贴于显眼位置并/或通知患者，另外，就特定委员会是否有权限听取针对特定医疗机构或特定医疗服务提供人的投诉（依第 23 条第 1 款 a 项或 b 项提起的投诉），以及委员会成员的联系方式，还应提供更为明白的信息。

（2）除前款规定外，国立医院管理部门并应将患者权利官（依第 22 条第 1 款委派）及其副职（依第 22 条第 3 款委派）的姓名，张贴于显眼处并/或及时通知患者。

第四章　附　则

第 25 条　违法及处罚

医疗服务提供人违反第 17 条规定的，应就此违法行为负法律责任，准用《个人数据处理（个人保护）法》第 25 条、第 26 条的规定；

惟构成本款下的违法行为，不必证明当事人的意图（intent）或专业上的过失。

第 26 条　规章

（1）为更好地落实本法规定，就应予或得予规范的任何事宜，部长会议（Council of Ministers）皆有权力制定规章，并发布于政府公报。

（2）无碍前款的一般性质，得就以下事宜制定规章：

（a）就本法规定的患者权利及权利行使，向患者说明的方式；

（b）将患者转往更合适医疗机构的方式；

（c）患者指定他人代为接受医疗信息的方式；

（d）第 22 条下患者权利官作出决定的方式；

（e）第 23 条下委员会的组成、运作及任何其他事项；

（f）第 24 条下投诉事宜（患者权利官和委员会）的说明方式。

（3）依本法制定之规章应提交国会，国会应于 60 日内表决。国会批准规章或者 60 日未予表决的，规章即于政府公报之上发布并自发布之日起生效。

第 27 条　生效

本法自政府公报发布起 3 个月生效。

新西兰医疗服务和残障服务高级专员(医疗服务和残障服务领域消费者权利法令) 1996 年若干规则[1]

(SR 1996/78)

迈克尔·哈迪·博伊斯 (Michael Hardie Boys),*总督*

枢密院君令

惠灵顿,1996 年 4 月 29 日

呈递总督阁下

依《医疗服务和残障服务高级专员法》 (Health and Disability Commissioner Act 1994)[2] 第 74 条第 1 款,总督大人征询行政委员会 (Executive Council) 意见,并经其同意,制定规则如下:

目录

1. 规则名称及生效日期

---

〔1〕《新西兰医疗服务和残障服务高级专员 (医疗服务和残障服务领域消费者权利法令) 1996 年若干规则》〔Health and Disability Commissioner (Code of Health and Disability Services Consumers' Rights) Regulations 1996〕,资料来源于高级专员官网:http://www.hdc.org.nz/the-act--code/the-code-of-rights,访问日期:2015 年 10 月 4 日,唐超、徐张子航译。官网并以各国文字对新西兰体制下的患者权利略加介绍,亦有繁体和简体中文版本,可资参考 (http://www.hdc.org.nz/,访问日期:2015 年 10 月 4 日)。

〔2〕 医疗服务和残障服务高级专员 (Health And Disability Commissioner),系新西兰的王国政府机构 (crown entity),负责“保护、促进医疗服务和残障服务领域消费者的权利”,推动“医疗投诉的公平、方便、快捷、有效解决”。1972 年以前,就疾病、事故或残障,欲获赔偿,消费者只能乞援于《工伤事故赔偿法》,或者普通法。伍德豪斯报告 (Woodhouse report) 催生了《意外事故补偿法》〔Accident Compensation Act (1974)〕。立法目的在于更为快捷地为消费者提供赔偿;消费者依该法不能再起诉医疗服务提供人。在新体制下,服务一贯不达标的医疗服务提供人竟得逃脱惩罚。于是,跟着卡特赖特调查 (Cartwright inquiry),1992 年《医疗服务和残障服务法》〔Health and Disability act (1992)〕设立了高级专员职务 (commissioner),负责受理消费者投诉,审查和解决违法事宜。现任高级专员为安东尼·希尔 (Anthony Hill),2010 年 7 月履职。参见维基百科:https://en.wikipedia.org/wiki/Health_and_Disability_Commissioner,访问日期:2015 年 10 月 4 日。

2. 医疗服务和残障服务领域消费者权利法令

附件：医疗服务和残障服务领域消费者权利法令

若干规则

1. 规则名称及生效日期

（1）这些规则得引作《医疗服务和残障服务高级专员（医疗服务和残障服务领域消费者权利法令）1996 年若干规则》。

（2）这些规则自 1996 年 7 月 1 日生效。

2. 医疗服务和残障服务领域消费者权利法令

医疗服务和残障服务领域消费者权利法令置于附件。

附件　医疗服务和残障服务领域消费者权利法令

第 1 条　消费者的权利，服务提供人的义务

（1）消费者享有本法令所列之权利。

（2）服务提供人负有本法令所列之义务。

（3）服务提供人应采取行动，

（a）告知消费者，其享有哪些权利；并

（b）使消费者得行使这些权利。

第 2 条　消费者的权利，服务提供人的义务

消费者依本法令享有如下权利，服务提供人依本法令负有如下义务：

权利 1：受尊重的权利

（1）消费者有受尊重对待的权利。

（2）消费者有隐私受尊重的权利。

（3）任何消费者有权利要求，服务之供给应考虑不同文化、宗教、社会、种族群体各异的需求、价值和信念，包括毛利人的需求、价值和信念。

权利 2：免受歧视、强制、骚扰、剥削的权利

任何消费者都有免受歧视、强制、骚扰的权利，有免受性剥削、经济剥削以及其他形式剥削的权利。

权利3：人格尊严和独立地位受尊重的权利

任何消费者都有权利要求，服务之供给应尊重个体尊严及独立地位。

权利4：得到合乎恰当标准的服务的权利

（1）任何消费者都有权利要求，服务之供给应达到合理的注意与技能标准（reasonable care and skill）。

（2）任何消费者都有权利要求，服务之供给应合乎法律、专业、伦理及其他相关标准。

（3）任何消费者都有权利要求，服务之供给应合乎其需求。

（4）任何消费者都有权利要求，服务之供给应将潜在的损害减到最小，最大限度地提升消费者的生活质量（optimize the quality of life）。

（5）任何消费者都有权利要求，各服务提供人应密切协作，以确保服务的质量和连贯性。

权利5：对有效沟通的权利

（1）任何消费者都有权利要求，以消费者可以理解的形式、语言和方式，向其提供信息，以实现有效沟通。倘有必要且合理可行，得要求有能胜任的翻译参与。

（2）任何消费者都有权利得到良好的沟通环境，使得消费者和服务提供人得公开、坦诚、有效地沟通。

权利6：充分知情的权利

（1）任何消费者，都有权利得到理性消费者于其所处情境下期待得到的信息，包括：

（a）对其病情的说明；

（b）对可得治疗方案的说明，包括对各项方案可能的风险、副作用、疗效及费用情况的评估；

（c）预计能够提供服务的时间；

（d）任何参与教学或研究活动的建议，包括研究活动是否需要得到批准、是否已经得到批准的说明；

（e）依法律、专业、伦理及其他相关标准，需要提供的其他信息；

（f）检查结果；

（g）治疗结果。

（2）任何消费者在抉择或同意之前，都有权利得到理性消费者于其所处情境下，为了作知情抉择或知情同意所需要了解的信息。

（3）就消费者针对服务提出的问题，包括下列问题，消费者有权利得到坦诚、准确的回答：

（a）服务提供人的身份和资格；

（b）服务提供人的建议；

（c）如何自其他服务提供人处听取意见；

（d）研究成果。

（4）任何消费者都有权利要求（服务提供人）就所提供的信息出具书面摘要。

权利7：知情抉择和知情同意的权利

（1）只有经消费者为知情抉择并知情同意，方得提供服务，制定法（enact-ment）、普通法或者本法令其他条款另有规定的除外。

（2）任何消费者，都应假定其具有知情抉择和知情同意的能力，除非得基于合理的理由认为消费者不具有相应能力。

（3）消费者的同意能力减弱的，在与其能力相适应的范围内，仍有知情抉择和知情同意的权利。

（4）消费者没有知情抉择和知情同意的能力，有权代为同意之人又不可得的，倘满足下列条件，服务提供人得提供服务：

（a）合乎消费者的最佳利益。

（b）已采取合理步骤，探查消费者的立场。

（c）（i）倘消费者的立场已查实，考虑到消费者的立场，服务提供人有合理的理由相信，若消费者有同意能力，将会同意接受服务；或者

（ii）倘消费者的立场未能查实，服务提供人听取了和消费者福祉利害相关的合适之人的意见。

（5）消费者得依普通法为预先指示（advance directive）。

（6）下列情形，应以书面形式为知情同意：

（a）消费者意在参与医疗研究；或者

（b）医疗措施具有实验性质；或者

（c）消费者要接受全身麻醉；或者

（d）有发生不良反应的重大风险。

（7）消费者有权利拒绝服务，有权利撤回同意。

（8）就医疗服务提供人的人选，消费者有权利表达其倾向，并在可行的情况下应予满足。

（9）于医疗过程中切除或得到的消费者身体部分或物质，消费者有权利决定取回或处置。

（10）于医疗过程中切除或得到的消费者身体部分或物质，除下列情形外，不得保留、储存或利用：

（a）经消费者知情同意；或者

（b）系出于研究目的，且经伦理委员会批准；或者

（c）系为以下活动，这些活动旨在确保或改善医疗服务的质量：

（i）专业上认可的质量保证项目；

（ii）对医疗服务的外部审计（external audit）；

（iii）对医疗服务的外部评估。

权利8：得到陪护的权利

消费者有权利要求其选择的一位或多位陪护人员在场，于安全有虞或者不合理侵扰其他消费者权利的除外。

权利9：教学、研究场合的权利

本法令所述之权利，延伸及于消费者参与教学研究或者建议消费者参与教学研究的场合。

权利10：投诉的权利

（1）消费者有权利以合适方式，对服务提供人投诉。

（2）消费者得向以下人等投诉；

（a）提供服务的人员；

（b）获授权接受投诉之人；

（c）其他合适之人，包括：

（i）1994年《医疗服务和残障服务高级专员法》提到的独立维权人士（independent advocate）；

（ii）医疗服务和残障服务高级专员。

（3）服务提供人必须促进投诉的公平、方便、快捷、有效解决。

（4）服务提供人必须时时告知消费者投诉处理的进展情况，两次间隔不得超过一个月。

（5）服务提供人处理投诉事宜，必须尊重消费者依本法令享有的其他相关权利。

（6）服务提供人（除其雇员外）应设立相应投诉程序，并确保做到：

（a）自收到投诉5个工作日内，以书面形式确认，消费者的请求于该期间

内得到满足的除外；

（b）应告知消费者任何相关内部和外部投诉程序，包括可以乞援于：

（i）1994 年《医疗服务和残障服务高级专员法》提到的独立维权人士（independent advocate）；

（ii）医疗服务和残障服务高级专员；

（c）消费者的投诉，以及服务提供人针对投诉的相应举措，应加记录；

（d）服务提供人所掌握的、关涉或可能关涉投诉事宜的一切信息，应使消费者知晓。

（7）于书面确认后 10 个工作日内，服务提供人必须：

（a）决定：

（i）认可投诉有理由；或者

（ii）不认可投诉有理由；或者

（b）倘认为需要更多时间来调查投诉：

（i）应决定还需要多长额外时间；

（ii）额外时间超过 20 个工作日的，应告知患者并说明决定理由。

（8）就投诉是否有理由，服务提供人一旦决定，应尽快告知消费者以下事宜：

（a）决定的依据；

（b）服务提供人计划采取的举措；

（c）服务提供人处可予利用的上诉程序。

［依《医疗服务和残障服务高级专员（医疗服务和残障服务领域消费者权利法令）2004 年若干修订规则》[1]第 3 条第 1 款，于 2004 年 6 月 10 日，修订本附件第 2 条权利 7 第 10 项。］

第 3 条　服务提供人遵守法令

（1）服务提供人于其所处具体情势下，采取合理措施落实本法令下的权利，并履行本法令下的义务，即不得谓违背本法令。

（2）服务提供人就其采取合理措施负证明责任。

（3）本条［第 1 款］所谓"具体情势（the circumstances）"，意指一切相关

---

［1］ Health and Disability Commissioner（Code of Health and Disability Services Consumers' Rights）Amendment Regulations 2004（SR 2004/116）.

情势，包括消费者的临床情况，以及服务提供人的资源约束情况。

第4条　定义

除非上下文别有要求，本法令所用术语含义如下：

"预先指示"，谓（a）消费者借以就将来可能的医疗措施预为抉择，且（b）只有消费者丧失同意能力，方得生效之书面或口头指示。

"抉择（choice）"，谓（a）接受服务，（b）拒绝服务，（c）撤回同意的决定。

"消费者"，谓医疗服务的消费者（health consumer）或者残障服务的消费者（disability services consumer），就权利5、权利6、权利7第7~10项，以及权利10而言，包括有权代表为同意表示之人。

"歧视"，谓依1993年《人权法》（Human Rights At 1993）第二部分构成不法之歧视。

"义务（duties）"，谓相对于本法令下权利的义务和责任。

"伦理委员会"，谓（a）由制定法设立，或依制定法指定的，或者（b）经卫生部长（Director-General of Health）批准的伦理委员会。

"剥削（exploitation）"，谓滥用所处的信任地位（position of trust），违背诚信义务，或者施加不当影响。

"最大限度地提升生活质量（optimize the quality of life）"，谓从整体视角（holistic view）考查患者需求，俾便达到具体情势下可能的最好结果。

"隐私"，谓关乎消费者的一切隐私事宜，除了依1993年《隐私法》（Privacy Act 1993）第七或第八部分，可能成为投诉内容的隐私事宜，以及该法第十部分涉及的隐私事宜。

"服务提供人"，谓医疗服务提供人或者残障服务提供人。

"研究"，谓医学或残障领域的研究活动。

"权利"，包含与本法令下的义务相对应的权利。

"服务"，谓医疗服务或残障服务，或兼而有之；包括医疗措施（health care procedures）。

"教学"，包含对医疗服务提供人的培训。

［依《医疗服务和残障服务高级专员（医疗服务和残障服务领域消费者权利法令）2004年若干修订规则》第3条第2款，于2004年6月10日，加入本附件第4条"伦理委员会"条目。］

第5条　其他制定法

本法令的任何内容都不意味着，服务提供人可以违背任何制定法课加的任何义务或责任，也不意味着，服务提供人不得为任何制定法准许其从事的行为。

第6条　其他权利

任何现有权利，不会因未写入本法令或只部分写入，而遭否定或限制。

玛丽·施罗芙（Marie Shroff），
行政委员会秘书（Clerk of the Executive Council）

立陶宛患者权利和医疗损害赔偿法[1]

1996 年 10 月 3 日第 I - 1562 号法

（截至 2009 年 11 月 19 日第 XI - 499 号法修订）

维尔纽斯

第一章 一般规定

第 1 条 本法目的

（1）本法目的在于明确患者的权利和义务，患者的代理人，对患者投诉展开调查以及对医疗损害予以赔偿的事由。

（2）依本法的基本假定，医患关系应构筑于以下原则之上：

（i）相互尊重、理解和帮助；

（ii）依国家认可的医疗条件，确保患者的权利；

---

〔1〕 在立陶宛，对患者权利事宜加以规制的法律渊源有《宪法》《民法典》《患者权利和医疗损害赔偿法》，以及其他法律。

立陶宛新的《民法典》2000 年通过，2001 年 1 月 1 日生效。《民法典》规制的医疗法事宜得归为两类：一类区处基本人权范畴的患者权利；一类区处医疗契约内容的患者权利。这些权利亦受 1996 年《患者权利和医疗损害赔偿法》规制，这部法律未因新《民法典》生效而遭废止。这两部法律如何适用，关系如何，多有讨论。但就这些权利的概念来讲，两部法律没有本质区别，因为依据的是公认的患者权利标准。就特定权利的解释，可能会有细微差异。在有些学者看来，《民法典》的颁行让 1996 年法粉黛失色。

《人权和生物医学公约》给了立陶宛患者权利立法以鼓舞。世界卫生组织的《促进欧洲患者权利宣言》也给立陶宛 1996 年立法很大影响。当时的立法小组对《宣言》的颁布深感振奋，好多条款都参考了《宣言》。还应注意，《民法典》的处理方式可以看作是对荷兰立法例的继受。

See H. NYS, et al. , "Patient Rights in the EU-Lithuania", *European Ethical-Legal Papers N°*12, Leuven, 2007, pp. 10 - 12. 这里所译系 1996 年法，《民法典》的相关条款置于后文丙帙。

《患者权利和医疗损害赔偿法》（Law on the Rights of Patients and Compensation of the Damage to their Health），据 D. Didžiulytė, K. Šatkuvienė 英译本译出，资料来源：http://www3. lrs. lt/pls/inter3/dokpaieska. showdoc_l? p_id = 384290，访问日期：2015 年 11 月 22 日，唐超、王颖超译。

（iii）不得基于性别、年龄、种族、国籍、民族、语言、出身、社会地位、宗教、信念、立场、性取向、遗传品质、残疾或其他原因，限制患者权利，法律另有规定的情形除外，但不得害及一般的人权原则。

第2条　定义

（1）匿名的医疗服务（anonymous health care），谓依据本法及其他法令所规定的程序向患者提供医疗服务，而得据之探悉患者身份的个人数据不能于病历中写明。

（2）患者遭受的可补偿的（经济及非经济）损害（recoverable damages），谓因医疗服务提供人的过失行为[1]造成的，患者健康所受的任何损害、损伤或死亡。

（3）手术，手术之为医疗措施，谓患者身体器官及器官系统因疾病或外伤而致功能受影响，医生以医疗器械作用于患者之组织及/或器官（遂破坏组织及/或器官的完好性），以便诊断、治疗或调整受影响的身体功能。

（4）诊断治疗方法（methodology），谓大学、医学研究机构及医疗行业协会，基于医学科学及医疗实践证据，预先制备的文件，用以明确伤病的诊断治疗一般原则。

（5）诊断治疗协议（protocol），谓医疗机构首长批准的文书，写明了连贯的诊断治疗流程。

（6）诊断治疗规程（regulations），谓卫生部以命令形式采纳的文件，据之施行的诊断治疗措施得向强制医疗保险基金（Compulsory Health Insurance Fund）报销。

（7）侵袭性质的及/或介入性质的医疗措施，谓医疗专业人员以医疗器械作用于患者组织及/或器官，以便诊断、治疗或调整患者器官及器官系统的功能，可能会破坏也可能不会破坏组织及/或器官的完好性。

（8）优质医疗服务，谓可得（accessible）、安全、有效的健康促进、疾病预防、诊断、医护服务，依据目前的医学水平和良好医疗实践，考虑到医疗服务提供人的可能性（possibilities）以及患者的需求和期待，由恰当的医务人员或者医疗团队，在恰当的时间和地点，提供给恰当的患者。

---

〔1〕 1996 年版没有使用医疗过失（malpractice）的术语，总是使用合法行为的表述，大概想强调医生的行为是以医疗为目的。

（9）评议会（consultation），谓由不少于3位医生组成的讨论会，旨在评估患者健康状况、诊断疾病、确定治疗方案。成立评议会的程序事宜，由医疗机构首长定之。

（10）患者，谓利用医疗机构所提供的医疗服务之人，不论健康或染疾。

（11）患者代理人，谓法定代理人（statutory representative）或指定代理人（appointed representative）。

（12）患者请求，谓向医疗机构提出的书面申请，要求得到说明、相关信息或者查阅必要的文书。

（13）患者投诉，谓向医疗机构或有权国家机关提出的书面申请，述明在医疗服务过程中，患者权利或合法利益受到侵犯。

第二章 患者的权利义务

第3条 对优质医疗服务的权利

（1）患者有权利得到优质医疗服务。

（2）对医疗服务内容的质量指标和要求，由卫生部定之。

（3）患者有权利得到体面的治疗环境，并受到医务人员的尊重。应向患者提供有医学依据的减轻疼痛的方法，使患者不再遭受病痛的折磨。患者有得到照护和尊严死去的权利。

第4条 选择医疗机构和医务人员的权利

（1）患者有权利依照法令所定的程序选择医疗机构。

（2）患者有权利选择医务人员。选择医务人员的程序事宜，由医疗机构首长定之。

（3）患者行使选择医疗机构的权利，依法令所定的程序，其接受免费医疗服务的权利可能受到限制。

（4）患者有权利听取具备同样专业资格的其他专科医生的意见（second opinion）。行使此项权利，依卫生部或者卫生部授权的医疗机构所定的程序，患者接受免费医疗服务的权利可能受到限制。

（5）患者于国外接受医疗服务，医疗费用报销的条件和程序事宜，由卫生部或者卫生部授权的机构定之。

第 5 条　知情的权利

（1）患者有权利了解医疗机构提供哪些医疗服务、服务价格以及得到服务的可能性。提供这些信息的程序事宜，由医疗机构首长定之。

（2）患者有权利了解提供医疗服务的医务人员的信息（姓氏、名字、职业上的义务）及其职业资质的信息。

（3）患者经提交证明其身份的文书，即可了解其健康状况、诊断、医疗机构所用的治疗或检查方法或者医生所知的替代方法、潜在风险、并发症、副作用、治疗预后，以及可能影响患者接受或拒绝推荐疗法的其他情况，还有拒绝推荐疗法的可能后果。医生应考虑患者年龄和健康状况，以可理解的方式提供前述信息，并对专业术语加以解释。

（4）就第 3 款所说的信息，只有会给患者健康造成损害或者危及患者生命，或者患者依本法所定程序拒绝接受这些信息的，方得不予提供。对可能会给患者健康造成损害或者危及患者生命的信息，是否不予提供，应由主治医生决定，除非法律设置了不同的决定程序。不予告知的决定及原因，应于病历中记明。在告知会造成患者损害的情形，本条所说的所有信息应提供给患者代理人，视同向患者提供信息。损害风险消失的，这些信息即应告知患者。就精神障碍患者获得信息的权利，由《精神卫生法》规定。

（5）倘没有医学上的理由令患者继续住院，在安排患者出院或将其转往其他医疗机构之前，应向患者详尽说明安排其出院的原因及如何确保后续治疗的连续性。患者收到这些信息后，应签字确认。

第 6 条　不知情的权利

（1）有关患者健康状况、诊断情况、医疗机构所用的治疗检查方法或者医生知道的替代方法、潜在风险、并发症、副作用、治疗的预后这些方面的信息，不得违背患者意愿告知患者。患者不愿了解相关信息的，应明确表示并签名确认。

（2）倘患者拒不了解相关信息可能会给患者自己或他人造成损害的，本条第 1 款对告知信息的限制规定不予适用。

第 7 条　了解病历所载事项的权利

（1）应患者请求，应向患者提供其病历。倘病历中的信息会造成患者健康损害或者危及生命，则提供病历的规定应予限制。不向患者提供病历由患者的主治医生决定。不提供病历的决定及原因，应于病历中记明。

（2）医务人员应于其能力范围内，向患者说明病历中所载事项（entries）的含义。倘患者的要求合理，医务人员应于15个工作日内，对不准确、不完善、模糊不清的数据或者与诊断、治疗或护理无关的数据，加以更改、补充、完善、删除以及/或者修正。医护人员和患者就更改、补充、完善、删除以及/或者修正病历中所载事项发生争议的，应由医疗机构的首长解决。

（3）精神障碍患者获取病历的权利，其特殊事宜，由《精神卫生法》规定。

（4）16周岁以下未成年患者的代理人，有权利获取病历。

（5）应患者请求，经出示患者的身份证明文件并由患者承担费用，医疗机构应制作病历副本并提交给患者，还应提交诊断治疗的说明书。此项权利仅得依立陶宛共和国法律所规定的程序加以限制。

第8条　隐私权

（1）患者的私生活不受侵犯。只有经患者同意，且为诊断、治疗疾病或者护理工作所必需，方得获取有关患者生活事实的信息。

（2）在医疗机构，有关患者住院的数据、患者的健康状况，以及采取的诊断、治疗和护理措施，应记载于规定形式和类型的病历中。这些病历的形式、内容和利用程序，应本着保护患者私生活的目的来制定相关规则。

（3）有关患者住院的信息，治疗情况，健康状况，诊断，治疗预后，以及有关患者的任何其他个人信息，皆应保密，虽患者故去亦然。患者身故的，其遗嘱及法定继承人，配偶（同居伴侣），父母及子女有权获得相关信息。

（4）只有经患者书面同意，写明披露此等信息的原因及信息利用目的，方得将保密信息披露给他人，除非患者已经于医疗文件中写明谁人有权得到这些信息、可以得到信息的范围以及披露信息的条件（terms）并签字。患者有权指明对哪些人不得披露信息。直接参与治疗、护理工作之人，施行医疗检查之人，仅当在为保护患者利益所必要的情形和范围内，方得不经患者同意而向其提供保密信息。倘患者不能理性判断其利益且并未为同意表示，在保护患者利益的必要范围内，得将保密信息披露给患者代理人、配偶（同居伴侣）、父母（养父母）或者成年子女。

第9条　隐私权的特别规定

（1）依法令所规定的程序，得不经患者同意，将保密信息披露给依立陶宛共和国法律有权获取患者秘密信息的国家机关，以及本法第23条第8款所列之人。只有提交书面申请，写明申请获取这些信息的理由、信息的利用目的以及所需信息的范围，方得披露信息。无论如何，秘密信息的披露，应遵守合理原则、公平原则以及患者权益优先原则。

（2）非法获取、利用患者秘密信息的，应依法令所定的程序承担责任。

（3）对患者权利的保护，应立足于患者利益及福祉重于公共利益的原则。在法律明确规定的情形，为保护公共安全、防止犯罪、公共卫生或者他人的权利和自由所必要的，得对前句原则加以限制。

（4）患者所受伤害可能是犯罪行为造成的，医疗机构应立即知会执法机关。

第10条　患者的匿名权利

（1）不披露身份而接受医疗服务的权利，至少应及于16周岁以上、罹患立陶宛政府或其授权机关列入清单的疾病的患者。不披露患者身份的医疗服务，费用由患者自付，法令另有规定的除外。

（2）不披露患者身份的医疗服务，其程序事宜，由立陶宛政府或其授权机关定之。

第11条　患者参与生物医学研究及教学

（1）未经患者书面同意，不得将之纳入生物医学研究。使患者参与此等研究的程序事宜，由《生物医学研究伦理法》（Law on Ethics of Biomedical Research）定之。

（2）使患者参与生物医学研究和教学，应以患者利益及福祉重于研究利益为基本原则。

（3）培训医务人员的医疗机构，应将医疗机构内部规章出示给患者，使患者了解并签字确认。内部规章应写明患者已被纳入教学环节。

（4）患者通过签字确认其已了解负责培训医务人员的医疗机构的内部规章的，即得认为患者已同意参与教学环节。患者不同意参与教学环节，或者不接受有关患者被用于科研教学目的的信息，应以书面形式声明。书面声明应保存于病历中。

（5）将患者信息用于科研教学目的的，不得害及患者隐私。将患者病历中的信息用于科研目的的，相关程序事宜由《生物医学研究伦理法》（Law on Ethics of Biomedical Research）定之，用于教学目的的，由保存这些信息的医疗机构定之。

第 12 条　患者义务

（1）患者通过签字，确认其已了解医疗机构出示的内部规章、医疗机构规定的其他文件，并履行这些文件中写明的患者义务。

（2）患者应爱惜健康，秉持善意行使权利，而不得滥用权利，并与医疗机构的医务人员和雇员密切合作。

（3）患者寻求医疗服务，应出示身份证明文件，需要紧急医疗的除外。

（4）患者应于可能范围内，向医疗机构提供有关其健康、病史、接受过的手术、曾服用或正服用的药物、过敏反应、遗传情况以及患者所知的其他数据等为提供充分医疗服务所需要的信息。

（5）患者收到有关处方所开列的医疗服务的信息，在本法明确的情形，应以书面形式确认其是同意还是拒绝这些医疗服务。

（6）患者应遵从医务人员的处方和建议，或者依据本法所规定的程序拒绝处方开具的医疗服务。倘患者没有遵守其已接受的处方或治疗方案，应将此情况向医务人员说明。

（7）患者对医疗机构的雇员及其他患者，应表现出应有的尊重。

（8）患者违反义务，从而给自己及其他患者的健康、生命造成危险，或者妨害其接受优质医疗服务的，［医疗机构］得停止（terminate）医疗服务，因此会危及患者生命的情形除外。

第 13 条　请求损害赔偿的权利

在医疗服务过程中，因侵害患者权利而给患者造成损害的，患者得请求赔偿。损害赔偿的条件和程序，依本法第五章、《民法典》《保险法》及其他法令而定。

第三章　知情同意

第 14 条　未经同意不得施治

（1）16 周岁以上的患者，只有经其同意方得施治，患者不能表达意愿而又需要提供紧急医疗服务的情形除外。

（2）未满 16 周岁的未成年患者，只有经其代理人同意，方得施治，需要提供紧急医疗服务的情形除外。在所有情况下，医务人员都必须首先考虑未成年人的意志及其代理人的意志，选择最合乎未成年患者利益的诊断和治疗方法。

倘未满 16 周岁的患者与其代理人意见不一致，由医生评议会（consultation of doctors）考虑未成年患者的利益，选择诊断和治疗方法。

（3）未满 16 周岁的未成年患者，依医生在病历中有理有据表达的立场，能够评估自己健康状况的，得自己寻求需要的医疗服务并自为决定，法律另有规定的除外。

（4）法律得规定，在特定情形下，只有成年患者得就医疗服务表示同意。

第 15 条　对同意的要求

（1）对医疗服务的同意，应由患者自己或其代理人，依本法及其他法律所规定的程序，（明确）为之。

（2）患者对医疗服务的同意，应为知情基础上的、合理的同意。

（3）合乎下列要求的同意，即为知情且合理的同意：

（i）患者（代理人）有能力充分表达其意愿；

（ii）患者（代理人）已经得到了充分且清晰的信息；

（iii）患者（代理人）系自由表达其意愿；

（iv）合乎法令要求的形式。

（4）对同意形式的要求，应经卫生部批准。

（5）患者在合乎卫生部形式要求的表格上签字同意的，即意味着患者已经得到了充分信息。

第 16 条　同意的表示

（1）患者赴医疗机构接受住院或门诊服务，或者电召医务人员的，倘医疗机构〔通过内部规章制度〕向来确保患者于住院或看门诊期间，可以得到一切必要信息，且医疗机构雇员对患者在信息方面的问题有问必答，即得认为患者已经知情，并同意接受检查、接受健康评估，以及医疗机构的医务人员实施的必要检测、治疗。本法第 17 条第 1 款、第 2 款规定的情形，前句不予适用。

（2）本条第 1 款所提及的必要信息，包括应付费服务的全部或部分价格，医疗机构提供的免费医疗服务及得到这些服务的可能性，转院程序，医疗机构的内部规章，医务人员的专业资质，挑选医务人员的可能性，以及患者与提供服务的医务人员合作的义务、遵从医务人员的处方和指示的义务、未遵从处方时的说明义务。提供这些信息的程序事宜，由医疗机构定之。

第 17 条　患者同意的书面形式

（1）倘医疗机构有多种诊断治疗方法可供选择，应向患者说明，患者应签字确认其选择。

（2）在施行手术、侵袭性及/或介入性医疗措施之前，应取得患者就特定手术、侵袭性及/或介入性医疗措施的同意。此种同意应以书面形式为之，在合乎卫生部批准的形式要求的表格上签字。

（3）为获患者对手术、侵袭性及/或介入性医疗措施的知情同意，应向患者提供恰当合理的信息，包括此等医疗措施的本质（essence），替代医疗措施，性质，目的，已知和可能的并发症（副作用），其他可能影响患者接受或拒绝此等医疗措施的情况，以及拒绝此等医疗措施的可能后果。

（4）施行手术、侵袭性及/或介入性医疗措施前，医生应考虑患者的年龄和健康状况，以可理解的方式，向患者提供本条第3款所说的信息，并对专业术语加以解释。

第 18 条　紧急情况

（1）必须提供医疗服务，而16周岁以上的患者不能理性判断自己的利益，又无本法第22条第3款所指之人，或者此等人拒为代理人，或者不能及时与此等人取得联系或及时取得其知情同意的，应由提供医疗服务的医生，或在必要时，由医生评议会，本着患者的最佳利益，就应提供的医疗服务及其范围，或者应选择的替代方法，作出决定。医生应于病历中写明设立医生评议会的合理性。

（2）必须向未满16周岁的未成年患者提供医疗服务，但无本法第22条第1款所指之人，或者不能及时与此等人取得联系或及时取得其知情同意的，应由提供医疗服务的医生，或在必要时，由医生评议会，本着患者的最佳利益，就应提供的医疗服务的范围，或者应选择的替代方法作出决定。

（3）未满16周岁的未成年患者，其父母不肯履行法定代理人的职责，且并未处于暂时监管或照管下的，倘其父母（养父母）就医疗范围意见不一致，则由主治医生，或者在必要时，由医生评议会，本着患者的最佳利益，决定应提供医疗服务的范围，或者应选择的替代方法。法律得规定，在何种情形下得由法院授权。医疗机构或者未成年患者的法定代理人，得请求法院授权。

第四章 代 理 [1]

第 19 条 代理的一般规定（representation）

（1）患者享有权利、承担义务，并通过自己或代理人行使权利、履行义务。

（2）在法律规定的情形，患者享有权利、承担义务，并仅得通过其代理人或者基于法院授权来行使权利、履行义务。

（3）代表患者利益的代理人，应出示证明其代理权限的文书及身份证件。

（4）16 周岁以上的患者得由下列人代行权利：法定代理人和指定代理人。法定代理人应由本法或其他法律写明之人担任。

第 20 条 法律上无能力或者法律上能力受限制的患者

（1）已由法院认定为无法律上能力的患者（legally incapable），应由指定监护人（appointed guardians）代行权利。

（2）法律上的能力受到法院限制的患者，享有权利，承担义务，并在其权利并未受到法院限制的范围内，自己行使权利并履行义务。

第 21 条 指定代理人

16 周岁以上的患者得选任指定代理人（appointed representative）。此种代理关系应经公证，或者患者于病历中以签字形式确认其选择。

第 22 条 患者的法定代理人

（1）未满 16 周岁的未成年患者，应由法定代理人代行权利：父母（养父母）一方，监护人，照管人（curator）。

（2）未满 16 周岁且受机构监护（institutional guardianship）（照管）的未成年患者，由这些机构指定之人，经出示证明文件，代行权利。

（3）16 周岁以上的患者，不能理性判断自己利益的，其配偶、同居伴侣，倘无此等人，其父母（养父母）任一方或者任一成年子女，为其法定代理人。前述人等，倘拒为代理人，或患者已有指定代理人，或患者已受监护（照管），则不得为法定代理人。

---

〔1〕 行使患者权利，并非法律行为，所以并不是民法总则中讲的代理。

第五章　争议解决及损害赔偿

第23条　投诉的权利

（1）与损害赔偿无关的患者投诉及听审，其程序事宜依本条而定。

（2）患者认为其权利受到侵害的，得依本法程序规则对投诉内容和形式的要求，向其认为侵害了其权利的医疗机构投诉。

（3）患者或其代理人可以提起投诉。患者投诉的，应有患者签字，写明其姓氏、名字、实际住址、联系方式以及争议关键点，方予审查。患者代理人投诉的，应写明代理人姓氏、名字、住址，证明其代理权限的文书，以及其所代表的患者。不能满足本款要求的投诉，应发还患者并写明发还原因。

（4）患者投诉应出示证明其身份的文书。通过邮政或快递方式递交投诉书的，应附具证明申请人身份的文书副本，应有公证人或患者律师的证明。患者代理人应出示身份证件以及证明其代理权限的文书。

（5）患者自知道权利受侵害之日起，应于1年内投诉，但不得迟于自权利受侵害之日起3年。

（6）仅当对医疗机构的调查不满意的，患者方得向负责听审患者投诉的国家机关提出申请。

（7）收到患者投诉，医疗机构应于20个工作日内完成调查，并以书面形式将调查结果通知患者。

（8）倘患者投诉涉及对患者保密信息的调查，则将相关信息提交给承保了医疗机构责任险的保险公司以及直接调查人员，乃为合法、正当。知晓了保密信息之人应保守秘密。

（9）对负责听审患者投诉的国家机关的决定不满意的，患者得依法律所规定的程序申告（appeal）。

第24条　医疗损害赔偿

（1）侵犯患者权利，给患者造成的经济和非经济损害，依本法及《民法典》所规定的程序赔偿。

（2）就本条第1款所说损害有权请求赔偿并愿意获得赔偿金的患者或其他人，应向卫生部下设的医疗损害评估委员会提出申请，申请应以书面形式为之。申请应写明以下事宜：委员会名称，申请人的姓名，个人身份号码和居住地址，以及代理人的姓名和地址，患者所针对的医疗机构的名称和注册办公所在地，申请人所据的具体情况（申请的事实根据），申请人举出的用以证明事实情况的证据，申请人的请求（受侵害的权利及请求赔偿的金额），相关文书的清单，申请地及日期。申请书应由申请人或其代理人签名。代理人提出申请的，应附委托书或者证明代理权限的其他文书。申请书应合乎形式和内容要求。

（3）就患者权利受侵害的事实以及所受损害的程度发生争议的，医疗损害评估委员会系诉讼前的必经机构。就委员会的设立、活动的开展、其权限范围内事宜的处理等程序，由立陶宛政府或其授权机关批准的委员会章程决定。委员会的程序规则应由卫生部批准。

（4）医疗损害评估委员会依卫生部命令设立，任期4年，由7位受过医学、法学或其他专业大学教育的人士组成。委员会组成人员的挑选，应考虑到使患者利益和医疗机构的利益得到平等代表。至少两位成员，应由保护患者权利的非政府组织委派。卫生部应确保委员会拥有开展活动的技术条件。

（5）评估委员会为审核赔偿申请的需要，得调取有关信息及文书，就需要专业知识的问题，为了在法定期间内作出决定，得寻求专业医务人员的帮助。

（6）向评估委员会提出的申请，应于收到申请后两个月内加以审查并作出决定。倘出于客观原因，不能于该期间内审查并决定的，经委员会建议，卫生部得将该期间延长不超过两个月。

（7）对医疗机构、患者或者就本条第1款所说损害有权得到赔偿的其他人，评估委员会的决定有拘束力。

（8）患者或者对本条第1款所说损害有权得到赔偿的其他人，以及/或者医疗机构，对评估委员会的决定不满意的，应于收到决定之日起30日内，决定时不在场的，应于知道决定之日起30日内，依《民事诉讼法》所规定的程序，请求法院裁决医疗机构和申请人之间的争议。

第25条　医疗责任保险

（1）于开展医疗服务前，各医疗机构应投保强制的以及/或者自愿的针对经济和非经济损害的责任险。

（2）医疗机构应向以下机关提交有效民事责任保险单副本：

（i）在给医疗机构颁发医疗服务许可证的场合，颁证机关；

（ii）在订立了医疗服务供给及付费契约的场合，地方医疗保险基金；

（iii）依卫生部所规定程序对所有医疗机构的责任保险事务加以监督的

机关。

（3）在保险契约的一年有效期间内（over one year of the validity of the insurance contract），单笔事故最低保险金额和全部事故的最低保险金额，由立陶宛政府或者政府授权的机关定之。

第 26 条　损害赔偿请求

（1）于医疗服务提供过程中，因医疗机构或其雇员的过错给患者造成经济和非经济损害的，构成保险事故。

（2）倘保险金不足以赔付全部损害，已付保险金和实际损害的差额，由负损害赔偿责任的医疗机构承担。

（3）于例外情形，为避免不论何种产权形式的医疗机构破产，实际损害和应付保险金的差额，得依立陶宛政府所规定的程序由强制医疗保险基金的储备金来赔付。

本法经立陶宛共和国议会通过，现予颁布。

共和国总统

达里娅·格里鲍斯凯婕（Dalia Grybauskaité）

罗马尼亚患者权利法[1]

2003 年 1 月 21 日第 46 号关于患者权利的法律
《政府公报》2003 年 1 月 29 日第 51 期

第一章 一般规定

第 1 条

本法使用的术语，

（a）患者，谓利用医疗服务之人，不论其系健康或疾病；

（b）歧视，谓基于人种、性别、年龄、种族、民族或社会出身、宗教、政治立场和个人憎厌（personal antipathy），对类似处境下的个人加以区别对待；

（c）医疗（health care），谓医疗服务、社区服务以及医疗相关服务；

（d）医疗介入（medical intervention），谓为诊断、治疗、康复而采取的任何检查、治疗或其他医疗行为；

（e）临终关怀（terminal care），谓在已经没有办法改变疾病会带来死亡的预断的情况下，以可行的方案加以治疗，以及为濒临死亡患者提供的服务。

第 2 条

患者有权利得到社会（societatea）依其人力、财政和物质条件所能提供的最优质的医疗服务（highest quality care）。

第 3 条

患者人格应受尊重，不得加以歧视。

---

〔1〕《2003 年 1 月 21 日第 46 号关于患者权利的法律》（Patient Rights Law no. 46 of 21. 01. 2003 on patient rights），资料来源：http://www. smromania. ro/en/sm_ boala/drepturile_ pacientului/，访问日期：2015 年 11 月 22 日，唐超译。

第二章　获取医疗信息的权利

第 4 条

就可得的医疗服务以及如何利用这些服务，患者有知情的权利。

第 5 条

（1）就医疗服务提供人的身份及专业地位，患者有知晓的权利。

（2）住院患者就住院期间应遵守的规则、惯例，有知晓的权利。

第 6 条

患者有权利知晓其病情、医生推荐的医疗介入手段、各种医疗措施的潜在风险、替代医疗手段，包括副作用和不听从建议的后果，以及有关诊断和预后的数据。

第 7 条

倘相关信息会造成患者痛苦，患者有权利决定是否要知晓这些信息。

第 8 条

向患者告知相关信息，语言应礼貌，清晰，尽量不使用专业术语，倘患者不识罗马尼亚语，则应使用患者母语或者患者能理解的其他语言，或者在具体情况下，以其他方式交流。

第 9 条

患者得明确表示，不要将相关信息告知自己，而是另择他人，代受告知。

第 10 条

经患者同意，得向患者亲朋说明患者病情检查、诊断、治疗的进程。

第 11 条

患者有权利从其他医疗提供人处听取意见。

第 12 条

患者出院的，得请求医院提供有关住院期间检查、诊断、治疗情况的书面概要。

第三章　患者同意

第 13 条

患者得以书面形式拒绝或停止医疗介入并自担其责，医疗提供人应将拒绝或停止医疗介入的后果向患者说明。

第 14 条

患者不能表达意愿，但需要紧急医疗介入的，医务人员得据患者此前表达的意愿推断其立场。

第 15 条

患者需要紧急医疗介入的，不必征得法定代理人（legal representative）同意。

第 16 条

在需要法定代理人同意的情形，亦应依患者的理解能力，尽量使其参与医疗决策。

第 17 条

（1）医疗提供人认为医疗介入合乎患者最佳利益，而法定代理人拒不同意治疗的，由专家委员会决定。

（2）就住院患者，专家委员会由 3 位医生组成，就门诊患者，专家委员会由两位医生组成。

第 18 条

为了实施患者同意的诊断或治疗，从患者身体取得身体成分，储存、利用这些成分，仍应取得患者同意。

第 19 条

使患者参与临床医学教育和科学研究，应取得患者同意。不能表达意愿之人，不得将之用于科学研究，已取得法定代理人同意且研究系出于患者利益的除外。

第 20 条

在治疗场所，未经患者同意，不得为其拍照或录像，除非图像为诊断、治疗所必需，或者是为了避免对医疗过错的猜疑。

第四章　对信息保密的权利和隐私权

第 21 条

有关病情、检查结果、诊断、预后、治疗、个人数据的一切信息皆应保密，虽患者故去，亦然。

第 22 条

只有患者明确同意或者法律明确要求，保密信息方得披露。

第 23 条

参与治疗的其他可信赖的医疗提供人（accredited health care providers），需要患者信息的，不必征得患者同意。

第 24 条

患者得获取个人医疗数据。

第 25 条

（1）对患者私人生活和家庭生活的任何干预，皆为法所不许，此种干预于诊断、治疗和护理有积极影响且经患者同意的除外。

（2）患者于自己或公共卫生造成危险的，亦为例外。

第五章　生殖领域的患者权利

第 26 条

倘妊娠构成母亲生命面临的重大、即刻风险，母亲的生命权利受优先保护。

第 27 条

为正常性生活和生殖健康，患者有获得必要信息、教育和服务的权利，不得加以歧视。

第 28 条

（1）除第 26 条的规定外，女性有决定是否生育的权利。

（2）患者有权利选择生殖健康最为安全的方法。

（3）任何患者都有权利得到有效的、无风险的计划生育方法。

第六章　获得医疗服务的权利

第 29 条

（1）只能向有限的患者提供某种治疗方法从而必须有所选择的，医疗服务提供人只得基于医学标准来挑选患者。

（2）前款所谓医学标准，由卫生部于本法生效后 30 日内详加规定并予以公布。

第 30 条

（1）只有必要的设备和医务人员安排到位，才得实施医疗介入。

（2）极端紧迫情形需要立即施治的，则为前款规定之例外。

第 31 条

患者有得到临终关怀和有尊严死亡的权利。

第 32 条

患者可以在整个治疗过程中得到亲朋的支持、精神支持、物质和建议。应患者请求，应在可能的范围内，将治疗环境如家庭般安排。

第 33 条

住院患者有权要求由院外的可信赖的医生提供服务。

第 34 条

（1）医疗场所的医务人员或非医务人员，不得向患者施加任何压力，使患者在医疗场所的规章制度之外向其提供回报。

（2）患者可以依照法律给予雇员或医疗团队额外的报酬或捐赠。

第 35 条

（1）患者有权利在健康状况改善之前连续接受治疗。

（2）通过各种不同的公立和非公立的医院和门诊，由医生或其他医务人员提供的专科或者全科医疗服务，来确保医疗服务的连续供给。出院患者有权利得到相应的社区服务。

第 36 条

患者有权利就紧急的牙科和用药服务得到医疗帮助。

第七章 罚 则

第 37 条

医务人员未尊重患者的保密信息和隐私，或者本法规定的其他患者权利，要受纪律惩戒，甚至可能依法承担刑事责任。

第八章 附则和过渡条款

第 38 条

（1）卫生主管当局应就患者权利保护发布年度报告，将不同地区的患者权利保护情况和表现最好的地区加以比较。

（2）医疗服务提供人应以显著方式公布其遵行本法的标准。

（3）自本法生效之日起 90 日内，卫生与家庭部制定出本法的适用细则，发布于《罗马尼亚政府公报》。

第 39 条

本法自于《罗马尼亚政府公报》发布之日起 30 日生效。

第 40 条

自本法生效之日起，发布于《罗马尼亚政府公报》1978 年 7 月 10 日第 54 期的第 3/1978 号卫生法第 78 条、第 108 条和第 124 条，以及其他相反的规则，即告废止。

格鲁吉亚患者权利法^[1]

第一章 一般规定

第 1 条

本法目的在于保护公民在医疗领域的权利，确保患者尊严、隐私不受侵犯。

第 2 条

患者在医疗领域的权利和福祉优先于医学和研究利益。

第 3 条

格鲁吉亚就医疗领域公民权利的立法包括《格鲁吉亚宪法》、格鲁吉亚参加的国际条约和协定、《格鲁吉亚医疗法》、本法以及其他法律和法规。

第 4 条

本法所用术语，倘无特别解释，其含义如下：

a）基因组，谓包含遗传因素（基因）的整套染色体；

b）知情同意，谓患者，或在患者无能力的情形，其亲属或法定代理人，于获知下列信息后，就医疗服务所为之同意：

b. a）医疗服务的性质和必要性；

b. b）医疗服务的预期后果；

b. c）医疗服务给患者健康、生命造成的风险；

b. d）推荐疗法的替代方案，以及替代疗法可能的疗效和风险；

b. e）拒绝治疗的预期后果；

b. f）和 b. a ~ b. e 目所列事宜相关的经济和社会事宜；

---

〔1〕《格鲁吉亚患者权利法》（The Law of Georgia on the Rights of Patient），根据两份英文版译出，资料来源：http://home. broadpark. no/ ~ wkeim/files/Georgia_ Patients_ Rights_ Law. htm，https://matsne. gov. ge/en/document/download/16978/2/en/pdf，访问日期：2016 年 9 月 1 日，唐超、王京译。

　　c）姑息治疗，谓不能从根本上改善患者的健康状况、不能改变不良预后，而旨在暂时减轻患者痛苦的医疗措施；

　　d）患者，谓利用、需要或者意图利用医疗服务之人，不论其健康状况如何；

　　e）患者亲属，谓依格鲁吉亚法律所界定的优先秩序，就医疗服务供给的相关事宜，就和患者死亡相关的事宜，有优先参与决策的权利之人；

　　f）合法代理人（legal representative），谓患者的监护人或受托人（trustee）；

　　g）医疗服务提供人，谓依格鲁吉亚法律提供医疗服务之人；

　　h）医疗服务，谓以诊断、治疗、预防或康复为目的，由医疗服务提供人就患者所为之任何操作或措施；

　　i）病历，谓与提供给患者的医疗服务有关的信息，由医疗服务提供人记录于纸张或者包括个人电脑在内的其他信息媒介；

　　j）绝症晚期，谓不治之症的最后阶段。

第5条

格鲁吉亚公民有权利自任何医疗服务提供人处得到合乎公认专业服务标准的医疗服务。

第6条

（1）不得基于种族、肤色、语言、性别、基因遗传、宗教信仰、政治或其他立场、民族或社会出身、经济条件或社会地位、居住地、疾病、性取向或者患者的消极态度，而歧视患者。

（2）基于特定疾病而对患者权利加以限制的，其条件由格鲁吉亚法律确定。

第7条

患者有权利自其他医生或医疗机构处听取第二意见。

第8条

患者得随时选择更换医疗服务提供人。

第9条

旅居国外的格鲁吉亚公民，居住在格鲁吉亚的外国公民和无国籍人，依格鲁吉亚签订的国际条约和协议，或者倘无此等条约和协议，依所在国法律，有得到医疗服务的权利。

第 10 条

患者或其合法代理人有权向法院提出诉愿：

a）对下列事由造成的经济和非经济损害加以赔偿：

a. a）侵害患者的权利；

a. b）医疗过失（malpractice）；

a. c）医疗机构的其他错误；

a. d）国家的不恰当监督或控制；

b）暂停或吊销医疗服务提供人的执照；

c）改变国家的医疗和卫生标准。

第二章　获得医疗服务的权利

第 11 条

［格鲁吉亚］通过国家医疗计划（State Medical Programmes），确使人民平等得到医疗资源。

第 12 条

（1）国家保护患者得到［紧急］医疗服务的权利，此种医疗服务的供给倘有迟误，会不可避免地造成患者死亡、残疾或严重的健康损害。

（2）患者需要紧急医疗服务，迟误会不可避免地造成患者死亡、残疾或严重的健康损害，而医疗服务提供人没有能力提供此种医疗服务的，应告知患者、患者亲属或者合法代理人，得于何处获得此种紧急医疗服务。

第 13 条

（1）格鲁吉亚政府确使罕见病患者得到恰当医疗服务，合乎公认的专业服务标准。

（2）劳动、卫生与社会事务部负责开列罕见病清单。

第 14 条

因为人力、技术、经济或者其他为提供医疗服务所必需的资源的不足，而要挑选接受医疗服务的患者的，只得依医学标准为之，排除任何特权。

第 15 条

患者有权利请求医疗服务提供人尊重其人格，尊重其文化传统、宗教信仰及个人价值。

第三章　知情权利

第 16 条

（1）对那些不论是促进健康、还是对健康有不良影响的因素，格鲁吉亚公民有权利获得全面、客观、及时、清晰的信息。

（2）国家通过大众媒体向公民提供本条第 1 款所说的信息，亦可以依相应法制，应公民请求个别地提供相关信息。

第 17 条

（1）患者，倘患者同意或者无法律能力，患者的亲属或合法代理人：

a）有权利查阅病历并请求修改病历中的患者信息。患者、患者亲属或者合法代理人修改以前的信息和修改以后的信息，俱应包含在病历中。

b）有权利获取病历任何部分的副本。

（2）请求查阅病历或者获取病历副本的，应向医疗机构提出书面申请。

第 18 条

（1）就以下事宜，患者有权利自医疗服务提供人处获得全面、客观、及时、清晰的信息：

a）可得的医疗服务资源，获得这些服务的方法，服务的费用及支付途径；

b）依格鲁吉亚法律及医疗机构内部规章制度，患者的权利和义务；

c）推荐的预防、诊断、治疗及康复措施，这些措施潜在的风险和可能的疗效；

d）医疗检查的结果；

e）推荐医疗措施的替代方案，这些替代措施的潜在风险和可能的疗效；

f）拒绝推荐的疗法，可能带来的后果；

g）诊断、预后和目前的治疗；

h）医疗服务提供人的身份、职业地位和经验。

（2）仅当有理由认为，向患者提供全部信息会严重损害患者健康的，方得不告知有关患者健康状况的信息或者限制告知的内容。倘患者明确要求知晓这些信息的，仍应向其提供。

（3）不予告知或者限制告知内容的决定，应经医疗机构的医疗伦理委员会批准，倘医疗机构未设相应伦理委员会，应经另外的医生赞同。[1]不予告知或者限制告知内容的决定应记入患者病历。

（4）倘患者欠缺能力或者不能有意识地为医疗决策，医疗服务提供人应将本条第 1 款所列的信息告知患者的亲属或者合法代理人。

第 19 条

向患者、患者亲属或者合法代理人提供信息的，应考虑其理解能力。在解释这些信息时，应尽量少地使用专业术语。

第 20 条

患者得拒绝接受第 18 条第 1 款所说的信息，倘不告知相关信息，会给患者或者第三人造成严重健康损害甚至死亡的情形除外。

第 21 条

患者得决定是否允许他人获知有关其健康状况的信息。倘患者为允许决定，即应指定接受相关信息之人。有关患者决定的情况，以及其指定之人的身份事项，应记入患者病历。

第四章 同 意

第 22 条

（1）只有取得患者的知情同意，或者在患者欠缺能力或不能有意识地为医疗决策的情况下，取得患者亲属或合法代理人的知情同意，方得为患者提供医疗服务。知情同意乃为提供医疗服务之先决条件。

（2）提供下列服务，应经书面同意：

a）手术，小手术除外；

b）堕胎；

c）避孕节育手术；

---

[1] 基本思想即为职业自治（self regulation），和行政首长是没有关系的。

d）大血管导管插入手术；

e）血液透析和腹腔透析；

f）体外受精；

g）基因检测；

h）基因治疗；

i）放射治疗；

j）恶性肿瘤的化学治疗；

k）医疗服务提供人认为书面同意很有必要的其他情形。

（3）患者欠缺能力或不能有意识地为医疗决策的，应经书面同意。

第 23 条

（1）有医疗决策能力的患者，得拒绝接受医疗服务，并得随时结束正接受的医疗服务。患者拒绝或者结束医疗服务的，应详尽地告知其可能的后果。

（2）有决策能力的患者，不得违背其意志提供医疗服务，格鲁吉亚法律另有规定的情形除外。

第 24 条

（1）因下列情形造成患者丧失法律能力或者不能有意识地为医疗决策，格鲁吉亚公民得以书面形式，就心肺复苏术、维持生命的治疗或者姑息疗法，预先表达其意愿（同意或拒绝）：

a）绝症晚期；或者

b）不可避免地会造成严重残疾的疾病。

（2）格鲁吉亚公民得预先指定他人，在本条第 1 款所述情形，就必要医疗服务的提供作出决定。

第 25 条

（1）欠缺能力或不能有意识地为医疗决策的患者，倘其亲属或合法代理人的决定与患者的医疗利益相舛忤，医疗服务提供人得将医疗决策事宜交由法院裁决。

（2）倘欠缺能力或不能有意识地为医疗决策的患者需要紧急医疗服务，不能得到服务，会造成患者的死亡、残疾或者严重的健康损害，但患者亲属或合法代理人联系不上的，医疗服务提供人应依患者的医疗利益作出决定。

（3）倘欠缺能力或不能有意识地为医疗决策的患者需要紧急医疗服务，不能得到服务，会造成患者死亡，但患者亲属或合法代理人拒绝接受医疗服务的，医疗服务提供人应依患者的医疗利益作出决定。

第 26 条

（1）将患者用于医学研究教学的，应取得患者的知情同意。患者的知情同意乃为患者参与医学研究教学的先决条件。

（2）欠缺能力的患者参与医学研究教学的，由格鲁吉亚法律规制。

（3）在下列情形，不必取得患者同意：

a）科研教学需要利用的病历中的信息，据之不能探查患者身份；

b）科研教学需要利用的诊断治疗中获得的材料（尿液、血液和其他组织），保证了匿名性质。

第五章　保密信息与私生活

第 27 条

医疗服务提供人对患者信息应予保密，患者生前如此，故去亦然。

第 28 条

（1）仅在下列情形，医疗服务提供人方得披露患者的保密信息：

a）得到了患者同意；

b）信息的保密，会危及第三人的生命及/或健康；

c）信息系用于科研教学目的，且利用方式保证了无从探查患者身份；

d）格鲁吉亚法律特别规定的情形。

（2）倘医疗服务提供人是将患者的保密信息披露给参与患者治疗的其他医疗服务提供人，得假定患者已经同意。

第 29 条

除下列情形外，医疗服务提供人不得介入患者私生活和家庭生活：

a）介入对于诊断、治疗和护理是必要的。此际，患者同意乃为必要；

b）患者家属的健康及/或生命受到威胁。

第 30 条

只有直接参与提供医疗服务之人，方得于提供医疗服务时在场，患者同意或者请求他人在场的除外。

第六章　遗传咨询和基因治疗领域的患者权利

第 31 条

不得为遗传基因而歧视患者。

第 32 条

用来测定某种疾病的致病基因或者探查某种疾病的遗传倾向的医学测试，仅得出于下列目的而开展：

a）为保护患者健康；

b）为医疗服务相关的科学研究。

第 33 条

只有为诊断、治疗或预防目的，方得开展旨在修改人类基因组的医疗干预措施，且目的不得为修改患者后代的基因组。

第 34 条

不得将医学辅助生殖方法用于性别选择，为避免性染色体病的情况除外。

第七章　孕妇和哺乳期母亲的权利

第 35 条

产妇或哺乳期的母亲，对妊娠、分娩或哺乳期间，医生推荐的医疗措施对胎儿或新生儿可能产生的直接和间接不良影响，有权利得到全面、客观、及时和清晰的信息。

第 36 条

（1）除本条第 2 款规定的情形外，就医生推荐的针对孕妇或胎儿的医疗措施，孕妇有决定的权利。

（2）分娩期的医疗措施，倘为胎儿活产所必要，且对产妇的健康和生命风险最小，产妇不得拒绝。

第 37 条

产妇有权要求［医疗机构同意］其配偶或其他亲近之人于其分娩时在侧。

第 38 条

分娩后，母亲有权利自带婴儿，除非由于新生儿的健康状况，医疗服务提供人决定给予隔离治疗。母亲亦得依其对新生儿需要的认识来喂养孩子。

第八章　未成年患者的权利

第 39 条

通过国家医疗计划来确保提供给未成年患者的医疗服务的可及性。

第 40 样

（1）未成年患者的父母或合法代理人，就未成年患者的健康状况，有权利获得全面、客观、及时、清晰的信息，包括本法第 18 条第 1 款所写明的信息。

（2）下面两种情形下的未成年患者，反对将本条第 1 款所说的信息披露给其父母或合法代理人的，即不得披露：

a）未成年患者，依格鲁吉亚法律，有法律上的能力；

b）14 周岁至 18 周岁的未成年患者，依医疗服务提供人的看法，能恰当评估自己的健康状况，且求医目的在于治疗性病、药物滥用，或者是为了咨询有关避孕、堕胎的非手术方法。

第 41 条

（1）14 周岁至 18 周岁的未成年患者，依医疗服务提供人的看法，能恰当评估自己健康状况的，倘求医系出于本法第 40 条第 2 款 b 项所述的原因，得自为知情同意。

（2）只有经患者父母或合法代理人同意，才能为不满 16 周岁的未成年患者施治，本法第 40 条第 2 款 b 项的情形除外。应考虑患者的年龄和心智发育程度，使其参与医疗决策。

（3）16 周岁以上的未成年患者，依医疗服务提供人的看法，能恰当评估自己健康状况的，对医疗服务得自为知情同意或者拒绝。对患者的决定，应知会患者亲属或合法代理人。

第 42 条

（1）不满 16 周岁的未成年患者，只有经其父母或合法代理人的知情同意，方得使其参与临床教学研究。应考虑患者的年龄和心智发育程度，使其参与医疗决策。

（2）16 周岁以上的未成年患者，只有经其知情同意，方得将其用于临床教学研究。对患者的决定，应知会患者亲属或合法代理人。

第 43 条

未成年患者有权利得到关于其健康状况和治疗情况的信息。应依未成年患者的年龄和心智发育程度，向其提供相关信息。

第九章　军人、被征募入伍者、契约军人的权利

第 44 条

军人、被征募入伍者、契约军人，有权利请求并接受独立的医疗检查。

第十章　受拘留、羁押人的权利

第 45 条

（1）通过国家医疗计划，确保受拘留、羁押人可以得到医疗服务。

（2）一受拘留和羁押，倘有必要，［受拘留、羁押人］即有权利请求得到恰当的医学检查、听取独立的医疗专家意见和接受治疗。

第 46 条

受拘留、羁押人享有本法规定的一切权利。

第 47 条

拘留所或监狱的管理部门，得限制受拘留、羁押人选择医疗服务提供人的权利。此等决定得诉至法院裁决。

第十一章　末　章

第 48 条

本法自颁布之日起生效。

爱德华·谢瓦尔德纳泽（Edward Shevardnadze），格鲁吉亚总统
第比利斯
2000 年 5 月 5 日
第 283 – IIs 号

拉脱维亚患者权利法 [1]

本法经拉脱维亚共和国议会（Saeima）通过，
并由拉脱维亚共和国总统颁行如次：

第1条 术语

（1）本法所用术语，与《医疗法》（Medical Treatment Law）所用术语同义，本法另有规定的除外。

（2）本法并使用以下术语：

（a）主治医生（attending physician）：主持患者治疗、作出医疗决策并就治疗活动的理由、目的、持续时间、质量和结果负全责的医疗执业人（medical practitioner）；

（b）知情同意（informed consent）：患者就治疗所为之同意，得为口头或书面，亦得通过某些得明白确认患者同意的行为［来表示］，同意须为自愿，并以医疗执业人及时提供有关治疗目标、风险、结果和方法的信息为前提；

（c）临床培训（clinical training）：已完成医学教育或取得相应资质之人，依政府认可的教育项目，于医疗机构所接受之培训，此等医疗机构系由法律法规给予相应培训权限；

（d）医疗文书（medical documents）：以书面、X光片或电子形式记载的患者信息，包括健康状况，疾病的诊断和预后，预防，所用的诊断和治疗方法，诊断和治疗的结果等等；

（e）医疗服务（health care service）：为实现特定治疗目标而由医疗执业人向患者提供的医疗性质的服务。

---

〔1〕《拉脱维亚患者权利保护法》（Law On the Rights of Patients），据拉脱维亚国家语言中心（Valsts valodas centrs）英译本译出，资料来源：https://view.officeapps.live.com/op/view.aspx? src = http%3A%2F%2Fwww.vvc.gov.lv%2Fexport%2Fsites%2Fdefault%2Fdocs%2FLRTA%2Flikumi%2FLaw_On_the_Rights_of_Patients.doc，访问时间：2016年9月2日，唐超译。

第 2 条　本法目的

本法目的在于淳化患者和医疗服务提供人间的关系，使患者得更为积极地参与治疗，并给患者提供落实和保护自己权利、利益的机会。

第 3 条　一般规定

（1）患者权利依本法而定，其他法律另有规定的除外。

（2）为实现患者权利，不得因种族、人种、肤色、性别、年龄、残疾、健康状况、宗教、政治或其他信念、民族或社会出身、财产状况、婚姻状况或其他因素而对患者区别对待。区别对待包括直接或间接歧视，侵犯患者权利或者包藏的歧视。

（3）前款所列区别对待之种种，仅当出于合法目的而有其正当性，且为实现此目的而选用之医疗措施是适当的（commensurate）之时，方可接受。

（4）不得因患者维护其权利而粗野对待（punish）患者，或以其他直接、间接方式致患者于不利境地。

（5）患者及其亲属（relatives）有权利得到精神慰藉服务（mental care），依规制司铎（chaplain services）及宗教组织活动的法律法规，由医疗机构司铎[1]行之。

（6）除法律另有规定外，不得违逆患者意志施治。

第 4 条　知情的权利

（1）患者有权利知晓有关得到医疗服务的机会和付费程序的信息。这些信息应对外公开。

（2）患者有权利知晓主治医生以及其他参与治疗的医疗执业人的教名、姓氏、职位、职业、专科及资质。

（3）患者有权利从主治医生处了解有关自己健康状况的信息，包括诊断，疾病的治疗、检查和康复方案，预后和结果，疾病造成的功能限制，预防的可能性方面的信息，在接受检查、手术或其他侵入性医疗措施之后，有权利了解有关治疗结果的信息，还有意外后果及其原因的信息。

---

〔1〕　许多医院、疗养院、生活帮助机构、济贫院，都会雇佣司铎，满足患者及其家属，还有医务人员，对神职服务的需求。尤其是供老年人住院的医疗机构和特殊护理机构。参见维基百科：https://en.wikipedia.org/wiki/Chaplain#Health_ care，访问日期：2016 年 9 月 2 日。

（4）患者亦有权利从参与治疗的其他医疗执业人处依其职能了解相关医疗信息。

（5）［医疗执业人］应以可理解的方式向患者提供信息，要解释医学术语的含义，并考虑患者的年龄、心智成熟情况以及人生阅历。

（6）患者于治疗结束或某阶段结束后（例如出院），有权利知晓有关自己得到的医疗服务的信息，结束治疗的理由，还有诊断检查的结果和功能评估（摘录、复印件、副本），就进一步治疗和社会服务（social services）的指示和建议，倘患者的健康状况有需要，［医疗机构］还要将患者转往其他医疗机构以便继续治疗。

（7）仅当医生掌握的信息或事实，倘予披露，会严重威胁患者或他人生命或健康时，方得不予披露。

（8）就本条所说的信息，患者有权利拒绝接受。患者应以口头或书面形式明示其拒绝意思，亦得通过得明白确认其拒绝意思的行为［来表示］。

第5条 得到医疗服务的权利

（1）依《医疗法》设置的程序，任何人都有权利获得与其健康状况相应的医疗服务。

（2）不论罹患何种疾病，不论严重程度如何，患者皆有权利受到尊重（respectful attitude），得到质量合格的医疗服务。

（3）患者在治疗过程中有权利得到家属（family）和其他人的帮助。[1]

（4）患者有权利得到及时治疗。患者向医疗机构求医的，医疗机构应告知患者得到医疗服务的可能性和条件（terms），[2]并告知患者在哪些其他医疗机构也可以得到恰当的医疗服务。

（5）患者有权利自所有参与治疗的医疗机构处得到进一步治疗。

（6）倘治疗的机会受到限制，或有数种可能的医疗方案，患者有权利要求医生基于循证医学标准作出专业的选择。

（7）患者有权利要求，只有直接与治疗相关的人可以留在治疗现场。倘不妨碍治疗，患者得同意他人留在治疗现场或邀请他人到场。

（8）倘患者暂停治疗，未知会主治医生或医疗机构即离开医疗机构，此等

---

〔1〕 意指，在这方面，医院应提供方便，非指患者对其家属拥有权利。
〔2〕 比如告知患者，排队可能会排到几天后，还有费用情况等。

事实应记入医疗文书。倘患者为未成年人，或者因为健康状况或年龄而不能照顾自己，医疗机构应立即知会患者的合法代表人（lawful representative），倘无此等人，应知会患者配偶或近亲属（closest relative），又无此等人，则应知会孤儿法庭（Orphan's Court）。倘因患者的健康状况，患者构成对他人安全或健康的威胁，医疗机构应立即知会有权机构（competent authorities）。

（9）倘患者的健康状况和生活条件允许，有权利在家接受治疗。

第 6 条　同意或拒绝治疗

（1）患者已为知情后同意的，得行治疗。患者于知情同意前，有权利提问并得到回答。

（2）患者或主治医生俱得要求以书面形式为知情后同意。

（3）以书面形式为知情后同意的，患者以签名示其同意，并写明日期、时间。书面同意应附具于患者医疗文书。

（4）患者有权利于治疗开始前，拒绝整个治疗活动，或者不拒绝整个治疗活动而拒绝具体治疗方法，亦得于治疗过程中拒绝。

（5）就前款所说的患者决定，主治医生应向患者说明可能的后果。主治医生向患者说明后，患者应以签名形式确认其拒绝接受治疗或暂停治疗的决定，或拒绝接受某具体治疗方法的决定，写明其已了解医生提供的相关信息。倘患者不改变决定，主治医生应鼓励患者向其他医生咨询。

（6）倘患者拒绝以书面形式确认其拒绝治疗的决定，主治医生应邀请两位具备行为能力的成年人，以签名形式证明患者已为第 4 款所说之决定。

（7）倘患者已授权他人（以下简作患者授权之人）代表自己就整个治疗活动或具体治疗方法表示同意或拒绝，以及依本法第 4 条接受相关信息，患者应将授权情况知会医疗机构。

第 7 条　他人同意或拒绝治疗的权利

（1）倘患者因健康状况或年龄而不能自为医疗决定，患者配偶得就整个治疗活动或具体治疗方法表示同意或拒绝，倘无此等人，决定权利由具备行为能力的成年近亲属依下列顺序行之：患者子女，患者父母，患者兄弟姐妹，患者的祖父母或孙子女。

（2）患者受监护或受照管的，患者配偶或近亲属，患者授权之人以及合法代表人（以下简作有权代表患者之人），为同意或拒绝决定，应遵照患者之前明示的意愿。

（3）有权代表患者的近亲属处于同等位次的，就同意治疗，倘不能达成一致，医生委员会（doctors' council）应遵从于患者健康状况最为有利的医疗决定。

（4）主治医生应向有权代表患者之人说明拒绝治疗可能带来何等后果。有权代表患者之人听取医生说明后，应以签名形式于医疗文书上确认其拒绝接受治疗或暂停治疗，或者拒绝接受具体治疗方法的决定，写明其已了解相关信息。

（5）倘有权代表患者之人拒为治疗决定，而医生认为治疗合乎患者利益，则由医生委员会作出治疗决定。

（6）倘有权代表患者之人拒绝以书面形式确认其拒绝治疗的决定，主治医生应邀请两位具备行为能力的成年人，以签名形式证明有权代表患者之人已经做出第4款所说决定。拒绝决定应附具于患者的医疗文书。

（7）倘患者未指定得代表其同意或拒绝治疗之人，患者又无配偶、近亲属或合法代表人，或者患者已以书面形式禁止配偶、近亲属代其决定，医生委员会所为之决定，应为最有利于患者健康状况的决定。

（8）倘迟延治疗会危及患者生命，又无法取得患者或有权代表患者之人的同意，医疗执业人应于其能力（competence）范围内采取紧急医疗措施，如检查、治疗，包括手术或其他类型的侵入性医疗措施。此际，应制定检查、治疗方案供医生委员会批准并由医生委员会决定，必须立即实施急救的情形除外。

（9）主治医生于手术或其他类型的侵入性治疗过程中，倘遇必须采取紧急医疗措施的情形，或者倘不治疗，患者健康会遭受重大损害的，得不经患者同意，采取此前未曾计划的医疗措施。

第8条　选择医生和医疗机构的权利

患者有权利选择医生和医疗机构。

第9条　查阅医疗文书的权利

（1）患者有权利查阅其医疗文书。患者有权利依医疗机构核准的价目表，请求［查阅］并得到摘录、正式副本和复制件，《个人数据保护法》另有规定的除外。自患者提出请求之日起，应在3天内使患者得到摘录、正式副本和复制件。

（2）患者有权利知晓，依本法及《个人数据保护法》的规定，其医疗文书中所载信息的利用情况。

（3）倘患者有理由认为，医疗文书中记载的信息不准确或不完整，得请求主治医生增补或更正。医疗执业人对医疗文书加以更正的，应保留不正确的信息，相应地加以更新或补充，并向主治医生说明。

（4）倘医疗文书中包含了有关他人敏感数据的信息，或者第三人提供的且第三人要求不向患者披露的信息，则患者行使查阅医疗文书的权利，不得有损第三人的权利。

第 10 条　患者数据的保护

（1）相关信息涉及的患者，身份明确或者可确定身份的，这些信息应依保护个人数据的法律法规加以保护。

（2）有关患者的信息，只有经患者书面同意，或在法律规定的情形，方得披露。

（3）本条第 1 款所述信息，虽患者故去，亦不得披露。

（4）有关患者的信息，于患者故去后，仅在下列情形，得披露给第 7 条第 1 款所述之人：

（a）相关信息会影响所述之人的生命或健康，或有助于为所述之人提供医疗服务；

（b）相关信息涉及患者死亡原因，或者涉及患者死亡之前的治疗活动。

（5）经书面请求，并由医疗机构负责人书面许可，有关患者的信息应于收到请求之日起 5 个工作日内提供给下列人等和机构：

（a）提供给医疗机构，为了实现治疗目标；

（b）提供给国家数据监察局（Data State Inspectorate），为了确保个人数据处理合乎法律法规要求；

（c）提供给国家劳动监察局（State Labour Inspectorate），为了调查劳动事故和职业疾病的情况并加登记；

（d）［2013 年 10 月 17 日废止］；

（e）提供给国家健康状况和劳动能力评估医学委员会（State Medical Commission for the Assessment of Health Condition and Working Ability），为了对残疾状况展开专家调查；

（f）提供给法院，检察官办公室，保护儿童权利国家督察局，孤儿法庭，国家感化服务处（State Probation Service），监察专员（Ombudsman），以及预审调查机构，为了履行法定职责；

（g）［2013 年 10 月 17 日废止］；

（h）［2013 年 10 月 17 日废止］；

（i）提供给国家武装部队的后备役力量登记单位，为了评估后备役军人的健康状况；

（j）提供给拉脱维亚机动车保险局（Motor Insurers' Bureau of Latvia），[1]为陆上机动车辆所有权人提供强制责任险的众多保险公司［组成的协会］；

（k）提供给司法部，为确保执行拉脱维亚自由刑裁决的请求能送达外国；

（l）提供给内政部（Ministry of the Interior）医学专家检查中央委员会（Central Commission for Medical Expert-examination），为了对内政部或者监狱管理局某些特殊岗位工作人员或候选人的健康状况加以评估；

（m）提供给国家武装部队的医疗机构，为了评估军人，国民警卫队兵士，以及军队和国家警卫队申请人员的健康状况。

（5¹）依医疗领域法律法规所设定的程序，应向以下人等和机构提供相关信息：

（a）提供给疾病防控中心（Centre for Disease Prevention and Control），为了获取、搜集、处理和分析有关公众健康和医疗服务的统计信息，为了传染病的流行病学监控，为了对个人数据加以处理以便传递给统计机构；

（b）提供给全民医保系统（National Health Service），为了管理由国家预算付费的医疗服务，也为了个人数据的处理，以便将信息传递给统计机构；

（c）提供给国家药品局（State Agency of Medicines），为了确保药物警戒体制顺利运行；

（d）提供给卫生督察局（Health Inspectorate），为了落实对医疗领域的监督。

（5²）健康信息系统所搜集的患者信息，应依规制相应数据处理的法律法规所规定之程序及数量要求，交由下列人等处理：

（a）医疗执业人及医疗辅助人，为实现治疗目标；

（b）药剂师及辅助人员，确使药物治疗完成；

（c）全民医保系统，为了管理由国家预算付费的医疗服务，为了健康信息

---

〔1〕 机动车保险局是由经营机动车保险业务的全体保险公司设立的一个机构。依据其与交通部之间的协议，如果一项责任依法应通过保险的方式予以承保而事实上并未承保，则该局有义务履行针对该责任所作的任何未履行的判决。参见薛波主编：《元照英美法词典》，法律出版社 2003 年版，第932～933 页。

系统的运转；

（d）卫生督察局，为了落实对医疗领域的监督；

（e）国家社会保险局（State Social Insurance Agency），为了管理健康信息系统的病假证明文件；

（f）国家劳动监察局，为了调查、记录劳动事故和职业病的情况。

（6）未成年患者的合法代表人，有权代表患者接受关于患者健康的信息，本法第13条的规定除外。此等信息的披露，倘会害及未成年患者利益，则不得提供给其合法代理人。医生应于该未成年患者的医疗文书中记载所作决定，并将相关情况知会孤儿法庭。

（7）下列情形，记载于医疗文书的患者数据得用于研究：

（a）依所用数据，不能直接或间接识别患者身份；［或者］

（b）患者已书面同意，其医疗数据得用于医学研究。

（8）同时满足下列条件的，不必遵照第7款所述条件，记载于医疗文书的患者信息即得用于研究：

（a）系为公共利益而开展相应研究；

（b）相应的有权行政机关，依内阁制定的程序，已批准将患者数据用于特定研究；

（c）患者未曾以书面形式禁止将其数据用于研究；

（d）无法以相称的手段得到患者同意；

（e）研究的公共利益巨大，遂得对隐私不受侵犯的权利加以限制。

（9）医疗机构应提供第7款、第8款所述信息，用于研究需要，并于医疗文书中载明。

（10）倘有掌握未成年患者健康信息的合理需要，而从未成年人的父母或其他法定代理人，或者从未成年患者自己那里，又无法掌握未成年人的健康信息，则为保护未成年人的权利、利益，国家警察局（State Police）、地方政府警署、保护儿童权利国家督察局、国家感化服务处、孤儿法庭、社会服务办公室、社会矫正教育机构的医疗执业人、监狱的医疗执业人，为履行法律法规所课予的职责，有权利得到健康信息系统的帮助，获取未成年患者的家庭医生或儿科医生的联系方式。

［2013年1月10日修订；2013年10月17日生效。］

第11条 患者参与临床试验

（1）依有关临床试验的法律法规所设定的程序，试验已经得到批准，患者已以书面形式为知情后同意，且同时满足下列条件的，患者得参与临床试验：

（a）相较受试患者的预期利益，以及其他的和将来的众多患者的预期利益，对试验可预见的风险已加评估；

（b）要以不同方式取得相当的试验效果，目前没有可行的替代办法；

（c）试验的医学利益，及对公众健康的利益，使得让患者面临风险有了正当性。

（2）倘患者不能表达意愿，本条第 1 款 b 项及下列条件同时满足的，患者配偶或近亲属，依本法第 7 条第 1 款所规定程序，得以书面形式，同意患者参与临床试验：

（a）临床试验的结果可能给患者健康带来切实、直接的利益；

（b）无法在能够表达意愿的患者身上开展试验并得到相当的效果；

（c）患者并未反对过参与临床试验。

（3）倘患者受监护或受照管，本条第 1 款 b 项及第 2 款 a 项和 b 项所列条件同时满足的，患者的合法代表人，遵照患者意愿，得以书面形式同意患者参与临床试验，或者依法院对患者行为能力所加的限制，由监护人和患者共同同意。未成年患者参与临床试验的，应依本法第 13 条所规定程序，取得相关同意。

（4）患者参与临床试验前，应向患者提供相关信息，包括所涉的试验、目的、方法、持续时间、预期的利益和风险、试验的实施条件，还应向患者说明，其有权利随时撤回不再参与试验，以及患者享有的其他权利。

（5）倘患者无表达意愿的能力，本条第 4 款所述信息，应提供给同意患者参与临床试验之人。

（6）患者（或在患者无表达意愿能力的情形，同意患者参与临床试验之人），有权利拒绝参与试验，并得随时结束参与。拒绝参与或者结束参与的，医疗执业人对此后治疗活动的态度不得因此受不利影响。

（7）临床试验中取得的患者信息，经患者同意（或在患者无表达意愿能力的情形，经同意患者参与临床试验之人同意），得在确保匿名的条件下利用。

［2013 年 10 月 17 日修订。］

第 12 条　患者参与临床培训

（1）负责治疗的医疗机构或者医疗执业人参与临床培训程序的（clinical training process），应将此点向患者说明。

（2）患者（或在患者无表达意愿能力的情形，同意为患者施治之人），有权利拒绝参与临床培训程序，或随时结束参与。拒绝参与或者结束参与的，医疗执业人对此后治疗活动的态度不得因此受不利影响。

（3）临床培训程序中取得的患者信息，经患者同意（或在患者无表达意愿能力的情形，经同意患者参与培训程序之人同意），在患者数据得到保护或者确保匿名的条件下，得加利用。

第 13 条　未成年患者的权利

（1）就不满 14 周岁的未成年患者，应将相关信息向其合法代表人说明并经合法代表人同意，方得施治。未成年患者亦有权利表达意见，根据其年龄和心智成熟情况，参与医疗决策。

（2）就年满 14 周岁的未成年患者，经其同意，得予施治，本法第 7 条第 8 款规定的情形除外。

（3）倘年满 14 周岁的未成年患者拒绝接受治疗，而在医生看来，治疗合乎患者利益的，得由未成年患者的合法代表人代为同意。

（4）医疗执业人应依未成年患者的年龄和心智成熟情况，以未成年患者可理解的方式向其说明。

第 14 条　孤儿法庭的同意

（1）倘未成年患者的合法代表人拒绝同意对患者施治，或者合法代表人无法同意对患者施治，或者医生不知道未成年患者合法代表人之所在，但医生认为，施治合乎患者利益，则得向孤儿法庭提交治疗动议，孤儿法庭应于收到动议之日起 3 个工作日内发布决定，本条第 2 款的情形除外。

（2）倘医生认为应立即施治，如此方合乎未成年患者利益，而患者合法代表人拒绝同意，或合法代表人无法同意，或者医生不知道未成年患者合法代表人之所在，医生委员会得决定施治。医生委员会应于 3 个工作日内，依本条确定的辖区，将其决定知会孤儿法庭。

（3）未成年患者父、母或监护人的申报居住地位于同一地方政府辖区的，所在辖区的孤儿法庭，决定未成年患者的治疗事宜。

（4）倘未成年患者父、母的申报居住地位于不同地方政府行政辖区，患者与之共同生活的家长申报居住地所在辖区的孤儿法庭，决定未成年患者的治疗事宜。

（5）倘未成年患者父、母或监护人并无申报居住地，患者父、母或监护人实际生活地所在辖区的孤儿法庭，决定未成年患者的治疗事宜。

（6）倘未成年患者系由一位家长单独监护（sole custody），有监护权的家长申报居住地所在辖区的孤儿法庭，决定未成年患者的治疗事宜。

（7）倘未成年患者的父母不知其人，或患者为弃儿，由患者发现地所在辖区的孤儿法庭，决定未成年患者的治疗事宜。

第 15 条　患者的义务

（1）患者有义务爱护其健康。

（2）倘患者的健康状况许可，患者应积极参与医疗，在其能力和知识范围内向主治医生提供下列信息：

（a）为施行治疗所必要的信息；

（b）所罹患的疾病可能危及他人生命或健康的信息；

（c）此前同意和拒绝治疗的情况；以及

（d）治疗过程中健康状况的变化。

（3）医疗机构的内部程序规则以及医疗执业人的指示，患者应予遵守。

（4）患者于医疗机构登记或接受医疗服务，应医疗执业人的要求，应提交个人身份证件（identification document），在需要紧急治疗而患者因健康状况不能提交身份证件的情形除外。患者应尽可能快地提交个人身份证件。

（5）患者负有义务，依规制医疗服务的组织和筹资的法律法规所设定的程序，为接受医疗服务支付费用。

（6）患者及有权代表患者之人，于行使患者权利之际，应尊重其他患者的权利。

（7）患者坐监或遭定罪的，本条第 4 款不予适用。此等患者就医之医疗机构位于监所之外的，监所应将患者个人数据以及患者此前在监所接受治疗的情况，向医疗机构说明，具体规则由内阁制定。

第 16 条　请求赔偿的权利

（1）因医疗机构的医疗执业人的作为或不作为，或者因治疗过程中的各种客观情况（conditions），给患者生命或健康造成的任何损害，包括精神损害（moral harm），患者得请求赔偿，为消除或减轻此种损害的不良后果而有必要接受治疗的，就治疗相关费用（以下简作医疗费用），患者得请求赔偿。

（2）就下列损害，患者得请求医疗风险基金（Medical Treatment Risk Fund）赔付：

（a）生命或健康所受损害，包括精神损害，不超过 142 290 欧元；

（b）［参见过渡条款第 3 款］；

（b¹）所支出的医疗费用，不超过 28 460 欧元。

（3）就生命、健康所受损害以及医疗费用，请求医疗风险基金赔付的程序规则，以及对所受损害加以评估、作出赔付决定、从风险基金拨付赔偿款项的程序规则，由内阁制定。

（4）就生命、健康所受损害以及医疗费用，请求医疗风险基金赔付的，并不考虑医疗机构是否向基金缴款（contributions）。

（5）就生命、健康所受损害以及医疗费用，请求医疗风险基金赔付的，应于发现损害之日起两年内提起，不得迟于损害发生之日起 3 年。倘患者于民事或刑事诉讼中已经得到赔偿的，第 2 款所述赔付款项不予拨付。

（6）就生命、健康所受损害以及医疗费用，患者请求赔付的，全民医保系统（National Health Service）应于收到请求之日起 6 个月内加以审查并作出决定。倘需要收集更多信息加以评估，前句所说的审查和决定期间得延长至一年。

［2013 年 9 月 12 日修订；2013 年 10 月 17 日生效/参见过渡条款第 4 款。］

第 17 条　医疗风险基金

（1）医疗风险基金的资金来自缴款（contributions）和通过代位追偿得到的资金。医疗风险基金的创立、醵资和管理，由内阁制定程序规则。

（2）全民医保系统是医疗风险基金的管理人、经营人。全民医保系统就依本法第 16 条由风险基金向患者赔付所作的决定、所采取的行动，得于卫生部对之提出质疑。就卫生部的决定，得依《行政程序法》向法院告诉。

（3）医疗机构每年应向风险基金缴款。每年的缴款额度和支付程序由内阁制定。医疗风险基金的收支情况应列入国家年度财政预算，为基本预算（basic budget）的单独子项目。

（4）医疗风险基金的资金，仅得用于患者赔偿。剩余资金用于嗣后财政年度的患者赔偿。

（5）倘医疗机构未向风险基金缴款，全民医保系统在赔付患者之后，得向医疗机构追偿。

［2013 年 1 月 10 日修订；2013 年 10 月 17 日生效。］

第 18 条　保护权利和合法利益

（1）为了保护本法规定的权利和因之而生的利益，得利用法律规定的一切权利保护机制，包括依法定程序向法院提起诉讼。

（2）倘系依行政程序保护患者权利和利益，相关的行政法律规定和行政行为，皆得向卫生督察局（Health Inspectorate）提出质疑，本法另有规定的除外。卫生部所作决定，得向法院提起诉讼。

（3）为了保护本法写明的患者权利以及因之而生的利益（和医疗相关的利益），得依法律法规所设定的程序（为了落实法律法规所要求的必要行动而设定的程序），自权利或利益受到侵害之日起两年内，向卫生督察局投诉。［行政机关］应依《申请法》（Law On Applications）设定的时间给予答复，或者，倘启动了行政程序的，还要在程序中作出行政决定。应向投诉人说明行政程序启动的情况。

过渡条款

［2012 年 11 月 15 日订立；2013 年 1 月 10 日生效］

第 1 款　第 16 条第 2、3、4、5 款，第 17 条，于 2013 年 10 月 25 日生效。就 2013 年 10 月 23 日之后患者所遭受的损害，本法第 16 条第 2 款所规定的赔偿，自 2014 年 5 月 1 日起拨付。

［2013 年 1 月 10 日］

第 2 款　对本法第 17 条的修正，以"全民医保中心（National Health Centre）"[1]取代"医疗支付中心（Health Payment Centre）"，于 2013 年 10 月 25 日生效。

［2013 年 1 月 10 日］

第 3 款　本法第 16 条第 2 款 b 项自 2014 年 1 月 1 日起废止。

［2013 年 10 月 17 日］

第 4 款　本法第 16 条第 2 款 b¹ 项于 2014 年 1 月 1 日起生效，该项规定的赔偿，针对 2014 年 1 月 1 日以后，为了消除或防止医疗执业人或病情给患者造成损害的不利后果而支出的医疗费用。

［2013 年 10 月 17 日］

---

〔1〕　英译本，第 17 条使用的表达为 National Health Service。前后不一，当为手民之误。

相关欧盟指令

[2012 年 12 月 15 日订立；2013 年 10 月 17 日生效]

本法若干条款源于以下欧盟指令：

（a）2000 年 6 月 29 日欧洲委员会关于落实不同种族平等对待原则的第 2000/43/EC 号指令；

（b）2011 年 3 月 9 日欧洲议会和理事会关于保护患者跨境医疗服务权利的第 2011/24/EU 号指令；

（c）2010 年 12 月 15 日欧洲议会和理事会第 2010/84/EU 号指令，就药物警戒事宜，修订第 2001/83/EC 号关于人用药品欧共体守则的指令；

（d）2010 年 5 月 10 日欧洲委员会关于落实预防医院和医疗部门锐器伤害的框架协议的第 2010/32/EU 号指令。

本法于 2010 年 3 月 1 日生效

本法于 2009 年 12 月 17 日由拉脱维亚议会通过

总统　瓦尔迪斯·扎特勒斯（V. Zatlers）[1]

里加，2009 年 12 月 30 日

---

〔1〕 2007 年 5 月 31 日当选为拉脱维亚恢复独立以来的第 3 任总统和该国历史上第 7 任总统，2011 年 7 月 7 日结束任期。

土耳其患者权利规定（节译）^[1]

卫生部，1998

依《医疗基本法（第3359号法)》第9条c款及《卫生部组织法实施条例（第181号法令)》第43条，制定本规定。主要内容如下：

第一章　目的、范围、法律基础、定义和原则

第1条　目的

本规定目的在于将土耳其宪法、其他法律及国际文件所确认的、医疗领域的基本人权具体揭明，并通过梳理这些原则，建立起有效的体制，使任何患者都得享有这些权利，保护自己的权利免遭侵害，并在必要时得落实法律的保护手段，从而确使在所有医疗机构以及其他提供医疗服务的场所，人之尊严得到切实维护。

第2条　适用范围

本条例适用于提供医疗服务的公立或私营医疗机构，在这些医疗机构内或医疗机构外工作的、具备提供医疗服务所需要的资质和技能的人员，以及有权利得到这些服务之人。

第4条　定义

本规定使用的术语，含义如下：

（a）部，谓卫生部；

（b）患者，谓需要得到医疗服务之人；

［（c）医务人员：］

---

〔1〕《土耳其卫生部一九九八年关于患者权利的规定》（Regulations of 1998 of the Ministry of Health on patients' rights），资料来源：http://www. who. int/genomics/public/patientrights/en/（本身节略较多，未找到完整版本），访问日期：2016年9月2日，唐超、崔双译。

（d）医疗机构，谓提供医疗服务的任何机构，不论公办或私营，以及施行医疗措施的任何地点，隶属于国防部的不在此限；

（d）患者权利，谓受到土耳其共和国宪法、国际条约、法律、其他法律文件保护的，人之为人，需要得到医疗服务的权利。

第5条　原则

医疗服务的供给，应遵循以下原则：

（a）在医疗服务供给的任何阶段，皆应尊重人人都享有的基本人权，即身体、心灵以及社会维度的整体幸福状态；[1]

（b）人人都应该得到人之为人应有的待遇，人人都有权利受到保护并在身体上、精神上得到充分的发展，任何机构或个人都无权废除此项权利；

（c）向患者提供医疗服务，不得基于种族、语言、宗教或教派、性别、政治观点、哲学信念、社会或经济状况，或者任何其他因素而对患者区别对待。医疗服务的规划和组织，应使所有人都能容易获得医疗服务；

（d）除紧急医疗情况和法律明确的情形外，非经所涉之人同意，不得侵害他人的身体完整性或者个体固有的其他权利；

（e）非经所涉之人同意或者卫生部批准，不得将任何人纳入医学研究；并且除了法律明确的情形或者医疗紧急情况外，不得侵犯患者私人生活或家庭生活。

第二章　获得医疗服务的权利

第6条　依公平正义原则获取医疗资源

任何患者都有权利，依其需要并遵循公平、正义原则，获得医疗服务，包

---

〔1〕 出自世界卫生组织（WHO）、联合国儿童基金会（UNICEF）1978 年《阿拉木图宣言》的健康定义："健康，应是身体、心灵以及社会维度的整体幸福状态，而非仅指免于病痛疾患，其系基本人权，在全世界范围内，获取尽可能高的健康水平都是最为重要的社会目标，其实现有赖于众多其他社会、经济领域与卫生领域的通力协作。"（The Conference strongly reaffirms that health, which is a state of complete physical, mental and social wellbeing, and not merely the absence of disease or infirmity, is a fundamental human right and that the attainment of the highest possible level of health is a most important world-wide social goal whose realization requires the action of many other social and economic sectors in addition to the health sector.）

括旨在促进健康生活方式的医疗活动和预防服务。这项权利意味着，在患者接受医疗服务的医疗机构行医的医务人员，或者在任何医疗场所工作的医务人员，皆应遵循公平和正义原则来提供医疗服务。

第7条　知情权利

患者可以要求得到有关获取医疗服务的形式的信息，包括得到有关下列事宜的信息；依医疗机构的类型而定的获取医疗服务的条件，医疗机构所提供的医疗服务和可能性，以及从咨询中心获得医疗服务的形式。

各医疗机构皆应设立相关部门，配置必要的技术设施，依前款的要求向患者提供信息。这样的部门应常川配备具有相应资质和能力的工作人员，能够向患者提供可靠、充分的信息，能够采取相应的措施，例如，在医疗机构的合适地点张贴启事、发放小册子、发布说明，从而得轻松应对患者的信息需求。

第8条　选择和更换医疗机构的权利

患者有权利选择医疗机构，并依相关法律规定的方式和条件，于其选择的医疗机构接受医疗服务。

患者可以更换其医疗机构，但应符合法律规定的转院制度。倘患者的医生认为转院会危及患者生命或者恶化其病情的，不得转院。

除紧急情况外，任何人都应由社会保险体制所覆盖的医疗机构提供医疗服务，并自己承担转院的价格差额。

有转院的必要，或者住院患者，转院有医疗上的助益，应将情况告知患者或第15条第2款所指之人。转院之前，应由转送医疗机构或者法律指定之人，将一切必要信息提供给拟转往的医疗机构。转院过程中，应保证医疗服务的连续供给。

第9条　选择医务人员、更换医生的权利

患者有权利知晓负责提供医疗服务的医生及其他医务人员的身份、职责和资质的信息。

患者有权利自由选择提供医疗服务的医务人员，更换主治医生，或者要求向其他医生咨询，但应遵守法律所规定的程序。

患者行使选择医务人员、更换主治医生或者征求咨询意见的权利的，应承担法律为此设定的额外费用。

第 10 条　就医顺序

医疗机构因为医疗资源的不足，不能满足医疗服务需求的，患者有权利要求医疗机构基于医学标准客观地设定获得医疗服务的先后顺序。

针对紧急情况和一些法律许可的情况，就老年或残疾患者设定的优先顺序，应符合相关法律。

第 11 条　适当性

患者有权利得到合乎现代医学知识和技术要求的诊断、治疗、护理服务。

诊断或治疗方法，倘与医学原则或者医事法律相悖，或者在质量上可疑，即不得施行。

第 12 条　禁止医学上不必要的医疗措施

可能会导致患者死亡的医疗措施，或者危及患者生命、侵害患者的身体完整性、降低患者的生理或心理机能，而又没有诊断、治疗或预防价值的医疗措施，不得施行。

第 13 条　禁止安乐死

禁止以医疗或任何其他方式夺人生命。不论是应本人请求，还是应他人请求，皆不得夺人生命。

第 14 条　必要性

医务人员应向患者提供其健康状况所需要的医疗服务。在挽救患者生命、恢复患者健康允许的程度内，医务人员应尽力减轻患者的痛苦。

第三章　知情权利

第 15 条　了解一般信息

就患者的健康状况、医生打算施行的医疗措施、可预见的利弊、替代医疗方案、不接受治疗的可能后果，以及病情的发展和影响，患者有权利要求以口头或书面形式获得相关信息。

有关患者健康状况的任何必要信息，患者都可以请求获得，倘患者系无识别能力的未成年人或受监护，患者的监护人或法定代理人可以请求得到这些信息。患者亦得指定第三人代为接受信息。倘有必要，应出示授权书（power of attorney）。

有关患者健康状况的信息，亦得由主治医生以外的其他医生告知。

第 16 条　查阅病历

患者得亲自查阅其病历资料及其中记载的信息，并得请求复制，亦得委托他人或由其法定代理人代劳。可以得到的信息，只能是和患者治疗相关的信息。

第 17 条　要求更正病历的权利

就医疗机构保存的病历，其不完善、不准确、有错误的医疗信息或个人信息，患者得要求增补、说明、更正，或者要求使这些信息与其健康状况或个人情况保持一致。

这项权利的内容包括，对［医疗机构起草的］患者健康状况报告提出质疑，并要求由同一或另一医疗机构重新起草健康状况报告。

第 18 条　提供信息的方式

向患者告知信息，应顾及患者的身体状况，适当考虑患者的感情，以患者可理解的方式，倘有必要，援引翻译的帮助，尽量不使用医疗术语，不使患者产生疑惑或怀疑。

第 19 条　得不予告知的情形

倘向患者披露诊断结果，很可能加重患者病情，或者严重影响病情发展，为免危及患者的精神状态，得不予披露。

在前款所述情形下，医生应该评估，是否应将有关患者健康状况的信息告知患者或其亲属。

诊断并未导致治疗的（a diagnosis that does not result in a treatment），这样的诊断只得由医生告知患者，并应掌握告知的技巧。倘患者没有明确反对过，或没有预先表达过其意图，应将诊断结果告知其亲属。

第 20 条　禁止信息披露

患者得要求不将有关其健康状况的信息提供给自己、家属或亲属，根据相关立法和疾病的性质，必须由相关机构采取措施的情形除外。

第四章　患者权利保护

第21条　尊重隐私

（1）尊重患者隐私系基本原则。患者亦得明确要求隐私得到保护。医疗措施之施行方式应使患者隐私受到尊重。

（2）隐私受尊重的权利和请求隐私受保护的权利，包括以下内容：

（a）依患者的健康状况，以保密方式接受医疗检查；

（b）需要直接触碰患者的检查、诊断、治疗等医疗措施，应于充分保密的场所施行；

（c）只要从医学角度看，并无不便，得使亲近之人在场；

（d）与医疗活动没有直接关系之人，医疗施行之际不得在场；

（e）除疾病性质要求外，不得干涉患者的私人生活和家庭生活；

（f）就医疗费用的来源，得要求保密。

（3）患者死亡的，不影响要求保密的权利。

（4）与医疗活动没有直接关系之人，倘有必要使其于医疗施行之际在场的，应于开始施治前取得患者明确同意。

第22条　未经同意不得施治

除法律另有规定外，任何人未经其同意，不得对其施治，或不得以未经其同意的方式施治。

［医疗措施构成犯罪的（offence），应乞援于法院发布命令。］

医疗迟延会造成患者损害的，得应国家检察官的要求施治。

第23条　信息保密

除法律允许的情形外，于提供医疗服务过程中获知的信息，无论如何不得披露。

［相关的法律责任，包括刑事责任。］

即便在医疗科研、教学场合，未经患者同意，不得披露有关患者身份的信息。

第五章　患者同意治疗

第 24 条　患者同意与授权

患者同意，方得施治。患者未成年或者无法律能力的，应有监护人的授权。倘监护人不可得，或患者不能表达意愿，则毋庸为之。患者受监护的，倘医疗措施在医学上必要，依民法典第 272 条、第 431 条，由法院决定，虽未取得法定代理人同意，亦得施治。倘患者生命或重要器官面临威胁，不必寻求法定代理人同意或法院决定，亦得施治。除前面所说紧急情况外，患者同意得随时撤回。撤回同意意味着拒绝接受治疗。

第 25 条　拒绝治疗，停止治疗

第 26 条　未成年或无能力患者参与治疗

第 27 条　非传统疗法的适用

第 28 条　同意的形式和效力

第 29 条　同意摘除器官、组织

不满 18 周岁的未成年人或者无识别能力人，不得摘取其器官、组织。为诊断、治疗、科研目的而摘取器官、组织的，受 1979 年 5 月 29 日第 2238 号关于摘取、储存、移植器官、组织的法律第 6 条规制。自尸体摘除器官组织的条件，以及为科研目的而储存尸体，受该法第 14 条规制。

第 30 条　计划生育和终止妊娠

不论是否经过所涉之人同意，都不得使用未经卫生部认可的药物或医疗措施。终止妊娠事宜，受 1983 年 5 月 24 日第 2827 号关于计划生育的法律规制。在节育和终止妊娠情形，患者有配偶的，亦应取得配偶同意。

第 31 条　同意的效力

在患者或其法定代理人为同意表示前，应向其说明推荐医疗措施的目标和后果。

第六章　医学研究

第 32 条

未经所涉之人同意并经卫生部批准，不得为医学试验、研究、教学目的而施加医疗措施。

第七章　其他权利

第八章　法律责任

第九章　末章（第 48~51 条）

以真主的名义

伊朗患者权利规章[1]

卫生及医疗教育部，2002

1. 不论种族、文化和宗教，患者皆有权利获得周到体面的医疗服务。

2. 患者有权利知道医生、护士及其他参与医疗的人的身份（identity）。

3. 患者就关涉己身的诊断、治疗及预后，有权利要求医生以可理解的方式提供信息，除非病情危急，这会妨碍紧急治疗从而危及生命。

4. 患者有权利获知关乎特定的诊断和治疗措施、风险和可能替代方案的信息。

5. 除非危及公众健康，患者有权利拒绝治疗以及/或者转院。

6. 患者就关涉己身医疗事宜的一切沟通和记录，有权利期待医院采取保密措施，大众健康面临危险从而法律允许或者要求报告相关信息的除外。

7. 患者有隐私权，有秘密信息受保护的权利。

8. 患者住院、转院、出院过程中，有接触医生及其他医疗服务提供人的权利。

9. 患者有权利同意或者拒绝参与医学研究，不得因此承担任何不利后果。

10. 患者有权利了解其所处医院以及将转往的医院，医疗服务提供人的专业知识、医院政策、费用及医疗保险报销事宜。

---

〔1〕《伊朗患者权利规章》（Iranian patients' bill of rights），资料来源：http://fnm. tums. ac. ir/userfiles/NursingEthics/PatientsBillOfRights. pdf，访问日期：2016 年 9 月 2 日，唐超译。

丙帙
医疗契约法

荷兰民法典（节译）[1]

第五节 医疗契约

第7：446条 "医疗契约"的定义

（1）提供医疗服务的契约，本节所谓医疗契约，系指一自然人或者法人（"医疗服务提供人"），在面向他人（"本人"）的医疗执业或医疗业务活动中，据以实施（履行）直接影响本人或特定第三人之医疗行为的契约。为医疗行为直接影响之人称"患者"。

（2）"医疗行为（medical action）"：

（a）意在治愈或预防疾病、评估健康状况或者帮助分娩，并直接影响他人之一切行为，包括医疗检查和医疗咨询，皆为医疗行为。

（b）医生或者牙医依其职业资格所实施的，前项提及之外的，其他直接影响他人之行为。

（3）第1款所谓（医疗）行为，亦包括对患者的照顾与护理，以及为了患

---

[1] 先是，1973年，兰格（Jaap Rang）教授在莱顿大学校长就职典礼上发表演讲，题为"患者权利"，阐述了患者权利运动的宗旨。兰格的演讲激发政府思考，如何落实这些权利：利用行政法、刑法，还是民法？接下来探讨，在民法进路下，医患关系的基础是契约还是过失？多数学者赞同政府的立场，采行契约法进路，主要论据为，在医患关系中，患者自主至关重要。

荷兰立法者亦考虑到契约法进路的不足：第一，契约以当事人具备相应能力为前提，而精神障碍患者、昏迷的患者，却非如此；第二，缔约人与患者，并不必然为同一人；第三，契约一般包含双方当事人的权利、义务，而医疗契约很大程度上是单向度的，患者这边只负有两项义务，提供必要信息的义务和配合的义务，这两点很难界定为义务，实为不真正义务（Obliegenheit）。但立法者更看重，当事人自主乃诸项权利的自然栖息地（natural habitat）。See Ewoud Hondius, et al., eds., *Introduction to Dutch Law*, 4th ed., Kluwer Law International, 2007, pp. 231~232.

《医疗契约法》（Wet op de Geneeskundige Behandelingsovereenkomst）1995年4月1日生效，后纳入《民法典》（第七编"有名契约"，第七章"服务契约"，第五节"医疗契约"）。这里自《民法典》译出，资料来源：http://www.dutchcivillaw.com/legislation/update.htm，访问时间：2016年9月2日，唐超译。

者直接利益，以任何其他方式提供医疗行为借以实施的物质设备。

（4）《药事法》（Medicines Act）中的药事行为，倘系由该法中的独立药剂师（independently established pharmacist）所为，则非为［本条］第 1 款所谓［医疗］行为。

（5）受指示实施的健康状况评估或者医疗监视活动（medical supervision），倘系为确定某人的权利或义务，确定其是否合乎受保人条件、是否可以进入特定场所（access to a facility），确定其是否适合特定培训、职业或从事特定工作，则非为本节所谓医疗契约。

第 7：447 条　16 周岁及以上的未成年人

（1）年满 16 周岁的未成年人具有为自己订立医疗契约的能力，并得为直接关乎该医疗契约之法律行为。

（2）第 1 款所指未成年人，就因此等医疗契约所生之债务负责，但无碍其父母就医疗、抚育费用所负之义务。

（3）就关乎医疗契约的事务，第 1 款所指未成年人具有在法庭内外为法律行为的能力。

第 7：448 条　说明义务

（1）就计划的检查、治疗活动，检查、治疗的进展，患者健康状况的变化，医疗服务提供人应清晰说明，经患者请求，并应书面说明。患者未满 12 周岁的，医疗服务提供人应以患者能理解的方式说明。

（2）医疗服务提供人依第 1 款履行义务，以下事宜，患者理当知晓：

（a）医疗服务提供人认为必要的检查、治疗活动，以及将要实施的医疗行为，其性质与目的；

（b）就患者健康状况，预期会出现的后果和风险；

（c）其他可能的检查、治疗方法；

（d）在检查、治疗关涉的范围内，患者的健康状况和预期发展。

（3）仅当向患者提供前述信息，显然会给患者造成严重损害的，方得不予说明。倘为患者利益，不应向其说明的，医疗服务提供人应将信息提供给患者之外的他人。给患者造成严重损害的危险一旦消灭，即应向患者提供信息。医疗服务提供人非经与其他医疗服务提供人就相关事宜有所商讨，不得行使第 1 句赋予的权力。

第7：449条 拒绝知情权

患者明确表示不欲知情的，即不应向其提供相关信息，但不提供信息可能会给患者或者他人造成损害且损害大于患者利益的除外。

第7：450条 患者的必要同意

（1）实施（履行）医疗契约过程中从事的医疗行为，经患者同意方得为之。

（2）未成年患者已满12周岁未满16周岁的，除自己同意外，还需承担亲权责任的父母（parents exercising parental responsibility/authority）或者监护人（legal guardian）同意。倘医疗行为对于避免患者遭受严重损害具有明显必要，或者，虽然父母或监护人拒不同意，但患者在经过审慎思考后仍然希望实施医疗行为的，则得不经父母或监护人同意而施治。

（3）16周岁及以上的患者，倘被认为不能恰当理解自身利益，但在能够恰当理解自身利益的情况下，针对特定医疗行为，曾以书面形式明确表达意愿并拒不同意的，医疗服务提供人，以及第7：465条第2款或第3款所指之人，应尊重患者意愿。但医疗服务提供人认为有充分理由的（well-founded reasons），得不恤患者意愿而施治。

第7：451条 书面记载患者同意

就具有长远影响的（far-reaching nature）医疗行为，经患者请求，医疗服务提供人应以书面形式记载患者所为之同意。

第7：452条 患者的信息披露义务及协力义务

在医疗服务提供人实施（履行）医疗契约所合理需要的范围内，患者应尽其所知地提供信息、给予协作。

第7：453条 审慎医疗服务提供人的行为标准

医疗服务提供人应遵守审慎医疗服务提供人的行为标准（prudent care provider），即应遵照职业标准（professional standard）所课职责行事。

第7：454条 归档义务

（1）就治疗活动，医疗服务提供人应制备文档，记录患者的健康数据和实施的医疗行为。为了以审慎医疗服务提供人之注意标准向患者提供服务所必要的信息，医疗服务提供人亦应作成文件，归入文档。

（2）患者就归入文档的文件有所声明的，应其请求，医疗服务提供人应将该声明归入文档。

（3）无碍第 7：455 条规定，就前述文件，自作成之日起算，医疗服务提供人应保存 10 年。10 年期间届满，依审慎医疗服务提供人的注意标准，仍应予以保存的，则依该标准保存合理的更长时间。

第 7：455 条　文档销毁

（1）就依第 7：454 条保存的文件，患者得要求医疗服务提供人销毁，医疗服务提供人应于收到请求后 3 个月内销毁。

（2）就患者销毁请求所涉文件，倘加保存很可能对患者之外的他人极为重要（considerable importance），或者制定法不许销毁的，前款不予适用。

第 7：456 条　患者的查阅权及复制权

就第 7：454 条所说文件，经患者要求，医疗服务提供人应许其查阅、复制。出于保护他人隐私的必要，即不得使患者查阅、复制。就文件复制，医疗服务提供人得收取合理费用。

第 7：457 条　保密义务

（1）无损第 7：448 条第 3 款第 2 句，未经患者同意，医疗服务提供人不得向患者之外的他人提供患者信息，不得允许他人查阅、复制第 7：454 条提及之文件。只有他人隐私不会因此受侵害的，方得提供信息或者允许查阅、复制文件。就信息之提供或者文件之查阅、复制，倘有议会立法的明确要求，或者得以议会立法为依据，则得无视前句限制。

（2）直接参与医疗契约实施（履行）之人，以及医疗服务提供人的替代人（locum），在信息之提供或者文件之查阅、复制对于其从事该种医疗活动必要的范围内，非为前款所谓患者之外的他人。

（3）就医疗契约之实施（履行），依第 7：450 条及第 7：465 条必须经其同意之人，亦非患者之外的他人。医疗服务提供人向他人提供信息或者允许他人查阅、复制文件，被认为不符合审慎医疗服务提供人行为标准的，即不得如是为之。

第 7：458 条　医学研究数据

（1）无损第 7：457 条第 1 款，在下列情形，为公共卫生领域统计或者科学研究的目的，得应请求向他人提供患者信息或者允许查阅第 7：454 条所指文件，而无须经患者同意：

（a）要求患者同意有失合理，且已经保证研究行为不会对患者隐私造成过度侵犯（inordinately infringed）；

（b）考虑到研究的性质与目的，要求患者同意有失合理，且医疗服务提供人已经保证，数据的提供形式确保了无法追溯数据至自然人个体。

（2）只有合乎下列条件，方得依第 1 款提供相关信息：

（a）系为公共利益而从事医学研究；

（b）倘无所涉信息，研究无法展开；并且

（c）所涉患者并未明确反对过出于此种目的而利用信息。

（3）依第 1 款提供信息的，应于病历中记明。

第 7：459 条　隐私权

（1）医疗服务提供人依医疗契约实施的医疗行为，患者之外的他人不得观摩，患者允许的除外。

（2）实施所涉医疗行为，需要某人专业协助的，其非为前款所谓患者之外的他人。

（3）依第 7：450 条及第 7：465 条，医疗行为应征得其同意之人，亦非为前款所谓患者之外的他人。医疗服务提供人允许他人观摩其医疗行为，被认为不符合审慎医疗服务提供人行为标准的，即不得如是为之。

第 7：460 条　医疗服务提供人解约

非有令人信服的理由（compelling reasons），医疗服务提供人不得解除医疗契约。

第 7：461 条　报酬

患者应向医疗服务提供人支付报酬，除非依议会立法或者以议会立法为据的规定，医疗服务提供人就其工作受有薪酬，或者依医疗契约得出其他结论。

第 7：462 条　医院的连带责任

（1）医疗契约实施（履行）过程中，医疗活动系在某医院展开而该医院并非契约当事人的，该医院被视作契约当事人并对任何不符合医疗契约的行为负连带责任。

（2）第 1 款所谓"医院"，系指依《医疗机构许可法》（Act Admission of Care Institutions）第 5 条，视作医院、疗养院、精神病院、教学医院的机构或者机构内设部门，或者《终止妊娠法》（Termination of Pregnancy Act）中的堕胎诊所。

第7：463 条　责任限制、免除之禁止

医疗服务提供人，或者在适用第7：462 条　情形下的医院，其责任不得限制或者免除。

第7：464 条　非依医疗契约的医疗行为

（1）医疗执业或者医疗业务活动中实施的医疗行为非以医疗契约为据的，只要不与其法律关系性质相抵触，本节以及第7：404 条〔1〕、第7：405 条第2款〔2〕、第7：406 条〔3〕得予适用。

（2）倘所涉医疗行为系第7：446 条第5款指明的医疗行为：

（a）则第7：454 条所说文件，仅在对于检查目的来说必要的期间内加以保存，除非文件的销毁有悖于议会立法或者以议会立法为据的规定；

（b）就医学研究所涉之人，应给其表达意见的机会，是否希望了解研究结果和结论，倘希望了解，是否希望最先得到通知从而能够决定是否告知他人。

第7：465 条　欠缺法律能力患者之法定代理

（1）患者未满12周岁的，医疗服务提供人就其依据本节对患者所负的义务，应向承担亲权责任的父母或者患者监护人履行。

（2）患者虽满12周岁，但被认为就相关医疗活动不能恰当理解自身利益

---

〔1〕 第7：404 条〔顾客意在由特定人履行服务契约〕："倘顾客缔结服务契约时意在由特定人（为服务提供人所雇用或者与服务提供人合作的特定人）履行为完成服务所必需的工作的，则该特定人应亲自履行该工作，契约默示（imply）其得指定他人在其监督之下实际履行并由其负责的部分除外；无论如何，服务提供人自己对顾客负全部责任。"

〔2〕 第7：405 条第2款："虽应支付报酬（费用）但当事人尚未约定数额的，服务提供人得依通常方式计算应收取的报酬（费用），倘无通常计算方式的，得收取合理报酬（费用）。"

〔3〕 第7：406 条第1款："就服务提供人为提供服务所付开销，只要并未包含在应付报酬（费用）之内，顾客即负补偿义务。"

第7：406 条第2款："因为与所提供的服务具有关系的特殊潜在危险（exceptional potential danger）实现，而给服务提供人造成损害的，在危险实现不可归因于服务提供人的范围内，顾客负损害赔偿义务。倘服务提供人系在其执业或者业务活动中行为，则仅在潜在危险超过此种职业或者业务活动通常蕴含的风险时，前句方得适用。倘服务提供人系为获取报酬（费用）而提供服务，但并非在其执业或者业务活动中提供服务的，则仅在确定报酬（费用）数额时未将潜在危险纳入考虑范围的情况下，第1句方得适用。"

载 http://www.dutchcivillaw.com/civilcodebook077.htm，访问日期：2016 年9月2日。

的，前款亦得适用，除非患者已经成年并受成年监护（adult guardianship）或受保佐（protective mentorship），此际，医疗服务提供人应向成年患者的监护人或者保佐人履行义务。

（3）患者已经成年并被认为就相关医疗活动不能恰当理解自身利益，且未受成年监护或保佐的，医疗服务提供人就其依据本节对患者所负的义务，应向获得书面授权代表患者之人履行。并无此等人或者此等人不作为的，除非患者拒绝，应向患者配偶或者其他生活伴侣履行义务，并无此等人的，应向患者父母、子女、兄弟姐妹履行义务。

（4）医疗服务提供人应向第 1 款、第 2 款提及的患者法定代理人（legal representatives）和第 3 款提及之人履行义务，除非有悖于审慎医疗服务提供人的行为标准。

（5）医疗服务提供人就其依据本节对患者所负的义务，依第 2 款、第 3 款应向之履行义务之人，应尽审慎法定代理人之注意义务。其履行义务应尽可能顾及患者。

（6）就须经第 2 款或第 3 款提及之人同意的具有长远影响的医疗行为，患者反对的，仅当该行为于防止患者健康遭受严重损害明显必要，方得为之。

第 7：466 条　紧急状态下的必要同意

（1）特定医疗行为依第 7：465 条只需要经该条所指之人同意而不必经患者同意的，倘为防止患者遭受严重损害，有立即实施该医疗行为之明显必要，从而无暇取得前述人等同意，则得不待同意即实施该医疗行为。

（2）所涉医疗行为不具长远影响性质的，第 7：450 条、第 7：465 条所要求之同意，法律假定之（presumed）。

第 7：467 条　医学研究用身体材料

（1）从患者身体分离的、匿名的物质或部分，倘患者未表示过反对且以适当注意为之，得用于医疗统计或其他医学研究。

（2）运用匿名身体物质或部分的医学研究系指，保证身体材料用于医学研究目的，并且因此所得的数据不能追溯至其所从出之人的研究。

第 7：468 条　规范的强制性

对本节以及第 7：404 条、第 7：405 条第 2 款、第 7：406 条，不得加以减损从而害及患者利益。

立陶宛民法典（节译）[1]

第二节　医疗契约

第 6.725 条　医疗服务契约

（1）医疗服务契约，谓一方当事人（由于其业务活动而有资格提供医疗服务，即医疗服务提供人），承诺向另一方当事人（患者）依契约内容提供医疗服务，而患者承诺支付约定价款的契约。在医疗服务系提供给第三人而非契约订立人的情形，该第三人为患者（实际接受医疗服务之人）。此际，契约订立人为委托人（customer）。[2]

（2）第 1 款所谓"医疗服务（personal healthcare services）"，意指以针对个人的疾病治疗、疾病预防或健康评估为目的的活动，包括直接关乎个人的检查和咨询。[3]患者护理及相关活动，以及为从事医疗服务活动所必需的物质供给，但不包括药物相关活动，亦属医疗服务。

（3）本节规则，不适用于下列类型的活动：为了得到保险金或社会福利金而接受的体检等医疗服务活动，服务提供人并于纠纷的诉讼解决程序中或者义务履行过程中，代接受服务之人发表意见；旨在确定个人禀赋或学习天分，确定健康状况是否适宜工作或是否适合从事特定任务的活动；以及法医学活动。类似地，依照法律，由强制医疗保险基金、国家预算或市政预算支付（偿付）

---

　　〔1〕 1990 年，立陶宛议会设立新民法典起草小组，由 Valentinas Mikelėnas 教授领衔。2000 年 7 月 18 日新法生效。

《立陶宛民法典》（Civil Code of the Republic of Lithuania），资料来源于世界知识产权组织官网：http://www.wipo.int/wipolex/en/details.jsp? id=8191，访问日期：2016 年 9 月 2 日，唐超、岳靓译。

　　〔2〕 在《立陶宛民法典》里，医疗契约（contract for personal healthcare services）系服务契约之一种。第三十五章为服务契约，第一节为"一般规定"，第二节即为"医疗契约"。"一般规定"的第一条（第 6.716），即称服务契约的双方当事人为"服务提供人"和"委托人/顾客（client）"。这里的 customer，即"委托人/顾客"。

　　〔3〕 定义强调"个人"，以此和公共卫生区分开来。

医疗费用的医疗活动，本节规则不予适用。

第 6.726 条　未成年患者

（1）年满 16 周岁的未成年人，得独立订立医疗服务契约，并为与契约直接相关的其他法律行为。

（2）年满 16 周岁的未成年人，应履行因契约而生的债务，但这无碍其父母承担抚养、医疗费用的义务。

（3）法律得明确，在特定情形，仅成年人得订立医疗服务契约。[1]

第 6.727 条　向患者提供信息

（1）医疗服务提供人应向患者说明病情、诊断结果、可能的治疗方案、治疗预后以及其他可能影响患者同意或拒绝推荐医疗方案的因素，患者拒绝推荐方案的，还应告知拒绝的结果，医疗服务提供人应以患者可理解的方式说明，并对所用的专业医疗术语加以解释。

（2）仅当将第 1 款所说的信息告知患者，会有害于患者的（损害患者健康，甚至危及生命），医疗服务提供人方得不予告知。此际，应将信息告知患者代理人（representative），并视作已告知患者。告知信息会给患者造成损害的风险一旦消除，即应将相关信息告知患者。

第 6.728 条　拒绝知情权

（1）第 6.727 条第 1 款所述之信息，不得违背患者意愿而提供给患者。患者意愿应明确表达并签字确认。

（2）患者不愿（或拒绝）接受信息，会给患者自己或他人造成损害的，前款规定不予适用。

第 6.729 条　患者同意

（1）除法律另有规定外，不得违背患者意愿施治或提供其他医疗、护理服务。法律得明确，在特定情形，对医疗服务的同意应以书面形式为之。

（2）患者未满 16 周岁的，除法律另有规定外，不得违背父母任何一位或法定代理人（statutory representative）的意愿施治，或提供其他医疗、护理服务。未满 16 周岁的患者，依其年龄和心智发育水平，能正确评估自己的健康状况和

---

〔1〕　例如捐献器官。

医生推荐的治疗方案的，除法律另有规定外，不得违背其意愿施治。法律得明确，在特定情形，应有患者父母至少一位或法定代理人的书面同意，方得施治。医生应选择最合乎未成年患者利益的治疗方案。

（3）不能正确评估自身健康状况的精神病人，其治疗方式依相关法律而定。

第6.730条　于医疗文件中表明同意

经患者同意而采取的一切医疗活动（医疗服务），医疗服务提供人皆应将相关信息纳入患者医疗文件，患者或其代理人应签字确认。

第6.731条　患者和医疗服务提供人的合作

为履行医疗契约所合理需要的信息和帮助，患者皆应给予医疗服务提供人。

第6.732条　注意标准

医疗服务提供人开展医疗活动，应尽到诚实的（honest）医疗服务提供人应尽的注意义务。医疗活动应以相关法律、法令和职业标准所确定的职责（responsibility）为据。

第6.733条　患者医疗文件的必要性

医疗服务提供人应制备规定格式和类型的医疗文书（病历及其他文书），填写这些文书并依法定程序加以保管。

第6.734条　销毁医疗文件

（1）除非相关法律另有规定，应患者要求，医疗服务提供人应于3个月内销毁第6.733条所说的医疗文件。

（2）倘可以合理认为，患者要求销毁的医疗文件，于他人而非患者有法律或医疗上的价值，或者相关法律禁止销毁医疗文件的，本条第1款不予适用。

第6.735条　患者查阅医疗文件的权利

（1）应患者请求，应向患者提供所有医疗文件，会损害患者健康甚至危及患者生命的情形除外。在此例外情形，应将对患者查阅医疗文件的权利所加的限制记录于医疗文件中。

（2）患者有权利要求，以自费得到其医疗文件的副本。此项权利，仅得依法律所规定程序加以限制。医疗服务提供人应向患者说明医疗文件中所载信息的含义。倘患者的要求有合理根据，对不准确、不详尽或模糊的数据，或者与诊断、治疗、护理无关的数据，医生应加修正、充实、删除、阐明和更改。

第6.736条　信息提供

（1）医疗服务提供人未经患者同意，不得向他人提供患者信息，就第6.733条所说的文件，不得对外提供副本。虽得向他人提供信息的，亦不得损害患者或任何人的私生活。在法律明确要求的情形，患者信息应予提供。

（2）直接参与医疗契约履行之人，以及医疗服务提供人的辅助人（设相关信息为履行辅助工作所必要），非为［前款第2句所说］他人。

（3）依第6.729条和第6.744条，医疗服务契约的履行，需要得其同意之人，亦非［前款所说的］他人。医疗服务提供人向他人提供患者信息，或者对外提供医疗文件中的信息或文件副本，未尽到诚实的医疗服务提供人应尽的注意义务的，即不得为此举。

第6.737条　科学研究

医学研究之开展，以及为此目的而提供患者信息诸事宜，应由法律加以规范。

第6.738条　医疗观摩

（1）医疗服务提供人施治，不得使他人在场，除非患者同意他人观摩。

（2）依医疗契约提供医疗服务，需要得到其专业帮助之人，非为第1款所说的他人。

第6.739条　契约解除权

（1）除非有解除医疗契约的重要理由，例如，不遵从医疗服务提供人的指示，不支付医疗服务费用等，医疗服务提供人不得解除契约。

（2）患者得随时解除契约。

第6.740条　契约价款

订约当事人（contracting authority，患者）应向医疗服务提供人支付约定价款，医疗服务提供人依法律或者基于约定的其他事由得到劳动报酬的除外。

第6.741条　医疗机构

提供契约项下医疗服务的医疗机构，并非契约当事人的，与契约当事人负相当（analogous）之责任。

第 6.742 条 禁止限制、排除责任

医疗服务提供人的责任，在第 6.741 条所述之情形，实际提供医疗服务的医疗机构的责任，不得限制或排除。

第 6.743 条 适用范围

依照针对医疗执业人的一般标准提供医疗服务，或者依照医疗职业伦理规范的一般原则提供医疗服务，而不是依照医疗契约提供医疗服务的，[1]只要无悖于法律关系的性质，本节规则应予适用。

第 6.744 条 法定代理人（statutory representatives）

（1）患者未满 16 周岁的，医疗服务提供人应向未成年人的父母或者患者的监护人（照管人，curator）履行义务。

（2）未成年人虽满 16 周岁，但不能合理评估自身利益的，前款规则仍予适用，患者的理性思考能力受到怀疑（doubted），[2]但已成年，且已经建立监护关系（照管关系）或者指定了监护人的除外。在后种情形，应向监护人（照管人）履行义务。

（3）患者没有理性地评估自身利益的能力，亦未建立照管关系和监护关系的，倘患者书面授予他人相关权限，医疗服务提供人即应向该获得授权之人履行义务。倘无此等获得授权之人，或者获得授权之人未能有必要作为，即应向患者配偶或伴侣履行义务，并无配偶或伴侣，或者此等人拒绝的，即应向患者父母或子女履行义务，患者父母或子女拒绝的除外。

（4）医疗服务提供人向本条第 1 款、第 2 款所说的法定代理人，以及第 3 款所说之人履行义务，应尽到诚实的医疗服务提供人应尽的注意义务。

（5）医疗服务提供人依本条第 2 款或第 3 款应向之履行义务之人，应尽到诚实的代理人应尽之注意义务。于履行义务之际，应尽可能使患者参与其中。

（6）患者拒绝接受医疗服务，而本条第 2 款、第 3 款所说之人同意的，只有该种医疗服务于避免患者遭受严重损害不可或缺，方得施行。

第 6.745 条 紧急情况

在依第 6.744 条，提供医疗服务不需要患者同意，而需要该条所列之人同

---

〔1〕 比如无因管理。

〔2〕 应该就是指无识别能力。

意的情形，倘为了挽救患者生命需要紧急施治，又无暇取得所说之人的同意，则得不待同意即行施治。

第 6.746 条　人体组织和器官的利用

取自匿名捐献人的人体组织和器官，得于法律规定的情形，依法律规定的程序加以利用。

爱沙尼亚债法典（节译）[1]

第四十一章　医疗契约

第 758 条　医疗契约的定义

（1）依医疗契约，一方当事人（医疗服务提供人）于其专业活动中，允诺向他方当事人（患者）提供医疗服务，尤其包括为患者利益提供检查服务，为患者提供咨询、治疗服务或者产科服务，向患者说明其健康状况、治疗的过程和结果。医疗服务还包括医疗中间伴随的患者护理服务以及其他直接相关的服务。

---

〔1〕 1993 年，爱沙尼亚草成患者权利保护法第一稿，次年呈递政府，继而提交国会。医疗行业展开院外游说，要求同时起草医务人员保护法，遂致患者权利保护法夭折。此后几年，社会事务部（Ministry of Social Affairs）会同患者组织和医疗协会的代表，又起草了几稿。几番努力，无一获得国会批准。但起草特别法的念头并未火尽炉冷。2004 年，社会事务部官员表态说，先依当前的《债法典》规制来，接着再讨论制定特别法的必要性。同时，法律的触角广泛伸入医疗实践。最近一些年，知情同意、专业责任等，都给引入爱沙尼亚法，在苏维埃时代社会福利伦理观（community beneficence ethics）熏陶下成长起来的医生，对此意气难平。

今天，患者的权利义务见于 2001 年《债法典》（2002 年 7 月 1 日生效）。这样的思路显然是受荷兰法的启发。"提供医疗服务的契约（contract for provision of health care services）"这样的表述，患者的定义，患者支付费用的义务，患者向医生提供信息的义务，如此等等，都表明两部法律关系密切。See H. NYS, et al. , "Patient Rights in the EU - Estonia", *European Ethical - Legal Papers* N°5，Leuven，2007，pp. 7 ~ 10.

爱沙尼亚于 1939 年制定过一部民法典草案。重获独立后，决定重新起草。1993 年完成《财产法》，1994 年通过《家庭法》与《总则》，1996 年《继承法》告竣，再 5 年，《债法》颁布，共同构成《民法典》。《债法典》计 11 编 53 章 1068 条。第一编债法总则，以下依次为各种有名契约：移转所有权的契约（第二编）、以用益为内容的契约（第三编）、保险契约（第四编）、扶养契约（第五编）、和解契约（第六编）、合伙契约（第七编）、服务契约（第八编）、担保契约（第九编），第十编为非契约债务，最后一编为法的施行。医疗契约置于第八编服务契约下。

《债法典》（Law of Obligations Act），资料来源于政府公报官网：https://www. riigiteataja. ee/en/eli/506112013011/consolide，访问日期：2016 年 9 月 2 日，唐超、王钦颢译。

（2）具备资质的医生和牙医，独立提供医疗服务的护士或助产士，基于和医疗服务提供人订立的雇佣契约或者其他类似契约，参与医疗服务提供的，就医疗契约的履行，在医疗服务提供人之外并要负个人责任。

第 759 条　医疗契约订立之特别情形

经患者同意，开始提供医疗服务或者负担起提供医疗服务的债务的，医疗服务契约视为订立。患者没有表达意志的能力的，向患者提供的医疗服务合乎患者真实或可得推知的意愿，医疗服务契约亦视为订立。

第 760 条　缔约义务

他方当事人要求提供医疗服务的，医疗服务提供人应予提供，除非他方当事人提出的契约条款或条件与法律规定或者医疗契约格式条款相冲突。

第 761 条　支付医疗费用的义务

就提供的医疗服务，应支付法定（established）、约定或标准费用，倘无此等费用，应支付合理费用。只要医疗费用非由医疗保险或者第三人承担，即应由患者支付。

第 762 条　医疗服务的提供

医疗服务至少应合乎施治之际的一般医学水平（general level of medical science），并本着对医疗服务提供人通常期待的注意来提供服务。倘有必要，医疗服务提供人应将患者转给专科医生或者援引专科医生参与治疗。

第 763 条　利用尚未普遍认可的方式提供医疗服务

（1）只有传统方法难起作用，方能利用尚未普遍认可的预防、诊断或治疗方法，且必须向患者说明这些方法的性质和可能的后果并经患者同意。

（2）患者为限制行为能力人（with restricted active legal capacity），就前款所说的方法，不能判断其利弊得失的，由患者的法定代理人（legal representative）代为同意。无能力表达意志的患者，倘不利用某种尚未普遍认可的方法，生命会面临危险或者会严重损害其健康的，得不经患者或其法定代理人同意而利用该方法。

（2008 年 12 月 10 日修订加入，2009 年 1 月 1 日生效。）

第 764 条　患者的告知义务

为提供医疗服务所需要的一切信息，患者皆应本其最大理解（best understanding）告知医疗服务提供人，医疗服务提供人为履行契约所需要的一切帮助，患者亦应提供。

第765条　第三人在场

提供医疗服务，只有经患者同意，方许第三人在场。没有第三人在场则医疗服务无法提供，又无法取得患者同意，且不提供医疗服务会严重害及患者健康的，除外。

第766条　对患者的说明义务及征得患者同意的义务

（1）医疗服务提供人应向患者说明检查的结果，患者的健康状况，可能罹患的疾病及病情走向，所提供医疗服务的性质和目的，所提供医疗服务伴随的风险和后果，以及其他可行且必要的医疗服务。应患者请求，医疗服务提供人应以得书面复制的形式，向患者提供特定信息。

（2002 年 6 月 5 日修订加入，2002 年 7 月 1 日生效。）

（2）一般而言，医疗服务提供人不得允诺患者定会康复或者手术定会成功。

（3）只有经患者同意，才能检查和提供医疗服务。患者为同意表示后，得于合理期间内撤回其同意。应医疗服务提供人请求，同意或者撤回同意的表示，应采取得书面复制的形式。

（2002 年 6 月 5 日修订加入，2002 年 7 月 1 日生效。）

（4）患者为限制行为能力人，不能负责任地判断利弊得失的，第 1 款、第 3 款所列之权利，由其法定代理人行使。倘法定代理人之决定有害及患者利益之嫌，医疗服务提供人应予拒绝。医疗服务提供人应在合理范围内，将相关情势及第 1 款所列之信息，向患者说明。

（5）就第 1 款所列之信息，倘患者拒绝接受，且患者之合法利益或他人之合法利益不会因此受损害的，医疗服务提供人应不予说明。

（6）仅在法律明确规定的情形及范围内，医疗服务之提供，方不要求取得患者或法定代理人的同意。

第767条　向无表达意志能力的患者提供医疗服务

（1）患者丧失意识或出于其他原因不能表达意志（患者没有表达意志的能力），又没有法定代理人或不能取得联系，不立即实施治疗，患者生命会面临险境或会严重损害患者健康的，倘为患者利益，又合乎患者之前明确表达的意愿或可推知的意愿，则得不经患者同意而施治。患者之前明确表达的意愿或可推知的意愿，应尽可能在患者近亲属（immediate family）的帮助下来确定。并尽可能将患者的健康状况、所要提供的医疗服务以及相伴随的风险，向患者近亲属说明。

（2）本章所谓"近亲属"，意指患者配偶、父母、子女及兄弟姐妹。依患者的生活方式，与患者关系密切的其他人，亦得视作近亲属。

第 768 条　保密义务

（1）医疗服务提供人及参与医疗服务之人，就提供医疗服务或履行职责过程中所获悉的患者身份信息和患者健康状况信息应予保密，就第 769 条所写文书中包含的信息，不得使他人知悉，法律另有规定或当事人另有约定的除外。

（2）倘不披露相关信息，患者会严重害及自身或他人的，得于合理范围内背离前款义务。

第 769 条　病历义务

医疗服务提供人应依要求为每位患者记录医疗服务，并保存相应的病历文书。患者有权利查阅这些文书并自费复制，法律另有规定的除外。

第 770 条　医疗服务提供人的责任

（1）医疗服务提供人及第 758 条第 2 款所写之人，仅当不法违反（wrongful violation）所负义务，尤其是诊断、治疗中犯下差错，以及违反说明和征得同意义务的，方负法律责任。

（2）医疗服务提供人并应就辅助人的活动以及所用产品的缺陷承担责任。

（3）就医疗服务提供人及第 758 条第 2 款所写之人应负责任的要件事实，患者负证明责任，除非所提供的医疗服务未依要求加以记录。

（4）倘发现诊断或治疗中有差错，患者又出现健康障碍，该健康障碍是通过普通治疗本来很可能避免的，即得推定损害系由差错造成。此际，就损害系由健康障碍造成，仍由患者负证明责任。[1]

第 771 条　时效

患者请求损害赔偿的时效期间为 5 年，自患者意识到医疗服务提供人或医

---

〔1〕　前后两句似乎意在区分责任成立的因果关系与责任范围的因果关系，前句的损害（damage）指法益受侵害，后句的损害指损害结果（damage）。

生违反义务或造成损害时起算。

第 772 条　契约消灭的特别情形

（1）医疗契约得因下列情形消灭：

（a）一方当事人死亡；

（b）医疗服务结束（termination）；

（c）其他医疗服务提供人承担了医疗服务。

（2）患者得随时解除医疗契约，不需附具理由。

（3）医疗服务提供人须有充分理由，考虑到一切相关情势，因之不能期待医疗服务提供人继续提供医疗服务的，方得解除医疗契约。倘有必要，医疗服务提供人应继续提供服务，直到患者得于他处获得医疗服务。

第 773 条　规范的强制性质

背离本章规定而害及患者利益的任何协议，无效。

欧洲私法共同参考框架草案（节译）[1]

第八章　医疗契约

第 8：101 条　适用范围

（1）本章适用于一方当事人（医疗提供人）为他方当事人（患者）提供医疗服务的契约。

（2）医疗提供人为改善他人的身体或精神状态而提供任何其他服务的契约，准用本章规定。

（3）患者非为契约当事人的，视为第三人，享有契约赋予的相对于本章下医疗提供人所负义务的权利。

第 8：102 条　初步评估

在对提供医疗服务合理必要的范围内，医疗提供人应：

（a）询问患者的健康状况、症状、病史、过敏症、既往或现有的其他治疗、患者就治疗活动的偏好和优先选择；

（b）为必要检查以诊断患者健康状况；以及

（c）与医治过患者的其他医疗提供人探讨或向其咨询。

---

　〔1〕《欧洲私法共同参考框架草案》，系学术性质的民法典，由冯·巴尔教授、埃里克·克莱夫教授领衔的欧洲民法典研究组、欧洲现行私法研究组起草。梁慧星老师领导团队将整套书移译为中文，参见欧洲民法典研究组、欧盟现行私法研究组编著：《欧洲私法的原则、定义与示范规则：欧洲示范民法典草案》（全译本），朱文龙等译，法律出版社 2014 年版，医疗契约位于第四卷第三编（服务契约）第八章。

《欧洲私法共同参考框架草案》（Draft Common Frame of Reference），资料来源于欧盟委员会官网：http://ec. europa. eu/justice/contract/files/european-private-law_ en. pdf，访问日期：2016 年 9 月 2 日，唐超译。

第 8：103 条　有关器械、药品、材料、设施和场所的义务

（1）医疗提供人所使用的器械、药品、材料、设施和场所，至少应具备公认、可靠的行业习惯所要求的品质，该行业习惯应符合相应制定法的要求，并适于实现其所用于的特殊目的。

（2）当事人不得排除本条规定的适用，或对其效力加以限制或变更而损害患者利益。

第 8：104 条　技能和注意义务

（1）医疗提供人的技能和注意义务，尤其要求医疗提供人为患者提供合理的医疗提供人在给定环境下所应该具备的技能和注意。

（2）医疗提供人欠缺治疗经验和技术而不能达到所要求的技能和注意标准的，应将患者转移给能够胜任的医疗提供人。

（3）当事人不得排除本条规定的适用，或对其效力加以限制或变更而损害患者利益。

第 8：105 条　告知义务

（1）为给予患者选择治疗的自由，医疗提供人尤其需要告知患者：

（a）患者当前的健康状况；

（b）推荐疗法的性质；

（c）推荐疗法的优势；

（d）推荐疗法的风险；

（e）推荐疗法的替代疗法及其比较优势和风险；以及

（f）不加治疗的后果。

（2）无论如何，可能会合理地影响患者决定是否同意推荐疗法的任何风险或替代疗法，医疗提供人俱应告知。如果风险的实现将给患者造成严重损害，该风险被视为可能会合理地影响患者决定的风险。除非有不同规定，告知义务适用第七章（信息和咨询）的规定。

（3）告知应以患者可以理解的方式为之。

第 8：106 条　非必要或试验性疗法的告知义务

（1）倘医疗活动对患者健康的保持或改善非为必要，医疗提供人必须披露所有已知风险。

（2）倘医疗活动是试验性的，医疗提供人必须披露所有关于试验目的、治疗的性质、试验疗法的优势、风险及替代疗法的信息，即使这些仅仅是潜在的。

（3）当事人不得排除本条规定的适用，或对其效力加以限制或变更而损害患者利益。

第 8：107 条　告知义务的例外

（1）下列情形，根据告知义务在正常情形下本应提供的信息得暂不告知：

（a）倘基于客观理由得认为，告知将给患者的健康或生命造成严重且消极的影响；或者

（b）倘不告知不会危及第三人的健康或安全，且患者明示了不被告知的愿望。

（2）在治疗必须紧急为之的场合，无须履行告知义务。在此情形，医疗提供人必须尽可能地为嗣后告知。

第 8：108 条　未经同意不得施治的义务

（1）未经患者同意，医疗提供人不得施治。

（2）患者得随时撤回其同意。

（3）在患者没有能力表示同意的场合，医疗提供人不得施治，除非：

（a）已获得了在法律上有权代表患者为医疗决策之人或机构的同意；或者

（b）已符合得不经同意即可合法施治的规定或程序；或者

（c）医疗必须紧急为之。

（4）在第 3 款所列情形下，如果没有尽可能地考虑无同意能力患者的意见以及患者在失去同意能力前明确表示的有关意见，医疗提供人不得施治。

（5）在第 3 款所列情形下，医疗提供人仅得实施旨在提升患者健康状况的治疗。

（6）在本分编第 8：106 条（非必要或试验性疗法的告知义务）第 2 款所列情形，同意须以明示及具体的方式为之。

（7）当事人不得排除本条规定的适用，或对其效力加以限制或变更而损害患者利益。

第 8：109 条　医疗记录

（1）医疗提供人必须制作详细的治疗记录。这些记录尤其应包括在初步询

问、检查、探讨咨询阶段所搜集的信息，有关患者同意的信息以及与已实施的治疗活动有关的信息。

（2）经合理要求，医疗提供人必须：

（a）使患者，或者在患者没有能力表示同意的情形下，有权代表患者为医疗决策之个人或机构，能够得到这些记录；并且

（b）在合理范围内对这些记录作出解释。

（3）倘患者遭受伤害并认为伤害系由医疗提供人未履行技能和注意义务所致，且医疗提供人没有履行第 2 款所规定的义务的，则推定医疗提供人未履行技能和注意义务，并推定义务不履行与伤害之间有因果关系。

（4）在医疗活动结束后至少 10 年的合理时间内，医疗提供人应保存这些医疗记录，并提供对这些记录加以解释的相关信息，这个合理时间取决于这些记录对患者或者患者的继承人或代理人以及对今后治疗的有用程度。对那些能够合理地期待，即便在该合理时间届满后仍然重要的医疗记录，医疗提供人在该合理时间届满后必须继续保存。医疗提供人因各种原因停止营业的，应将这些记录储存或移交给患者，供将来探讨咨询之用。

（5）当事人不得排除第 1 款至第 4 款规定的适用，或对其效力加以限制或变更而损害患者利益。

（6）医疗提供人不得将患者或者与患者治疗有关的其他人的信息披露给第三人，除非该披露是为保护第三人或公共利益所必需。为统计、教育或科学目的，医疗提供人得以匿名方式使用这些记录。

第 8：110 条　不履行的救济

就医疗契约义务的不履行，第三编第三章（不履行的救济）以及本分编第 2：111 条（顾客的解除权）的规定准用之，惟：

（a）中止履行或解除契约关系将严重危及患者健康的，医疗提供人不得根据该章规定中止履行或解除契约关系；

（b）医疗提供人有权中止履行或解除契约关系并计划行使以上权利的，应将患者移交其他医疗提供人。

第 8：111 条　医疗机构的义务

（1）在履行医疗契约义务的过程中，倘医疗活动系在其他医院或者其他医疗机构的场所展开，且该医院或医疗机构并非医疗契约的当事人，则该医院或医疗机构必须向患者表明其并非契约当事人。

（2）医疗提供人不能确定的，医疗活动在其场所展开的医院或医疗机构，视为医疗提供人，除非该医院或医疗机构在合理时间内向患者指明医疗提供人。

（3）当事人不得排除本条规定的适用，或对其效力加以限制或变更而损害患者利益。

德国改善患者权利地位法（节译）[1]

联邦法律公报 2013 年第一部分第九号，2013 年 2 月 25 日发布于波恩，

改善患者权利地位法
2013 年 2 月 20 日

德国联邦议院通过法案如下：

第 1 条

2002 年 1 月 2 日发布之《民法典》（Federal Law Gazette I, p 42, 2909, 2003 I, p 738），经 2013 年 1 月 20 日法律（Federal Law Gazette I, p 273）第 3 条，修订如下：

1. 第二编之目录修改为：

"第 8 节　　雇佣契约及类似契约

第 1 目　　雇佣契约

第 2 目　　医疗契约"。

---

〔1〕《德国改善患者权利地位法》（Gesetz zur Verbesserung der Rechte von Patientinnen und Patienten）主要对《民法典》《社会法典》相关内容加以修订。该法第 1 条于《民法典》中添加医疗契约专节（第 630a 条至第 630h 条），使医疗契约为上升有名契约，性质为接近雇佣契约的劳务契约。资料来源：http://www. gesetze-im-internet. de/englisch_bgb/englisch_bgb. html，访问日期：2016 年 9 月 2 日，唐超译。

将医疗契约写入民法典，始于 1960 的《埃塞俄比亚民法典》，其所以能享此荣誉，大概得归功于其起草者，法国比较法学家勒内·达维德。不过，其条文虽然不少（第 2639～3652 条），但现代医事法格外看重的知情同意、隐私、病历等内容却付之阙如，着墨最浓的似乎是费用义务（第 2643～2646 条）。另外，条文似嫌破碎，有些可以合并，有些可以省略。真正开风气的应算《荷兰民法典》，就现代医事法上的知情同意原则及其例外、病历义务、保密义务、隐私保护及其与医疗研究利益的协调、同意能力、医疗契约的解除等内容，规制纂详，令人耳目一新。难怪冯·巴尔说："这也许正是它在欧洲被视为是一部现代化民法典的原因。"参见［德］冯·巴尔：《欧洲比较侵权行为法》（下册），焦美华译，张新宝校，法律出版社 2004 年版，第 358 页。此后，2000 年的《立陶宛民法典》、2001～2002 年的《爱沙尼亚债法典》，皆踵武其迹。2009 年，代表了欧盟国家私法基本共识的《共同参考框架草案》亦为医疗契约专辟一章，与荷兰法制相仿佛。《德国民法典》也在 2013 年赶上了潮头，真可谓老而弥新。

2. 第二编第 8 节之标题修改为"第 8 节　　雇佣契约及类似契约"。

3. 于第 611 条之前加入"第 1 目　　雇佣契约"。

4. 于第 630 条之后加入

"第 2 目　　医疗契约

第 630a 条　医疗契约之典型义务

（1）依医疗契约，同意为患者提供医疗服务之人（施治方），负提供所允诺服务的义务，他方当事人（患者），则负支付所允诺报酬的义务，第三人负支付义务的除外。

（2）除当事人另有约定外，医疗服务之提供，应合乎施治之际公认的医疗水准。

第 630b 条　适用条款

除本目特别规定外，雇佣关系相关条款（适用于第 622 条所谓之劳动关系的除外），亦适用于医疗关系。

第 630c 条契约当事人之协作；告知义务[1]

（1）施治方与患者应相互协作，以展开治疗。

---

〔1〕 第 630c 条 之 告 知/说 明 义 务 （Informationspflichten） 与 第 630e 条 之 说 明 义 务 （Aufklärungspflichten）有别。前者无关患者的自主决定，乃是契约义务的本来内容，相当于委托契约中受托人的报告义务。后者涉及医疗法中格外关注的知情同意事宜。此种区分于法教义学上的意义在于，知情同意利益固应予保护，但并无名为"知情同意权"的具体人格权。

医生采取侵入性医疗措施，应征得患者同意，是为未经同意不得施治的义务。在此之前，医生应先将相关信息向患者说明，患者于充分知情后所为的同意，方是有效同意，方能排除身体侵害的违法性，是为说明义务。这类说明义务，称医疗侵入的说明义务（Eingriffsaufklärung, intervention disclosure），或者为患者自我决定的说明义务（Selbstbestimmungsaufklärung, information for self-determination）。另一类说明义务，与患者自我决定的那套意识形态无关，纯粹是出于治疗目的。将相关信息向患者说明，有助于减少患者的恐惧和焦虑，使患者更为积极主动地接受、配合治疗；患者某些妨碍治疗的行为或会给其造成损害，亦可借说明向患者发出警示。这类说明义务，称确保疗效的说明义务，安全说明义务，或者为治疗的说明义务（Sicherungsaufklärung, safety information, therapeutic patient information）。

为患者自我决定的说明义务，特别针对医疗措施不可避免的风险，也称剩余风险。医生未告知此类风险，患者后来果然因风险实现而死亡或者健康受损的，医生就治疗行为纵无过错，亦负损害赔偿责任；这里，责任成立阶段，受侵害的法益仍为身体权，而非生命、健康权。而为治疗的说明义务，主要指向可避免的风险，使患者得妥为预防。比如，就可能的药物不耐受、副作用或者相互作用，就限制驾驶，就服用剂量，就为了后续治疗有必要告知的内容，向患者提供信息和建议。此类义务乃是治

（2）施治方于治疗开始之际，就关乎治疗之一切情况，尤其是诊断、预期的健康变化、疗法，以及治疗之时、之后应采取的医疗措施，应以可理解的方式向患者解释清楚，治疗过程中有［告知］必要的，亦然。倘施治方可认知的情况，引起医疗过失的推测（Annahme），施治方应患者请求或者为避免医疗风险，应将所知情况告知患者。倘施治方或者其《刑事诉讼法典》第52条第1款所指之亲属犯下医疗过失，［1］在针对施治方或者其亲属的刑事追诉或者行政罚款程序中，惟经施治方同意，本款第2句所指之信息，方得用作证据。

（3）倘施治方知道并无第三人承担全部治疗费用，或者相关情势充分表明此点，施治方应于开始治疗前，以书面形式告知患者可能的费用。其他条款就［告知］形式有更多要求的，不受影响。

（4）特殊情形，尤其是治疗刻不容缓或者患者明确放弃权利的情形，施治方得例外地不予告知。

第630d条　同意

（1）施治之前，尤其是医疗措施影响身体或健康的，施治方应取得患者同意。倘患者不能为同意表示，则应取得有权代为同意之人的同意，依第1901a条第1款第1句所为之预先医疗指示（Patientenverfügung）允许或禁止某医疗措施的除外。其他条款就同意有更多要求的，不受影响。就刻不容缓之医疗措施不能及时获得同意的，倘合乎患者可得推知之意志（mutmaßlichen Willen），则得不待同意而实施。

（2）于患者（第1款第2句的情形，则为有权同意之人）同意之前，已依第630e条第1~4款说明的，同意方为有效。

（3）同意得随时撤回，不必附加特别形式要求，亦无须出具任何理由。

（接上页）疗活动至关重要的组成部分，属诊疗义务范畴。未尽说明义务的，构成医疗过失，而非说明过失；受侵害的法益主要是生命、健康权，也不排除身体权。

　　See Albin Eser, "Functions and Requirements of Informed Consent in German Law and Practice", *Universität Freiburg*, 1797, pp. 235~236; Markus Parzeller et al. , "Patient Information and Informed Consent before and after Medical Intervention", *Dtsch Arztebl*, 104 (9) (2007), p. 576.

　　〔1〕《德国刑事诉讼法典》第52条［基于个人事由拒绝作证的权利］第1款："以下人等得拒绝作证：（1）被告人之未婚夫/妻，或者被告人已允诺与之建立民事伴侣关系之人；（2）被告人之配偶，虽婚姻关系不再，亦然；（2a）被告人之民事伴侣，虽伴侣关系不再，亦然；（3）现在或曾经，为被告人之直系血亲或直系姻亲，旁系三亲等血亲、二亲等姻亲。"资料来源：http://www. gesetze-im-internet. de/englisch_stpo/englisch_stpo. html#p0193，访问日期：2016年9月2日。

第 630e 条　说明义务

（1）关乎同意的一切情况，施治方皆应向患者说明。尤其是医疗措施的性质、程度、实施、预期结果及风险，还有诊断或治疗的必要性、紧迫性、适当性以及成功前景。若数种在医学上同样必要的、通常的方法，会带来显著不同的压力、风险或康复机会，则这些替代医疗方法亦属说明之列。

（2）说明应达到以下要求，

（i）由施治人或者经过施行此种医疗措施必要训练的人以口头方式说明；此外，亦得佐以书面文件，

（ii）应及时说明，使患者得慎重考虑是否同意，

（iii）使患者得以理解。

患者就所获信息或者所为同意已签字的，应向其提供文件副本。

（3）特殊情形，尤其是医疗措施刻不容缓或者患者已明确放弃权利的情形，得例外地不向其说明相关信息。

（4）倘依第 630d 条第 1 款第 2 句，有权之人代为同意，应依第 1～3 款向其说明。

（5）在第 630d 条第 1 款第 2 句情形，倘依患者的身体状态及理解能力，患者可以听取解释，且不会害及其健康的，就第 1 款所列之重要情况，仍应向患者说明。第 3 款规定准用之。

第 630f 条　医疗文件

（1）就文件而言，施治方应以纸张形式保存病历资料，或者以与治疗活动直接、即时关联的电子文档形式保存。要对病历资料中的条目予以更正或更改，除原始内容外，更正或更改的时间点必须得以辨认。前句同样适用于以电子形式保存的病历资料。

（2）凡从医学上看，对当前及将来的治疗有重大意义的医疗措施，这些措施的结果，皆应记录于病历资料中，尤其是病史、诊断、检查、检查结果、化验、疗法与疗效、治疗措施与效果、同意与告知。医生信件（Arztbriefe）亦应纳入病历资料。

（3）治疗结束后，施治方应保存病历资料至少 10 年，其他条款就保存期间另有规定的除外。

第 630g 条　病历查阅

（1）凡无医学上的重大反对理由，亦不会危及第三人权利的，经患者请求，

即应不迟延地许其查阅涉及自己的完整病历资料。拒绝患者查阅请求，应出具理由。第 811 条于此准用之。

（2）患者亦得要求得到病历资料电子副本，并应偿付施治方承担的制作费用。

（3）患者死亡的，依第 1 款、第 2 款得行使的财产权益（vermögensrechtlichen Interessen）归属其继承人。患者近亲属主张非物质权益的（immaterielle Interessen），前句亦得适用。查阅病历有悖患者明示或可得推知之意志者，权利被排除。

第 630h 条 医疗过失与说明过失的证明责任

（1）某一般治疗风险实现，致患者生命、肢体或健康损害，且该风险完全在施治方控制范围内的，推定施治方犯下错误。

（2）施治方应证明其已依第 630d 条获得同意，并依第 630e 条的要求说明。施治方之说明不合乎第 630e 条要求的，施治方得主张，患者纵得恰当说明，亦会同意施治方所加之医疗措施。

（3）施治方未依第 630f 条第 1 款或第 2 款的要求，将医学上必要的重大医疗措施及其结果记载于病历资料中，或者未依第 630f 条第 3 款的要求保存病历资料的，推定其未实施该医疗措施。

（4）患者遭受生命、肢体或健康损害，而施治方不具备施行所涉医疗措施之资质的，推定施治方不具备资质系造成患者损害的原因。

（5）倘施治方犯下重大医疗错误，且此种错误原则上容易造成实际发生的生命、肢体或健康损害，则推定正是该错误造成损害。倘施治方未及时取得或记录某项在医学上有必要取得或记录的发现（finding），而该发现具有造成某种结果的相当确定性，这样的结果要求采取进一步医疗措施，不采取这样的医疗措施将构成重大错误，则前句规定亦适用之。"

匈牙利医疗服务法（节译）[1]

第二章 患者的权利义务

第一节 个体的作用

第5条

（1）社会在医疗服务领域负有义务，个体对自己健康和环境亦负有责任，两者共同确使整个人群的健康得到保护和促进。

---

〔1〕 在匈牙利，患者权利的主要法律渊源：一是 1997 年的《医疗服务法》，二是同年的《医疗数据和相关个人数据保护法》（Act No. XLVII of 1997 on the processing and the protection of health care data and associated personal data）。

1997 年的《医疗服务法》系医疗领域的基本法，搭建起医疗领域的规则框架。除了组织规则外，这部法律分别界定了患者的权利义务（第二章）和医务人员的权利义务（第六章）。另外，也就精神障碍患者的特殊权利加以规范（第十章）。对患者权利的保护，系《医疗服务法》完成的重大改革。这部法律引进了患者自主观念和具有执行力的权利（enforceable patient rights），摒弃了家长做派的医患关系。患者自主和家长做派的紧张关系，亦可见于立法理由书："现行法律没有清晰规范医疗领域双方当事人的权利义务。例如，患者的特定权利，仅仅以医务人员即对方当事人义务的形式表现出来，可这些权利应该表述为主观权利，如此方能落实。"（立法理由书第 5 点，引自匈牙利宪法法院 2004 年 4 月 28 日 22/2003 号判决，Ⅲ-3。）自宪法法院于 1989 年设立以来，不仅在《医疗服务法》的解释方面，还在落实和强化患者权利方面起到了重要作用。

就医疗数据和相关个人数据的处理和保护，《医疗数据法》规制纂详。患者有权利获取病历资料，医疗机构不得拒绝。此前《有关个人数据保护以及为公共利益披露数据的法律》（Act No. LXIII of 1992）未为当事人提供必要的法律工具，于是方有《医疗数据法》的颁布。

以上内容，See, S. DEFLOOR, et al., "Patient Rights in the EU - Hungary", European Ethical - Legal Papers No11, Leuven, 2007, pp. 8 ~ 9.

《医疗服务法》（Act No. CLIV of 1997 on health care），资料来源：http://www2. ohchr. org/english/bodies/cescr/docs/E. C. 12. HUN. 3 - Annex10. pdf，访问日期：2016 年 9 月 2 日，唐超、何畅、郭高缘译。

（2）任何个体都应尊重他人促进和保护自己健康的权利，尊重他人预防疾病和恢复健康的权利。

（3）任何个体：

a）都有权利获取相关知识，从而了解促进和改善自己健康的可能性，并就自己的健康事宜得在知情基础上为相应决定；

b）都有权利了解医疗服务提供人所提供服务的诸特征，了解此等服务的可及性和顺序，以及患者权利的范围和维护事宜；

c）都对自己的健康负有合理责任；

d）对众所周知的、危及他人健康并超出社会接受的风险水平的行为和活动，不得为之；

e）倘确定或意识到紧急情况或危险状态，应依社会的期待施以援手，并通知其认为具备能力的医疗服务提供人。

第二节　患者的权利义务

获得医疗服务的权利

第 6 条

任何患者在紧急情况下都有权利获得医疗服务以挽救其生命，都有权利获得医疗服务以免健康遭受严重、永久损害，都有权利获得医疗服务以减轻痛苦。

第 7 条

（1）在法律搭建的［医疗服务供给］框架内，任何患者都有权利依其病情获得适当的、持续可得的医疗服务，不受任何区别对待。

（2）医疗服务的供给，只要合乎专业和伦理规则，合乎特定医疗服务的临床操作指南（practice guidelines），即得谓适当（appropriate）。

（3）医疗服务的供给，依其运营安排，倘每天 24 小时都可得到服务，即得谓持续可得（continuously accessible）。

（4）于医疗服务供给过程中，患者未因其社会地位、政治立场、出身、民族、宗教、性别、性取向、年龄、婚姻状况、生理或心理障碍、职业资格（qualification）或任何其他与病情无关的理由而受歧视的，即得谓未受区别对待。

第 8 条

（1）经医疗服务提供人同意（医疗服务提供人的层级由患者病情决定），

患者有权利选择主治医生，且除非法律另有规定，主治医生即为医疗服务的基础，医疗服务的专业内容或者病情的急迫性质别有要求的，自当别论。

（2）前款所述选择医生的权利，应依医疗服务提供人的运营规则行使。

（3）针对主治医生的诊断结果或推荐的治疗方案，针对主治医生安排患者出院或将患者转往其他医疗机构的决定，患者有权利接受其他医生检查。[1]

第9条

（1）倘无法于尽可能短的时间里为患者提供病情所要求的医疗服务，医疗服务提供人应告知患者得于何处获取特定医疗服务。

（2）倘 a）其他医疗服务提供人不能提供特定医疗服务，或者

b）在第1款所述情形，患者拒绝接受其他医疗服务提供人的服务，

则应将患者列入候诊名单。

（3）将患者列入候诊名单的，应告知患者原因、预计等待时间以及可能的后果。

（4）候诊名单的排序，应遵循统一的、可操作的、公开的专业标准，以列入名单的患者的病情为依据，不得区别对待。患者得书面授权患者权利维护人（advocate），[2]查证医院是否遵循了这些原则。

（5）候诊名单应包含等待接受特定医疗服务的患者的医疗信息和个人身份信息，还应包含之所以挑选这些患者的具体情况。

人格受尊重的权利

第10条

（1）医疗服务过程中，患者人格应受尊重。

（2）只有对治疗来说必要的医疗措施，方得施行，本法另有规定的除外。

（3）医疗服务过程中，仅在患者病情要求的合理时间内，在法律规定的限度内，以法律规定的方式，方得对患者行使权利加以限制。

（4）医疗服务过程中，只有在紧急情况下，或者为了保护患者或他人的生命、人身安全和健康，方得以物理、化学、生物或心理学的方法，对患者的人身自由加以限制。对患者的限制，不得具有惩罚性质，施加限制的理由一旦消

---

[1]　即有权利听取第二意见。

[2]　参见第30条以下。

灭，即应解除限制。

（5）只有患者的主治医生，方得命施加限制，法律另有规定的除外。主治医生应于采取限制措施前，记载于病历，详细说明采取措施的原因和持续时间，倘不能事前记载，主治医生应于采取限制措施后的最短时间内为之。患者未受持续医疗监视的（medical supervision），在例外情形，倘有正当理由，经注册的专科护士（registered specialist nurse）亦得命采取暂时性的限制措施。应将采取限制措施的情况毫不迟延地通知主治医生，主治医生应于 16 个小时内以书面形式批准。主治医生不批准的，限制措施即应解除。对患者采取限制措施的，应依专业规范，定期观察患者的病情和生理需要。观测结果应记载于患者病历。

（6）只有基于合理的理由，安排合理的等候时长，才能使患者等候。

（7）医疗服务过程中，为保护患者的体面，只有在必要时，且于专业上合理的范围内，方能使患者除去衣着。

联络的权利

第 11 条

（1）住院患者行使第 2 款至第 7 款所列权利，应遵守医院管理制度，尊重其他住院患者的权利，不干扰医疗服务的顺利开展。如何确保患者行使权利不干扰医疗服务的开展，由医院制定细则，但不得限制这些权利的内容。除第 2 款至第 7 款所列权利外，医院的规章制度亦得赋予患者更多权利。

（2）患者住院期间，有权利以书面或口头形式与他人保持联系，有权利接待访客。患者得禁止将其接受治疗的事实或者任何其他与治疗相关的信息披露给他人。只有为了患者利益，应患者近亲属或者对患者负有医护义务之人的请求，方得披露此类信息。

（3）重症患者有权利指定他人陪护自己。对无法律能力的患者，得由第 16 条第 1 款、第 2 款所述之人指定患者的陪护人。本款所谓重症患者，系指因为病情，在身体上无力照顾自己，或者疼痛甚至不能用药物来抑制，或者处于心理危机状态的患者。

（4）未成年患者有权利要求父母、法定代理人，或者自己或法定代理人指定之人陪护。

（5）分娩期妇女有权利指定一成年人，从阵痛到分娩，直到分娩后，一直陪护自己；只要母亲和新生儿的健康状况允许，母亲即有权利要求将新生儿置于自己房间。

（6）患者有权利和自己所信奉宗教的教派代表保持联络，并得自由从事敬拜活动。

（7）患者有权利使用自己的衣物，法律另有规定的除外。

离开医疗机构的权利

第 12 条

（1）只要不会危及他人的人身安全或健康，患者有离开医疗机构的权利。仅在法律明文规定的情形，方得对此项权利加以限制。

（2）患者应将其离院意图告知主治医生，主治医生应将离院情况记入病历。

（3）患者未知会主治医生即行离院的，主治医生应将相关情况记入病历，倘患者病情有需要的，主治医生还应知会主管当局（competent authorities），或者无法律能力患者或限制行为能力患者的法定代理人，说明患者离院情况。

（4）［主治医生］应将安排患者出院的计划提前告知患者或其近亲属，倘有可能，应至少提前 24 小时告知。

（5）患者无法律能力的，行使第 1 款的权利，应经法定代理人同意。

知情的权利

第 13 条

（1）患者有权利要求［医疗服务提供人］以个人化的形式提供全部信息。

（2）就以下事宜，患者有权利得到详尽的信息：

a）患者的健康状况，包括医生的医学评估；

b）医生推荐的检查和治疗措施；

c）施行或者不施行推荐的检查和治疗方法，其可能的效果和风险；

d）医生计划的检查和治疗时间；

e）患者有决定是否接受推荐的检查和治疗方法的权利；

f）可能的替代方法；

g）疗程和预期结果；

h）额外的服务；以及

i）医生建议的生活方式。

（3）患者有权利在医生告知信息当时或之后，提出额外的问题。

（4）患者在接受了检查或治疗后，有权利知道检查或治疗是否成功，或者是否发生了意外结果及其原因。

（5）患者无法律能力或者行为能力受到限制的，在和其年龄及精神状态相称的范围内，仍有获取信息的权利。

（6）患者有权利了解直接为自己提供医疗服务的医护人员的身份、资格及专业地位等信息。

（7）医疗机构的营运人应为患者主张知情的权利提供必要的条件。

（8）患者有权利要求医疗服务提供人，依患者的年龄、教育背景、知识结构、心理状态以及患者表达的意愿，以患者可理解的方式提供相关信息。倘有必要和可能，应提供翻译和手语服务。

第 14 条

（1）具有完全行为能力的患者，得放弃知情的权利，为了不危及他人而必须将病情告知患者的情形除外。倘患者主动要求采取某项医疗措施，且非出于治疗目的，则须以书面形式，方能有效放弃知情的权利。

（2）具有完全行为能力的患者，得以书面形式或任何其他可靠方式，指定他人代自己接受相关信息。

（3）虽在非经患者同意即得施治的情形，患者亦有知情的权利。

自主决定的权利

第 15 条

（1）患者有自主决定的权利，仅在法律规定的情形，依法律规定的方式，方得限制。

（2）患者行使自主决定的权利，得自由决定是否接受医疗服务，于接受医疗服务过程中，在考虑到第 20 条所设限制的前提下，得同意或者拒绝采用何种医疗措施。

（3）患者得参与涉及检查和治疗的决策。除本法所设之例外，施行任何医疗措施，[1]皆应在患者获知适当信息，不受欺诈、威胁和压力而表示同意后（以下称作"知情同意"[2]），方得为之。

---

[1] 是任何医疗措施，而不限于侵入性医疗措施。
[2] 在我们节译的这两章，并未再使用"知情同意（informed consent）"的表述。

（4）除本法另有规定外，第 3 款所说的同意，得以口头、书面或者可推断的行为（implied behavior）〔1〕为之。

（5）侵入性的医疗措施（invasive procedures），应取得患者书面同意，患者不能为书面表示的，应有两位证人在场，患者以口头声明或其他方式为之。

（6）患者得随时撤回同意表示。患者没有正当理由而撤回同意表示的，就医疗服务提供人为此合理支出的费用，应予补偿。

第 16 条

（1）除本法另有规定外，具备完全行为能力的患者，得以公证文书（public deed）或确凿无疑的私人义书（fully conclusive private deed），或者在患者不能书写的情形，有两位证人在场，以口头声明的方式，

a）指定一完全行为能力人，代行同意或拒绝治疗的权利，并依第 13 条接受相关信息，

b）排除第 2 款所列之人代患者行使同意或拒绝权利或依第 13 条接受相关信息，至于是否依 a 项指定了他人，在所不论。

（2）患者无行为能力或行为能力受限制，又无人得依第 1 款 a 项代为表示的，除第 1 款 b 项所述情形外，下列人等，得依所示顺位，在第 4 款所设限制范围内，代行同意或拒绝的权利，

a）患者的法定代理人，倘无此等人，

b）下列具备完全行为能力且与患者共同生活者（sharing household with），

ba）患者配偶或事实婚配偶（common-law spouse），倘无此等人，

bb）患者子女，倘无此等人，

bc）患者父母，倘无此等人，

bd）患者兄弟姊妹，倘无此等人，

be）患者的祖父母、外祖父母，倘无此等人，

bf）患者的孙子女、外孙子女，

c）倘无 b 项所列亲属，则为下列具备完全行为能力但未与患者共同生活者，

ca）患者子女，倘无此等人，

cb）患者父母，倘无此等人

---

〔1〕　可推断的行为，例如张口、伸臂、躺卧、解衣等，单纯的沉默非为同意。

cc）患者兄弟姊妹，倘无此等人，

cd）患者的祖父母、外祖父母，倘无此等人，

ce）患者的孙子女、外孙子女。

（3）同顺位数人意见不一的，于患者健康最为有利的决定，应予考虑。

（4）第 2 款所列之人，应在依第 13 条获知相关信息后表达其意见，并得就主治医生推荐的侵入性治疗方法表示同意。除第 20 条第 3 款所述情形外，此种表示，在医疗干预本身之外，不得对患者健康造成不利影响，尤其不得造成严重或持久的伤害。患者一旦获得完全行为能力，应即刻将相关之人的表示告知患者。

（5）即便在同意或拒绝的权利系由第 2 款所列之人行使的情形，在专业上可能的范围内，无行为能力或限制行为能力患者的意见仍应予以考虑。

第 17 条

（1）倘患者因其病情，不能为同意表示，且

a）获取第 16 条第 1 款 a 项所列之人的同意表示，会导致治疗迟误，

b）在侵入性治疗场合，获取第 16 条第 1 款 a 项或者第 16 条第 2 款所列之人的同意表示，会导致治疗迟误，而迟延施治会给患者健康造成严重或持久的损害，[1]

则得假定（assumed）患者已经同意。

（2）倘不施治，

---

〔1〕 b 项针对侵入性治疗，故以迟延施治会造成严重损害为要件，此项相当于中国《侵权责任法》第 56 条；a 项针对一般治疗措施，立法者大概认为，对患者危害较轻，故不以迟延施治会造成严重损害为要件。

2003 年，有诉愿人于宪法法院起诉，称 a 项"迟误"云云，措辞糊模（只要去征得同意，总会有迟延），造成法律的不安定，从而架空患者的自主决定权利。宪法法院认为，"面临迟误危险，而不必征得患者指定之人同意的情形，我们不能指望立法予以穷尽列举，因为医疗实践中不同性质的此种情境甚多。是以，对'迟误'概念的任何立法界定，都定会妨碍施展在医学上正当的、必要的医疗干预。立法通过之际，不能预见并开列诸多具体情境的清单，例如，患者指定之人不知所在，从而可以适用第 17 条第 1 款 a 项。宪法法院认为，穷尽列举'迟误'的具体情形，反会威胁法律安定，因为在医疗实践中，立法者未曾预见的新情势当会不断涌现，总会有这样的情形，立法者并不允许免除掉患者指定之人的表示。如此一来，就需要不断修法"，从而驳回诉愿。See Decision 22/2003 of the Hungarian Constitutional Court of 28 April 2003, XI - 1, pp. 55~56，资料来源于匈牙利宪法法院官网：http://www.mkab.hu/case - law/translations，访问日期：2016 年 9 月 3 日。

a）会严重危及他人的健康或人身安全，包括妊娠 24 周以上的胎儿，此外，〔1〕

b）倘患者生命处于直接的危险中（并应考虑第 20 条至第 23 条），

则得不待患者同意即行施治。

第 18 条

（1）在实施侵入性治疗过程中，倘出现不可预见的、需要扩张治疗范围的情况，又未就此取得同意，除第 2 款所设例外，仅在下列情形，方得扩张治疗：

a）构成［得不经同意即行施治的］紧急情况；或者

b）倘不扩张治疗，会给患者带来不相称的沉重负担。

（2）第 1 款所说的扩张治疗，倘会导致器官或身体部分丧失，或功能完全丧失，未就此取得同意的，仅在患者生命处于直接危险中或者第 1 款 b 项所述情形，方得扩张治疗。

第 19 条

（1）非为患者提供医疗服务而利用患者的细胞、细胞成分、组织、器官以及活体切除的身体部分的，要经患者书面同意。以通常方式利用这些材料而对材料加以破坏的，不必经患者同意。

（2）在本法范围内，患者有权利决定其死亡后遗体得供医疗利用。患者得禁止为医疗、研究或教学目的而自其遗体切除任何器官和组织。

拒绝医疗服务的权利

第 20 条

（1）除第 6 款的情形外，并考虑第 2 款至第 3 款的规定，具有完全行为能

---

〔1〕　少见的立场，相关讨论，参见唐超："未经同意不得施治的义务与强行剖腹产案件"，载《民商法论丛》（第 56 卷），法律出版社 2014 年版。

2000 年，多位诉愿人质疑第 17 条第 2 款的合法性，称患者可能基于宗教或信仰，拒绝接受治疗，第 17 条第 2 款、第 20 条第 1 款，遂侵犯了宪法保护的信仰自由和宗教自由的基本权利。宪法法院认为，第 17 条第 2 款 a 项、第 20 条第 1 款对同意和拒绝权利的限制，正当性在于保护他人生命健康。这两条并不意味着基于信仰的行为不受保护，而是说，基于信仰的行为不致侵害他人的基本权利（生命或健康权）。这两条，合乎基于宪法第 8 条第 2 款所设立的标准，并不违背宪法条款。宪法第 8 条第 4 款对基本权利的限制（非常时期、危险状态），与这里讨论的两条并无关系。See Decision 36/2000 of the Hungarian Constitutional Court of 24 October 2004，Ⅲ‑1.2，p.16. 匈牙利宪法法院官网：http://www.mkab.hu/case‑law/translations，访问日期：2016 年 9 月 3 日。

力的患者，得拒绝接受医疗服务，此举会危及他人生命或人身安全的除外。

（2）不接受某种医疗措施，会给患者健康造成严重或永久损害的，应以公证文书或者确凿的私人文书形式为拒绝表示，在患者不能书写的情形，应有两位见证人在场。在后种情形，患者的拒绝表示应记入病历，并由见证人签字证明。

（3）只有患者罹患严重的不治之症，依目前的医学水平，即便提供充分的医疗服务，亦会在短期内死亡的，方得拒绝维持生命或挽救生命的医疗措施，任疾病自然演化。患者的拒绝表示，得依第 2 款的形式要求为之。

（4）患者依第 3 款拒绝接受医疗服务的，应经 3 位医生组成委员会，检查患者身体，倘以书面形式一致认为，患者充分认识了其决定的后果，且第 3 款的要件已经满足，此外，在委员会表达其意见后第三天，还要有两位证人在场，由患者再次重复其拒绝接受医疗服务的意图，患者的拒绝方为有效。倘患者不认同医疗委员会的检查结果，其拒绝接受医疗服务的表示，得不予考虑。

（5）第 5 款〔1〕所说委员会，由患者的主治医生、一位经委员会认证的（board-certified）〔2〕从事所涉领域而又未参与患者治疗的医生，以及一位经委员会认证的精神科医生组成。

（6）妊娠期患者，〔医务人员认为其〕得足月妊娠的，不得拒绝维持生命或挽救生命的医疗措施。

（7）在第 2～3 款所述的拒绝情形，应通过个人谈话以了解患者拒绝治疗的原因，并努力说服患者改变决定。在此过程中，除第 13 条所列信息外，还应再次向患者说明不施行治疗的后果。

（8）患者得随时以任何形式撤回其拒绝决定。

第 21 条

（1）患者为无行为能力人或者限制行为能力人的，第 20 条第 2 款所说的医疗措施，不得拒绝。

（2）患者为无行为能力人或者限制行为能力人，第 20 条第 3 款所说的医疗措施遭拒绝的，医疗服务提供人应请求法院准予治疗。在法院为最终决定前，

---

〔1〕 应为第 4 款。

〔2〕 医生自医学院毕业，完成住院医生实习，并于特定专业在监督下接受培训，最后通过特定专业医疗委员会（medical specialty board）的资格考试，即得谓"经委员会认证的医生"（简作 BC）。

主治医生应依患者病情，提供所有必要的医疗服务。患者生命面临直接威胁的，不必乞援于法院，即得施行必要医疗措施。

（3）主治医生为履行第 2 款下的义务，必要时得乞诸警力。

（4）依第 2 款请求法院准予治疗的，法院应毫不迟延地启动诉讼外程序（out-of-court proceedings），此种程序免费。除非依本法或者程序的非诉讼性质可以得出不同结论外，应适用 1952 年《民事诉讼法》相关规定。

第 22 条

（1）完全行为能力人，得以公证文书形式，针对嗣后丧失能力的情形，预为拒绝下列医疗活动，

a）第 20 条第 1 款所说的特定检查和治疗，

b）第 20 条第 3 款所说的医疗措施，

c）倘罹患不治之症，因此生活不能自理，或者遭受巨大痛苦，不能以合适方法减轻，则得拒绝特定的维持生命或挽救生命的医疗措施。

（2）完全行为能力人，得以公证文书形式，针对嗣后丧失能力的情形，预为指定一完全行为能力人，代行第 1 款所说的权利。

（3）经委员会认证的精神科医生，于患者依第 1～2 款作出表示之前一个月内出具医学鉴定，确认表意人完全理解其决定的后果的，［预为的拒绝表示或指定］表示有效。此等表示，应每两年更新一次，不论患者是否具备行为能力，得随时撤回此等表示，且无任何形式要求。

（4）［受指定的］完全行为能力人依第 2 款拒绝医生施治的，第 20 条第 4 款所说的委员会应就以下事宜出具意见，

a）第 1 款设定的条件是否成立，

b）第 2 款所说之人，其为决定之际，是否认识到了决定的后果。

第 23 条

（1）就第 20 条第 3 款所说的医疗措施，只有确凿无疑地证明患者不愿接受或者要求停止的，方得停止施治或者不予施治。在存疑情形，患者的私下表示应予考虑；未有此等私下表示的，则假设患者同意接受维持生命或挽救生命的医疗措施。

（2）在拒绝接受治疗的情形，不得以任何手段迫使患者或第 22 条第 2 款所说之人改变决定。即便在拒绝第 20 条第 3 款所说的医疗措施的情形，患者亦有权利接受旨在减轻痛苦的医疗服务。

查阅病历资料的权利

第 24 条

（1）患者有权利了解其病历资料中记载的信息，有权利获取第 135 条所列有关医疗服务的信息。

（2）病历资料由医疗服务提供人处分，记载的信息则由患者处分。

（3）患者有权利

a）了解医疗信息的管理事宜，

b）了解和自己有关的医疗信息，

c）查阅病历资料，并自费获取副本，

d）于出院之际得到出院小结（第 137 条），

e）出于正当目的，自费得到自己医疗信息的书面概要或节要。

（4）患者认为病历记载不准确或者不完备的，得要求补充或更正，主治医生（或者其他负责处理相关信息之人）应将此节记载入病历，并附自己的专业意见。错误信息既经记载于病历，遂不得删除，而只得加以更正并保留原始记载可以辨识。

（5）倘病历中的记载涉及他人的保密信息，则患者的查阅权以及第 3 款所列权利，只得就涉及患者自己的部分行使。

（6）无行为能力患者的查阅权利，由第 16 条第 1 款、第 2 款所述之人行使。

（7）患者于接受医疗服务过程中，得书面授权其指定之人查阅病历资料并获取副本。

（8）医疗服务结束后，只有患者以确凿无疑的私人文书授权之人，方有权查阅病历资料并获取副本。

（9）患者有生之年，或者患者故去后，其配偶、直系亲属、兄弟姐妹或者事实婚配偶，倘合乎如下条件，即得以书面形式请求查阅患者的医疗信息，

a）获取这些信息，是为了

aa）查明可能影响患者配偶、直系亲属、兄弟姐妹或者事实婚配偶生命或健康的原因，或者

bb）为 aa 小项所列之人提供医疗服务，并且

b）没有其他途径得获取这些医疗信息，也无法通过推断得到这些信息。

（10）在第 9 款的情形，只有那些直接关乎第 9 款 a 项所说原因的医疗信息，方得获取。信息的提供，由患者的主治医生为之，或者由医疗服务提供人

的医务处主任（director of medical services），依信息提供的要求为之（倘有必要，还应与主治医生磋商）。

（11）患者死亡的，患者的法定代理人、近亲属或继承人，有权利以书面形式，要求了解涉及死亡原因的信息、涉及死亡前医疗活动的信息，并可查阅病历资料，自费获取副本。

（12）医疗信息和个人信息的处理和保护事宜，更细致的规则由另法规定。

要求医务人员保密的权利

第25条

（1）参与为患者提供医疗服务之人，于提供医疗服务过程中获知的患者医疗事宜和个人信息（以下简作医疗秘密，medical secret[1]），患者既得许其披露给相关权利人，亦得要求其保密。

（2）患者得明确表示，谁得获取其医疗信息及期待的结果，又将谁全部或部分地排除在外，不许获取其医疗信息。

（3）于下列情形，虽未经患者同意，其医疗信息亦应予以披露，

a）法律令之，

b）为保护他人的生命、人身安全或健康。

（4）倘不掌握相关信息，会导致患者健康状况恶化的，得不经患者同意，将信息披露给负责患者继续护理和治疗之人。

（5）患者得要求，只有那些于提供医疗服务有必要之人，方得于检查、治疗之际在场，经其同意之人亦得在场，法律另有规定的除外。

（6）患者得要求检查、治疗场所能防他人觑听，因病情急迫难为防范的除外。

（7）患者得允许将其住院事宜及病情发展情况知会其指定之人，亦得排除特定人，不许其知晓。医院应依患者指示，将其入院事宜、地点的变更以及病情的重大变化，告知患者指定之人。

患者的义务

第26条

（1）患者接受医疗服务的，应尊重并遵守相关法律规则及医疗机构的规章

---

[1]　在我们节译的这两章，未再使用这一术语。

制度。

（2）患者健康状况允许的，应依其能力和知识，和参与医疗服务的医务人员密切合作，

a）向医务人员说明诊断（预备治疗）和施行必要医疗干预所需要的一切详尽信息，尤其要说明病史、治疗和用药史以及遭受健康损害的风险因素，

b）和自己疾病有关的一切细节，可能危及他人生命或人身安全的，皆应向医务人员说明，尤其是传染性疾病以及使得患者不能从事某项工作的疾病和病情，

c）就卫生部法令（decree）所列举的传染性疾病，应告知医务人员可能的传染来源和可能被自己传染的人，

d）向医务人员说明，自己就医疗活动此前发布过何等法律声明（legal statement），

e）遵守医务人员就医疗活动发布的指示，

f）遵守医疗机构的内部规章制度，

g）依法律规定，承担自付部分（co-payment），

h）依法律规定，出示有关个人信息的可靠证据。

第 27 条

（1）患者和患者亲属行使权利之际，应尊重其他患者的权利。

（2）患者和患者亲属行使权利，不得侵犯法律规定的医务人员的权利。

（3）行使患者权利的方法，在本法的界限内，应遵守医疗机构的内部规章制度。

第三节　患者权利的落实

第 28 条

医疗服务提供人在患者入院时或实际提供医疗服务前，根据患者的健康状况，应向患者说明其享有的权利、落实这些权利的可能性以及医疗机构的内部规章制度。本条亦得视情况而适用于其他得行使自主决定权利之人。

对患者投诉的调查

第 29 条

（1）患者就接受的医疗服务，得向医疗服务提供人或者其主办机构（maintaining entity）投诉。

（2）医疗服务提供人或者其主办机构应展开调查，于10日内以书面形式向患者通报调查结果。患者行使投诉权，无碍其依特别的法律规则，就投诉的调查事宜转而乞援于其他机构。医疗服务提供人应使患者注意到此点。

（3）投诉调查的细则，由医疗服务提供人的内部规则定之。

（4）患者投诉应记录在案，涉及投诉和调查的相关文件，应保存5年。

患者权利维护人

第30条

（1）患者权利维护人（patient advocate）应依第2～5款，代表患者维护本法所界定的患者权利，帮助患者了解并落实这些权利。

（2）维权服务，尤其包含以下内容：

a）就获取病历资料、发表评论以及提问事宜，帮助患者，

b）就口头表达投诉内容以及启动投诉调查事宜，帮助患者，

c）基于患者的书面授权，向医疗机构或者其主办机构的首长投诉，进而就患者治疗事宜，向主管当局（competent authorities）采取行动，并在此类行动中代表患者利益，

d）定期向医务人员通报有关患者权利的规则以及规则变动情况，通报医疗机构患者权利的落实情况。

（3）患者权利维护人只能在患者授权范围内，参与个案。

（4）患者权利维护人应提醒医疗服务提供人或者其主办机构的首长，注意医疗服务提供人于履行义务过程中可能存在的不法做法或其他弊端，并就革除弊端提出建议。倘不法行为坐实，权利维护人得乞援于相关机构或个人。

（5）患者权利维护人，应格外维护那些因年龄、身体或精神障碍、健康状况或社会地位而处于弱势地位的患者的权利。

第31条

（1）在其权限范围内，且不害及医疗服务的顺畅供给，患者权利维护人有权利，

a）进入医疗服务提供人的处所，

b）获取相关文件，

c）向医务人员提出质询。

（2）患者权利维护人应保守患者秘密，并依相关法律规则处理患者的个人信息。

第 32 条

（1）患者权利维护人应在国家公共卫生和医疗事务办公室（National Public Health and Medical Officers' Services）的组织架构内展开工作。

（2）为患者权利维护人所代表的患者提供医疗服务的医疗服务提供人，患者权利维护人不得与之有雇佣关系。

第 33 条

（1）医疗服务提供人应确使患者及患者亲属了解患者权利维护人的身份事项及联系方式。

（2）就患者权利维护人发表的评论意见，医疗服务提供人的首长应于 10 个工作日内展开调查，主办机构应于 30 个工作日内展开调查［倘主办机构为市政当局或市议会，应于下次会议展开调查］；［医疗服务提供人或者其主办机构］针对患者权利维护人评论意见所发布的任何立场，都应向患者权利维护人通报。

调解委员会

第 34 条

（1）为了通过诉讼外程序解决医患间的法律纠纷，当事人得共同启动调解程序解决纠纷。

（2）调解程序的规则及调解委员会（mediation council）的组成，由另法规定。

第六章 医务人员的权利义务

医务人员的医疗服务供给义务

第 125 条

在紧急情况下，不论时间地点，医务人员应在可能的范围内，利用可得的工具，立即采取必要措施向危难中人施以急救。于存疑情形，假定（presume）事态确实紧急。

第 126 条

（1）医务人员负有强制性的提供本地医疗服务义务的（in-area care），于其工作时间内，应采取第 2 款和第 5 款所写明的措施，并合乎医务人员的专业能力和技术要求，为需要的患者提供医疗服务。

（2）具备专业能力和技术要求，获准从事此类服务的医生，应为所有需要的患者，提供检查服务。视检查结果而定，要么提供治疗服务，要么，倘缺乏物质和人员条件，即应将患者转往具备条件的医生或医疗服务提供人处。

（3）为患者提供的检查服务，包括审视主治医生知道的所有主诉，查明患者的病史，发现影响患者康复的患者个人情况。

（4）只有在病情急迫，需要采取挽救生命的医疗措施的情形，方得免去第 2～3 款所列的措施。

（5）不具备医学资质要求的医务人员，应于其能力范围内提供患者需要的检查服务，倘超出医务人员能力范围的，即应知会具备相应检查能力的医生。在后种情形，倘患者病情有需要的，在医生接手前，该医务人员即应完成其专业能力和技术允许的一切医疗措施。

第 127 条

（1）在医生缺席（absent）或者出于其他原因而不能提供医疗服务的期间里，

　　a）主治医生的雇主，

　　b）主治医生自己（替代其雇主），

　　c）或在主治医生不能提供服务的情形，地区主管当局，以医疗服务提供人的费用，

应安排其他医生为患者提供检查和治疗服务，有值班医生（on-duty physi-cian）负责处理主治医生工作的情形除外。

（2）替代主治医生接手患者的医生，或者值班医生，应于恰当时间内，以恰当的方式，向主治医生详细介绍（brief）患者的医疗情况。

第 128 条

（1）为确保医疗服务的持续供给，负有提供本地医疗服务义务的医务人员，在合乎雇主的规则和专门的法定条款的前提下，于其正常工作时间之外，应

　　a）随叫随到，或于特定地点随时待命（stand-by），或者

b）提供值班服务（on-duty services）。

（2）第1款中的

a）随时待命，意指于正常的工作时间之外，于可达的特定地点或者医疗服务提供人指定的特定地点，做好了工作的准备；

b）值班，意指在正常轮班没有必要或者不可能的情形，于正常的工作时间之外，亦得于工作地点展开工作（并得到加班费用），此外同时从事值班任务和落入医务人员职务范围的任务。

检查、治疗方法的选择

第 129 条

（1）在医学上成立的数种检查、治疗方法中（如第 119 条第 3 款 b 项所列），主治医生于有效的法律框架内，得自由选择自己或其他参与医疗服务之人所掌握的、于可得的物质和人员条件下能实施的方法。

（2）合乎下列条件，方得适用选定的检查、治疗方法，

a）患者已依本法规则表示同意，并且

b）采取医疗措施的风险比不采取医疗措施的风险低，或者有充分理由承担此风险。

（3）主治医生履行其职务，得为以下事宜：

a）于检查、治疗活动中，得请求具备其他资格的医生或医务人员参与，

b）建议或者召集会诊。

第 130 条

（1）主治医生于其职责范围内，得向参与医疗服务的医务人员发布指示。发布的指示包含以下内容：对应予完成的任务的清晰说明，完成任务的地点和时间，倘有必要，可以请求其他医务人员参与，并于指示中说明拟邀请人员的姓名和工作内容。

（2）参与医疗服务的医务人员，

a）应依指示中所设条件，遵循执业守则，执行主治医生发布的指示，

b）倘发生了不可预见的事件，或者导致患者病情恶化的事件，应即刻知会主治医生，不能知会主治医生的，应知会其他参与治疗的医生，

c）倘认为遵循指示会给患者健康造成不良影响，或者出于其他担心，应即刻告知主治医生，不能告知主治医生的，应告知其他参与治疗的医生，

d）倘依其应掌握的医学知识，认为遵循指示会危及患者生命或者给患者健康造成永久损害，而这又并非治疗的必要结果，则得拒绝执行指示，并即刻知会主治医生。

（3）在第 2 款 c 项所述情形，倘主治医生仍要求医务人员执行指示，医务人员得要求主治医生以书面形式发出要求。

（4）在主治医生发布的指示框架内，就如何完成任务，医务人员仍得本着其专业能力和经验，自为决定。

拒绝提供医疗服务的权利

第 131 条

（1）对寻求医疗服务的患者，于下列情形，直接参与医疗服务的医生得拒绝检查，

a）其他患者需要紧急医疗服务，或者

b）与患者的个人关系，妨碍了其提供医疗服务，

但应将患者转往其他医生处。

（2）医生自己的健康状况或其他障碍，使得医生的身体不适宜提供医疗服务的，得拒绝为患者提供检查和进一步的治疗服务。

（3）为患者提供了检查服务的医生，于下列情形，得拒绝继续提供治疗服务：

a）患者的健康状况不需要治疗，

b）患者或者将患者转介来的医生（referring physician），其要求的医疗服务在专业上没有理由，

c）医疗服务提供人不具备相应的人员或物质条件，并将患者转介给专业上可靠的医疗服务提供人，或者

d）患者的病情并不需要立即治疗，为患者检查的医生得要求患者稍迟再来就诊，或者依 b 项行事。

（4）为患者提供检查服务的医生，倘认为转介医生或患者要求的治疗服务与法令（statutes）或职业规范相冲突，得拒绝为之。

（5）下列情形，医生亦得拒绝治疗：

a）所要求的治疗措施与医生的道德观念、良心或宗教信仰相冲突，

b）患者严重违反合作义务（第 26 条第 2 款），

c）患者的举止冒犯了医生或对医生构成威胁，由病情造成的除外，

d）患者的行为将医生的生命或身体健康置于险境。

（6）在第5款a项和c项所述情形，只有合乎下列条件，方得拒绝治疗：

a）拒绝治疗不会害及患者健康，并且

b）将患者转介给其他医生，或建议患者依己意另寻医生。

第 132 条

（1）医务人员不具备医生资格的，于下列情形，应拒绝患者的治疗要求：

a）提供患者要求的治疗服务与法令（statutes）或职业规范相冲突，

b）因自己的健康状况或其他障碍，在身体上不适宜提供相应服务。

（2）医务人员不具备医生资格的，出于第131条第5款所述原因，得拒绝提供其能力范围内的服务，并应同时知会主治医生。

第 133 条

雇用医务人员的医疗服务提供人负有提供本地医疗服务（in-area care）义务的，医务人员欲依第131条第5款a项行使拒绝权利［良心反抗权］，应于雇佣关系开始前，即以书面形式将此情况知会雇主，或者在服务过程中，此种情形一旦发生，立即知会雇主。

提供信息的义务

第 134 条

（1）除第14条第1~2款所涉情形外，主治医生应依第13条的要求，以合格医生应有的知识水平，向患者详细说明病情。

（2）患者的行为能力受到严重损害或受限制的，主治医生应向第14条第2款或第16条所列之人说明。

（3）预先整批置备的泛泛性质的信息册页，不能替代口头说明。

（4）在相称的情形，第209条第1款和第5款、[1]第210条第1款e项、[2]

---

［1］ 第209条第1款："在摘取捐献者的器官或组织之前，除第13条的一般规则外，还应以口头及书面形式，充分告知关涉医疗措施的一切重要情况，尤其是摘除器官或组织之后可能的短期和长期后果，还应告知捐献者死亡后的强制验尸程序的相关情况。捐献者的信息，由并未直接参与器官移植的医生处理。"第209条第5款："对接受捐献的患者，应依一般规则（第13条），告知一切重要情况，尤其是以下事宜：a）捐献者的健康风险，b）死亡后的强制验尸要求，c）器官或组织的来源。"

［2］ 此处援引条款有误，当为哪条，待考。

第 219 条第 2 款 e 项〔1〕所列情况，当纳入应告知的信息。

第 135 条

（1）主治医生应以审慎谨饬的态度，告知患者相关信息，考虑到患者的病情，倘有必要，应逐步告知。

（2）向患者告知信息，应特别注意普通知道的、重大的副作用，可能的后果，治疗的疗效及发挥疗效的可能性。医生应查实患者确已了解相关信息，倘有必要，医生还应为获知相关信息的患者提供心理治疗服务。

病历义务

第 136 条

（1）医疗档案应包含关涉患者检查、治疗的信息。临床图表的制作，应反映治疗的实际过程。

（2）医疗档案应包含以下信息：

a）患者的身份信息，

b）患者有完全行为能力的，在紧急情况下应联络的人，患者为未成年人或者设有监护人的，监护人的姓名、地址和联络方式，

c）患者的病史，疾病的病源，

d）初始检查的结果，

e）用作诊断或治疗基础的检查/检测，其结果和日期，

f）施行治疗所指向的疾病名称，潜在的疾病（underlying diseases），并存的疾病（comorbidities），并发症，

g）并不需要直接治疗的疾病名称，以及风险因素，

h）医疗干预的时间和结果，

i）药物治疗和其他治疗，治疗的结果，

j）患者对药物过敏的情况，

k）负责记录的医务人员的姓名及记录日期，

l）列明提供给患者（或者获授权接受信息之人）的信息，

m）患者同意治疗（第 15 条第 3 款）或者拒绝治疗（第 20～23 条）的事实及日期，

----

〔1〕 此处援引条款有误，当为哪条，待考。

n）可能会影响治疗结果的一切其他信息和事实。

（3）下列资料应纳入患者档案：

a）经实验室测试而发现的情况，

b）治疗或会诊过程中形成的书面文件，

c）护理档案，

d）成像诊断程序中所形成图像的副本，

e）对提取的患者组织样本加以检测，发现的结果。

第 137 条

由数块内容构成的医疗服务活动结束，或者住院医疗服务结束，应作成书面扼要报告（出院小结），并且除第 14 条第 1 款所述情形外，扼要报告应交给患者。

保密义务

第 138 条

（1）所有医务人员以及医疗服务提供人雇佣的所有人员，就患者的健康状况以及提供医疗服务过程中获悉的所有患者信息，皆负无期限的保密义务。至于信息是患者直接提供，抑或经检查、治疗而知悉，抑或由医疗文件而间接知悉，抑或以其他方式知悉，在所不问。

（2）患者已披露的信息，或者法令（statutes）明确要求提供的信息，自无保密要求。

医务人员的保护

第 139 条

医务人员以及受雇于医疗服务提供人的任何其他工作人员，为下列行为时，皆作公务人员论：

a）出具法医学专家报告，

b）判断是否适宜工作，判断工作能力受损害的程度，

c）判断是否适宜从事特定行业的工作，

d）从事的医学检查，系颁发健康许可证程序的一部分，

e）从事医学检查，以判断是否合乎接受其他医疗服务、医疗保险或者福利服务的条件，

f）采取强制性的公共卫生措施，

g）应主管当局的要求或听从主管当局的命令，从事检查或治疗，

h）提供值班或紧急医疗服务。

提升业务水平的权利和义务

第 140 条

医务人员及受雇于医疗服务提供人的其他人，既有权利亦有义务不断发展和更新其业务知识，跟上当前的医学水平及其发展动态。

保加利亚卫生法（节译）[1]

第三章　医疗服务

第二节　患者权利和义务

第84条　患者[2]

（1）患者，谓寻求或得到医疗服务之人。

---

[1] 除宪法中涉及卫生事务的条款外，患者权利散见于多份法律文件：《药品法》（1995），《医疗保险法》（1998），《医生和牙医协会法》（1998），《食品法》（1999），《卫生法》（2004），等等。最重要的条款有：

1998年《医疗保险法》第4条："强制医疗保险借由特定类型、范围、数量的各种医疗活动组成的服务包，确使受保人免费得到医疗服务，并保证受保人得自由选择此等服务的提供人。"

《医生和牙医协会法》明确了医生的权利和义务，以及违反行为准则应受何种处罚，这些直接关乎患者权利。

《医疗机构法》于第九章引入认证程序（accreditation procedure），指向患者得到优质医疗服务的权利。

2004年《卫生法》（Health Act）系"医疗卫生领域的宪法"，首次试图规制公民在医疗卫生领域的地位、权利和义务。该法第2条写道："保护公民健康，是实现公民身体的、心灵的以及社会维度的整体幸福状态的条件，系国家的优先事务，政府应通过落实诸项原则，如医疗服务资源的平等利用原则、确保医疗服务可及和优质的原则，来践行此点。"这里节译的，即该法第三章第二节。

除立法外，患者权利并散见于政府颁布的多部规章和法令。医生和牙医协会制定的行为准则，亦直接、间接涉及患者权利。

现有两部患者权利义务法的议案，提交至保加利亚议会（R. Gaidarski 提交的 N° 554 – 01 – 19 草案，A. Shterev 提交的 N° 554 – 01 – 37 草案）。倘通过这样的法案，有助于公民认识、实现、保护自己身为患者的权利。

以上内容，参见欧盟患者权利网站：http://europatientrights. eu/countries/ratified/bulgaria/bulgaria. html，访问日期：2016年9月3日。

《保加利亚卫生法》（Health Act），资料来源于世界卫生组织官网：http://www. who. int/fctc/reporting/Bulgaria_annex2_act_on_health. pdf，访问日期：2016年9月，唐超译。

[2] 这份法律文件的条文标题系译者添加。

（2）任何人，非经其同意，不得登记为患者，法律另有规定的除外。

第 85 条　禁止歧视

评估患者的健康状况，不得以种族、性别、年龄、族群、出身、宗教、教育、文化水平、信仰、政治背景、性取向、社会地位和财产地位为据。

第 86 条　患者权利

（1）患者享有如下权利：

（i）民事、政治、经济、社会、文化和宗教权利受到尊重；

（ii）得到所居住社区的医疗服务；

（iii）得到可得的、优质的医疗服务；

（iv）就疾病的诊断、治疗和预后，得到第二意见；

（v）医疗信息得到保护；

（vi）得到工作报酬，相当于健康状况下应当得到的报酬；

（vii）以患者能理解的语言，告知患者其享有的权利、负担的义务；

（viii）就患者的病情和可能的治疗方法，向患者提供清晰易懂的信息。

（2）住院患者享有如下权利：

（i）接受家庭医生以及发布住院指示的专科医生的探访；

（ii）接受或拒绝探访；

（iii）接受心理医生、律师和牧师的服务；

（iv）接受教育，参加合乎其社会、宗教、文化需要的活动；

（v）了解初级医疗服务和住院医疗服务期间各项医疗措施、操作、药物的价格信息。

（3）患者行使权利，应遵守医疗机构内部结构、活动和秩序的相关规则。

第 87 条　知情同意

（1）非经患者知情同意，不得施行医疗活动。

（2）患者未成年或者法律能力受限制的，除取得患者的知情同意外，尚需取得父母中至少一位或者照管人（custodian）的知情同意。

（3）患者为少儿或者被法院宣告无法律能力的，应取得父母中至少一位或者监护人（trustee）的知情同意，法律另有规定的除外。

（4）患者有精神障碍并且不能为知情同意表示的，由法院依第 162 条第 3

款指定之人代为知情同意。[1]

第88条　说明义务

（1）为获知情同意，主治医生应分别向患者、父母、照管人或监护人，以及依第162条第3款由法院指定之人，说明以下事宜：

（i）诊断结果和疾病的性质；

（ii）推荐疗法的目标和性质，合理的替代疗法，期待的结果和预后；

（iii）推荐疗法的潜在风险，包括副作用、意外的药物反应、疼痛和其他不适；

（iv）发挥疗效的可能性，施行其他疗法或者不治疗的可能风险。

（2）前款所说的信息，应以合适的方式，及时地向患者、父母、照管人或监护人，以及依第162条第3款由法院指定之人说明，提供的信息应充分，足以使权利人得自由决定。

第89条　特殊情形下的同意

（1）在手术、全身麻醉、侵入性的诊断治疗情形，或者在诊断治疗方法给患者生命健康造成重大风险，或者暂时改变意识的情形，信息的说明及知情同意，皆应以书面形式为之。

（2）只有患者生命面临紧迫危险，且

（i）患者的身体或精神状况，使其不能为知情同意表示，

（ii）在法律有要求的场合，又不能及时取得父母、照管人或监护人，以及依第162条第3款由法院指定之人的知情同意，

第1款所说医疗活动，出于患者的健康利益，方得不经书面同意而施行。

（3）患者因精神障碍不能为同意表示的，只有经医疗伦理委员会许可，或者在没有医疗伦理委员会的场合，取得患者合法代理人（legitimate representatives）或者医疗机构首长的同意，[2]方得施行第1款所说的医疗活动。

第90条　拒绝治疗

（1）患者、父母、照管人或监护人，以及依第162条第3款由法院指定之

---

〔1〕　第162条第3款："法院认定患者无能力的，应就是否强行施治发布裁决，并于患者亲属中指定一人，代为知情同意。遇有利害冲突，或者没有亲属的，法院应指定市政医疗机构的一位代表或者市长、市政当局任命之人，代为知情同意。"

〔2〕　在比较法上，目前所见只有此例与中国《侵权责任法》第56条，提到了医疗机构首长。

人，得拒绝接受医疗服务，或者随时停止接受医疗服务。

（2）依第 1 款拒绝治疗的，应于病历中记明并签字确认。

（3）患者、父母、照管人或监护人，以及依第 162 条第 3 款由法院指定之人，欠缺能力或者拒不签字确认的，应由主治医生及一位见证人签字确认。

（4）父母、照管人或监护人依第 1 款拒绝治疗，而患者生命又面临危险的，医疗机构首长得决定施治，以挽救患者生命。

第 91 条　得不经同意的情形

仅在法律明确规定的情形，方得违背患者意愿施治。

第 92 条　主治医生的说明义务，患者拒绝了解信息

（1）主治医生应向患者说明以下事宜：

（i）患者病情及治疗的必要性；

（ii）患者罹患的疾病及其预后；

（iii）主治医生计划的预防、诊断、治疗和康复措施，以及相应风险；

（iv）诊断治疗的替代方案；

（v）参与诊断治疗人员的姓名、职业地位及专业。

（2）患者以书面形式拒绝的，第 1 款第 2 项、第 3 项的信息得不予说明。

（3）依第 2 款不向患者说明的决定，应于病历中记明。

第 93 条　投诉和处罚

（1）患者或者患者父母、照管人或监护人，或者患者授权之人，认为患者权利遭侵害，或者就医疗服务发生纠纷，得向地方卫生中心（Regional Healthcare Centre）[1]投诉和报告。

（2）地方卫生中心应于 7 天内审查投诉或报告。

（3）地方卫生中心的审查人员认为确有行政违法的，应编制证据，中心主任应依《行政处罚法》（Administrative Violations and Sanctions Act）发布处罚命令。

（4）地方卫生中心认定的行政违法行为，依《医生和牙医协会法》（Doctors' and Doctors of Dental Medicine Professional Organisations Act）以及《医疗

---

〔1〕　第 7 条第 1 款："在各行政区划内，政府的卫生政策由地方卫生中心（Regional Healthcare Centre）以及公共卫生保护和控制地方监察员（Regional Inspectorate for Public Health Protection and Control）负责落实和组织实施。"

保险法》（Health Insurance Act）应受处罚的，地方卫生中心应将投诉情况知会保加利亚医生和牙医协会地方分会和地方医疗保险基金。

（5）完成审查后 3 天内，地方卫生中心应将审查结果和采取的措施知会患者。

第 94 条　患者的义务

患者应

（i）注意维护自己的健康；

（ii）不损害他人健康；

（iii）对医疗服务提供人从事的改善、恢复患者健康的活动，患者应予协作；

（iv）遵守医疗机构的秩序。

第 95 条　姑息治疗

（1）绝症预后不良的（unfavourable prognosis），患者有权接受姑息治疗。

（2）姑息治疗的目标在于，通过减轻或消除疾病的某些症候，以及疾病相关的不良心理、社会影响，来维持患者的生活质量。

第 96 条　姑息治疗

（1）姑息治疗包括：

（i）医学观察；

（ii）旨在照顾患者、减轻患者疼痛和心理、精神负担的医疗活动；

（iii）对患者和患者亲属的精神支持。

（2）家庭医生、提供门诊和住院治疗服务的医院、诊所（dispensaries）、济贫院（hospices）负责提供姑息治疗。

（3）提供姑息治疗的条件，由卫生部以规章定之。

第 97 条　禁止安乐死

保加利亚共和国域内，不得施行安乐死。

第 98 条　尸检

（1）患者于医疗机构死亡的，经知会患者父母、成年子女、配偶或兄弟姐妹，应加尸检。

（2）患者于医疗机构外死亡的，经报告死亡的医生或死者亲属请求，得加尸检。

（3）应死者亲属请求，医疗机构首长得发布命令，免于尸检。

（4）尸体交法医处理的，无须尸检。

南非全民医疗服务法（节译）[1]

政府公报，2004 年 7 月 23 日，
2013 年 9 月 2 日最近修订

第二章　服务利用人及医务人员的权利和义务

第 5 条　紧急医疗服务

医疗服务提供人、医务人员或者医疗机构，不得拒绝紧急医疗服务的要求。

第 6 条　医疗服务利用人了解信息的权利

（1）医疗服务提供人应向医疗服务利用人（user）告知以下事宜：

（a）服务利用人的健康状况，除非依具体情势下的显著证据，披露服务利用人的健康信息有悖其最佳利益；

（b）服务利用人一般可以得到哪些诊断方法和治疗方案；

（c）各项方案一般伴随的利益、风险、费用和后果；

（d）服务利用人拒绝服务的权利，并说明拒绝医疗服务的医学后果、风险和责任。

（2）医疗服务提供人依第 1 款向服务利用人告知有关信息，应尽可能使用相对方能理解的语言，在告知方式上，亦应考虑服务利用人的读写能力。

第 7 条　服务利用人的同意

（1）在第 8 条的前提下，未经医疗服务利用人的知情后同意，不得向其提供服务，除非

（a）服务利用人不能表达意志，并由下列人等代为同意：

---

〔1〕《南非全民医疗服务法》（National Health Act, 2003），资料来源于南非法律信息研究所（Southern African Legal Information Institute）官网：http://www.saflii.org/za/legis/consol_act/nha2003147/，访问日期：2016 年 5 月 11 日，唐超译。

（i）服务利用人书面委托之人；

（ii）法律或者法院命令授权之人；

（b）服务利用人不能表达意志，又无人受委托或授权代为同意的，配偶或伴侣代为同意，倘无此等人，父母、（外）祖父母、成年子女或兄弟姐妹中的一人，依清单所列顺序，代为同意；

（c）依法律或者法院命令，得不经知情同意而提供医疗服务；

（d）不对医疗服务利用人（或者包括了该人的特定人群）施加医疗服务，会给公众健康造成严重风险；或者

（e）迟延提供服务，可能导致服务利用人死亡或者不可逆的健康损害，而且利用人未曾明示、默示或者以行为表达过拒绝意思。

（2）医疗服务提供人应采取一切合理措施，以获取医疗服务利用人的知情同意。

（3）本节所谓"知情同意"，意指具有法律能力之人同意接受特定医疗服务，而且已经知晓了第6条所说的信息。

第8条　参与医疗决策

（1）医疗服务利用人有权利参与影响自身健康和治疗的任何决策。

（2）（a）倘是服务利用人之外的他人给予第7条要求的同意，应尽可能事前与服务利用人磋商。

（b）即便服务利用人欠缺第7条要求的为知情同意表示的法律能力，只要有理解能力，即应向其告知第6条的信息。

（3）服务利用人不能参与决策的，亦应于医疗服务提供之后，向其告知第6条的信息，除非告知这些信息有悖其最佳利益。

第9条　未经同意的医疗服务

（1）在适用相关法律的前提下，未经医疗服务利用人同意而将其收治入医疗机构的，应于48小时内，将收治事宜知会医疗机构所在省的负责人，并提供法律要求的其他信息。

（2）第1款所说的48小时期间，期间届满正值周六日或公共假期的，医疗机构应于并非假日的次日午前，将收治事宜及其他信息知会所在省的负责人。

（3）服务利用人于收治后24小时内，表示同意接受该医疗机构所提供服务的，第1款即不予适用。

第10条 出院报告

（1）医疗机构于服务利用人出院之际，应向其出具出院报告（discharge report），并写明应包含的信息。

（2）第1款所说出院报告，应包含哪些信息，由部长考虑以下因素决定：

（a）所提供服务的性质；

（b）服务利用人的预后；

（c）后续治疗的必要性。

（3）就门诊病人，报告得采取口头形式，但就住院病人，必须采取书面形式。

第11条 为试验或研究目的开展的医疗服务活动

（1）医疗机构出于试验或研究目的开展医疗活动的，在活动开展之前，并遵从第2款的规定，应以法律规定的方式，告知服务利用人医疗活动的试验或研究性质，或者属于某试验或研究项目的一部分。

（2）只有医疗服务利用人、负责治疗活动的医疗服务提供人、所涉医疗机构首长以及相关医学研究伦理委员会，或者任何其他获授权之人，事前书面批准提供所说医疗服务，医疗机构方得开展第1款所说的试验或研究性质的活动。

［2012年3月1日生效］

第12条 信息发布

国家及省的卫生主管部门、地区医疗委员会以及市政当局，就其负责供给的医疗服务的内容，应向社会发布恰当、充分、全面的信息，包括以下内容：

（a）医疗服务的类型及可及性；

（b）医疗服务的组织事宜；

（c）工作时间表，寻医看病的时间安排；

（d）获得医疗服务的程序事宜；

（e）可能对公众有用的，其他方面的信息；

（f）投诉的程序事宜；

（g）服务利用人和医疗服务提供人的权利、义务。

第13条 病历保管义务

依《南非国家档案馆法》（National Archives of South Africa Act, 1996）及

《获取医疗信息法》（Promotion of Access to Information Act, 2000），医疗机构的负责人应确保为每位医疗服务利用人制作并保管病历，病历中应包含法律要求的信息。

第 14 条　保密

（1）涉及服务利用人的一切信息，包括涉及其健康状况、治疗事宜或住院情况的信息，皆为保密信息。

（2）除第 15 条的规定外，任何人不得披露第 1 款所说的信息，除非：

（a）服务利用人以书面形式同意披露；

（b）法院命令或者法律规定有此要求；

（c）隐瞒信息会给公众健康造成重大威胁。

第 15 条　病历获取

（1）倘为合法目的所必需，可以接触病历的医务人员或者医疗服务提供人，在其通常业务职责范围内，本着服务利用人的利益，得将病历中的个人信息披露给其他人、医疗服务提供人或者医疗机构。

（2）本条所谓"个人信息（personal information）"，从《获取医疗信息法》第 1 条之界定。

第 16 条　医疗服务提供人获取病历

（1）医疗服务提供人得为下列目的，查阅服务利用人的病历：

（a）经利用人同意的治疗活动；

（b）经利用人、医疗机构首长以及相关医学研究伦理委员会的同意，为科研教学而使用相关信息。

（2）第 1 款 b 项所说科研教学活动，并不需要或者并不体现所涉服务利用人身份信息的，即不必取得第 1 款所要求的同意。

第 17 条　病历保护

（1）医疗机构负责人应设立控制措施，防止未经授权而能获取病历或者进入病历保管设施或系统的情况发生。

（2）下列情形构成犯罪（offence），得处罚金或者一年以下有期徒刑，或者两者并处：

（a）未履行第 1 款课加的义务；

（b）以增添、删除或更改病历中所载信息的方式伪造病历的；

（c）未获授权而制作、更改或者销毁病历的；

（d）经合理要求，应该制作、更改病历而未制作、更改的；

（e）故意提供虚假信息的；

（f）未获授权而复制病历或者病历任一部分的；

（g）未获授权，将病历中的个人身份信息与病历中涉及利用人健康状况、治疗事宜及病史的信息联系起来；

（h）非法获取病历或者进入病历保管系统，包括拦截传输中的信息；

（i）未获授权，将存储病历的电脑或其他电子系统：

（Ⅰ）与其他电脑或电子系统相连接；或者

（Ⅱ）与任何终端或其他设备相连接，而这些终端或设备又与其他电脑或电子系统相连接或者构成后者的一部分；

（j）未获授权，修改或损坏：

（Ⅰ）存储病历的电脑或其他电子系统中，操作系统任一部分；

（Ⅱ）存储病历的电脑或其他电子系统中，用来记录、储存、调取、显示信息的程序的任一部分。

第18条　投诉

（1）任何人对在医疗机构所受待遇不满意的，得提起投诉并要求投诉得到调查。

（2）行政委员会（Executive Council）及各市议会（municipal council）的相关人员，应在其负责的全民医疗服务区域内，制定投诉程序规则。

（3）投诉程序规则，

（a）所有医疗机构皆应以醒目方式展示投诉程序规则，使进入医疗机构的人可以看到，并应经常地向医疗服务利用人传递有关投诉程序规则的信息；

（b）就私立医疗机构，得允许向医疗机构首长投诉；

（c）一定要有受理投诉的条款，不论投诉事宜是否落于医疗机构权限范围内；

（d）就不在医疗机构权限范围内的投诉，得转交给恰当的机构。

（4）第1款所说的投诉之人，必须遵守相关投诉程序规则。

第19条　服务利用人的义务

服务利用人：

（a）于医疗机构接受医疗服务，应遵守医疗机构的规章制度；

（b）在适用第 14 条的前提下，向医疗服务提供人说明有关自己健康状况的准确信息，配合医疗服务提供人的医疗活动；

（c）对医疗服务提供人和医务人员，应以礼相待，示以尊重；

（d）倘不接受推荐的医疗服务，应在出院书或豁免责任书上签字。

第 20 条　医务人员的权利

（1）不得因医务人员的健康状况，而使医务人员受到不公平对待。

（2）但是，在适用相关法律的前提下，医疗机构首长，得依部长颁发的指引（guidelines），基于医务人员的健康状况，为医务人员得提供的服务设定条件。

（3）任何医疗机构都应采取措施，

（a）将医务人员身体和财产可能受到的损害和危险减到最低；

（b）将疾病传播的风险降到最低。

（4）倘医疗服务利用人对医务人员有身体或口头上的侵犯，或有性骚扰情况，医务人员得拒绝继续服务。

戊帙

患者约章

奥地利联邦与克恩滕州保护患者权利协议（患者约章）[1]

奥地利共和国联邦法律公报

1999年9月7日出版

国会议决：

依《联邦宪法》第15a条，批准订立如下协议：

保护患者权利协议（患者约章）

联邦（由联邦政府代表）与克恩滕州（由州长代表），下文谓之协议当事人，依《联邦宪法》第15a条，约同订立如下协议：

---

〔1〕《奥地利联邦与克恩滕州保护患者权利协议（患者约章）》［Agreement on Guaranteeing the Rights of Patients（Patients' Charter）］，资料来源于联合国人权事务高级专员办事处官网：http://www.ohchr.org/Documents/Issues/Children/Study/RightHealth/Austria3.pdf，访问日期：2016年9月3日，唐超译。

在奥地利法律体制下，患者权利事宜非由特别法规制，而是散见于民事、刑事、行政法律及行业规范中。此种局面，乃是由联邦和州在医疗事务方面的权限分工决定的（《宪法》第10条第1款、第12条第1款、第15条第1款）。联邦并无规制一切医疗事务的立法权限，是以不能制定涵盖全部患者权利的联邦法律。

自1999年开始，依《宪法》第15a条，就患者权利事宜，联邦分别与九个州订立协议，即所谓"患者权利约章（Patientencharta）"。依次为：联邦法律公报Ⅰ1999/195（联邦－克恩滕州Carinthia）；联邦法律公报Ⅰ2001/89（联邦－布尔根兰州Burgenland）；联邦法律公报Ⅰ2001/116（联邦－上奥地利Upper Austria）；联邦法律公报Ⅰ2002/36（联邦－下奥地利Lower Austria）；联邦法律公报Ⅰ2002/153（联邦－施泰尔马克州Styria）；联邦法律公报Ⅰ2003/88（联邦－蒂罗尔州Tirol）；联邦法律公报Ⅰ2003/127（联邦－福拉尔贝格州Vorarlberg）；联邦法律公报Ⅰ2006/42（联邦－维也纳Vienna）；联邦法律公报Ⅰ2006/140（联邦－萨尔茨堡Salzburg）。

患者权利约章揭明了所有相关的患者权利，但只对联邦和州具有拘束力。患者不得据之提起诉讼。就医患关系而言，只要立法机关尚未将这些权利整合入法律中，约章的政治意义即大于法律意义。约章各方当事人，俱应于其职责范围内，努力制定或落实相关法律，保护患者权利。事实上，约章列明的权利，大多都已写入立法。See Aline Leischner et al., *Medical Law in Austria*, Kluwer Law International, 2011, p. 77.

目的与定义

第1条

（1）协议双方当事人，于各自颁布、施行法律的职责范围内，确使下面的患者权利得到保护。

（2）得行使本协议所称患者权利之人，乃是出于健康原因而利用医疗服务或者需求医疗服务之人。

（3）医疗服务之供给，由自由执业医务人员和医疗机构（以为患者和康复期病人提供健康维护、健康检查、疾病治疗、手术、分娩以及护理服务为职能的机构）为之。

第1节　基本规定

第2条

患者人身权利应受特别保护。不论于何种情形下，患者尊严应受尊重及保护。

第3条

不得因患者罹患或者疑其罹患某种疾病而加歧视。

第2节　获得医疗服务的权利

第4条

（1）协议当事人应确使所有患者，不论年龄、性别、出身、财产、宗教信仰、疾病的性质和病因，或者类似因素，都能得到及时、有用和恰当的医疗服务。

（2）只要遵从奥地利共和国的义务，针对非奥地利公民，法律亦得要求，只有患者自己承担或者第三人承担医疗费用的，方能得到医疗服务；患者面临生命危险、分娩在即或者遭受严重健康损害需要立即施治的，前句不予适用。

第5条

（1）医疗服务（第4条第1款），通过医院、门诊机构、包括家庭护理在内的院外医疗服务、自由执业的医务人员以及药房来确保供给。前句亦适用于尤其对精神障碍病人的服务。

（2）健康促进、预防和工业医学、康复以及护理领域的医疗服务，亦应得到确保。

（3）应采取相应组织措施（organizational measures），确保医疗、护理服务的连续供给。

第 6 条

（1）应依具体情势下的可能性，确保医学上必要的紧急治疗、救助及转运。

（2）应确保药品、医疗产品的必要供给。

第 7 条

（1）提供诊断、治疗、护理服务，应合乎目前技术水平（state-of-the-art），遵照公认的方法。并应以特别注意，采取最能减轻疼痛的方法。

（2）倘医院的服务目的与范围不能确保患者得到合乎目前技术水平的服务，则应确保能将患者转送到其他合适医院。

（3）医院提供医疗服务，应达到专科医生水平（medical specialist level）。

第 8 条

协议当事人同意，医疗服务应受质量控制，并落实目前技术水平的质量保证措施。

第 3 节　人格受尊重的权利

第 9 条

（1）患者私人领域应受保护。

（2）数位患者身处一室或于一室接受治疗的，应采取适当结构措施或组织措施，以保护患者私密和私人领域。

（3）尤其针对长期住院患者，应采取措施，创造家庭般的外部环境（famil-iar surroundings）。

第 10 条

医院和护理机构（health cure institutions）的日常组织、治疗和护理规则，应尽可能适应普遍接受的生活节奏。

第 11 条

协议当事人同意，药品和医疗产品的临床试验，或者采用新的治疗方法，非经周密伦理评估，不得许其施行。

第 12 条

依入院患者的愿望，应使患者能得到宗教服务。

第 13 条

（1）就医疗相关数据，以及因医疗服务之提供所造成的情势而患者于其间有保密利益的，《数据保护法》（Datenschutzgesetz）适用之。

（2）例外仅以《数据保护法》写明的情形为限。

（3）就非经自动化处理的数据，亦应有知情及更正的权利。

第 14 条

（1）应确保住院患者能够接待探访，确保患者得保持其他联络方式。患者不愿接待探访或者特定访客的，应尊重其意愿。

（2）应给患者相应途径，使患者得指定可靠之人（confidant）代患者接受信息（尤其在患者健康状况长期恶化的情形），并在通常探访时间之外，亦得联络患者。

第 15 条

（1）住院患者死亡的，应使其得有尊严地死亡。包括负有义务以尽可能减轻患者痛苦的方法施治。

（2）应使患者指定的可靠之人有机会联络濒临死亡的患者。濒临死亡的患者不愿接受探访的，应遵从其意愿。

第 4 节　自我决定的权利和知情权利

第 16 条

（1）患者有权利自始知晓有关诊断和治疗，以及风险和后果的信息。患者有权利知晓自己的健康状况，治疗过程中如何与医生合作，以及如何安排自己的生活来支持治疗。

（2）应考虑患者个性和教育水平，并根据具体情势，以合适方式告知患者相关信息。

（3）患者亟须治疗，而据具体情势，细致的说明会害及患者利益的，应据患者利益而调整说明内容。

（4）患者有权利不知晓相关信息；不得鼓动患者行使此项权利。

（5）自始即应向患者说明可能承担的医疗费用。

第 17 条

（1）非经患者同意，不得施治。

（2）仅当患者不能为知情后同意，[1]且延宕治疗会严重危及患者生命或健康的，方得不经同意而施治。

（3）就没有能力判断（accept）治疗的理由或重要性，或者没有决定能力的患者，[2]只有经依法指定的代表人同意，倘有必要，并经法院批准，方得施治。

（4）未经依法指定的代表人同意，在倘有必要的情形，未经法院批准，只有获取代表人同意或法院批准的时间延宕会危及生命或严重伤害健康的，为避免此等风险，方得施治。

（5）医疗措施涉及到对患者人身自由的限制或者对其他人身权利的妨碍，且未经患者有效同意的，倘获取代表人同意或法院批准的时间延宕不会危及生命或严重伤害健康，只有经代表人或法院允诺（appropriate engagement），方得施治。

第 18 条

患者有权利预先发表声明，表明在其失去行为能力的情形下不接受治疗或者不接受某种治疗方法的意愿，以备将来医疗决策之际将其意愿尽量纳入考虑。

第 19 条

（1）患者有权利查阅涉及自己的包含诊断、治疗、护理措施相关信息的医疗文档，包括诸如 X 光片之类的补充材料。

（2）仅在依据具体情势，为患者利益不可避免的情况下，才得对前句权利加以限制。只要患者没有明确排除的，患者的代表人亦得不受限制地享有查阅

---

〔1〕　指患者有识别能力但陷入昏迷状态等情形，不包括未成年或无识别能力这样的情形。

〔2〕　指患者无识别能力的情形。

权利。

第 20 条

（1）未经明确同意，任何人不得被纳入临床试验或者被用于教学、培训目的。此种同意得随时撤回。

（2）将他人数据用于医学研究的，应取得所涉之人明确同意。此际，从个人数据应受保护的基本权利衍生出来的权利，应以特别注意加以保护。

第 5 节 有关医疗文档权利

第 21 条

（1）对诊断、治疗、护理措施，应加以必要记载。向患者说明的过程，患者对治疗的同意或者拒绝，亦应记载于医疗文档。

（2）患者明确表达的意愿，亦应记载于医疗文档。

（3）依前款表达的意愿，尤其得为依《医院和疗养院法》（KAG）第 62a 条对摘取器官的反对，亦得为依第 18 条表达的意愿。

第 22 条

患者有权利请求得到文档副本，但应支付恰当成本。第 19 条第 2 款应予适用。

第 6 节 针对未成年人的特别规则

第 23 条

虽未成年人，亦应依其心智发育状况（stage of development），向其提供相应信息。

第 24 条

为免生命威胁或严重健康损害风险所必要之医疗措施，倘延宕会造成危险的，虽有悖父母或监护人明确意愿，亦应施行；其他情形，则应取得法院批准。

第 25 条

（1）考虑具体情势，使未足法定年龄之未成年患者，得有相关人（a person to whom the child relates）陪伴。

（2）收治未足法定年龄之未成年患者住院的，倘患者未满 10 周岁，经相关人请求，应使相关人亦得进入陪伴。倘因空间原因不能安排相关人进入的，相关人有概括的探访权利，仅得基于重大医学或组织理由而对探访权利加以限制。

（3）应相关人请求，应尽可能使其参与未成年人治疗。

第 26 条

主要用于未成年人治疗的机构、部门或场地，应依患者年龄加以适当配备。

第 27 条

（1）收治未成年患者住院，应在组织上可能的范围内，与收治成年患者区隔为之。

（2）负责治疗、护理未成年患者的医务人员，应经培训，能应对与未成年患者年龄和心智发育状况相应的需求。

第 28 条

医院主办机构应采取恰当组织措施，使未成年学龄患者于长期住院期间，依相关教育法律接受教育。

第 7 节　维护患者利益的组织

第 29 条

（1）应设立代表患者利益的独立机构，并配备必要人员及物质条件。独立患者代表机构不受指令支配，并负保密义务。这些机构的义务在于处理患者及患者亲属的投诉、对缺陷和弊端（defects and shortcomings）展开调查，以及信息传递事宜。患者代表机构应能提出建议。

（2）独立患者代表机构应与维护患者利益的患者自助组织寻求合作。

（3）对患者投诉，应加调查，患者亦得通过独立患者代表机构来维护其利益。调查结果应向患者说明。因乞援于患者代表机构而发生的任何费用，患者皆不承担。

第 30 条

（1）就关乎患者的根本性、一般性事宜作出决定前，应给独立患者代表机构以表达立场的机会。尤其在以公共资金设立新的住院机构和门诊机构之前，在对法律法规的建议草案加以评估的程序中，还有对根本性的未来规划。

（2）在关乎患者的法律法规建议草案的评估程序中，应给予患者自助组织的上级组织（parent organization）发表意见的机会。

第 31 条

（1）协议当事人应确保医疗领域工作实绩的信息人人可得。

（2）应确保自由执业的医务人员和医疗机构的主办机构提供其工作实绩的客观信息。

第 8 节　损害赔偿请求

第 32 条

就医疗领域的民事责任，仅当有利于患者的，方得背离有关损害赔偿请求的规定以及有关证明责任和担保（warranty）的一般规则。

第 33 条

于仲裁机构和类似机构就庭外和解（out-of-court settlement）事宜展开磋商的，诉讼时效中断，直到仲裁程序停顿或者因其他原因停止后，得提起诉讼的合理期间经过为止。

第 9 节　附　则

第 34 条　生效

（1）协议当事人声明，联邦宪法和克恩滕州宪法所要求的生效要件已经满足，自该声明送达联邦劳动、卫生与社会保障部的下月首日，本协议生效。

（2）前款声明送达的，联邦劳动、卫生与社会保障部应知会协议当事人。

第 35 条　实施

协议当事人应于各自权责范围内，颁布相应法律，以落实本协议。

第 36 条　修订

惟经协议当事人同意，以书面形式，本协议方得修订。

第 37 条　存放

以原本形式草拟之本协议，存放于联邦劳动、卫生与社会保障部。另将经验证的副本递交克恩滕州。

联邦劳动、卫生与社会保障部代表联邦
豪斯塔赫（Hostasch）

克恩滕州州长代表克恩滕州
海德尔（Haider）

依第 34 条第 1 款，本协议于 1999 年 9 月 1 日生效。
克里马（Klima）

苏格兰患者权利和责任约章[1]

凡利用苏格兰全民医疗服务体系者，皆享有相应权利，负有相应义务。

苏格兰政府，爱丁堡，2012

苏格兰政府依 2011 年《患者权利（苏格兰）法》
第 1 条第 7 款 b 项提交苏格兰议会。

2012 年 9 月

SG/2012/171

苏格兰全民医疗体系（NHS）

本约章中称"全民医疗服务（NHS services）""全民医疗体系工作人员
（NHS staff）"者，谓地方卫生委员会（local Health Board）、专科卫生委员会、
庶务署（Common Services Agency，亦称全民服务苏格兰 National Services Scot-
land），适当情形下的医疗服务改善部（Healthcare Improvement Scotland），[2]
提供之医疗服务、雇佣之工作人员。一般包括依契约提供全民医疗服务的独立
缔约人及其工作人员（如全科医生、牙医、配镜师及药剂师）。

---

〔1〕《苏格兰患者权利和责任约章》（The Charter of Patient Rights and Responsibilities），资料来源
于苏格兰政府官网：http://www.gov.scot/resource/0039/00390989.pdf，访问日期：2016 年 9 月 3 日，
唐超译。

〔2〕 苏格兰医疗服务改善部（Healthcare Improvement Scotland），依《公共服务改革法》[Public
Services Reform（Scotland）Act 2010] 设立，接管了苏格兰全民医疗质量改善部（NHS Quality Improve-
ment Scotland）的职能，以及医疗委员会（Care Commission）就独立医疗服务的监管职能。苏格兰医疗
服务改善部（HIS）制定计划，来落实苏格兰政府在医疗优先次序方面的政策，尤其是落实医疗质量
战略（Healthcare Quality Strategy）。医疗服务改善部（HIS）：①为有效的临床实践，制定循证的（evi-
dence-based）建议、指南和标准；②推动和支持医疗服务质量的改善；③通过对实施情况的审查和报
告，来保证医疗服务的质量和安全。参见苏格兰政府官网：http://www.gov.scot/Topics/Health/Quality-
Improvement-Performance/HealthCareImprovementScotland，访问日期：2016 年 9 月 3 日。

引 言

《患者权利法》于 2011 年 2 月 24 日由苏格兰议会通过，2011 年 3 月 31 日获御准。

该法赋予患者权利，患者得到的医疗服务应：

– 考虑患者需求；

– 考虑何者最有利于患者健康和福祉；

– 鼓励患者参与医疗决策，并为此提供相应信息和帮助。

该法并赋予患者权利，就接受的医疗服务，可以提出反馈、发表评论、表达关切的问题或者投诉。

该法要求苏格兰政府颁布《患者权利和责任约章》，概述利用全民医疗体系的患者享有的权利和负有的义务，以及对此等患者之医疗服务有切身利益之人享有的权利和负有的义务。

约章之用

《患者权利和责任约章》（"约章"）概述了阁下于苏格兰全民医疗体系下接受服务，所享有的权利和应尽的责任，以及所可期待者。

阁下于苏格兰利用全民医疗体系时应尽到的责任，若干见于法律。其他则为，为全民医疗体系更高效地运转、更可靠地利用资源，而有待于诸人襄助者。

约章亦使阁下知晓，倘认为自己权利未受尊重，阁下当何所为作。

第 24 页所列 7 份"阁下的健康与权利（Your health，your rights）"，[1] 就本约章所列诸项权利和责任的意旨，有更详尽阐发，亦可于苏格兰政府官网（www. scotland. gov. uk）及苏格兰医疗权利信息网站（www. hris. org. uk）获取。

第一部分 患者的权利和责任

本部分，就阁下利用全民医疗服务体系时之权利责任，加以说明。

亦就全民医疗服务体系有待于阁下者，略加说明。

本部分之信息，分置于下列标题：

---

〔1〕 这份法律文件的第 24 页，即文件的第三部分，本书第 352 页。

医疗资源的获取（access）：阁下于利用全民医疗服务时之权利。

沟通和参与：就医疗服务事宜，知情的权利，参与医疗决策的权利。

保密：保护个人健康信息安全和秘密的权利。

尊重：得到尊重对待的权利。

安全：得到安全有效服务的权利。

反馈和投诉：就医疗服务发表意见的权利，要求自己关切的事宜及投诉得到处理的权利。

一、医疗资源的获取：阁下于利用全民医疗服务时之权利

（一）此项权利的内容

• 全民医疗服务，系免费提供。包括全科诊所、当地药房、医院或诊所，以及急诊室。还可以得到免费的眼科和牙科检查。

·亦有例外。例如，某些服务和设施可能需要付费，如（多数）牙科服务和配镜。

·有些人可以在费用方面得到帮助。欲更详细知晓，何者需要付费，往返医院的交通费用是否可以得到补助，可参见散页《医疗费用补助快览》（A quick guide to help with health costs）。散页可自阁下全科诊所处获取，亦可自地方药房、配镜师、牙科诊所、患者建议和帮助服务处（Patient Advice and Support Service，联系方式见第25页）[1]或政府官网（www.scotland.gov.uk）获取。对苏格兰、爱尔兰全民医疗体系下卫生委员会辖区居民，苏格兰、爱尔兰患者交通方案（Highlands and Islands Travel Scheme）不经家计调查，即提供交通费用补助。

·倘阁下来自海外，旅居苏格兰期间需要医疗服务，应为特定服务支付费用。可查询网页 www.nhsinform.co.uk，或者致电全民医疗热线（NHS inform Helpline）0800 22 44 88。

---

〔1〕 患者建议和帮助服务（Patient Advice and Support Service），系苏格兰公民咨询局（Scottish Citizens Advice Bureau）提供的服务。为利用全民医疗服务之人提供独立、免费、秘密的信息、建议和帮助，旨在为患者、患者照护人（carers）及家属，在接受全民医疗服务方面提供帮助。这项服务促进对患者权利和责任的认识和理解。患者就接受的医疗服务，欲有所反馈、评论、表达关切或者投诉，亦为其提供建议和帮助。参见 http://www.cas.org.uk/about-us/partnerships-services/cab-service-partners/patient-advice-and-support-service，文件第25页，本书第363~364页。访问日期：2016年9月3日。

• 接受全民医疗服务，阁下的医疗需求应予考虑。

· 卫生委员会于提供医疗服务之际，应考虑阁下需求。

· 然卫生委员会亦必须考虑他人权利、临床判断以及全民医疗体系下最为有效的资源利用方式。

· 断不会因阁下之年纪、残障、性别、性取向、变性、婚姻或伴侣关系、妊娠、种族、宗教或信仰因素，加以不法歧视，而将阁下拒之于全民医疗服务门外。

• 地方卫生委员会对本地社区的医疗需求加以评估，并依需求提供其认为必要的医疗服务。

· 就如何最有效地利用掌握的资源来满足辖区医疗需求，卫生委员会应为明智决策（informed decisions）。

• 依欧盟相关制度安排，阁下有权利于其他欧洲经济区国家公立医院接受医疗服务，特定情形，亦可于独立医院（independent hospital）接受医疗服务，不过附加了若干条件。阁下倘欲往其他欧洲经济区国家接受医疗服务，应先与地方卫生委员会商讨，尤其应核实清楚以下事宜：

· 欲寻求的医疗服务是否在欧盟相关安排涵盖范围内；

· 针对阁下具体情况的最佳方案；

· 对医疗费用，地方卫生委员会是否提供资金或者报销（倘可以报销，报销水平）；

· 哪些服务内容，卫生委员会可以在国内提供。

• 就接受全民医疗服务，阁下有得到帮助的权利。

· 阁下就诊时，得使他人在场。阁下应将此点告知工作人员。〔在场人〕可以是照护人（carer）、家属、伴侣、朋友、代表人或者其他医务人员。

· 倘阁下需要翻译或手语译者，或者其他沟通方面的帮助，得请求工作人员提前安排。

· 倘阁下罹患精神疾病，可以得到独立代表人（independent advocate）[1]

---

〔1〕 独立代表人（independent advocate）系阁下要求或授权代表自己之人，可以是邻居、朋友、亲属、来自代表人组织的志愿者，或者付费的独立代表人。独立代表人的主要职责有：①帮助阁下表达自己的意见，在需要做出关乎阁下生命的医疗决策时，使阁下的意见、愿望、权利得到阁下家庭、照护人或专业人员的尊重；②确保阁下于各阶段皆能得到充分信息，以便为知情抉择；③帮助阁下表达自己的决策，或代表阁下表达。包括使阁下的观点、愿望得到充分考虑，确保阁下的权利得到理解和维护。参见 http://www.independentage.org/factsheets/independent-advocacy-in-england/，访问日期：2016 年 9 月 3 日。

的帮助。全民医疗体系工作人员会为阁下安排。

·倘阁下希望与医院牧师接谈，得要求工作人员安排。

·倘阁下需利用交通工具，往医院或诊所就诊，得请求全民医疗体系工作人员或者地方卫生委员会，得到患者交通服务。

·患者建议和帮助服务处（Patient Advice and Support Service）得为阁下提出建议，告知阁下可以得到哪些服务。联络方式参见第 25 页。

● 向全科诊所（GP practice）登记的权利。[1]

·不论是得到全科医疗服务，还是转诊往医院，一般皆要通过阁下的全科医生。倘阁下未能于选中的全科诊所处获得注册，卫生委员会当帮助阁下联系其他全科医生。

·阁下得于自己的全科诊所指明偏爱的特定医生。全科诊所应尽力满足任何合理的偏好。

·在特定情形下，全科医生得将阁下于诊所名册中除名，例如，阁下迁出诊所辖区，或者于诊所内举止不端、口出不敬。

● 就商妥的医疗服务，阁下有权利于 12 周内得到服务，此即所谓治疗时间保证。

·已计划以住院或门诊形式为患者提供医疗服务的，患者有权利自双方商妥之日起 12 周内开始接受服务。例如，髋关节或者膝关节置换，或者疝气手术。

·倘商妥的医疗活动 12 周内仍未开始，卫生委员会应说明原因，并告知阁下如何投诉。卫生委员会应采取措施，也要考虑到其他患者的临床需求，确使阁下得于下个空当得到商妥的医疗服务。

·少数医疗服务不列入治疗时间保证。更多信息可见散页"阁下的健康和权利：医院等候时间"。如何得到散页见第 24 页。

（二）全民医疗体系有待于阁下者

● 阁下应择一全科诊所登记。

·欲得全科医疗服务，或转诊接受医院服务，一般而言，得首先联络阁下的全科医生。倘阁下未能于青睐的全科诊所登记，卫生委员会得帮助阁下另觅

---

[1] 全科医生多半组成诊所，以医疗团队形式提供服务。例如，赫恩山合伙诊所（Herne Hill Group Practice）网页写明，这是由五位全科医生建立的合伙诊所，隶属于兰伯斯医疗团体（Lambeth Clinical Commissioning Group）。网址：http://www.hernehillgp.nhs.uk/，访问日期：2016 年 9 月 3 日。

其他诊所。

● 阁下应择一牙科诊所登记。

·倘阁下未能于全民医疗体系内自己青睐的牙科诊所登记，卫生委员会得为阁下提供其他愿意接受全民医疗体系患者的牙科诊所的详细信息。全民医疗信息中心（NHS inform）得帮助阁下另觅其他诊所。信息中心的联络方式，参见第 24 页。

● 倘阁下和全科医生、牙医、眼科、医院或诊所约好就诊时间，自当践约。

·倘不能践约，应尽快知会医生，使其得安排其他患者。

·准时践约。倘将迟到的，应知会工作人员。

·倘全民医疗体系工作人员（例如健康随访员或者社区精神科护士）将家访的，阁下应依约等候，不能践约的，应及时知会。

·阁下应将自己最新的联络方式交给全科医生诊所、牙科诊所、眼科，以及任何要就诊的医院或诊所。

● 阁下应以负责任的态度利用医疗服务资源。

·尽量使用长时间的重复处方（repeat prescriptions），如此，阁下的处方可以得到及时处理。

·就日常医疗活动及咨询事宜，阁下应充分利用自己的全科诊所或本地药房。

·仅在紧急情况下，方乞援于急诊科（Accident and Emergency department）。

·阁下染恙时，阁下医生的手术室已经关门，病情又不待手术室开门的，得致电服务热线（NHS 24）求助：08454 24 24 24。

·倘阁下或他人染恙，认为自己或他人生命处于险境，得致电 999 呼叫救护车。

二、沟通和参与：知情权利，参与决策的权利

（一）权利的内容

● 阁下有参与医疗决策的权利。

·就阁下的医疗事宜，全民医疗体系工作人员，绝不得不使阁下以适当形式参与，而径为医疗决策。

·阁下于医疗决策前，倘认为有必要，自得征求第二意见。但凡可能，当允如所请。

·阁下有不解之处，自可问询。

·阁下有足够长的合理时间就推荐的检查、治疗下决心，工作人员不得施加压力。

·倘阁下不能自为决策，仍能得到帮助和鼓励，参与自己医疗事宜的决策。

·倘阁下不能自为决策，应为决策的工作人员得考虑：

    - 何种临床方案于阁下最为有利；

    - 阁下曾就偏好的治疗方式有过何样表述；

    - 阁下亲近之人的意见；

    - 倘阁下未成年，阁下父母、监护人或其他负有责任之人的意见；

    - 有法律权限代表阁下决策之人的意见。

● 阁下有权利得到必要信息，俾能为知情抉择。

·阁下有权利知晓可以得到的各种医疗方案。

·阁下有权利知晓所涉医疗服务的内容，包括风险和疗效，以及不接受治疗的后果。

·阁下倘有意愿，自可探问更多信息。

·阁下自有权利要求以阁下可以理解的方式向阁下提供信息。

● 阁下于决策之际有获得帮助的权利。

·倘阁下需要翻译或手语译者，或其他沟通方面的帮助，得提前要求工作人员安排。

·倘阁下希望他人于就诊时在场，应告知工作人员。可以是照护人、家属、伴侣、朋友或其他医疗工作者。

·阁下得要求独立代表人帮助自己表达立场，倘阁下罹患精神疾病，有权利要求安排独立代表人。全民医疗体系工作人员当为阁下安排。

● 就医疗事宜，阁下有权利和工作人员清晰沟通。

·就阁下的医疗事宜，工作人员应为清晰、坦诚的沟通。

·工作人员应核实阁下是否理解了所获信息，是否需要更多信息。

·阁下有权利了解关乎自己医疗事宜的一切必要信息，包括可能的副作用，这些信息应以可理解的方式提供。

·倘阁下罹患长期疾病，工作人员应确保以可理解的方式，使阁下就自己的病情掌握清晰的信息。

·就病情的管理，阁下有权利得到帮助。例如，得要求工作人员告知，何时服药、如何服药，如何控制疼痛，如何得到其他有帮助的服务。

· 就可以从全民医疗体系以及其他机构（例如，地方当局，患者建议和帮助服务处，自愿组织）得到哪些帮助，就后续的医疗服务事宜，阁下有知情的权利。

· 阁下有权利要求以合乎自己需要的表格或语言（例如，音频格式，英式手语，或者其他语言），向自己提供医疗信息。

· 倘阁下须赴医院就诊，应告知阁下可能等待的时间。

· 阁下有权利知晓负责工作人员的姓名和联系方式。

· 全民医疗体系工作人员就阁下医疗事宜所写的任何函件、传真或电子邮件，皆可要求获得副本（《数据保护法》，1998），但可能要支付费用。就依《数据保护法》享有的权利，更多信息，参见第 25 页。

· 就接受的医疗服务，如何反馈、发表评论、提出关切的问题，或者投诉，得获取信息和建议。患者建议和帮助服务处得为阁下提供帮助。联络方式，参见第 25 页。

● 阁下有权利接受或拒绝任何治疗、检查、测试或筛选。

· 倘阁下可以理解获知的信息，就接受的医疗服务和适当的替代方案有自为决策的能力，则阁下有权利接受或拒绝任何治疗、检查、测试或筛选，或参与医学研究。

· 倘阁下系无能力成年患者的照护人（carer），应得依《无能力成年人法》〔Adults with Incapacity（Scotland）Act 2000〕相关条款参与医疗决策程序。

● 16 周岁以下的患者，倘负责治疗的医疗专业人员认为其得自为决策，则该不满 16 周岁的患者得就自己的医疗事宜自为决策。

· 倘阁下为不满 16 周岁患者的父母，患者不能自为决策的，阁下得决定患者的医疗事宜。阁下对不满 16 周岁的患者负有法律责任的，亦然。

● 阁下得就身故后器官、组织的捐赠事宜表达意愿，意愿应受尊重。

· 倘阁下加入全民医疗器官捐赠登记系统（NHS Organ Donor Register），工作人员会考虑阁下的意愿。就器官捐赠，欲知晓更多信息，参见第 26 页。[1]

● 就所在地区医疗服务的规划、设计和供给事宜，阁下有权利直接参与或者通过代理人间接参与。

· 就全民医疗服务，卫生委员会倘要作出改变的决定，当以开诚布公的方式为之。

· 各卫生委员会应使其辖区内的居民参与医疗服务的规划和发展，参与那

---

〔1〕　文件第 26 页，本书第 365 页。

些对医疗服务运转有重大影响的决策。

（二）全民医疗体系有待于阁下者

• 阁下就自己的健康，负有一定的个人责任。

·阁下得向自己的全科医生，或者参与医疗的任何工作人员寻求帮助，来管理自己的病情，遵从健康的生活方式。

• 就自己的健康事宜，积极参与讨论和决策。

·倘阁下需要更多的信息来作出医疗决策，可向工作人员提出要求。

·以开诚布公的方式，和工作人员讨论自己的医疗事宜。

• 阁下有不解之处，自得问询。

·就病情和治疗事宜，阁下有不解之处，得向全民医疗工作人员问询。阁下务必确信已经理解如何服用得到的药物。散页"当问即问（It's okay to ask）"就问询事宜提供了若干贴士和建议，得自医疗权利信息处（Health Rights Information Scotland）获取。联络方式参见第 24 页。

·就不解的词汇，得要求工作人员说明。

·倘阁下需要以特别的方式获取信息（例如，以音频格式，英式手语，或者其他语言），告知工作人员。

• 阁下健康状况的任何变化，皆应告知工作人员。

·可能关乎阁下医疗事宜的任何事情的信息。

• 倘阁下更换地址、电话或电子邮件，应告知阁下的全科医生、牙科医生、配镜师以及任何访问的医院或诊所。

·如此，参与阁下医疗服务的工作人员得就治疗、检查或就诊事宜，和阁下轻松联系。

• 倘阁下愿于身故之后捐赠器官或组织，得于全民医疗器官捐赠登记系统存入自己的姓名。

·阁下应持有器官捐赠卡，并与亲近之人讨论自己的意愿。全民医疗器官捐赠登记系统的联络方式，参见第 26 页。

三、保密：个人健康信息安全和保密的权利

（一）权利的内容

• 阁下有权利要求个人健康信息得到安全、秘密的保存。

·全民医疗体系工作人员应依保密相关法律、1998 年《数据保护法》以及

专业标准使阁下的个人健康信息处于保密状态。就依《数据保护法》享有的权利，更多信息，参见第 25 页。

　　·未经阁下同意，工作人员不得公开讨论阁下的保密信息。在特殊情形下，则不必经阁下同意（例如，法律要求工作人员提供信息，为了保护阁下，或者为了公共利益）。

　　•阁下有权利知道全民医疗体系如何保管、提供、利用阁下的个人健康信息。

　　·工作人员为了提供阁下需要的医疗服务而利用阁下的信息。倘有必要，工作人员将与其他参与治疗的工作人员共享阁下的健康信息。

　　·阁下的某些健康信息，或得提供给其他需要这些信息之人，俾便为阁下更好地提供服务，例如照护人、家庭护工或者社工。除特定例外（例如紧急情况或者法律的要求），只有经阁下同意，阁下的个人健康信息方得提供给此等人或者其他全民医疗体系工作人员。

　　·全民医疗体系间或亦会利用阁下的相关健康信息，帮助提升全民医疗服务水平和苏格兰公众健康水平，例如查明多少人罹患特定疾病。此际，得勘定阁下身份的信息当尽可能隐去。倘全民医疗体系确实利用了得勘定阁下身份的信息（例如写入疾病登记簿），应向阁下解释为何需要这些信息，又如何利用这些信息。

　　·阁下得以不同方式同意使用或共享其信息，例如，视具体情境，

　　·口头同意或者在表格上签字，或者

　　·在信息显然将予共享的情形未加反对。

　　•未经阁下允许，全民医疗体系工作人员不得将阁下的信息披露给诸如雇主这样的组织或者新闻媒介。

　　·倘披露阁下信息合乎公共利益，得保护个体和社区免遭严重伤害（例如，防止传染病扩散，调查严重犯罪行为），法律或会允许全民医疗体系披露阁下信息，不必经阁下允许。

　　•倘阁下不希望个人健康信息以特定形式披露，得表达自己的意愿，且阁下得期待，未经阁下允许，全民医疗体系一般不会披露阁下的个人健康信息。

　　·倘阁下不希望他人利用自己的健康信息，得告知提供医疗服务的工作人员。全民医疗体系遂应对阁下信息的使用加以限制。在紧急情况下，或者法律有要求的情形，得不经阁下同意，而利用阁下的信息。

　　·倘阁下希望家属或照护人知晓自己的健康信息，应告知工作人员。

● 阁下有权利查阅病历。

· 倘阁下希望查阅病历或者获取病历副本，得联络阁下全科诊所的管理人员，或者掌握病历的医院或其他全民医疗服务提供人的管理人员。病历记载的某些信息，得不披露给阁下。例如，信息可能给阁下造成严重生理或心理伤害，或涉及他人身份信息（为阁下提供过医疗服务的工作人员不在此列），除非该他人允许，或者无论如何得不经同意而披露。

· 查阅病历或者获取病历副本，或许需要付费（依 1998 年《数据保护法》），但不必出具理由。

· 阁下为查阅病历，已向工作人员提供了有关自己身份和病历的充分信息的，一般得于 40 天内得到信息。

· 阁下不理解的词汇，工作人员应予说明。倘阁下需要工作人员以其他格式来提供病历，应告知工作人员。但凡可能，工作人员应满足阁下要求。

● 倘阁下照护的成年人，不能自为决策，或者不能将其决定告知他人，仅在下列情形，法律允许阁下查阅所照护成年人的病历：

· 已获健康和福利事务授权书（welfare power of attorney）；〔1〕或者

· 法院颁发干预令（Intervention Order），任命阁下为具备福利事务权限的监护人，或者给予阁下查阅的权限。

（二）全民医疗体系有待于阁下者

● 阁下应帮助保持病历的准确，及时更新。

· 倘阁下更改姓名、地址、电话或电子邮件，应告知阁下的全科医生、牙科医生、配镜师以及任何访问的医院或诊所。

· 倘病历中的信息有误，应告知工作人员。

· 倘阁下不希望个人健康信息以特定方式披露，应告知阁下的全科医生、牙科医生、配镜师以及任何访问的医院或诊所。

· 阁下应注意自己持有的个人健康信息的保密，例如，全民医疗体系寄给阁下的函件。

――――――――――

〔1〕 持久授权书（lasting power of attorney, LPA），谓阁下（授权人 donor）借以任命他人（受托人 attorneys），帮助自己决策或者代表自己决策的法律文件。阁下借此可以更好地控制自己的事务，例如，遭遇意外或罹患疾病，不能表达意志的情形。授权人应年满 18 周岁，具备意识能力。有两类授权书：健康和福利事务（health and welfare），财产和经济事务（property and financial affairs）。参见 https://www.gov.uk/power - of - attorney/overview，访问日期：2016 年 9 月 3 日。

四、尊重：人格受尊重的权利

（一）权利的内容

●阁下有权利要求人格受尊重，得到人之为人应该有的待遇。

·阁下接受全民医疗服务，人格当受尊重，并将阁下的需求、理解能力和文化背景考虑在内。

·阁下有权利要求将自己的需求和偏好纳入考虑。各卫生委员会应将这些事宜纳入考虑，并致力于此。当然，卫生委员会也要考虑其他患者的需求，临床判断以及利用全民医疗资源最为有效的方式。

·在紧急情况下，应迅速为医疗决策。在其他情形下，则有充裕时间为医疗决策，工作人员不得施加压力。

·工作人员应尊重阁下要求保守秘密的权利，除非法律要求或者授权工作人员披露信息。详见第13页的保密部分。[1]

●阁下有权利要求，不因自己的年龄、残障、性别或者性取向、变性、婚姻或伴侣关系、妊娠、种族、宗教或信仰等因素而受不法歧视。

●阁下接受医疗服务，有权利要求隐私受尊重。

·接受医疗检查，阁下得要求于具体情形下适宜的私密地点为之。不能为之的除外，例如紧急情况。

·阁下接受检查或治疗，不希望医学生在场的，自得声明。

·倘阁下于医院夜宿，得要求男女分室而处。重症护理或者紧急情况，自不得强求。

（二）全民医疗体系有待于阁下者

●对工作人员，其他患者，患者的照护人、家属，阁下亦应待之以礼，敬之以诚。

·对工作人员，其他患者，患者的照护人、家属，不得口出恶言、举止不端、施以暴力。暴力包括口头或书面的辱骂或威胁，还有身体攻击。

·阁下切勿卷入对工作人员或者其他患者，或者患者照护人和家属，任何种族的、性别的或者其他种类的骚扰、侮辱行为中。

---

〔1〕　文件第13页，本书第354页。

五、安全：得到安全、有效医疗服务的权利

（一）权利的内容

• 阁下有权利期待，具备适当资质和经验的工作人员以合理注意和普通技能（ordinary skill），[1]为阁下提供医疗服务。

·阁下得期待，全民医疗体系的工作人员都具备工作需要的适当技能和训练。

·参与治疗之人，应尽到合理注意。

·参与治疗的专业人员，应以本行业的普通技能为之。

·阁下接受的医疗服务，应适合阁下，合法施行，依得到认可的临床指南和标准为之。

·阁下得期待，医生或其他具备资质的医疗专业人员为阁下开具的药物适合阁下。

• 阁下有权利期待，于适宜、安全、清洁的环境下提供医疗服务。

·阁下得期待，接受的医疗服务，应尽可能安全地提供。

·阁下得期待，医疗场所合乎全民医疗体系认可的卫生标准，并由医疗环境监察员（Healthcare Environment Inspectorate）监督。详见第 26 页。

·工作人员为阁下检查之前，应洗手。

• 阁下有权利期待，阁下的个人健康信息准确，并能及时更新。

·就阁下接受的医疗服务，全民医疗体系会保存准确的记录并及时更新。

·倘阁下需从一医疗服务提供人处转往另一医疗服务提供人处（例如，从医院转为家庭护理），阁下所需要的医疗服务的信息，经阁下同意，得披露给相关医疗服务提供人。亦即，阁下需要的医疗服务不应中断。详见第 13 页保密部分。

（二）全民医疗体系有待于阁下者

• 提供给阁下的药物和治疗建议，阁下应当遵从。

·不解之处，阁下可问询工作人员。阁下得利用散页"当问即问（It's o-kay to ask）"写明自己的问题。散页"当问即问"就问询事宜提供了若干贴士和建议，得自医疗权利信息处获取。就联络方式参见第 24 页。

---

〔1〕 普通技能（ordinary skill）：人们从事某一特定工作通常运用的技能，不包括具有非凡天资和能力的少数人的技能。薛波主编：《元照英美法词典》，法律出版社 2003 年版，第 1010 页。

·倘阁下就某种药物过敏，或者服用特定药物后产生不良反应，应告知工作人员。

·完成商妥的疗程。倘阁下希望更改或者停止治疗，应与医生、牙医或药剂师磋商。

·过期药物或者为他病开具的药物，切勿服用。过期药物或者未使用的药物，请交给药剂师，俾安全销毁。

·药物应妥善保管，不使儿童触及。

·赴医院或牙科医生处就诊，应告知工作人员正服用的药物。

•于阁下或者阁下探访之人接受医疗服务之处，避免疾病传播。

·进入医院病房前，切记清洗并将手烘干，尤其在使用了盥洗室后。使用病房门口或床榻之侧放置的洗手液。

·倘阁下感到不适，或者阁下或家中有人呕吐或腹泻，即请勿往医院或疗养院探望患者或住客。不再呕吐或腹泻后 24 小时，方得探望。倘感到不适，阁下得以电话替代探访。

·倘阁下往医院访客，勿坐其床榻。不论何时，应将访问者尽可能减至最少。切勿触碰敷料、点滴或者床榻周围的任何设施。

·倘携带食物、饮料、鲜花前往探访，应先向病房工作人员征求意见。

•就可能影响医疗服务安全、疗效或者清洁的事宜，阁下应表达自己的关切。

·倘阁下认为某位工作人员为阁下检查之前没有洗手，得要求对方为之。

·倘阁下认为全民医疗体系的工作场所不够清洁，得告知工作人员。倘阁下身处医院，得要求向护士或护士长当面陈说。

·阁下得将自己的关切向医疗环境监察员通报。就联络方式，参见第 26 页。

•欲往国外旅行的，应考虑自己的医疗需求。

·倘阁下为度假或商务，欲往欧洲经济区国家或者瑞士访问或观光，应持欧洲医疗保险卡（European Health Insurance Card）。凭此卡，阁下可获得便宜甚至有时免费的公办医疗服务。倘阁下旅行途中罹患疾病或遭遇事故，需要医疗服务，或者先已患病，都在保险覆盖范围。保险卡不收费用。更多信息，参见第 26 页。

·各国医疗体制不同。有些国家要求患者支付医疗费用。出行前，应了解目的地国的情况。阁下还应投保旅游险（travel insurance），确保自己得到完全覆盖。即便阁下持欧洲医疗保险卡，仍应投保旅游险，因为有些费用医疗保险卡不能覆盖，例如，在滑雪场的营救服务费用，或者飞机送返英国的费用。

六、反馈和投诉：就医疗服务发表意见的权利，要求关切和投诉得到处理的权利

（一）权利的内容

• 就接受的医疗服务，阁下有权利反馈、发表评论、表达关切或者投诉。这些服务包括：全科诊所、地方药房、牙医或配镜师提供的全科医疗服务，或者委托私营医疗服务提供人来完成的全民医疗服务。就反馈和投诉事宜，更多信息，参见散页"阁下的健康和权利：反馈和投诉"。就如何得到散页事宜，参见第 24 页。

·阁下的亲属或照护人，亦得反馈、发表评论，表达关切或投诉。

·就接受的医疗服务，如何反馈、发表评论、表达关切或者投诉，阁下有权利得到相关信息。阁下的反馈、评论、关切或投诉如何处理，阁下亦有权利得到相关信息。

·阁下得要求独立代表人帮助自己表达意见，倘阁下罹患精神疾病，有权利得到独立代表人的帮助。工作人员得为阁下安排。

·在某些情形，阁下的投诉，通过替代纠纷解决服务（调解）来处理，或许更为合适。这种服务，由独立的调解员帮助相关当事人达成协议。阁下得要求通过这种途径，卫生委员会亦得主动提出以这种途径来解决纠纷，当然，需要双方当事人都同意参与调解。当地卫生委员会的反馈和投诉官员（Feedback and Complaints Officer）就调解事务得提供更多信息。

• 就阁下关切或投诉事宜的调查结果，阁下有权利知晓。

·阁下就全民医疗服务表达的关切或者投诉，得期待迅速的处理，并得到适当的调查。

·阁下得期待得到充分的说明，就阁下的投诉，将采取或已采取何种行动，亦应告知阁下。倘服务提供人确实犯下错误，当向阁下致歉。

·阁下有权利期待，全民医疗体系会考虑阁下的反馈，以改善服务。

• 阁下有权利得到独立建议和帮助，以便反馈、发表评论、表达关切或投诉。

·患者建议和帮助服务处得为阁下提供帮助。就联络方式，参见第 25 页。

●阁下有权利向苏格兰公共服务督察员（Scottish Public Services Ombudsman）投诉。

·倘全民医疗体系充分调查了阁下的投诉，阁下仍不满意，得请求公共服务督察员进一步考虑阁下的投诉。就联络方式，参见第 26 页。

就医疗过失造成伤害的赔偿事宜，全民医疗体系的投诉程序不处理相关投诉。参见第二部分，第 23 页。[1]

（二）全民医疗体系有待于阁下者。

●就接受的医疗服务，或者一般地针对全民医疗体系，给予积极或消极的反馈。这样的反馈有助于改善服务质量。

·就接受的医疗服务，倘阁下欲有所反馈、评论或表达关切，阁下得
　　–对工作人员陈说，
　　–参与全民医疗体系的调查，
　　–将评论投入意见箱，
　　–利用卫生委员会网站的反馈表格，
　　–利用"携手共进（Better Together）"网站，向全民医疗体系和苏格兰民众介绍自己的经验（请访问：www. bettertogetherscotland. com）。有些卫生委员会并不使用这个网站，但也有自己的途径，让患者有机会分享自己的经验。

·倘阁下欲就接受的医疗服务投诉，得联络当地卫生委员会的反馈和投诉官员或者初级医疗服务提供人。

第二部分　权利未受尊重，如何处理？

◆ 倘阁下认为自己的权利未受尊重，或者全民医疗体系未实现其承诺，阁下得表达自己的关切或者就此投诉。

·阁下应先向参与治疗的工作人员表达意见，看是否可以即刻处理。
·倘阁下不愿如此，得向反馈和投诉官、医疗组织的负责人表达意见，或者依全民医疗体系的投诉程序处理。散页"阁下的健康和权利：反馈和投诉"提供了相关信息。就如何得到散页，参见第 24 页。

─────────────

[1]　文件第 23 页，见本页。

◆ **倘全民医疗体系未尊重阁下的权利，而阁下因过失医疗而遭受伤害，阁下得提起诉讼并请求赔偿。**

·医疗服务提供人未达到具体情形下可期待的注意标准，造成身体、精神伤害或者死亡，即为过失医疗。

·视具体情形而定，倘阁下于诉讼中证明因全民医疗体系的过失而遭受伤害，即可能得到赔偿。

·倘阁下认为自己有权得到赔偿，最好寻求法律咨询。请求赔偿，阁下或阁下的律师，应直接向全民医疗体系法律办公室（NHS National Services Scotland's Central Legal Office）递交书面材料，办公室会就此展开调查。就联络方式，参见第 26 页。擅长过失赔偿案件的律师，详细情况，可参见苏格兰律师协会的官网（www. lawscot. org. uk），或者电询 0131 226 7411。

◆ **倘阁下认为直接受到全民医疗机构不法行为或决定的影响，得寻求司法审查（judicial review）。**

·司法审查系法庭程序（court process），阁下得借以质疑全民医疗机构所作决定或行为的合法性。审查主要针对决定如何作出，而非决定内容如何。

·一般而言，倘阁下的个人利益受到医疗机构行为或决定的影响，即有权请求司法审查。

◆ **倘阁下欲启动司法审查，应寻求独立法律咨询。**

倘阁下对工作人员或患者，或患者照护人或家属，口出恶言、举止不端、施以暴力，或会遭遇法律诉讼。

第三部分　如何得到更多信息？

◆ **就医疗权利，阁下得自下列途径得到散页和说明书：**

·全科诊所，医院，以及其他阁下得到全民医疗服务的地方；

· http://www. hris. org. uk/（亦可自此处得到替代形式），或者 http://www. nhsinform. co. uk/；

·全民医疗热线（NHS inform Helpline）：0800 22 44 88（早 8 时至晚 10 时）。

◆ 就关乎医疗权利的信息

参见下列散页和说明书：

·本约章中的权利和责任对阁下的意义，说明书"阁下的健康和权利（Your health，your rights）"提供了更多信息。这样的说明书共7份：医疗资源的获取，沟通和参与，保密，尊重，安全，医院等候时间，反馈和投诉。

·说明书"同意－但凭阁下决定（Consent-it's your decision）"，向阁下说明如何参与医疗决策。

·"如何查阅病历（How to see your health records）"，说明了查阅或者获取病历副本的权利。

·"外国人可以得到哪些服务（Health care for overseas visitors）"，说明了外国人在苏格兰可以得到哪些全民医疗服务。

◆ 给未成年人的信息

·"同意－阁下的权利（Consent-your rights）"，向阁下说明如何参与医疗决策。

·"保密－阁下的权利（Confidentiality-your rights）"，向阁下说明医疗机构如何保证阁下医疗信息的隐秘性质。

·"说出您的想法（Have your say! Your right to be heard）"，告知阁下如何反馈或者投诉。

◆ 给照护人的信息

"照护和同意（Caring and consent）"，说明了无同意能力人及其照护人的权利。

◆ 就关于苏格兰全民医疗服务的信息

·苏格兰所有药房、全科诊所、牙科诊所的详细信息，可访问：www.nhs24.com。

·就各种疾病、治疗、全民医疗服务及其他帮助服务的信息，可访问：www.nhsinform.co.uk。

·全民医疗热线（NHS inform Helpline）：0800 22 44 88（短信：18001 0800 22 44 88；并提供翻译服务），早8时至晚10时开通。

·散页"电子医疗－利用计算机改善医疗服务（eHealth-using computers to

improve your health care)"，详细说明电子医疗会如何影响阁下得到的全民医疗服务，如何安全地、合法地保存和利用阁下的信息，以及未来的走向。可自以下网址获取：www. hris. org. uk。

◆ **就信息、帮助和建议**

·就独立帮助和建议，得向患者建议和帮助服务处工作人员陈说。服务处向患者、患者照护人和家属提供免费、可得、秘密的信息，提高对接受全民医疗服务之际自身权利和责任的认识。服务处并帮助阁下提出反馈、发表评论、表达关切或者投诉，以改善医疗服务质量。这些服务通过公民咨询局网站提供。阁下得访问 www. cas. org. uk 或者查询电话黄页，找到当地咨询局电话。

·就精神疾病患者、有学习障碍的人、精神错乱患者或者有其他精神障碍的人所享有的权利，欲知更详，可联络：

精神疾病患者福利委员会（Mental Welfare Commission for Scotland）

通讯地址：Thistle House, 91 Haymarket Terrace, Edinburgh EH12 5HE

电话：0800 389 6809（免费电话）

电子邮件：enquiries@ mwcscot. org. uk

网址：www. mwcscot. org. uk

·就依《数据保护法》享有的权利，欲知更详，可联络：

信息专员办公室

通讯地址：45 Melville Street, Edinburgh EH3 7HL

电话：0131 244 9001

电子邮件：scotland@ ico. gsi. gov. uk

网址：www. ico. gov. uk

·全民医疗体系就阁下的投诉已为充分调查，倘阁下对调查结果不满意，可联络：

苏格兰公共服务督察员

通讯地址：Freepost EH641, Edinburgh EH3 0BR or

4 Melville Street Edinburgh EH3 7NS

免费咨询电话：0800 377 7330

短信：0790 049 4372

电子邮件：ask@ spso. org. uk

网址：www. spso. org. uk

网络交流：www. spso. org. uk/contact – us

·倘阁下认为有权利得到赔偿，并打算提出赔偿请求，得直接联络：

法律办公室

Anderson House，Breadalbane Street，Bonnington Road，Edinburgh EH6 5JR

电话：0131 275 7800

网址：www. clo. scot. nhs. uk

·加入器官捐赠登记系统：

电话：0300 123 23 23

短信：SAVE to 61611

网址：www. organdonationscotland. org，依程序操作。

·申请欧洲医疗保险卡：

就欧洲医疗保险卡，欲知其详，及如何免费申请，可访问：

www. nhsinform. co. uk/travel – health，或致电 0800 22 44 88。

◆ 就医疗服务标准的信息

·就医疗环境监察员的相关信息和联络方式，可访问医疗服务改善部网址：www. healthcareimprovementscotland. org。

·如何决定某种药物可列入处方药，参见散页"苏格兰的新药 – 谁来决定全民医疗体系可开何种药（New medicines in Scotland - who decides what the NHS can provide?）"。可自政府官网获取散页：www. scotland. gov. uk。

（苏格兰政府并不对这些链接本身负责。这些链接只为提供信息，并非约章内容。）

英格兰全民医疗体系章程[1]

全民医疗体系属于吾辈众人

全民医疗体系属于人民

于彼处，得改善吾等健康和福祉，帮助吾等保持身心康泰，罹患疾病时得以康复，不能康复的，亦得安稳走至生命尽头。彼处凡事以科学为准而不逾矩，尽人类的知识和技艺所能，拯救生命、改善健康。当吾等生出基本人类需求，照料和同情至关紧要之际，彼处即深刻影响吾等生活。

全民医疗体系奠基于系列原则、价值之上，遂得凝聚社会及其服务的人民（患者和公众），以及全民医疗体系的工作人员。

本章程确立英格兰全民医疗体系的原则和价值。章程阐述患者、公众和工作人员享有的权利，设定全民医疗体系矢志实现的承诺，胪陈公众、患者和工作人员为了全民医疗体系公平、有效运转，彼此所负的义务。卫生大臣、全民医疗体系各机构、提供全民医疗服务的私营部门以及行使公共卫生职能的地方当局，于决策及行动之际，依法应将本章程深加涵泳。本章程凡提及全民医疗体系（NHS）及全民医疗服务（NHS services），亦包括地方当局公共卫生服务，但提及全民医疗体系各机构（NHS bodies），不包括地方当局。细节上的差异，参见《章程手册》（Handbook to the Constitution）。[2]

章程10年更新一次，并援引公众、患者及医务人员参与。《章程手册》至少3年更新一次，就章程设定的权利、承诺、义务、责任事宜，陈述最新指导。

---

〔1〕 英国政府曾于1991年颁布《患者约章》（Patient's Charter），1995年、1997年两度修订。又经 NHS Plan 2000 增补，2013年终以《英格兰全民医疗体系章程》（NHS Constitution for England）取而代之。资料来源于英国政府官网：https://www.gov.uk/government/publications/the-nhs-constitution-for-england，访问日期：2016年9月3日，唐超译。

〔2〕 手册篇幅过大，100余页，故不能于此处译出。

更新章程的要求，具有法律拘束力。因为更新章程的要求，奠定全民医疗体系基础的原则和价值，遂得定期接受审查、评议；而任何政府，试图改变这些原则和价值，或者章程设定的权利、承诺、义务、责任的，都必须经过和公众、患者以及工作人员全面、公开的讨论。

一、指导原则

◆ 全民医疗体系凡所为作，皆受七项关键原则指导。这些原则奠基于全民医疗体系的核心价值之上，而这些核心价值是经过与工作人员、患者及公众的广泛讨论所达成的共识。这些核心价值于下节阐述。

1. 全民医疗体系面向所有人提供全面医疗服务，不考虑性别、种族、残障、年龄、性取向、宗教、信仰、变性、妊娠及待产，婚姻或民事伴侣状况等因素。全民医疗体系，旨在针对身心健康问题，平等地提供改善、预防、诊断、治疗服务。凡所服务的个体，全民医疗体系皆对其负有义务，并应尊重其人权。全民医疗体系更负有广泛的社会义务，通过其提供的服务来促进平等，对于健康状况和预期寿命的改善落后于较高水平的人群，应格外关注。

2. 获取全民医疗服务，以临床需求而非以个体支付能力为据。全民医疗服务免费，议会认可的有限情形除外。

3. 全民医疗体系追求技艺和专业精神上的最高标准：表现在提供安全、有效、关注患者体验的优质医疗服务；表现在其雇用的人员，以及得到的帮助、教育、培训和发展机会；表现在各组织的领导和管理；表现在致力于创新，并推动、从事、利用科研来改善人群当前和将来的健康状况和医疗水平。尊重、尊严、同情、关怀，应是对待患者和工作人员的核心理念，不仅因为此乃当为之事，而且因为尊重、信赖、支持工作人员，能有效改善患者安全、就医体验和医疗结果方面的表现。

4. 全民医疗体系凡所为作，皆以患者为中心。应帮助个体改善和管理自己的健康。全民医疗服务应反映患者、患者家属和照护人的需求和偏好，适应这些需求和偏好，并围绕这些需求和偏好来协调各方面的工作。为此，全民医疗体系应依《军队专约》（Armed Forces Covenant），确保军人、后备军人、军人家属、退伍军人，能于其居住地区得到医疗服务而不致面临困境。全民医疗体系应积极鼓励公众、患者和医务人员反馈，欢迎反馈，并利用反馈来改善服务。

5. 本着患者、当地社区以及更广泛人群的利益，全民医疗体系的工作跨越组织边界，并和其他组织密切合作。全民医疗体系乃是诸多组织和服务的综合系统（integrated system），由本章程所阐述的原则和价值绑束于一处。全民医疗体系和其他地方当局服务机构，其他公共部门组织，广泛的私营、自愿部门组织〔1〕携手合作，致力于改善健康、福祉。

6. 全民医疗体系致力于让纳税人的金钱换得最有价值的服务，并以最为有效、公平、可持续的方式来利用有限的资源。医疗服务的公共资金，只能用于全民医疗体系服务之人。

7. 全民医疗体系对公众、社区及其服务之人，负有责任。全民医疗体系是国家提供的服务（national service），背倚国家税收，其框架由政府搭建，并由政府就其运行对议会负责。但体系内部的多数决策，尤其是关乎个体治疗和服务安排的决策，则由地方全民医疗机构以及患者和临床医生为之。全民医疗体系的责任和问责机制，对公众、患者、工作人员透明。政府对全民医疗体系的问责机制，应有清晰说明，并时刻更新。

二、全民医疗体系的核心价值

◆ 本节阐述之诸项价值，乃是全民医疗体系活力的源泉，全民医疗体系凡所为作，皆以之为据。患者、公众和工作人员，于诸项价值之形成与表述，与有功焉。单个组织，既立足于这些价值，又适应本地需求，加以发展。在全民医疗体系各层面，这些核心价值为实现共同的愿景，构筑了合作的基础。

为患者齐心协力。凡所为作，以患者利益为先。全民医疗体系内部和外部的患者、工作人员、家属、照护人、社区、专业医务人员，皆予充分涵括。患者和社区的需求，当置于组织边界（organisational boundaries）之前。倘遇差错，当坦诚表达。

尊重和尊严。重视所有人，不论是患者、家属或照护人，还是工作人员，

---

〔1〕 志愿部门（voluntary sector）或社区部门（community sector），亦称非营利部门（non-profit sector）或第三部门（third secto），系由非营利、非政府组织从事的社会活动，相对于公共部门（public sector）及私营部门（private sector），也称民间部门（civic sector）或社会部门（social sector），以强调与市民社会的关系。参见维基百科：https://en.wikipedia.org/wiki/Voluntary_sector，访问日期：2016 年 9 月 3 日。

尊重其在生活中的愿望和担当，尽力理解其轻重缓急（priorities）、需求、能力和界限。严肃对待他人陈说。开诚布公地表明自己的立场和能力所及。

致力于优质服务。为赢得信任，绝不放松医疗服务质量，努力时刻抓住优质服务的基础，即安全、效益和患者体验。鼓励、欢迎患者、家属、照护人、工作人员、公众反馈意见。利用反馈，改善服务质量，筑造成功。

同情心。悲悯情怀对提供医疗服务至关重要，以善良、慈悲心肠对待个体的疼痛、悲伤、焦灼和渴求。寻求各种途径，不论多么微不足道，使人舒适，减轻痛苦。多把时间花在患者、家属、照护人以及和自己共同工作的人身上。我们不待人发问，因为我们时刻关注。

改善生活。努力改善人民的健康和福祉，以及就全民医疗体系的体验。在提升人民生活水平的日常事务中，在临床实践中，在服务改进和创新中，凡有助于技艺精进和专业精神之处，皆予珍视。为了让我们、让患者、让社区/社会更加健康，吾辈众人皆有可为之处。

每个人都重要。为整个社会利益，穷极一切手段，不排除、不歧视、不抛弃任何人。我们承认，有些人需要更多帮助，不得不作出艰难的决定，如果我们浪费资源，也就浪费了他人的机会。

三a、患者和公众：阁下之权利，全民医疗体系之承诺

◆ 凡利用全民医疗体系之人，皆应理解其享有的法定权利。以故，本章程对重要法定权利加以精炼，并于手册中详加解释，并说明倘认为自己未切实享有权利，得如何寻求救济。这里的精炼陈述不影响阁下的法定权利。

章程并写明全民医疗体系矢志实现的承诺。承诺超越法定权利之上。承诺不具法律拘束力，但代表了全民医疗体系提供全面优质医疗服务的决心。

（一）获得医疗服务

除议会认可的特定例外情形，阁下有权利免费得到全民医疗服务。

阁下有权利得到全民医疗服务，不得基于不合理事由拒绝阁下。

阁下有权利得到合适的医疗服务，合乎阁下的需求，反映阁下的偏好。

阁下有权利期待，全民医疗体系对阁下社区的健康需求加以评估，并交办、落实相关服务来满足合理需求，在地方当局交办公共卫生服务的情形，采取措施改善地方社区的健康状况。

阁下有权利于特定情形，通过全民医疗服务专员（NHS commissioner），[1] 赴其他欧洲经济区国家或者瑞士寻求医疗服务。

阁下有权利于接受全民医疗服务之际，不因性别、种族、残障、年龄、性取向、宗教、信仰、变性、妊娠及待产，或者婚姻或民事伴侣状况等因素而受非法歧视。

阁下有权利于最长等待时间内得到全民医疗机构交办的特定服务，倘不能做到的，全民医疗体系应采取一切合理措施，为阁下提供合适的替代提供人。等待时长见《章程手册》。

全民医疗体系并承诺：

－在《章程手册》设定的等待时长内，为获取服务提供方便、容易的途径；

－以清晰、透明的方式决策，使患者、公众得知晓服务是如何规划、提供的；

－于不同医疗机构间转诊的，使转诊尽可能顺利、平稳，并使阁下、阁下家属和照护人于决策程序中处于中心地位。

（二）医疗质量和环境

阁下有权利期待，于经恰当核准或注册的、合乎安全和质量水平的服务组织，由具备适当资质和经验的工作人员，以专业的注意标准，来提供医疗服务。

阁下有权利于清洁、安全、稳妥、合适的环境接受医疗服务。

阁下有权利得到合适、有营养的食品、水分（hydration），以维持身体健康。

阁下有权利期待，全民医疗体系对其交办或提供医疗服务的质量，加以持续监督并改善。包括改善服务安全、效益和患者体验。

全民医疗体系并承诺：

－在医疗服务质量方面，认定并推广最佳临床操作（best practice）。

（三）国家批准的治疗、药物及医疗计划

阁下有权利得到国家医疗服务质量研究所（NICE）推荐全民医疗体系使用的[2]治疗、药物，只要医生认为适合阁下。

阁下有权利期待，地方全民医疗机构经过审慎考察证据，就是否为其他药

---

〔1〕 全民医疗服务专员（NHS commissioner）的职责在于，为当地居民规划和购买医疗服务。

〔2〕 原注：国家医疗服务质量研究所（the National Institute for Health and Care Excellence）系发布药物及治疗指引的独立组织。"质量研究所推荐使用"意指法律写明的建议类型。就法律写明的建议类型，研究所发布推荐后3个月内（特定例外情形，得超过3个月），相关医疗机构应予资助。

物、治疗出资，为理性决定。就阁下及阁下医生认为于阁下适宜的药物或治疗，倘地方全民医疗机构决定不予出资，应向阁下解释。

疫苗及免疫联合委员会（Joint Committee on Vaccination and Immunisation）建议于全民医疗体系提供的国家免疫计划（national immunisation programme）下接种的疫苗，阁下有权利接种。

全民医疗体系并承诺：

–依国家筛查委员会（National Screening Committee）建议，开展筛查计划。

（四）尊重、同意、保密

阁下有权利期待，依自己享有的人权，人格受到尊重。

阁卜有权利受保护，不受虐待、轻慢，不受有辱人格的医疗服务。

阁下有权利接受或拒绝医疗服务，未经阁下有效同意，不得施以身体检查或治疗。倘阁下无意识能力，应经有权代表阁下之人同意，或者，治疗必须合乎阁下最佳利益。[1]

阁下有权利就可得的检测、治疗方案，风险和疗效，得到相应信息。

阁下有权利查阅病历资料，有权要求更改不准确的记载。

阁下有隐私权和信息受保护的权利，有权利期待全民医疗体系保护阁下秘密信息的安全。

阁下有权利知晓自己的信息如何利用。

阁下有权利要求自己的秘密信息只得用于自己的医疗服务，有权利提出异议，阁下意愿未受尊重的，有权利知晓原因，包括相关法律基础。

全民医疗体系并承诺：

–参与阁下医疗服务的人员，务必了解阁下的医疗信息，以便为阁下提供安全、有效的服务；

–倘阁下住院的，不会与异性患者同室而宿，除非依《章程手册》的细致规定，不以为忤的；

–将医疗服务过程中搜集到的信息，匿名化处理，用于医学研究并改善为他人的服务；

–倘必须利用的信息可以探查来源，但凡可能，应给予异议机会；

---

〔1〕　原注：倘阁下因精神疾病，依1983年《精神健康法》（Mental Health Act）而隔离于医院或者在监督下接受社区治疗，则适用不同规则。提供此等服务时，会向阁下说明这些规则。依这些规则，虽未经阁下同意，或亦得施治。

－阁下合乎医学研究参与条件的，应告知阁下；

－数位临床医生就阁下的医疗服务事宜往来的信函，应使阁下了解。

（五）知情抉择

阁下有权利选择自己的全科诊所，全科诊所应予接纳，除非有合理事由得予拒绝，此际，应告知阁下原因。

阁下有权利表达对自己全科诊所内特定医生的偏好，诊所应尽量配合。

阁下有权利就本地医疗服务提供人的服务质量、服务结果，相较全国其他地方，通过公开、方便的途径，得到相关比较数据。

阁下有权利选择全民医疗机构交办的医疗服务，有权利获知相关信息。可供选择的方案因时而异，视阁下的医疗需求而定。详见《章程手册》。

全民医疗体系并承诺：

－告知阁下，在本地及全国，可以得到哪些医疗服务；

－以阁下可以理解的形式，提供易获取的、可靠的相关信息，并帮助阁下得到这些信息。凭借这些信息，阁下得充分参与医疗决策，并为决策提供依据。倘有可靠、准确的信息，应告知可得临床服务的范围和质量。

（六）参与医疗事宜，参与全民医疗体系

阁下有权利会同自己的医疗服务提供人，参与医疗服务的计划和决策，包括临终医疗服务，为此，有权利得到相关信息和帮助。倘具体情况合适，阁下家属和照护人亦有权利。倘合适，包括给阁下机会管理自己的医疗事宜。

阁下有权利同提供服务的组织建立公开、透明的关系。倘遇安全事故，依医疗专业人士的看法，此种事故会造成重大伤害或死亡的，应告知阁下。应将真相说明，向阁下致歉，并提供阁下需要的合理帮助。

阁下有权利直接或者通过代理人，参与规划全民医疗机构交办的医疗服务，对服务供给方式提出和考察改革建议，参与影响服务供给的决策。

全民医疗体系并承诺：

－给阁下提供需要的信息和帮助，使阁下得影响、审查全民医疗服务的计划和提供事宜；

－与阁下、阁下的家属、照护人合作；

－使阁下参与讨论如何安排阁下的医疗事务，倘阁下要求，当向阁下出具阁下同意事宜的书面记录；

－鼓励、欢迎阁下反馈意见，并利用反馈意见来提升服务水平。

（七）投诉和救济

阁下有权利就全民医疗服务投诉，要求于 3 个工作日内确认收到投诉，并展开适当调查。

阁下有权利参与讨论以何种方式处理投诉，有权利知晓调查大概在多长时间内结束，并予答复。

阁下有权利知晓处理进程，知晓任何调查的结果，包括对调查结论的说明，以及已经采取或者打算采取的行动。

阁下对全民医疗体系处理自己投诉的方式不满意的，有权利将投诉提交给独立的议会和卫生监察专员（Parliamentary and Health Service Ombudsman）[1]或者地方政府监察专员（Local Government Ombudsman）。

阁下倘认为全民医疗机构或地方当局的不法行为或不法决定直接影响自身，有权利请求司法审查。

阁下因过失医疗行为遭受伤害的，有权利得到赔偿。

◆ **全民医疗体系并承诺：**

－对阁下以礼相待，在整个投诉处理过程中，阁下可以得到适当的帮助；阁下投诉一事，不会对阁下日后就医造成任何不良影响；

－倘犯下错误，或阁下于接受服务过程中受到伤害，全民医疗体系勇于承认给阁下造成的伤害，正心诚意地向阁下解释并致歉意，从中汲取教训，避免再犯类似事故；

－医疗组织当从投诉及赔偿请求中汲取经验，以改善全民医疗服务。

三 b、患者和公众：阁下的责任

◆ **全民医疗体系属于吾等众人。为使全民医疗体系有效运转，以负责任的**

---

〔1〕议会和卫生监察专员，由议会行政监察专员（Parliamentary Commissioner for Administration）和英格兰卫生高级专员（Health Service Commissioner for England）办公室组成。监察专员负责审查公众针对政府部门、公共机构以及全民医疗体系的投诉，投诉理由为行为不当、有失公平或者服务不周。2011~2012 年，监察专员处理接近 24 000 件质询，解决 23 899 件。监察专员由首相举荐，国王任命，对议会负责，独立于政府和文官系统，每年向国会两院提交报告。现任专员为朱莉·梅勒夫人（Dame Julie Mellor），自 2012 年履职。参见维基百科：https://en.wikipedia.org/wiki/Parliamentary_and_Health_Service_Ombudsman，访问日期：2016 年 9 月 4 日。

态度利用有限资源，为自己并为彼此，有待吾等作为之处不在少。

烦请阁下体认，阁下于自身及家属健康、福祉，得贡献甚巨，并为此负起个人责任。

烦请择一全科诊所登记，此乃获取全民医疗机构交办医疗服务的要点。

尊重全民医疗体系工作人员及其他患者，阁下当知晓，施以暴力或者妨碍、干扰全民医疗服务场所，或会招致诉讼。侮辱和暴力行为，可使全民医疗机构将阁下拒之门外。

烦请阁下就自己的健康状况、病情，提供准确信息。

烦请阁下准时赴约，或提前合理时间取消预约。否则，或不能于最长等待时间内得到服务。

烦请阁下遵守已同意的疗程，倘遇困难，告知医生。

烦请参与重要的公共卫生计划，例如疫苗接种。

烦请阁下务必使亲近之人知晓阁下对待器官捐献的意愿。

烦请阁下就自己的就医体验，接受的医疗服务，包括任何不良反应，给予反馈，不论是积极反馈还是消极反馈。阁下得匿名反馈，反馈不会对阁下接受医疗服务和阁下的待遇造成不良影响。倘阁下家属或阁下照护之人为患者，不能反馈的，欢迎阁下代表患者反馈。反馈有助于提升全民医疗服务质量，惠及众人。

四 a、工作人员：阁下的权利，全民医疗体系的承诺

◆ 真正关系重大的，是为全民医疗体系患者服务的工作人员，其表现出来的矢志不移、专业精神、倾力奉献。优质医疗服务要求优质的医疗场所，全民医疗服务专员（commissioners）和服务提供人都立志成为上选雇主（employers of choice）。[1]

所有工作人员都应得到有报酬、值得做的工作，有自由、有信心为患者利益服务。为此，应该对工作人员抱以信任，积极听取工作人员的想法，给其有意义的反馈。工作人员在工作中应受尊重，应具备相应的手段、接受过相应的训练、得到相应的帮助，来提供富有温情的医疗服务，应有不断发展、进步的

---

〔1〕 上选雇主，谓此等雇主营造的企业文化、工作氛围，能吸引、留住最为优质的雇员，增进雇员及消费者的福祉。参见 http://humanresources. about. com/od/glossarye/g/employer - of - choice. htm，访问日期：2016 年 9 月 4 日。

机会。应给予专业医疗人员支持，将尽量多的时间用于直接为患者服务。

本章程适用于所有工作人员（不论是否从事全民医疗的临床工作，还包括从事公共卫生工作的人员）及其雇主。不考虑工作人员的工作地点，不论是公办、私营，抑或自愿部门的组织。

医务人员享有广泛法定权利（legal rights），体现在一般性的就业及反歧视立法中（employment and discrimination law）。《章程手册》概括了这些权利。另外，个别的雇佣契约可能给予工作人员更多的权利。

这些权利，确保工作人员：

－有良好的工作环境，适应患者的需求和生活方式，工作人员得弹性地安排工作；

－得到公平的报酬和契约安排；

－在工作场所有归属感，利益能够得到代表（involved and represented）；

－有健康、安全的工作条件，其工作环境得保护其免遭骚扰、霸凌或暴力；

－得到公正、平等的对待，免遭歧视；

－在特定情形，得针对雇主向劳资裁判所（Employment Tribunal）投诉；

－得为公共利益，针对安全、过失或其他风险事宜，就雇主表达自己的关切。

除了这些法定权利，全民医疗体系还矢志实现诸项承诺。承诺超越法定权利之上。这些承诺虽无法律拘束力，但代表了全民医疗体系为工作人员提供优质工作环境的决心。

全民医疗体系并承诺：

－为工作人员提供积极的工作环境，养成鼓励性的、开放性的文化氛围，帮助工作人员发挥最大能力；

－为所有工作人员提供权责清晰的岗位，那些对患者、患者家属和照护人有影响的团队或个体工作人员，为其提供有回报的工作；

－给所有工作人员提供个人发展机会，可以得到合适的教育、培训，得到各级管理方面的帮助（line management support），从而发挥出潜能；

－给工作人员以帮助和机会，保证工作人员的健康、福祉和安全；

－通过代表组织（representative organisations），或者地方的合伙工作安排（local partnership working arrangements），以个别的形式，使工作人员参与影响自身的决策以及所提供的服务。所有工作人员都可以就如何提供更好、更安全的服务发表意见；

－为工作人员提供内部申诉机制；

－鼓励并支持所有工作人员就工作中的安全、过失或错误事宜，尽可能早地表达自己的关切，对工作人员表达的关切，应予回复，必要时予以调查，并依《就业权利法》（Employment Rights Act 1996）处理。

四 b、工作人员：阁下的责任

所有工作人员，都对公众、患者和同侪负有责任。

◆ 工作人员所负的义务，概述如下：

阁下负有义务，尽到专业上的责任，依相应管理机构所设定的、适用于阁下专业或岗位的实践标准行事。

阁下负有义务，工作中对自己、自己团队或他人的健康和安全尽到合理注意，与雇主配合，确保遵守健康和安全要求。

阁下负有义务，依雇佣契约的明示及默示条款行事。

阁下负有义务，不歧视患者或工作人员，坚持平等机会原则，依人权立法行事。

阁下负有义务，对自己掌握的个人信息保密。

阁下负有义务，于求职、履职过程中诚实不欺。

◆ 本章程就工作人员如何发挥自己的作用，以保证全民医疗体系顺利运转，提供优质医疗服务，亦有所期待。

阁下应致力于：

－为所有患者提供安全服务，竭忠尽智，使患者免遭可避免的损害；

－遵循关乎自己岗位的一切指引、标准及准则，服从雇主更为具体的要求；

－保持医疗服务的最高标准，为任何患者施治，皆应怀抱同情，尊重其人格，不仅对自己提供的服务负起责任，而且对自己参与团队及整个全民医疗体系的工作，负起责任；

－自己不能提供的服务（包括患者并非接受基本医疗服务的），应为患者寻找替代服务来源；

－在法律对阁下岗位提出的要求之外，接受［全民医疗体系］提供的更多培训和发展机会；

－与患者、公众和社区密切合作，以持续改善服务；

－就工作中的风险、过失或错误（例如，患者受损害的风险，欺诈，泄露患者秘密），可能对患者、公众、其他工作人员（staff）[1]或者医疗组织本身造成影响的，尽可能早地表达真正的关切；

－使患者，患者家属、照护人或代理人，充分参与预防、诊断、治疗决策；

－任何时候，包括出现差错，都要对患者，患者家属、照护人或代理人开诚布公；欢迎并听取反馈，对患者表达的关切，以合作的态度立即处理；

－促成良好的工作氛围，在此可以听到真相，鼓励将差错上报并从中汲取教训，对犯错的同侪给予帮助；

－站在患者的视角看待自己提供的服务，使患者，患者家属、照护人或代理人，参与到服务过程中，与患者诸人、社区及其他组织合作，使患者清楚谁是医疗服务的负责人；

－利用一切合适机会，鼓励、支持患者及同侪，提高健康、福祉水平；

－助力为所有患者提供公平合理的服务，为消除不同社会群体在就医体验、医疗服务获取或医疗结果方面遭遇的不平等，发挥自己的作用；

－向患者说明对患者保密信息的利用情况，对患者的反对、同意或异议，应加记录；

－向其他相关医务人员提供患者信息，但应合法、合理，并以安稳无虞的方式为之。

---

〔1〕　原注："工作人员（staff）"，包括雇员（employees）、工友（workers）、《就业权利法》中的派遣工作人员（agency workers），全科医生（例如依全科医疗服务契约提供全科医疗服务之人），合乎《就业权利法》对"工友"宽泛界定的实习护士、助产士。志愿者不在《就业权利法》涵盖范围之内，但雇主的指南文件（guidance）写得很明白，医疗组织的检举政策（local whistleblowing policies）最好将志愿者也纳入。

英格兰全民医疗体系章程补遗：地方政府与公众健康局[1]

卫生部、地方政府联合会和公众健康局联合发布[2]

全民医疗体系章程之于公众健康体制

引言

2012 年《卫生与社会福利法》为建设新的、更为有力的公众健康体制 (public health system) 铺平了道路。

自 2013 年 4 月 1 日起，地方政府 (Local Government) 将在地方层面领导公众健康体制。在国家层面，英格兰公众健康局（卫生部的执行机构）代表国家利益，并提供专家资源。

全民医疗体系［也就是由全民医疗机构，例如，全民医疗服务委派委员会

---

〔1〕《英格兰全民医疗体系章程补遗：地方政府与公众健康局》（Public health supplement to the NHS Constitution for local authorities and Public Health England），资料来源于英格兰政府官网：https://www. gov. uk/government/collections/nhs – constitution – for – england – resources，访问日期：2016 年 9 月 4 日，唐超译。

2012 年，英国《卫生和社会福利法》（Health and Social Care Act 2012）对英格兰的全民医疗体系 (NHS) 加以重组，成立了英格兰公众健康局 (Public Health England)，其为卫生部的执行机构，接管了此前健康保护局 (Health Protection Agency)、药物滥用治疗中心 (National Treatment Agency for Substance Misuse) 及若干其他卫生机构的职能。公众健康局的任务在于，"保护并改善国民健康，解决［医疗资源配置的］不平等问题"。健康局雇用了 5000 名专职同等资历工作人员 (full - time equivalent)，主要是科学家、研究人员和公众健康专业人员。参见维基百科：https://en. wikipedia. org/wiki/Public_Health_England，访问日期：2016 年 9 月 4 日。

〔2〕地方政府联合会 (Local Government Association)：地方政府的代言组织 (national voice)，旨在促进更好的地方治理，通过构建不同地方当局官员间的稳定联系，探寻最佳治理方法。联合会代表从地方政府到全国政府的利益，致力于提升地方政府的整体形象和声望。目前会长为马克·劳埃德 (Mark Lloyd)。参见维基百科：https://en. wikipedia. org/wiki/Local_ Government_ Association，访问日期：2016 年 9 月 4 日。

和临床服务委派工作组，[1]依 2006 年《全民医疗服务法》（NHS Act 2006），负责提供和管理的那部分服务]，在改善和保护公众健康方面，继续发挥重大作用。

2012 年的法律改革意味着，英格兰很多地方政府都负有法定义务，应采取措施来促进辖区内居民的健康，[2]以及其他公众健康职能。相关地方政府包括：

- 各郡委员会（county councils）；
- 各单层政府，[3]包括大都会的区委员会；
- 伦敦各行政区（London boroughs）以及伦敦市议会（Common Council of the City of London）；
- 艾尔斯群岛（Isles）和锡利群岛（Scilly）政务会。

因为这些新职能，此前由全民医疗机构（NHS bodies）委派和提供的大量服务，遂转由地方政府承担。[4]这并不意味着地方政府成为全民医疗机构，但的确意味着，地方政府于承担公众健康职能之际，遂构成全面健康服务的一部分，[5]和全民医疗机构一样，要尊重全民医疗体系章程。

---

〔1〕　全民医疗服务委派委员会（NHS Commissioning Board），2011 年 10 月设立，系全民医疗体系内的独立卫生机构，2013 年 4 月 1 日转型为非政府部门公共机构（NDPB）。2013 年 3 月 26 日更名为"全民医疗英格兰（NHS England）"，法律称谓为"全民医疗服务委派委员会"。"全民医疗英格兰"负责监控 2012 年《卫生和社会福利法》下全民医疗服务委派的预算、规划、供给、日常运转事宜，负责和全科医生以及牙医的契约事宜。"全民医疗英格兰"在英格兰设有 50 个办事处，工作人员大概 6 500 人。参见维基百科：https://en. wikipedia. org/wiki/NHS_England，访问日期：2016 年 9 月 4 日。临床医疗服务委派工作组（clinical commissioning groups），依 2012 年《卫生和社会福利法》设立的全民医疗组织，负责组织全民医疗服务的供给事宜。2013 年 4 月，此前的初级医疗基金（primary care trusts）停止运转，部分工作人员和职责转移给地方政府，其余则为"临床医疗服务委派工作组"接管。参见维基百科：https://en. wikipedia. org/wiki/Clinical_commissioning_group，访问日期：2016 年 9 月 4 日。

〔2〕　原注：Section 2B of the NHS Act 2006 (as inserted by section 12 of the Health and Social Care Act 2012)。

〔3〕　单层政府（unitary authorities）：相对于双层地方政府而言，双层政府由郡、县两级自治会组成（county and district councils），单层政府则为一级体制。典型的单层政府，包括若干镇或市，面积足够大，可以独立于郡或其他行政区而运转。参见维基百科：https://en. wikipedia. org/wiki/Unitary_authorities_of_England，访问日期：2016 年 9 月 4 日。

〔4〕　原注：地方政府承担的服务，可参见文件后面的附录。

〔5〕　原注：即 1948 年建立的"全面健康服务（comprehensive health service）"，依 2006 年《全民医疗服务法》第 1 条，大臣负有推动义务。

卫生大臣（Secretary of State for Health）亦应尊重全民医疗体系章程。英格兰公众健康局身为卫生部的执行机构，于履行其事涉医疗服务的职责之际，亦应尊重全民医疗体系章程。当履行大臣保护公众健康的职责时，尤其如此。

这些改革意味着，地方政府负责委派或提供公众健康服务的工作人员，以及英格兰公众健康局的工作人员，应熟悉全民医疗体系章程，认识到章程对自己的意义。这份由卫生部、公众健康局和地方政府联合会共同发布的补遗文件，即旨在将此共识晓谕众人。

何为全民医疗体系章程？

章程阐述了全民医疗体系（涉及公众健康）的诸项原则和价值，虽未增课新义务、赋予新权利，却将工作人员、患者、公众期待的信息汇聚于一处。这些信息可归为四类：

- 原则——全民医疗体系的 7 项指导原则；
- 价值——6 项基础价值，全民医疗体系下服务提供人的一切作为，皆以之为据；
- 权利和义务——有些是法定的；以及
- 承诺——全民医疗体系就其工作方式对患者、公众及工作人员所为之承诺。

全民医疗体系章程 2009 年发布。而后，经过三次公共磋商，提出了若干对患者和工作人员的权利以及工作人员的义务加以改革的建议。据此，章程和章程手册在 2010 年、2012 年、2013 年三次修订。

2013 年 3 月，章程更新，[1]这次更新反映了医疗服务的新结构——包括地方政府的角色。自 2013 年 4 月 1 日起，2006 年《全民医疗服务法》下的健康服务，即包括了公众健康，以及全民医疗机构职责范围内的功能和服务。章程和章程手册并没有始终称"全民医疗体系和地方政府行使公众健康职能"，倒常以"全民医疗体系"来涵括地方政府的公众健康职能。还应注意，提到"大臣"，即当然包括卫生部的执行机构，公众健康局自然在内。

当然，地方政府并不是全民医疗机构，而章程适用于地方政府的公众健康服务也会有不同，因为地方政府的具体背景和法律框架完全不同于医疗服务的其他领域。

---

〔1〕 原注：www. gov. uk/government/publications/the – nhs – constitution – for – england。

全民医疗体系章程如何适用于公众健康服务?

地方政府负有法定义务，依 2006 年《全民医疗服务法》履行其公众健康职能之际，应重视全民医疗体系章程。这尤其意味着，地方政府就公众健康事宜作决定，只要所涉事务关系到章程，即应考虑章程如何适用。并不是说，地方政府必须如同全民医疗机构一般适用章程——地方政府得考虑其所处具体情势。可经此要求，予章程以适当考虑，既给了地方政府和公众健康局以机会，又给公众带来益处。诸项原则、价值、权利、职责和承诺，加上其他来源的信息、证据和建议，提供了有益的视角，比如，可以通过地方健康和福利委员会（local health and wellbeing boards）的工作，集中于联合策略需求评估（joint strategic needs assessments）以及联合健康和福利策略（joint health and wellbeing strategies）上。

原则

章程中阐明的七项原则，既关乎其他医疗服务，同样关乎公众健康服务。地方政府和公众健康局必须尊重这些原则，而服务的使用人/顾客，则得期待这些原则落到实处。

价值

用来塑造全民医疗体系文化的六项价值，同样关乎地方政府履行其公众健康职责，并贯彻于实践。这些价值，当沦浃于所有全民医疗机构的文化骨髓，并及于提供公众健康服务的地方政府和公众健康局。

权利

全民医疗体系章程阐述的权利，皆立足于法律。有些权利适用于全面健康服务领域的所有人，不论相关组织系全民医疗机构还是地方政府（例如，不受非法歧视的权利，免费获得医疗服务的权利）。但有些权利不适用于地方政府，章程和章程手册会详加说明。

责任

章程胪陈了患者和公众得提供的帮助，这同样适用于公众健康服务。有些直接关注公众健康，例如，参与健康促进和健康保护的活动，或者对自己和家人的健康负起责任。

承诺

章程的承诺，超越了法律的要求。这些承诺为医疗和公众健康服务部门设定了高远目标，地方政府和公众健康局应予重视。这些承诺确实代表了医疗服务部门所矢志追求者。虽无法律拘束力，地方政府仍应努力依此标准提供服务，尽力将这些承诺落到实处。

工作人员

全民医疗组织、地方政府、公众健康局，这些不同的雇主提供服务的期限和条件各有不同，但从事公众健康服务的工作人员，角色却相似。是以，章程阐述的权利、义务、承诺，对三家的工作人员意义相当。

章程内容是否全部适用于公众健康体制?

并不全然适用，在某些情形，章程并不适用于地方政府或公众健康局。这些情形有：

－最长等候时间：就地方政府安排的公众健康服务，并没有国家设置的等待时间，但从章程的立场可以看出，应该避免不必要的长时间等待现象；

－选择全科诊所，联系特定的医生：地方政府不必安排这些事务。

地方政府和公众健康局依其公众健康职责所从事的工作，重心在社区和人群，而非面向个体的服务。章程适用于各类型活动，比如，人群层面的活动即需要章程，诸如评估对服务的地方需求，地方政府即应负责。

章程适用于哪些服务和工作人员?

地方政府于其履行公众健康职责之际，应重视章程。随着越来越强调服务整合（integration of services），不论对工作人员来说，还是对服务使用人/顾客来说，某项服务是不是"公众健康［服务］"，并不总是那么清晰。

应注意，章程将全面适用的法定权利（legal rights）和关乎地方政府服务供给的良好做法（good practice）结合起来，地方政府不太可能将此当作过重的负担。

在某些情况下，地方政府显然在依 2006 年《全民医疗服务法》履行特定的公众健康服务职能，例如，为学龄儿童称重、测试，提供避孕和其他性健康服务，或者提供全民医疗体检服务。在其他情况下，就需要思考，提供这些服务是不是地方政府依 2006 年法第 2B 条课加的义务所采取的措施——依该条课加的义务，政府应采取适当的措施，以改善当地人口健康状况。所以问题的关键就在于，地方政府提供所涉服务的目的到底何在。

在实践中，还有其他一些因素给出提示，［帮助判断］特定公众健康服务是不是依这些新职能而提供的。例如，是不是由地方政府专款专用的公众健康资金全部或部分资助的，是不是列在附录中的服务，地方政府的公众健康主管人员是不是对此服务负责。

章程适用于公众健康局的全部活动，直接相关的则是诸如这样的职能，如专家提供的健康保护服务，或者专家就健康促进和公众医疗服务提供建议。

地方政府应该做些什么?

地方政府负有法定义务对章程予以重视，是以，应确保参与提供或委派公众健康服务的工作人员了解章程的内容。

对章程的考量应纳入地方政府的公众健康事务决策中，这样的考量应记录在案。

地方政府还应思考，如何确保公众健康服务的使用人/顾客了解章程，知道章程给自己接受的服务设置了得期待的标准。

公众健康局应该做些什么?

公众健康局执委会和咨询委员会，在其决策及咨询工作中，当予章程以充分重视。

附录：地方政府的公众健康服务

《条例》要求履行的职责[1]

- 儿童称重和测量（全国儿童测量项目）；
- 体检评估（NHS Healthcheck）；
- 面向大众的性健康服务（包括避孕，但不包括堕胎、节育、艾滋病治疗）；
- 为临床服务委派工作组提供专家意见；

---

　〔1〕　原注：The Local Authorities（Public Health Functions and Entry to Premises by Local Healthwatch Representatives）Regulations 2013.

- 与地方上各方面合作，保护地方民众健康。

由地方政府决断的服务 [1]

- 控烟、戒烟服务；
- 酒精、药物滥用服务；
- 为5周岁至19周岁未成年人提供的公众健康服务（包括健康儿童项目），自2015~2016年度起，为所有儿童和未成年人提供的公众健康服务；
- 针对肥胖的措施，例如社区的生活方式服务以及体重控制服务；
- 地方的营养项目；
- 提升地方民众的体育锻炼水平；
- 公众精神健康服务；
- 牙科公众健康服务；
- 意外伤害预防；
- 整个人群层面的介入，以降低、预防出生缺陷；
- 行为模式和生活方式的宣传活动，以预防癌症和长期疾病；
- 维护工作场所卫生的地方性活动；
- 对公众健康体制出资供给的服务和全民医疗体系供给的服务，例如免疫和筛查，予以支持、加以审查或者提出质疑；
- 地方性的措施，减少季节性的死亡率过高现象；
- 为了应对健康保护方面的意外事故、紧急情况，地方政府可以发挥的作用；
- 在提升社区安全、暴力防范方面，涉及公众健康的工作；
- 针对社会排斥的地方性措施，涉及公众健康方面的工作；
- 减轻环境对公众健康影响的地方性措施。

---

〔1〕原注：地方政府考虑了地方需求和其他因素后，认为适宜供给的服务。地方政府当然也可以决定安排其他的服务。"决断（discretionary）"意味着由个别政府自己决定，是否适宜供给，可一旦认为特定服务有助于改善公众健康并决定供给，即负有法定义务，依2006年《全民医疗服务法》第2B条予以供给。

捷克医生行为和患者权利准则[1]

(1992 年 2 月 25 日，卫生部中央伦理委员会通过)

1. 患者有权利得到有礼貌的、专业的医疗服务，由具备资质的医务人员，以患者可理解的方式提供。

2. 患者有权利知道为自己提供医疗服务的医生和其他医务人员的姓名。患者有权利要求隐私受到一定尊重，有权利要求医疗机构在其能力范围内提供服务，有权利要求日常接待亲友。对访问时间的任何限制，应有充足理由。

3. 患者有权利要求医生提供充分信息，俾在任何新的诊断、治疗措施施行前，得就是否同意为知情决策。除紧急情况外，拟施行的医疗措施伴随的任何风险，都应提供适当信息。倘有替代措施，或者患者要求知晓其他选项，有权利获取相关信息。患者还有权利知晓提供替代方案的医务人员的姓名。

4. 在法律设定的限度内，患者有权利拒绝治疗，应告知患者拒绝决定的医学后果。

5. 在门诊和住院检查、护理和治疗过程中，患者有权利要求自己的隐私和尊严得到最大程度的考虑。病情讨论、咨询、检查和治疗，皆系私密事宜，应

---

[1] 捷克并没有全面的患者权利框架。若干患者权利，碎片化地散布于立法中。有些基本的患者权利，见于 1966 年医疗服务法（Act N° 20/1966 on Health Care）。这部法律过于古老，虽屡经修改，亦不足以充任患者权利保护的完备法律框架。

1992 年，卫生部中央伦理委员会起草了医疗机构患者权利准则/约章［Code (also called a Charter) of (Moral) Patient Rights in Health Institutions］。同年，捷克医学会也起草了医生行为准则（Ethical Code of Physicians）。这两件准则都没有法律拘束力，法律影响有限。制定患者权利保护法的议案，多次提交议会。2005 年 12 月，下议院审议了新的医疗服务法草案（draft Act N° 1151/0 on health care）。法案旨在实现患者权利保护的现代化。2006 年 1 月大选后，这部议案也告夭折。

See, H. NYS, et al., "Patient Rights in the EU-Czech Republic", *European Ethical-Legal Papers N° 1*, Leuven, 2006, pp. 9~11.

《医生行为和患者权利准则》（Code of Ethics and Patients Rights），资料来源：http://nemocnicevitkovice. agel. cz/verejnost/hospitalizovany-pacient/ke-stazeni/rights-eng. pdf，访问日期：2016 年 9 月 4 日，唐超译。

谨慎为之。并非直接参与治疗之人，除非系患者选定，否则未经患者批准，不得在场，虽教学医院亦然。

6. 患者有权利期待关乎其治疗的任何报告、记录，皆应保密。对病历的保护应落到实处，病历的电子形式亦然。

7. 患者有权利期待医院在能力范围内充分满足患者的治疗要求，并且服务水平合乎医疗需求。倘有必要，得将患者转往其他医疗机构，但应先说明转诊的原因和必要性，以及可得的其他选项。转诊应先得对方医院批准。

8. 患者有权利期待医疗服务能保持适当水平的连贯。患者有权利事先知晓可以联络哪位医生，以及联络的时间和地点。患者出院的，有权利期待医院制定后续治疗计划，并为患者的医生提供未来的治疗建议。

9. 倘医生决定采用非标准化的或者试验性质的医疗措施，患者有权利得到细致、全面的说明。开展非治疗性质或者治疗性质的医疗措施，应事先取得患者签字的知情同意书。只要向患者适当说明决定的医疗后果，患者得随时退出临床试验，不必出具理由。

10. 临终患者有权利得到全体医务人员的细致温暖服务（sensitive care），只要不和立法冲突，应尊重患者的意愿。

11. 患者有权利也有义务知道并遵守所在医院的规章制度。不论医疗费用由谁支付，患者都有权利查询账单，并请求对账单个别条目加以说明。

这些患者权利自 1992 年 2 月 25 日生效。

特立尼达和多巴哥患者权利义务约章[1]

促协作，求平正，崇公道

序

毋庸置疑，就对绝大多数人口生活质量的影响而言，全民医疗服务（National Health Service）乃是提供给人民的最为重要的公共服务。

人民的健康乃是政府的首要关切，是以，卫生部负有责任，对特立尼达和多巴哥各医疗机构的患者，促进其利益和福祉。

患者永远第一，《患者约章》即旨在指导向公众提供优质医疗服务，不管是付费的，还是不付费的。

这个国家首部《患者约章》的颁布，乃是提升医疗服务质量，向世界顶尖水平靠拢的重大推动。

《患者约章》标志着引入了医疗服务供给的国家标准，将从根本上影响医疗服务的质量和医疗机构的效用。

《患者约章》赋权患者，得平等地获得连贯的优质医疗服务，保护患者的公民自由和宗教自由，包括独立决策的权利和了解可选方案的权利。《患者约章》表明，卫生部孜孜以求的乃是使所有患者都能基于临床需求得到优质服务，而不考虑其支付能力。

多年来，这个国家的医疗体制饱受效能低下（inefficiencies）困扰。应采取措施，提升服务质量，满足增长的需求。

---

[1] 《患者权利义务约章》（The Patient's Charter of Rights and Obligations），资料来源于特立尼达和多巴哥政府官网：http://www.health.gov.tt/sitepages/default.aspx? id = 114 # Respect，访问日期：2016 年 9 月 4 日，唐超译。

卫生部立意成功改革全民医疗体系，改善医疗服务水平，提升全体公民的生活质量，《患者约章》则在改革议程表上名列前茅。

约翰·雷哈尔（John Rahael）

卫生部长

2007 年 5 月

首席医务官致公众

亲爱的同胞，

《患者约章》要求医务部门：

- 倾听阁下的立场，依阁下的立场行事；
- 确立清晰的标准，并于必要时加以修订；
- 提供的服务合乎组织的标准（organization's standards）。[1]

这本小册子阐明了公众的权利义务，并揭明了患者如何帮助医务部门更上一层楼。

在这份文件里，"患者"意指，在依 1994 年第 5 号《地方医疗当局法》（Regional Health Authorities Act）或者 1960 年《私营医院法》（Private Hospitals Act）设立的医院或医疗机构，为了身心健康，接受诊断、治疗之人。"权利"意指所有患者皆应获得者；"义务"则指患者担负的责任。

我们期待与阁下齐心协力，不断改善医疗服务。

罗希特·杜恩（Rohit Doon）

首席医务官（Chief Medical Officer）

2007 年 5 月

---

〔1〕 这里的"组织"不知何指，首字母没有大写，也没有用复数。

患者权利义务约章

患者权利

1. 获得医疗服务

1.1 任何人，都应有平等的机会，基于个体需求，获得治疗、可得的住宿、合适的医疗护理服务，而不得考虑其种族、宗教、性别、民族或社会阶层。

1.2 此等服务，公共机构或私人资源不予经济补偿的，权利即受限制。

1.3 未成年人、无家可归的人、残障人士，应予特别考虑。

2. 尊重

2.1 不论何时，不论何种情境下，阁下都有权利要求医疗服务提供人表现出尊重。

2.2 倘临床条件许可，阁下有权利实现自己的公民义务（civic duty）。

3. 隐私和保密

阁下就自身及相关信息有隐私权，诸如下列权利：

3.1 有权利不和某人讲话，或者不见到某人，包括访客，以及和医院有关联但不直接参与治疗的人。

3.2 有权利要求检查的场所应能确保隐私，不使他人得以觇听。倘检查、治疗或者其他医疗措施系由异性医务人员操作，有权利要求安排同性别的人在场，医疗措施需要宽衣的，于必要之外，有权利要求不使自己再暴露于外。

3.3 于方便、沐浴及从事其他个人卫生活动之际，除为患者安全或帮助患者而必要外，有权利要求隐私受到尊重。

3.4 有权利期待每次咨询或者提及自己的病案皆应谨慎为之，有权利期待，不经自己同意，不直接参与治疗之人不得在场。

3.5 有权利要求只有直接参与治疗之人，或者监督医疗服务质量之人，方得查阅自己的病历，只有经自己或自己的法定代理人书面许可，他人方得查阅。

3.6 有权利期待涉及医疗活动的所有沟通和记录，包括费用事宜，皆应保密。

3.7 为了自己的人身安全和生物安全（biological safety），有权利得到必要的隔离和保护。

4. 个人安全

4.1 在医疗机构的惯例常规和设施许可的范围内，阁下有权利期待合理的安全环境。

4.2 阁下有权利期待医疗机构能够确保阁下个人财产的安全。

5. 免遭虐待的自由

5.1 阁下当受保护，免遭精神、性和身体方面的虐待，免遭故意的、非关治疗的身体折磨或伤害，免遭意在造成精神痛苦的恶行。

5.2 阁下得免遭非关治疗的化学和物理手段的限制，除非是在有充分记录的紧急情况下，或者患者的医生/获授权人员（authorized officer），在检查之后，书面授权在明确的短暂时段内加以限制，而且必须出于防范阁下自我伤害或者免遭他人伤害的必要。

5.3 未成年人、无家可归的人，以及残障人士，应受恰当保护。

6. ［医务人员的］身份

阁下有权利知道为自己提供服务之人的身份和专业地位，有权利知道哪位医务人员对治疗活动负主要责任。阁下还有权利知道为自己提供服务的各医务人员之间的职业关系，以及和参与治疗的其他医疗或教育机构的关系。

7. 信息

7.1 阁下有权利向负责阁下医疗事务协调的医务人员了解有关诊断、治疗替代方案、风险和预后的完备信息。当以阁下可以理解的方式向阁下提供相关信息。倘向阁下提供相关信息，在医学上非为明智的，信息将提供给获得授权之人（authorized individual）。

7.2 阁下有权利知道医务人员从事的医学检查、检查结果，有权利要求医务人员加以说明。

8. 沟通

8.1 阁下有权利接待访客，有权利通过口头或书面沟通方式和医院工作人员之外的其他人保持联络。倘阁下不说或不懂当地通用语言，可以得到翻译帮助。语言障碍影响治疗或护理的，此项权利格外重要。

8.2 阁下得期待医疗机构于患者约章〔1〕中公布相关信息。

9. 同意

9.1 阁下有权利知晓并且参与涉及自己的医疗决策。但凡可能，应清晰、简洁地向阁下说明病情、所有可以采取的医疗措施，包括死亡或严重不良反应的风险，以及在康复、得到满意疗效方面可能遇到的困难。

9.2 未经阁下或者有权代理人自愿的知情后同意，不得对阁下施治。倘有医疗替代方案，当随时告知阁下。

9.3 阁下有权利知道谁负责授权并施行医疗措施。

9.4 为获取信息或者出于科研目的而参与临床培训项目的，应经阁下知情后同意。

9.5 就可能影响阁下健康或治疗的任何研究活动，都应将目的、预期的方法、效果和潜在风险，以及伴随的任何不适，告知阁下。阁下亦有权利拒绝参与此类活动。

10. 咨询

就主要的诊断结果或者推荐的治疗方案，阁下有权利自担费用要求向专科医生咨询，听取第二意见。

11. 拒绝治疗

11.1 阁下得拒绝治疗。阁下或得到合法授权的代理人拒绝治疗，从而妨碍［医疗服务提供人］依专业标准提供充分治疗的，［医疗服务提供人］提前合理时间通知后，得解除与阁下的法律关系。

11.2 阁下认为医疗服务提供人醉酒或者受类似物质影响的，得拒绝其提供医疗服务。

11.3 阁下不能理解自己所处情势，但又未为有权机构（如法院）宣告为欠缺能力人的，或者法律对拒绝权利加以限制的，主治医生应于病历中将相关事宜充分记明。

12. 尊重患者的文化和宗教

12.1 只要不妨碍医疗机构的正常业务活动，不妨碍其他患者的利益，阁下有权利展现自己的文化及/或宗教表征。

---

〔1〕 当指医疗机构自己制作的约章。

12.2 只要不妨碍诊断或治疗措施，阁下有权利佩戴象征性的或宗教物件。

12.3 只要不妨碍治疗活动，阁下有权利随时要求自己所属教派的代表于治疗时在场。

13. 投诉

阁下认为权利受侵害的，得提起投诉。阁下得要求由指定的官员来调查投诉，并将调查结果于 10 日内告知自己。

14. 病历

倘阁下未握有病历复制件，则得查阅病历资料。

15. 参与治疗计划

15.1 阁下有权利参与，规划自己的医疗服务。

15.2 包括有机会和医务人员讨论治疗活动和替代方案，参与正式的病案研讨。

15.3 阁下有权利援引家属或其他代理人参与此等研讨。

16. 知会家属

倘阁下在紧急情况下被送往医疗机构，并丧失意识、昏迷或者不能交流，医疗机构应以合理的努力，联络阁下的家属或者指定的联系人。这里所谓"合理的努力"包括：

（a）检视患者的个人财物；

（b）检视医疗机构掌握的患者病历资料。

17. 医疗服务的连贯

在医疗机构规章制度许可的范围内，阁下有权利要求在医务人员的配备方面，应尽可能保持合理的规律性和连贯性。

18. 初级医疗服务

18.1 阁下得期待，有些医疗中心会延长提供服务的时间，地区医疗机构会24 小时提供服务。

18.2 阁下得期待，地区医疗机构可以提供某些 x 光服务和实验室检测服务。

18.3 阁下得期待，有些地区医疗机构可以提供专科医疗服务。

18.4 阁下得期待，卫生随访员、社区护士或助产士，得于必要时访问自己。

18.5 阁下得期待，得到健康促进信息。

19. 全科医生，药物、眼科及牙科服务

19.1 全科医生

除第 2 条、第 3 条、第 4 条、第 5 条、第 6 条、第 7 条、第 9 条、第 10 条、第 12 条及第 15 条所述权利外，

19.1.1 阁下有权利了解阁下的全科医生所提供的服务。

19.1.2 阁下有权利依经批准的协议，接受体检。

19.2 药物服务

19.2.1 阁下得到的药物，容器应有完善的标签，并附清晰的说明。

19.2.2 阁下得期待，儿童用药物，容器对儿童安全。

19.2.3 如何在家中安全储存药物，阁下可以得到相关信息。

19.2.4 如何安全处置过期药物，阁下可以得到相关信息。

19.3 眼科服务

19.3.1 阁下得自医疗体系获得眼科服务。

19.3.2 阁下得期待，眼科服务包括了筛查建议、眼部检查、调查、适当治疗的处方药。

19.3.3 倘若有必要接受治疗或进一步检查，或者转往合适的执业人处，应向阁下提供相关信息。

19.4 牙科服务

阁下得期待，得到在特立尼达和多巴哥牙科委员会登记的牙医提供的服务。

患者的义务

1. 披露信息

1.1 阁下应尽自己最大的理解能力，就自己的不适、病史、住院情况、使用的药物，以及关乎自己健康的其他事宜，提供清晰、完备的信息。

1.2 就任何意外的病情变化，阁下应向主治医生报告。

1.3 阁下是否清楚理解了预想的医疗措施及对阁下的期待，亦应向主治医生报告。

2. 遵守指示

2.1 阁下应遵守主治医务人员建议的治疗计划，包括遵守护士及其他相关人员的指示。

2.2 阁下应依预约就诊，不论出于何种原因，不能按时就诊的，应知会负责

的医疗机构和医务人员。

2.3 阁下应向医务人员说明是否理解了医疗过程中将采取的治疗措施。

3. 拒绝治疗

阁下拒绝治疗或者拒不遵守执业人指示的，应对自己的行为负责。

4. 医疗机构的规章制度

阁下应遵守医疗机构有关治疗活动及患者行为的规章制度。

5. 尊重、体谅他人

5.1 阁下应体谅其他患者以及医务人员的权利。

5.2 阁下应帮助保持医疗场所的安静，控制访客的人数。

5.3 阁下应尊重他人以及医疗机构的财产。

6. 费用义务

倘阁下就医疗事宜负有支付费用的义务（financial obligation），应尽力按时履行债务。

阁下如何帮助医疗服务

前面阐述了阁下自医疗机构接受医疗服务享有的权利、所负的义务。

我们期待，阁下以负责任的态度接受医疗服务，让我们知道阁下的就医体验。阁下得以下列方式帮助我们：

·向消费者事务官员（Customer Relations Officers）或者患者代表发表评论、提出建议，帮助我们改善医疗服务质量。

·向消费者事务官员投诉，并期待得到答复。

·阁下不能依预约赴诊的，应尽快知会我们（这样可以安排他人就诊）。

·倘阁下更改姓名、地址或电话的，应告知医生、护士、药剂师以及其他医疗服务提供人或者负责病历事务的医务人员。

感谢阁下的帮助。

瓦莱丽·艾琳－罗林斯（Valerie Alleyne-Rawlins）

局长，医疗服务质量管理局

2007 年 5 月

南非医疗同业协会
医疗行业良好操作指南

南非患者权利约章[1]

比勒陀利亚
2008 年 5 月

伦理和职业规则

医疗专业人员，以患者和医疗执业人的相互信任关系为执业的基础。"专业（profession）"，意味着"公开的奉献、承诺或矢志不渝"。[2]要成为优秀的医疗执业人，毕生都要秉持正当稳妥的职业和伦理规范，无私地献身于人类和社会的利益。

医疗执业人在专业活动中，应遵守特定行为规则。为此，南非医疗同业协会制定了若干职业行为规则，遇投诉医疗不端行为的，应依这些规则加以评判。这些规则，即收录于这份手册中。

南非患者权利约章

序

卫生部（Department of Health），经与多方商讨，制定《南非患者权利约章》。

---

〔1〕《南非患者权利约章》（National Patients' Rights Charter），资料来源于南非司法部官网：http://www.justice.gov.za/VC/docs/policy/Patient%20Rights%20Charter.pdf，访问日期：2016 年 9 月 4 日，唐超、刘艺鸥译。

〔2〕原注：Pellegrino ED. ，"Medical professionalism：Can it, should it survive?"，*J Am Board Fam Pract*，13（2）（2000），pp. 147~149（quotation on p. 148）.

经南非医疗同业协会（HPCSA）赞同，卫生部长发布这份文件。这份文件已纳入《实习人员、获认证的医疗机构及医疗当局手册》（*Handbook for Interns, Accredited facilities and Health Authorities*）。

一、引言

1.1 数十年来，南非民众大抵都体验过基本人权（包括对医疗机构的权利）遭受否定或者侵害的境况。

1.2 南非共和国 1996 年宪法保护人民获得医疗服务的权利，为确使此权利落到实处，卫生部向来致力于这项权利的宣谕、保护和促进，并因此颁布《患者权利约章》，用作落实权利的共同标准。

1.3 约章既与医疗执业人息息相关，医疗执业人自应遵守。

二、患者权利

2.1 健康、安全的环境

任何人都有权利拥有健康、安全的环境，以确保其身心健康。包括充分供水、卫生设备和废物处理系统，以及免遭环境危险，例如污染、生态恶化或传染病。

2.2 参与决策

任何公民都有参与发展卫生政策的权利，任何患者也都有参与自身医疗决策的权利。

2.3 得到医疗服务

任何人都有获得医疗服务的权利，包括：

（a）在任何开门营业的医疗机构，可以得到及时的急救服务，不考虑支付能力；

（b）治疗和康复服务，这些服务应向患者说明，使患者理解这些服务的内容以及接受服务的结果；

（c）为新生儿、儿童、孕妇、老年人、残障人士、遭受疼痛的患者，以及罹患艾滋病或携带艾滋病病毒的患者，提供满足其特殊需求的医疗服务；

（d）就诸如生殖健康、癌症或艾滋病这样的事宜，提供远离歧视、强制或暴力的咨询服务；

（e）为绝症患者或者临终患者，提供可负担的、有效的姑息治疗服务；

（f）医疗服务提供人应营造积极的风貌，表现出礼貌周到、对人格的尊重、耐心、同情和宽容；

（g）提供医疗信息，包括医疗服务可及性以及如何有效利用这些服务的信息，并以患者理解的语言提供信息。

2.4　了解医疗保险、医疗救助项目

医疗保险或医疗救助项目下的成员，有权利了解项目信息，在必要情形下，得赴有权机构质疑医疗保险或医疗救助项目针对成员所作决定。

2.5　选择医疗机构

任何人都有权利选择特定医疗服务提供人或者特定医疗机构，只要不违背此等医疗服务提供人或医疗机构的伦理标准即可。

2.6　医疗服务提供人的姓名、身份

任何人都有权利知道提供医疗服务之人［的身份］，是以，只能由身份明确的医疗服务提供人施治。

2.7　保密和隐私

关乎患者健康的信息，包括有关治疗措施的信息，只有经知情后同意方得披露，法律或者法院明确要求披露的除外。

2.8　知情同意

就疾病的性质、诊断措施，推荐的治疗方案及伴随的风险，以及相关费用情况，任何人都有权利得到完备、准确的信息。

2.9　拒绝治疗

只要不害及他人健康，患者得拒绝治疗，拒绝表示得为口头或书面形式。

2.10　第二意见

患者有权利要求听取第二意见。

2.11　医疗服务的连续性

最初负责患者治疗的医疗专业人员或者医疗机构，非经适当转诊或者由其他医疗服务提供人接手，不得丢弃患者不予治疗。

2.12 投诉

任何人都有权利就医疗服务投诉，有权利要求投诉得到调查，并就调查得到反馈。

三、患者的义务/责任

任何患者/顾客都负有下列责任：

3.1 爱惜自己的健康。

3.2 关心、保护环境。

3.3 尊重其他患者和医疗服务提供人的权利。

3.4 适当利用而不滥用医疗系统。

3.5 了解当地医疗机构及提供的服务。

3.6 为了诊断、治疗、康复或咨询目的，向医疗服务提供人提供相关的准确信息。

3.7 就死亡事宜，向医疗服务提供人说明自己的愿望。

3.8 遵守治疗或康复措施的要求。

3.9 询问医疗费用，并安排支付事宜。

3.10 保管好自己握有的病历资料。

加纳患者约章[1]

　　加纳医务局（Ghana Health Service）[2]旨在服务所有于加纳生活之人，不考虑年龄、性别、种族背景和宗教因素。

　　医疗服务需要医务人员、患者/顾客及社会的配合。是以，只有通力合作（Team Work），才能提供最优服务。

　　是以，医疗机构应规定并尊重患者/顾客、患者家属、医务人员以及其他医疗服务提供人的权利和责任。应充分考虑患者的社会文化和宗教背景、年龄、性别等差异，还应考虑残疾患者的需求。

　　加纳医务局希望医疗机构采纳患者约章，确使医务人员、患者/顾客和患者家属理解各自的权利义务。

　　约章旨在保护医务局患者的权利。约章区处以下事宜：

　　– 利用国内医疗资源，得到方便可及、公平、内容广泛的优质医疗服务的权利；

　　– 身为个体的患者，医疗事宜决策权应受尊重；

---

　　〔1〕《加纳患者约章》（The Patients Charter），资料来源：http://www.ghanahealthservice.org/ghs – subcategory.php? cid = 2&scid = 46，访问日期：2016 年 9 月 3 日，唐超、高明阳译。

　　〔2〕 加纳医务局，系因应 1992 年宪法要求，依 1996 年第 525 号法律设立的公共服务机构，是自治的执行机构（autonomous Executive Agency），在卫生部长的领导下，通过其管理委员会，即加纳医疗服务委员会（Ghana Health Service Council），负责落实国家卫生政策。加纳医务局继续受领公共资金，故仍属公共部门。但医务局雇员不再系属公务员系列，医务局管理人员也不必再遵从一切公务员规则和程序。赋予医务局独立地位，制度设计的初衷在于，给工作人员履行职责更大的管理弹性（managerial flexibility）。医务局不统领教学医院、私营医生和教会医院。

　　设立医务局，乃是加纳医改中期战略（Medium Term Health Strategy）的主要内容，是建立更为公正、有效、可及（accessible）、负责的医疗体制的必要步骤。改革的基础是 1993 年卫生部重组，重组目的即是为设立医务局作准备。另外，地方和各医院在管理上已经得到越来越大的弹性，改革也为此提供了坚实的组织框架。1993 年重组的诸项核心主题，今天对医务局仍很重要：稀缺资源的细致管理，职责和管理权限的清晰线条，分权（decentralization），对绩效而非对投入负起责任。

　　参见加纳医务局官网：http://www.ghanahealthservice.org/ghs – category.php? cid = 2，访问日期：2016 年 9 月 3 日。

－患者不因文化、种族、语言、宗教、性别、年龄、病因或残障而受歧视的权利;

－患者/顾客通过疾病预防、健康促进和简便的医疗措施,对自身和公众健康负起责任。

患者权利

患者有权利得到优质的基本医疗服务,不受地域限制。

患者有权利充分了解其病情、[疾病]管理和潜在风险,除非患者不能决策而又亟须治疗(所谓紧急情况)。

只要有助于改善服务结果,患者有权利了解替代治疗方案以及医务局的其他医疗服务提供人。

患者有权利知道所有医护人员以及参与治疗过程的其他人员的身份事项,包括医学生、实习生和辅助人员的身份事项。

在听取充分说明后,患者有权利同意或拒绝参加医生推荐的医学研究项目。患者得于研究的任何阶段退出。

患者拒绝参加或者退出研究项目的,仍有权利得到可得的最有效的医疗服务。

在咨询、检查和治疗过程中,患者有隐私权。倘有必要将患者或其病历资料用于教学或学术会议,应先经患者同意。

从患者处获得的信息,患者有权要求予以保密,除了法律明确要求或者出于公共利益考虑外,未经患者或者有权代表患者之人的同意,这些信息不得披露给第三人。

就患者就诊的医疗机构的政策和规章制度,患者有权利知晓一切相关信息。

应向患者或其授权的代理人说明投诉和纠纷解决的程序事宜。

治疗之前,应向患者说明医院费用、支付模式以及一切形式的预期开支。

倘设有免责机制,应告知患者。

患者有权利要求人身安全得到保障,在医疗机构内,财产安全也应该得到合理保障。

患者有权利听取第二意见。

患者义务

患者应认识到对自身健康负有责任,是以,应和医疗服务提供人充分合作。

患者负有如下责任：

为诊断、治疗、咨询、康复目的，患者应提供充分、准确的病历；

就病情和治疗事宜，倘有不解之处，应要求医疗机构提供额外信息并/或详加说明；

遵照处方治疗，报告不良反应，遵循后续要求；

遵照处方治疗或遵循医生意见过程中预期会碰到的困难，应告知医疗服务提供人；

患者应掌握对其（病情）管理和治疗有影响的一切必要信息，包括财务（医疗费用）事宜；

患者应掌握疾病预防、健康促进方面的知识和简单的治疗方法，知道在何种情况下，应尽早寻求医生的专业帮助；

保持环境安全、卫生，以促进身体健康；

尊重其他患者/顾客和医务人员的权利；

保护医疗机构的财产。

附注：

对未成年人和无同意能力人（不论出于何种原因，不能为知情决策），应由有权代理人（accredited and recognized representatives）代为行使权利、履行义务；

在一切医疗活动中，患者的人格尊严和利益至高无上。

己帙
其他

美国患者自主决定法 [1]

第 101 届国会
第 2 次会议
H. R. 4449

修改《社会保险法》（Social Security Act）第十八编、第十九编，要求医疗保险（medicare）和医疗救助（medicaid）项目下的医疗服务提供人和健康维护

---

[1] 《患者自主决定法》，美国国会 1990 年通过，系《综合预算调节法》（Omnibus Budget Reconciliation Act of 1990）的修正案，1991 年 12 月 1 日生效。

这部法律要求众多医院、疗养院、家庭护理机构、临终关怀医院、健康维护组织（HMOs）及其他医疗机构，在成年患者住院时，向成年患者提供关于预先医疗指示的信息。《患者自主决定法》的目标在于：①防止出于赢利动机，为医疗保险/医疗救助（Medicare/Medicaid）项目下的老年或残疾患者，提供不人道的过度治疗；②医疗保险/医疗救助项目下的老年患者，可以拒绝昂贵的 ICU/CCU 延长生命和挽救生命的医疗活动，以减轻死亡之前的痛苦，这样就节省了大量医疗费用，减轻了医疗保险和私营保险公司的负担。照起草者的设想，医疗保险/医疗救助项目下的老年和残疾患者，可以在家里或私人疗养院接受临终关怀医疗，由主治医生和患者商讨临终医疗事务，这样死亡过程花销更少，患者也更为舒适。

因为《患者自主决定法》不适用于个体医生、私营诊所，而这些又多为营利性组织，所以对医疗保险/医疗救助项目下的老年或残疾患者施以不人道过度治疗的难题没有得到充分控制。据报道，2012 年，健康和人类事务部还会同司法部，依《联邦虚假陈述法》（federal false claims act）对过度治疗行为提起公诉。另外，为这些老年或残疾患者提供医疗保险项目下的治愈性质的医疗服务或临终服务，或者在生命最后 6 个月转往临终关怀医院，《患者自主决定法》没有要求或命令主治医生征得知情同意，亦使立法目标受挫。患者没有和主治医生经过临终谈话，这样就很难指望患者依这部法律，通过预先指示来自我搏节（self rationing）昂贵的医疗保险开销。参见维基百科：https://en. wikipedia. org/wiki/Patient_Self-Determination_Act，访问日期：2016 年 9 月 3 日。

《患者自主决定法》（Patient Self Determination Act of 1990），资料来源于美国国会官网：https://www. congress. gov/bill/101st-congress/house-bill/4449/text，访问日期：2016 年 9 月 3 日，唐超、张梦译。

组织，〔1〕确保接受医疗服务之人，有机会参与医疗决策并对医疗决策发布指示。

众议院
1990 年 4 月 3 日

密歇根州莱文先生（Mr. LEVIN），代表自己、斯威夫特先生（Mr. SWIFT）、穆迪先生（Mr. MOODY）、麦克德莫特先生（Mr. MCDERMOTT）、方特罗伊先生（Mr. FAUNTROY），提出如下议案；同时提交给筹款委员会（Committees on Ways and Means）和能源商务委员会（Energy and Commerce）。

法案

为修改《社会保险法》（Social Security Act）第十八编、第十九编，要求医疗保险（medicare）和医疗救助（medicaid）项目下的医疗服务提供人和健康维护组织，确保接受医疗服务之人，有机会参与医疗决策并对医疗决策发布指示。

美国国会参众两院通过法案如下：

第 1 条　简称

本法得称作《1990 年患者自主决定法》。

第 2 条　医疗保险服务提供人协议，确保落实患者参与医疗决策的权利

（a）普遍适用的——经《综合预算调节法》（Omnibus Budget Reconciliation Act of 1989）〔2〕第 6112 条修订过的《社会保险法》第 1866 条（a）款（1）项

---

〔1〕 美国是发达国家中唯一没有建立全民医保的，两个最大的公共医疗项目即联邦医疗保险和医疗救助，系约翰逊政府伟大社会改革计划的一部分。联邦医疗保险主要适用于 65 岁以上的老年人、领取残障津贴超过 24 个月的残疾人以及晚期肾病患者，2010 年，覆盖人群 4800 万，载 http://en. wikipedia. org/wiki/Medicare_(United_States)，访问日期：2016 年 9 月 3 日；医疗救助则主要适用于穷人和未成年人，覆盖近 6000 万人，载 http://www. medicaid. gov/，访问日期：2016 年 9 月 3 日。

〔2〕《综合预算调节法》（OBRA - 90；Pub. L. 101 - 508，104 Sta. 1388，enacted November 5，1990）旨在减少联邦预算赤字。这部法律包含了《预算实施法》（Budget Enforcement Act of 1990），该法针对可支配开支和税收设计了到期即付程序（"pay-as-you-go" or "PAYGO"）。

［42 U. S. C. 1395cc（a）（1）］，[1]现修订如下：

（1）删除 O 目末尾处的"及（and）"，

（2）删除 P 目末尾处的期间，并加入"及（and）"，

（3）于 P 目后加入下面新目：

"（Q）医院、特殊护理机构、家庭护理机构和临终关怀机构，针对所有接受医疗服务的个体患者，置备书面的政策、程序材料，

（i）告知患者，依州法（不论是制定法，还是州法院认可的法）享有医疗决策的权利，包括接受或拒绝治疗、手术的权利，还有，针对丧失同意能力情形下的医疗服务事宜，依州法起草预先指示的权利（这样的指示，下称预先指示），例如：

（Ⅰ）任命代理人（agent or surrogate），代为医疗决策，

（Ⅱ）就自己的医疗事宜，提交书面指示（包括器官处分的指示）；

（ii）定期调查（并于患者病历中记载），患者是否草拟了预先指示，是否于病历中记明患者针对特定医疗活动的意愿；

（iii）不因为患者是否草拟了预先指示，而拒向患者提供医疗服务或者以其他形式歧视患者；

（iv）在州法允许的范围内（包括，在医疗服务提供人秉持良心，不肯执行患者意愿的情形，将患者转院的相关条款），确保依第 ii 小目以其他形式记录的有效预先指示和意愿，能够落实；

（v）就关涉患者自主决定和预先指示的伦理事宜，为工作人员、接受医疗服务的患者以及社区提供（个别的或者集体形式的）教育培训。"

（b）仅适用于健康维护组织——《社会保险法》第 1876 条（c）款［42 U. S. C. 1395mm（c）］末尾，加入下目：

"（8）本条下的契约应规定，第 1866 条（a）款（1）项（Q）目对医院的要求，同样适用于合乎条件的（健康维护）组织。"

（c）生效日期，

（1）自本法生效 180 天后首月首日开始提供的医疗服务，a 款所作修订适用之。

---

[1] 《美国法律汇编》（Code of Laws of the United States of America），得简作 U. S. Code 或者 U. S. C.，系联邦制定法的官方汇编，共计 52 卷，还有两卷正在编纂。整个汇编由众议院的法律修订委员会（Office of the Law Revision Counsel）每 6 年重新出版，新增内容则每年出版。制定法在编入后，有自己的编号，如正文中 42 U. S. C. 1395cc（a）（1）者是。

（2）自本法生效 180 天后的首月首日，《社会保险法》第 1876 条下的契约，b 款所作修订适用之。

第 3 条　医疗救助计划，确保落实患者参与医疗决策的权利

（a）普遍适用的——经《综合预算调解法》第 6406 条（a）款修订的《社会保险法》第 1902 条（a）款［42 U. S. C. 1396a（a）］，修订如下：

（1）删除第 52 项末的"及"；

（2）删除第 53 项末的期间，加入"及"；

（3）于第 53 项末，加入下面新项：

"（54）规定，各医院、疗养院、家庭护理机构、临终关怀医院，或者接受医疗救助计划资金的健康维护组织，针对所有接受医疗服务的个体患者，置备书面的政策、程序材料，

（A）告知患者，依州法（不论是制定法，还是州法院认可的法）享有医疗决策的权利，包括接受或拒绝治疗、手术的权利，还有，针对丧失同意能力情形下的医疗服务事宜，依州法起草预先指示的权利（这样的指示，下称预先指示），例如：

（i）任命代理人（agent or surrogate），代为医疗决策；

（ii）就自己的医疗事宜，提交书面指示（包括器官处分的指示）。

（B）定期调查（并于患者病历中记载），患者是否草拟了预先指示，是否于病历中记明患者针对特定医疗活动的意愿。

（C）不因为患者是否草拟了预先指示，而拒向患者提供医疗服务或者以其他形式歧视患者。

（D）在州法允许的范围内（包括，在医疗服务提供人或健康维护组织秉持良心，不肯执行患者意愿的情形，将患者转院的相关条款），确保依 B 目以其他形式记录的有效预先指示和意愿，能够落实。

（E）就关涉患者自主决定和预先指示的伦理事宜，为工作人员、接受医疗服务的患者以及社区提供（个别的或者集体形式的）教育培训。"

（b）生效日期——自本法生效 180 天后首月首日开始提供的医疗服务，a 款所作修订适用之。

第 4 条　对患者参与决策权的落实情况，加以评估

（a）普遍适用的——美国卫生和人类服务部（Health and Human Services）部长应与国家科学院医学研究所（Institute of Medicine of the National Academy of

Sciences）达成协议，就受指示的医疗决策的落实情况，开展研究。此项研究应：

（1）对执业人、服务提供人和政府管理人员，在遵守第 2 条 a 款、第 3 条 a 款所作修订施加的要求过程中，其经历体验，加以评估；

（2）调查〔医疗服务提供人等〕以何种途径，传递患者或疗养院疗养人员的〔医疗〕决策，使患者或疗养人员可能转往的其他医疗机构，可以知晓患者或疗养人员的意愿并予尊重。

（b）研究安排——部长应要求医学研究所提交开展 a 款所说研究的申请书。倘申请可以接受，部长将在 28 天内和科学院就如何开展研究达成合适安排。倘申请不合部长之意，部长得要求一家或数家合适的非营利私营组织提交研究申请，并与提交了最佳申请的组织达成合适的研究安排。

（c）报告——不迟于本法生效后 4 年，应将研究结果报告给国会和部长。报告应针对如何更深入地落实本法目的，提出立法建议。

第 5 条　公共教育示范项目

卫生和人类服务部部长，应于本法生效后 6 个月内，在选定州开展示范项目，向公众宣传起草预先指示的思路，以及患者有参与医疗决策和就医疗决策发布指示的权利。部长应向国会报告项目开展的结果，以及是否推广到所有州。

乌克兰民法典（节译）

第二十一章　有关自然人生存的人格权 [1]

第281条　生命权

（1）任何人都享有不可分离的（inalienable）生命权。

（2）自然人的生命不可剥夺。

自然人有权利保护自身以及他人的生命和健康，免遭法律禁止的任何手段的不法侵害。

（3）医学、科学或其他试验，只得施之于有能力的成年人，并经其同意方得为之。

（4）自然人要求结束其生命的，不得应允。

（5）只有经成年自然人请求，方得施行节育手术。

因医学指征而有必要对无能力人施行节育手术的，依法律设定的要求，并经其监护人同意，方得为之。

（6）妊娠未满12周的，经孕妇请求，得人工终止妊娠。

在妊娠12周至22周期间，于法律规定的情形，得人工终止妊娠。

妊娠12周及以上的，法律应明确列举得予终止妊娠的情形。

（7）因医学指征而有其必要的，成年男女有权利依立法明确的医疗措施和条件，接受辅助生殖技术服务。

---

〔1〕《乌克兰民法典》，1996年公布草案，2003年通过，2004年1月1日生效。共六编，依次为：总则，自然人的人格权，物权，知识产权，债权，继承。《民法典》之外另设《家庭法典》。第二编"自然人的人格权"，计三章。第二十章，"人格权通则"；第二十一章，"有关自然人生存的人格权"，涉及医疗领域；第二十二章，"有关自然人社会生活之人格权"。参见梁慧星："中国民法典编纂中的最大争论和我的态度"，载 http://www.chinalaw124.com/lilunyanjiu/20151024/12866.html，访问日期：2015年11月2日。《乌克兰民法典》（The Civil Code of Ukraine），资料来源：http://teplydim.com.ua/static/storage/filesfiles/Civil%20Code_Eng.pdf，访问日期：2016年9月3日，唐超译。

（第 281 条，经乌克兰 2004 年 11 月 2 日第 N 2135 – IV 号法修订）

第 282 条　请求消除生命、健康面临的危险的权利

（1）因商业等活动而使自然人生命、健康面临危险的，得请求消除危险。

第 283 条　要求健康得到保护的权利

（1）自然人有权利要求健康得到保护。

（2）国家医疗体制以及宪法和其他法律规定的其他组织，为自然人提供健康保护。

第 284 条　得到医疗救助的权利

（1）自然人有权利得到医疗救助（medical aid）。[1]

（2）年满 14 周岁并寻求医疗救助的自然人，有权利选择医生以及医生推荐的治疗方法。

（3）为年满 14 周岁的自然人提供医疗救助，须经其同意方得为之。

（4）有能力的成年人，能意识到并控制自己的行为的，有权利拒绝治疗。

（5）紧急情况下，自然人生命面临真正威胁的，得不经患者或其父母（养父母、监护人、保佐人）同意，即行施治。

（6）应依法为自然人提供精神病学医疗救助。

第 285 条　就健康状况的知情权

（1）成年人就其健康状况，有权利得到可信赖的、完整的信息，包括查阅了解相关医疗文书。

（2）父母（养父母）、监护人、保佐人就子女或受监护人的健康状况，有权利了解相关信息。

（3）倘告知相关信息会加重自然人病情或者妨碍治疗，医务人员有权利不告知完整信息，并对医疗文书的查询加以限制。

（4）自然人死亡的，家属或得到授权之人有权利于死因检查时在场，有权利了解死因调查结论，对结论有异议的，得向法院起诉。

第 286 条　健康隐私权

（1）自然人就其健康状况，就其寻求医疗救助的事实，皆有隐私权，就诊

---

〔1〕　这里所谓医疗救助，即指医疗服务。

断（结果）以及治疗过程中得到的信息，有要求保密的权利。

（2）就诊断（结果）和治疗方法的相关信息，不得请求亦不得提供给自然人的工作或学习场所。

（3）履行公务过程中或通过其他途径获知的第 1 款提到的信息，不得传布。

（4）在法定情形，自然人可能会负有接受医疗检查的义务。

第 287 条　住院自然人的权利

（1）在医院接受医疗服务的自然人有权利会见其他医务人员、家属、监护人、保佐人、公证人和代理人。

（2）在医院接受医疗服务的自然人有权利会见司铎，以从事祭拜、祈祷。

第 288 条　自由权

（1）自然人有自由权。

（2）对自然人实施任何形式的身体或精神压力，使其饮酒，使用麻醉和精神药品，从事其他牵涉侵害自由权利的行为，皆为法所不许。

第 289 条　免遭不法侵害的权利

（1）自然人有权利免遭不法侵害（right to person immunity）。

（2）任何自然人都不应受侵害人格的酷刑、残忍、不人道或有辱人格的对待或惩罚。

（3）父母（养父母）、监护人、保佐人、教育工作者不得对未成年人、幼年子女和受监护人施以体罚。

对无助之人施以残忍败德行为的，利用本法及其他法律所规定的措施，得利用之。[1]

（4）自然人有权利发布指示，于其死亡后，将其器官或其他组织材料转交给科学、医学或教育机构。

第 290 条　捐献的权利

（1）有能力的成年人有权利捐献血液、血液成分、器官、其他组织材料以及生殖细胞。

捐献活动应依法为之。

---

〔1〕 正当防卫之类。

（2）除非在法定情形，并依法定程序，否则不得自死亡自然人的身体摘取器官、其他组织材料。

（3）患者得以书面形式，同意死亡后摘取其组织材料，或者禁止此种行为。捐献者亲属有权利知晓接受捐献人的姓名。

第 291 条　过家庭生活的权利（right to family）

（1）不论年龄和精神状况，自然人都有过家庭生活的权利。

（2）除法定情形外，不得违背自然人意愿，将其与家庭分离。

（3）不论居住在何地，自然人有权利与亲属保持联系。

（4）除乌克兰宪法明定的情形外，任何人不得干扰自然人的家庭生活。

第 292 条　得到监护和保佐的权利

（1）未成年人，被认定为无行为能力或限制行为能力的，有权利得到监护或保佐。

第 293 条　对环境安全的权利

（1）自然人有权利要求环境的安全，就环境状况、食品和日用品的质量，有权利得到可靠信息，并有权利搜集、传布这些信息。

（2）自然人、法人从事的破坏、恶化、污染环境的行为皆为不法。任何人有权利要求停止此等行为。

有害环境的行为，得由法院判令停止。

（3）自然人有权利要求消费品（食品、日用品）的安全。

（4）自然人有权利要求工作、生活、学习环境的适宜、安全、健康。

附　录

瑞典医疗服务法[1]

（1982：763）

1982 年 6 月 30 日颁布

数次修订至瑞典法典（SFS）2002：163 号法

重新颁布：瑞典法典 1992：567 号法

序款

第 1 条

本法所谓"医疗服务（health and medical services）"，意指用于医疗预防检查以及疾病和损伤治疗的各种措施。医疗服务也包括救护车服务和死亡后护理。牙科服务适用特别规定。（1992：567）

医疗服务的目标

第 2 条

医疗服务（事业），旨在确保全体瑞典人民身体健康，获得平等的医疗服务。

医疗服务之提供应一视同仁，并尊重患者人格。对医疗需求最为迫切之患者，应予优先服务。（1997：142）

---

[1] 《瑞典医疗服务法》[The Health and Medical Services Act（1982：763）]，资料来源：http://www. ilo. org/dyn/travail/docs/1643/health%20a%20nd%20medical%20insurance%20act. pdf，访问日期：2016 年 8 月 29 日，唐超、刘沛晔、吴宇辰译。

医疗服务应满足的要求

第2a 条

医疗服务之提供务必达到优良要求（good care）。意即尤其应做到：

（1）优质，并合乎患者的安全需求；

（2）容易获取；

（3）立足于尊重患者自主决定地位和隐私；

（4）促进患者和医务人员的良好沟通。

医疗服务的方案及实施，应尽可能与患者磋商后确定。

除明显没有必要的情形外，对求医的患者，应迅速对其健康状况给予医学评估。（1998：1659）

第2b 条

有关患者健康状况及可得治疗方法的信息，应告知患者。

倘不能告知患者，即应告知患者近亲属。倘有违《秘密信息法》［Secrecy Act（1980：100）］第七章第3条或第6条，或者《医疗服务（专业活动）法》［Health and Medical Services（Professional Activity）Act（1998：531）］第9条第1款的规定，则不得告知患者或其近亲属。（1998：1660）

第2c 条

医疗服务之提供，旨在预防伤病（ill health）。对求医的患者，应于恰当时候告知其预防疾病或损伤的方法。（1998：1660）

第2d 条

患者死亡的，于提供医疗服务之际，对死者应怀尊敬之意。对死者遗属应示关心、体贴。（1998：1660）

第2e 条

提供医疗服务，应确保必要的医务人员和医疗装备、设施到位，俾使优良服务为可能。（1998：1660）

郡之医疗服务

郡之职责

第 3 条

郡（county council）[1]应向在本辖区内生活之人提供良好的医疗服务。依《民事登记法》[Civil Registration Act（1991：481）] 第 16 条登记之人，以及在辖区内永久居住之人，前句亦予适用。在其他方面，郡亦应努力促进全体居民的健康。本法关于郡的规定，亦适用于非属郡之辖区的自治市（municipalities），第 17 条的不同规定除外。前述规定不妨碍其他机构提供医疗服务。

位于郡辖区内的自治市，依第 18 条第 1 款、第 3 款负有提供医疗服务责任的，郡即不负责任。

郡得与其他机构达成协议，由其他机构履行郡依本法承担的 [提供医疗服务的] 职责。不过，涉及公权力行使的职责，不得依本款委托给公司、社团、基金会或者个人。

为了更有效率地利用可得资源，郡于其依本法所负的职责范围内，亦得与自治市、社会保障局以及劳动委员会订立合作协议。就因为订立合作协议而共同从事的活动，郡应参与提供资金。

对共同从事的、社会保障局或者劳动委员会提供部分资金的活动，国家审计署（National Audit Office）得加审查。审计署得考察那些为审查所必要的细节。（1997：1306）

第 3a 条

倘有数项替代医疗方案，且均合乎医学科学和成熟经验，郡应给予患者选择所偏爱方案的机会。考虑到患者所受伤病情况及治疗成本，倘认为患者所选方案合理，则应依其选择施治。

---

[1] 郡（county council），自治性质的地方当局，亦为瑞典主要行政区划（principal administrative subdivisions）。瑞典共设 20 郡，主要职责在于公众健康和公共交通。在郡辖区内，还有若干自治市（municipalities），独立于郡，施行自治，共计 290 市。参见维基百科：https://en.wikipedia.org/wiki/County_councils_of_Sweden，访问日期：2016 年 8 月 29 日。

倘患者居住之郡能够提供合乎医学科学和成熟经验的医疗服务，则患者不得于郡辖区之外接受医疗服务。

对面临生命威胁或者伤病非常严重的患者，倘医学科学和成熟经验不能给出明白无误的指示，而医疗决策又可能给患者带来特别的风险，或者〔重新评估〕对患者未来的生活质量格外重要，则郡应给予患者寻求对病情重新评估的机会，不论在郡辖区之内或之外。经重新评估病情后提出的医疗方案，〔郡〕应予提供。(1998：1660)

第 3b 条

郡应为其辖区居民、依《民事登记法》(1991：481)第 16 条登记之人或永久居住之人，提供下列服务：

(1) 康复训练；

(2) 为功能障碍患者提供辅助器具；

(3) 为自幼失聪患者、聋盲患者、成年后失聪者以及听力障碍患者提供日常翻译解释服务。

位于郡辖区内的自治市，依第 18b 条应负责提供康复训练服务和辅助器具的，郡即不负责任。郡所负担的责任无碍雇主或他人依其他法律负担的义务。

康复训练服务和辅助器具的提供，应经与患者磋商后加以安排。安排计划中应写明打算采取的各项措施。(2000：356)

第 3c 条

虽非瑞典居民，但依照《欧盟理事会法令第 1408/71 号关于对在欧盟内流动的就业者、自雇者及其家庭适用的社会保障方案》〔Regulation (EEC) No. 1408/71〕,[1] 有权利在瑞典接受疾病及产科服务之人，郡亦应为其提供良好医疗服务。患者有业的 (economically active)，由其就业所在郡负责提供医疗服务，患者无业的，由其登记为求职者所在郡负责提供医疗服务。患者家属依前述欧盟法令有权在瑞典获得疾病和产科医疗服务的，由前句所说之郡负责提供。倘家属在瑞典定居 (domiciled)，则适用第 3 条。(1998：1660)

第 3d 条

除第 18b 条规定的情形外，郡应向定居于其辖区内的尿失禁、尿潴留、肠

---

〔1〕 Regulation (EEC) No. 1408/71 on the social security rights of migrant workers, self-employed persons or members of their families。

道失禁且对一次性卫生用品有着持续需求的患者，提供这些用品。医生，以及由国家医疗和福利委员会（National Board of Health and Welfare）认可具备资质的其他医疗和护理人员，皆可开具前述一次性卫生用品。（1996：1151）

第 3e 条

对在家接受医疗护理（家庭护理）之人，郡得免费提供医疗用品。（2002：163）

第 4 条

身处郡辖区内但非郡之居民者，倘需要紧急医疗服务，郡应予提供。

既非本郡居民，亦非紧急情况，郡仍得出于己意提供医疗服务。（1992：567）

第 5 条

医院旨在为需要入住医疗机构的患者提供服务。患者入住医疗机构期间所提供的服务称住院服务（in-patient care）。其他医疗服务称门诊服务（out-patient）或非卧床服务（ambulatory care）。初级医疗服务系门诊服务之构成部分，不考虑疾病、年龄或患者类型，旨在满足整个人群基本的治疗、护理、预防及康复服务需求，此种基本需求不依赖医院或其他专门机构的医疗及技术资源。

郡对初级医疗服务供给的安排，应使生活于其辖区内的人，可以利用并可以选择稳定的医疗联络（permanent medical contact）。[1]此等医生应具备全科医学的专家资质（specialist competence in general medicine）。[2]郡不得将个人选择限于其辖区内的特定地理区域。（1998：1654）

第 6 条

郡应于其辖区内安置恰当机构，负责将那些因为病情而需要专用车辆运载的患者运往医院或医生处，或自医院或医生处运往他处。（1992：567）

第 7 条

郡应根据人群的需求，规划医疗服务的供给事宜。

---

〔1〕　当指选择提供初级医疗服务的全科医生（家庭医生）。

〔2〕　全科医生是相对于专科医生（specialist）讲的，这里将全科医学与专科医生绑在一起，不好理解。

私营或者其他的医疗服务提供人，亦应纳入规划。(1995：835)

第 8 条

就医疗服务供给的规划与发展事宜，郡应与各公共机构、组织及私营医疗服务提供人展开合作。(1995：835)

第 9 条

医疗服务牵扯数郡的，瑞典政府得为此将国家分为数块区域。

就此种牵扯数郡的医疗服务供给，各郡应相互协作。(1992：567)

委员会

第 10 条

医疗服务供给由一或多个委员会管理。此种委员会适用《地方政府法》[Local Government Act (1991：900)] 有关委员会的规定。(1991：903)

第 11 条　依 1991：909 号法废止。

第 12 条　依 1991：903 号法废止。

医务人员

第 13 条　依 1996：787 号法废止。

第 14 条　依 1996：787 号法废止。

第 15 条

郡应依照《医疗服务（专业活动）法》第三章，为所有取得大学医学学位的医生，以及持有国外资格证书的医生，于其辖区内提供充分的见习机会，使其得通过完成见习活动，进而注册为医生。见习岗位的时间应为固定期间。

郡并应依前款所引法律，按照规划的对临床专科医生的远景需求，于其辖区内提供相应的专科服务机会。瑞典政府得决定（ordain），医生的任职岗位倘是基础大专医学教育（basic post-secondary medical training）[1]即能胜任的，只得任职有限期间（limited period）。(1998：533)

─────────────

〔1〕 前款要求具备大学学位（University Medical degree），故第 2 款所谓"高中后教育（post-secondary）"大约相当于中国的专科教育。

第 16 条

瑞典政府获得授权，得就医疗岗位的任职资格及任职程序颁布条令。瑞典政府得将发布条令的权力委托给国家医疗和福利委员会行使。

就接受基础大专医学教育的医务人员，可以获得哪些医疗工作岗位，另作规定。

自治市的医疗服务

第 17 条

第 18～25 条适用于位于郡辖区内的自治市，在有特别规定的情形，亦适用于不位于郡辖区内的自治市。（1992：567）

自治市的职责

第 18 条

以《社会服务法》第五章第 5 条第 2 款或者第五章第 7 条第 3 款所说住房形式生活的人，或者依自治市的决议，以同法第七章第 1 条第 1 款第 2 项所说特殊住房形式生活的人，自治市应提供优良医疗服务。对从事《社会服务法》第三章第 6 条所说日间活动（daytime activities）的居民，自治市亦应提供优良医疗服务。

自治市亦可为居住在市内之人提供家庭医疗服务（家庭护理）。

倘郡和位于郡辖区内的自治市达成协议，且经瑞典政府批准，郡得将提供第 2 款〔1〕所说的医疗服务的义务，指派自治市负责。就第 3c 条〔2〕所说提供一次性卫生用品的责任，亦得订立此等协议。

自治市依第 1 款、第 3 款所负的责任，以及依第 2 款所具有的权力，不包括由医生提供的服务。

自治市就其依本法应履行的任务，得与他人订立协议。任务涉及公权力行使的，不得依本款转移给公司、社团（association）、财团（joint property associa-

---

〔1〕 似指第 3 条第 2 款。
〔2〕 似当为第 3d 条。

tion)、[1] 基金会或者个人。(2001：461)

第 18a 条

倘有数种替代治疗方案，且均合乎医学科学和成熟经验，郡应给接受第 18 条第 1～3 款所指医疗服务的患者以机会，使其得选择自己偏爱的方案。考虑到患者所受伤病情况及所选医疗方案的成本，倘认为其选择合理的，郡即应依患者选择施治。

患者所居住的郡，倘能够提供合乎医学科学和成熟经验的医疗服务，患者即不得于其居住的郡之外接受医疗服务。(1998：1660)

第 18b 条

与第 18 条第 1～3 款所指的医疗服务相关，自治市亦应为功能障碍患者提供康复训练服务和辅助器具。

并不依第 18 条将提供医疗服务的责任转移给自治市，郡仍得与位于其辖区内的自治市订立协议，由自治市负责为功能障碍患者提供辅助器具。

就自治市为功能障碍患者提供的康复训练服务及辅助器具，第 3b 条第 3 款亦予适用。(2000：356)

第 18c 条

与第 18 条第 1 款所说的医疗服务相关，自治市应依第 3d 条的方式来提供一次性卫生用品。就授权开具一次性卫生用品的事宜，第 3d 条应予适用。(2000：356)

第 18d 条

对所有以《社会服务法》第五章第 5 条第 2 款所说特定住房形式生活之人，或者在此种住房形式某一部分生活之人，应位于郡辖区内的自治市的请求，郡得利用特别屋宇形式的药品商店（medicinal stores in the special housing accommodation）来提供药物。

此种商店，既得储备大部分的常用药（完全商店，complete stores），亦得仅储备特定的基本药物（应急商店，emergency stores）。

应位于郡辖区内的自治市的请求，郡亦得依第 1 款所述方式，为通过自治

---

[1] "财团"的译法不知当否。

市接受家庭护理的患者提供药品。

第 1 款所说的居民以及第 3 款所说接受家庭护理的患者，免费使用商店提供的药品。

第 1 款所说的药品商店支出的药品费用，由郡承担。（2002：163）

第 19 条

依第 18 条第 3 款转移提供医疗服务的职责的，郡得给予自治市合理的财政援助。（1992：567）

第 20 条

自治市应依人口需求来规划其医疗服务供给。

私营及其他医疗服务提供人的医疗服务，亦应纳入规划。（1995：835）

第 21 条

就医疗服务的规划和发展事宜，自治市应与各公共机构、组织和私营医疗服务提供人合作。（1995：835）

委员会

第 22 条

自治市的医疗服务由市政委员会依《社会服务法》第二章第 4 条决定的委员会或数个委员会来管理。（2001：453）

自治市并非郡之组成部分的，第 18 条第 1 款或第 2 款所说的医疗服务，依第 10 条管理。（2001：461）

医务人员

第 23 条　依 1996：787 号法废止。

第 24 条

就自治市决定的医疗服务事宜，应安排一位护士负责以下事宜：

（1）在患者病情有需要的情形，有和医生或其他医务人员联络的程序；

（2）决定将那些能够保证患者安全的护理事宜委托给他人负责；

（3）倘患者遭受严重伤病，或处于此种危险中，应将情况通报给指导医疗服务工作的委员会。

倘医疗服务的内容主要是康复训练，理疗师或职业疗法专家得履行第 1 款所说的义务。

倘无医生参与第 18 条第 1 款或第 2 款所说的医疗服务活动，则［本条］第 1 款和第 2 款的规定，亦适用于不在郡辖区内的自治市。（1992：567）

第 25 条

就医疗服务领域各岗位的任职条件以及补满岗位的程序，瑞典政府获授权得发布条令。瑞典政府得将发布条令事宜委托给国家医疗和福利委员会。（1992：567）

郡、自治市医疗服务的共同规则

医疗服务的费用

第 26 条

倘无相反特别规定，仅得依郡或自治市所定事由收取医疗费。就此费用事宜，对待居住在郡、自治市的患者，以及第 3c 条所说的患者，应一视同仁。不过，就住院治疗，郡得针对不同收入区间分别设定费用水平，并制定费用减轻规则。住院治疗的最高费用标准为每天 80 瑞典克朗。

自治市依《自治市财政责任（特定医疗服务）法》［Municipal Financial Liability (Certain Health and Medical Services) Act (1990：1404)］第 2 条在财政上负有责任的医疗活动，只有自治市得收取费用。主要表现为护理形式的长期精神病医疗服务，自治市依同法第 9 条担负起财政责任的，前句亦得适用。

第 18 条所指医疗服务的费用，第 18c 条要求的一次性卫生用品的费用，或者自治市依《自治市财政责任（特定医疗服务）法》第 2 条或第 9 条在财政上负有责任的长期医疗服务的费用，加上依《社会服务法》第八章第 5 条所提供的家庭服务和日间活动（daytime activities）的费用，合计每月不得超过 0.48 乘以价格基数（pricing base amount）之积的 1/12。这些费用不得高到令患者没有足够的财政基础（charge base）来维持个人需求及其他正常生活成本（保留额 reserved amount）。另外，自治市设定医疗费用标准，还要确保患者的配偶或生活伴侣不至于因此承受沉重的经济负担。

财政基础（charge base）和保留额依《社会服务法》第八章第 3 ~ 8 条计

算。(2001：848)

第 26a 条

患者已经依本法于第18条第1款之外的情形支付了门诊医疗费用，第3d条所说的一次性卫生用品的费用，或者《牙科服务法》[Dental Care Act（1985：125）]第8条所说的牙科费用，总计不超过900瑞典克朗，或者总计不超过郡所确定的更低数额的，则在一年的剩余期间里（从第一次付费开始计算），就此等医疗服务或者卫生用品，不必再支付费用。

倘父或/及母有两个或更多18周岁以下子女受其照料，当涉及前述事宜的费用总计达到前面提到的额度，所有子女的费用皆免除。

适用于第1款所说时长的费用免除，亦适用于该段期间内达到18周岁的未成年人。

"父母"术语亦包括养父母。与父或母长期同居之人，倘与父或母缔结婚姻或育有子女，亦为此处所谓父母。(2000：356)

科研

第 26b 条

郡和自治市应参与临床医疗研究和公共卫生研究的筹资、规划及开展事宜。就这些研究活动，郡和自治市应于必要程度内，彼此合作并与相关院校合作。(1996：1289)

适用于所有医疗服务的共同规则

主治医生

第 27 条

倘患者有安全需求，应指派医生负责患者安全。(1996：787)

医疗服务的管理

第 28 条

医疗服务的管理方式，应能提供高度安全、优质的医疗服务，并提升成本

效益（cost-efficiency）。（1996：787）

第 29 条

在医疗服务中，应有专人负责医疗活动的开展（业务主管，operational manager）。业务主管，仅当具备充分的医学专业能力及经验，方可就具体患者的诊断、治疗事宜作出决定。

在强制性的精神病治疗场合，业务主管的职责，由专科医生来履行（高级会诊医生，senior consultant）。倘业务主管并无专科医生的资质，则这些职责应由专门指派的高级会诊医生来履行。

依《传染病防治法》[Communicable Diseases Act（1988：1472）]强制隔离的，业务主管的职责应由专科医生来履行（高级会诊医生）。倘业务主管并无专科医生的资质，则这些职责应由专门指派的高级会诊医生或者依《传染病防治法》第50a 条指派的官员来履行。（1996：787）

第 30 条

业务主管得将个别管理职责委托给具备足够能力和经验的官员来履行。（1996：787）

质量保证

第 31 条

应系统地、持续地确保并提升医疗服务的质量。（1996：787）

通报义务

第 31a 条

依第 10 条或第 20 条指导医疗服务工作的委员会，倘发现新药物（new substances）滥用迹象，应毫不迟延地向国家公众健康研究所（National Institute of Public health）通报。

第 32 条

为了保护患者或者为了开展医疗服务的需要，瑞典政府得就医疗服务事宜作更详尽规定。

为了保护患者而发布规定的权力，瑞典政府得委托国家医疗和福利委员会

行使。(1996：787)

战时等特殊情形下的医疗服务

第 33 条

瑞典政府获授权，就战时的医疗服务事宜颁布特别条令。战争迫在眉睫，或者因为瑞典边境外的战争造成了极端情势，或者因为瑞典已处于战争状态或处于战争危险中而造成了极端情势，为前句所谓战时。

冰岛医疗服务法^[1]

（No. 40/2007）

经 2007 年第 160 号法律，2008 年第 12 号法律，2008 年第 112 号法律，2010 年第 59 号法律，2010 年第 162 号法律，2011 年第 126 号法律和 2012 年第 28 号法律修正。

第一节 适用范围、政策制定和定义

第1条 适用范围和目的

本法适用于医疗服务的组织事宜。目的在于使全体冰岛人民随时能得到可提供的最适宜的医疗服务，从而得依本法、《医疗保险法》（2008 年第 112 号法律，第 59 条）、《患者权利法》以及其他相关法律的规定，维护冰岛人民的心理、身体健康和社会福祉。

第2条 职权

医疗服务事宜，系属卫生部长职权范畴（2011 年第 126 号法律，第 451 条）。

第3条 政策制定

卫生部长在本法框架内制定医疗服务政策。为落实医疗服务政策，就医疗服务的组织，不同任务的轻重缓急，服务的效率、质量和安全，以及医疗服务的获取诸般事宜，部长得采取必要措施。

就医疗服务的组织事宜，总是以在合适的服务水平提供医疗服务为目标，一般以初级医疗服务为起点。

---

〔1〕《冰岛医疗服务法》（Health Service Act, No. 40/2007），资料来源于冰岛社会福利部官网：https://eng. velferdarraduneyti. is/acts-of-Parliament/nr/20098，访问日期：2016 年 8 月 29 日，唐超、褚海鹏、胡彪译。

第4条　定义

本法中使用的术语含义如下：

1）医疗服务（Health service）：为促进健康、预防疾病、诊断或治疗疾病以及康复而提供的，各种形式的初级医疗服务、治疗、护理、全科和专科医院服务、患者转送、医疗救助，以及医务人员在医疗机构内和医疗机构外提供的服务。

2）全科医疗服务（General health service）：初级医疗服务，疗养院和医疗机构护理部门提供的服务，全科医院的服务。

3）专科医疗服务（Specialised health service）：第2项全科医疗服务之外的医疗服务。

4）初级医疗服务（Primary healthcare）：医疗服务中心提供的全科治疗、护理、健康保护和预防、急病和事故救治，以及其他服务。

5）全科医院服务（General hospital service）：全科内科、护理、事故救治、康复，以及必要的辅助服务。

6）专科医院服务（Specialised hospital service）：第5项全科医院服务之外的医院服务。

7）医疗执业人（Healthcare practitioner）：经卫生局长（Medical Director of Health）[1]颁证许可（2008年第12号法律，第12条），得使用经认可的医疗专业的专业头衔，并于医疗服务部门工作之人。

8）医疗机构（Healthcare facility）：提供医疗服务的单位。

9）护理机构（Nursing facility）：疗养院或医院所设机构，其提供护理服务的对象是可以在医院之外接受治疗护理服务之人。

10）大学医院（University hospital）：提供几乎所有医疗、护理领域服务的医院，重在科研、开发和教学。与在医学以及多数其他医疗领域从事教学科研的大学紧密合作。医院的医务人员达到大学能力标准的，往往同时受雇于医院和大学，或与大学建立其他业务联系。治疗、教学和科研，在医院的日常工作

---

〔1〕依《卫生局长及公共卫生法》（Medical Director of Health and Public Health Act，No. 41/2007）第2条［卫生局］第1款："卫生局（Directorate of Health）在卫生部长的领导下开展工作（2011年第126号法律，第452条）。依《医疗服务法》第9条由委员会出具调查结果，卫生部长据之任命卫生局长，任期5年。卫生局长应具备专科医疗资格、掌握公共卫生知识，有行政管理方面的丰富经验或教育背景。"

中密不可分。

11）教学医院（Teaching hospital）：在主要专科及护理领域提供服务的医院，与在医学以及其他医疗领域从事教学科研的大学建立联系。医院从事教学、科研工作的医务人员，与大学相关部门紧密合作。

12）自营医疗执业人工作场所（Premises of self-employed healthcare practitioner）：自营医疗执业人的医疗机构，其提供医疗服务，可能有也可能没有国家财政支持（2008 年第 12 号法律，第 12 条）。

第二节 医疗服务的组织事宜

第 5 条 医疗区域

国家分为数医疗区域（Health regions），分区事宜以条例定之（2007 年第 785 号条例，2008 年第 765 号条例，2008 年第 1084 号条例，2009 年第 448 号条例）。在各区域提供全科医疗服务的医疗机构，就区域内医疗服务的组织事宜，应通力合作。经与相关地方当局以及冰岛地方当局联合会（Association of Local Authorities）磋商，卫生部长得以条例形式，合并区域内的医疗机构（2008 年第 764 号条例，2008 年第 1083 号条例，2009 年第 448 号条例，2009 年第 562 号条例，2011 年第 76 号条例）。

虽有医疗区域划分，患者一般仍得随时赶最为方便的医疗中心或者医疗机构就医。

第 6 条 全科医疗服务

各医疗区域应有一所或多所医疗机构负责区域内的全科医疗服务提供事宜。

就各区域内医疗设施的活动，以及提供的医疗服务事宜，卫生部长得以条例详加规定（2007 年第 785 号条例，2008 年第 765 号条例，2008 年第 1084 号条例和 2009 年第 447 号条例）。

第 7 条 专科医疗服务

冰岛国立大学医院（Landspítali University Hospital）、阿库雷里医院（Akureyri Hospital），[1] 以及卫生部长指定的，或者依第七节和《医疗保险法》（2008 年第 112 号法律）订立的契约中指定的其他医院和医疗机构，负责提供专

---

〔1〕 阿库雷里：冰岛第二大城市。

科医院服务。

其他专科医疗服务，由专科医疗机构、卫生部长指定的或者依第七节和《医疗保险法》所订契约中指定的其他医疗机构，负责提供。

在自营医疗执业人的工作场所，根据依第七节和《医疗保险法》所订契约的要求，提供专科医疗服务。

第三节　医疗机构的管理

第 8 条　适用范围

本节适用于政府主办的医疗机构。第 10 条和第 12 条也适用于根据依第七节和《医疗保险法》所订协议而设立的医疗机构。

第 9 条　医疗机构行政首长

医疗机构行政首长由卫生部长任命，每届任期 5 年。行政首长应有大学文凭，以及有益于其工作的行政管理经验。

卫生部长任命一个三人委员会，任期 4 年，评估医疗机构行政首长职位申请人的资格。委员会成员应具备行政管理、人力资源和医疗服务方面的知识。非经委员会认可，任何人不得担任医疗机构行政首长。

卫生部长发布医疗机构行政首长任命文件，写明医疗服务和机构运营中的主要目标，以及医疗机构短期和长期的任务。

行政首长负责使医疗机构依法律、政府指令以及第 3 款所说任命文件的要求运营。行政首长应使医疗机构提供的服务、运营费用和服务质量，都能合乎预算的要求，并有效利用资金。

行政首长任命医疗机构的工作人员。临时任命的管理职位工作人员，任期可达 5 年。

第 10 条　专业管理

医疗机构应设医务主任（medical director）、护理主任（nursing director），视情形而定并应设其他专业领域的主任，在其各自业务领域内，就医疗机构所提供的服务，对行政首长负责。

医疗机构内专科领域或者专科科室的负责人，在其各自业务领域内，就其职责范围内的医疗服务，依医疗机构组织架构，向医务主任或者直接上级负责。

医疗机构护理科室的负责人，在其业务领域内，就其职责范围内的护理服务，依医疗机构组织架构，向护理主任或者直接上级负责。

专业领域其他管理人员，在其各自业务领域内，依其在医疗机构组织架构中的职位，就其提供的以及职权范围内的服务负责。

第 11 条　医疗机构的组织架构

医疗机构行政首长应经与执行委员会（executive board）磋商，就医疗机构的组织架构提出建议，提交卫生部长批准。

第 12 条　医疗机构的执行委员会

医疗机构应设立一个三人执行委员会（executive board），在行政首长的指导下工作。医务主任、护理主任，其他专业领域的主任，与行政首长共同任命执行委员会成员。倘医疗机构组织架构别有要求的，执行委员会成员得多于三人。

行政首长就医疗机构的服务和运营事宜为重要决策前，应于执行委员会讨论，探求委员会成员的建议和看法。

执行委员会必要时应召集医务人员的信息咨询会，每年至少一次。

医疗区域内各医疗机构的执委会，以及京畿初级医疗服务部（Primary Health Care of the Capital Area）的执委会，应向地方政府和区域内的医疗服务利用人（users，指病人等）传布医疗机构的活动信息，必要时与之磋商。

第 13 条　专业委员会

大学医院和教学医院应设立医务委员会和护理委员会，以及其他合适的专业委员会。其他医疗机构亦得设立此类委员会。

医疗机构的医生、护士及其他受雇佣的执业人，得成立联合专业委员会（single combined professional board）。

专业委员会，包括医务委员会和护理委员会（倘设立了此类委员会），应就其各自专业领域内医疗机构运营中的问题，向行政首长和执行委员会提出建议。涉及医疗机构所提供医疗服务的重要决定，应探求专业委员会的看法，包括医务委员会就医疗服务的观点，护理委员会对护理服务的观点。

专业委员会应制定程序规则，程序规则由行政首长批准。

第四节　全科医疗服务

第 14 条　医疗区域内的医疗机构

每个医疗区域应设一所或多所医疗机构，应设立提供全科医疗服务的医疗中心（healthcare centres）和地区医院（regional hospitals）。

通过和教育部门、教学医院或大学医院订立协议，前款所述医疗机构得承担医疗专业人员的教育培训工作。

第 15 条　京畿初级医疗服务部

京畿初级医疗服务部提供京畿医疗区域的初级医疗服务。

京畿初级医疗服务部与大学及其他教育部门，大学医院或教学医院订立协议，承担医疗专业人员的教育培训工作，并从事初级医疗领域的科研工作。

第 16 条　疗养院和护理机构

地区医院的护理机构、疗养院和养老院，向那些经过评估，需要得到护理的受保人，提供护理服务。非经专门的评估委员会，依《老年人事务法》（Act on the Affairs of the Elderly）（2012 年第 28 号法律，第 7 条；2008 年第 112 号法律，第 59 条）给出肯定的评估结论，任何人不得于长期淹留于护理机构。

第 17 条　医疗中心

医疗中心提供初级医疗服务。

倘有待决事宜特别关涉医疗中心，医疗机构行政首长和执行委员会应征询医疗中心业务负责人意见（2010 年第 59 号法律，第 1 条）。

就医疗中心的运营及所提供的服务事宜，卫生部长得以条例详加规制（2007 年第 787 号条例）。

第 18 地　地区医院

地区医院应提供全科医疗服务，尤其是利用门诊部门提供全科服务。匹配全科医疗服务，地区医院一般还应提供护理服务。只要达到专业标准，地区医院一般还应提供产科服务，倘接受委派，或者依第七节和《医疗保险法》（2008 年第 112 号法律，第 59 条）订立了协议，还应提供达到专业标准的其他服务。

同时提供全科医院服务和初级医疗服务的机构，两项服务活动应合并为之，任命的医务人员亦应于两个领域工作。

就地区医院的活动和服务，卫生部长得以条例详加规范。

第五节　专科医疗服务

第 19 条　专科医疗服务的提供人

冰岛国立大学医院、阿库雷里医院、各专科医疗机构、其他医疗机构以及自营医疗执业人的工作场所（参见本法第 7 条），提供专科医疗服务。

第 20 条　冰岛国立大学医院

冰岛国立大学医院系冰岛的重要医院，亦系大学医院。为冰岛所有居民提供专科医院服务（主要利用门诊部门），并为京畿医疗区域的居民提供全科医院服务。其职责如下：

1）随时提供医院职责所在的医疗服务，尤其是提供几乎所有医疗领域的专科服务、护理服务以及其他在冰岛通行的医疗服务，并设医疗辅助部门和研究部门。

2）在大学和研究生学习阶段，为大学和医疗专科的学生提供临床培训。

3）开展医疗领域的科学研究。

4）提供接受过大学教育并经过医疗专科训练的医务人员。

5）为冰岛大学及其他大学提供从事科研工作的专业人员，并为大学研究人员提供在医院开展科研活动的条件。

6）设立为全国服务的血库。

卫生部长将任命 9 人（并 9 位候补）组成冰岛国立大学医院顾问委员会，任期 4 年。就医院的服务、活动和运营，顾问委员会向行政首长和执行委员会提供建议、发表看法。顾问委员会尤其要关注医院的年度工作计划和预算，以及医院的长期政策。顾问委员会中应有服务利用人（病人）代表。委员会主席经征询行政首长意见，于必要时召集信息咨询会议，一年至少两次。

冰岛国立大学医院和冰岛大学应订立合作协议，给大学代表参加执委会会议的权利。冰岛国立大学医院和冰岛大学应针对那些同时对两校负有义务的工作人员制定程序规则。程序规则由行政首长批准并对外公布。

冰岛国立大学医院经卫生部长首肯，得加入研发公司，此等公司得为股份公司、非营利组织或者有限责任公司，其产销活动以随时利用、开发医院科研成果为目标。国立大学医院在此等公司内的资产，由医院行政首长管理。

就国立大学医院的活动及其提供的服务，卫生部长得以条例详加规定。

第 21 条　阿库雷里医院

阿库雷里医院系教学医院。为冰岛人提供专科医院服务，尤其是利用门诊部门提供专科服务，并为其医疗区域提供全科医院服务。其职责如下：

1）随时提供医院职责所在的医疗服务，尤其是主要医疗领域的专科服务、护理服务以及其他在冰岛通行的医疗服务，并设医疗辅助部门和研究部门。

2）为阿库雷里大学医科学生提供临床培训。

3）与冰岛国立大学医院、冰岛大学以及其他医疗机构、教育单位合作，在大学和研究生学习阶段，参与其他大学生和专科学生的临床培训。

4）开展医学领域的研究活动。

5）为专业人员提供在阿库雷里大学或者其他大学从事学术工作的机会。

6）充任冰岛国立大学医院的后备医院。

阿库雷里医院经卫生部长首肯，得加入研发公司，此等公司得为股份公司、非营利组织或者有限责任公司，其产销活动以随时利用、开发医院科研成果为目标。医院在此等公司内的资产，由医院行政首长管理。

就阿库雷里医院的活动及其应提供的服务，卫生部长得以条例详加规定。

第 22 条　专科医疗机构

专科医疗机构依特别立法、卫生部长的决定，或者依第七节和《医疗保险法》（2008 年第 112 号法律，第 59 条）规定的协议，提供专科医疗服务。

就政府办专科医疗机构的活动，以及依第七节和《医疗保险法》（2008 年第 112 号法律，第 59 条）所说协议从事的活动，卫生部长得以条例详加规定。

针对特意赴冰岛接受特定医疗服务从而未为医疗保险覆盖的病人，卫生部长得授权医院及其他政府办专科医疗机构，以自营形式组织此类医疗服务提供事宜，惟不得妨碍国家委托的医疗服务供给。依本条向未为医疗保险覆盖之人提供的服务，费用事宜依《医疗保险法》处理（2008 年第 112 号法律，第 59 条）。

第六节　医疗服务的质量

第 23 条　适用范围

本节关于医疗服务的专业标准以及服务监督的规定，适用于一切在冰岛提供的服务，不论是由政府还是其他组织提供，也不论是否得到政府财政资助。

卫生局长对医疗服务的监督工作，受《卫生局长法》调整。

第 24 条　医疗服务运营的专业标准

针对个别领域的医疗服务运营事宜，卫生部长经听取卫生局长的建议并征询相关医疗行业的意见后，得以条例形式（2007 年第 786 号条例），就最低的专业标准，详加规定。条例应跟上知识和形势的随时变化，定期修订。条例尤其应明确服务运营在人员配备、工作场所、床位、设施设备等方面的最低标准。

第 25 条　对医疗服务标准的监督

就医疗服务是否达到了专业标准和卫生立法的要求，由卫生局长随时监督。倘卫生局长认为服务不符合第 24 条的专业标准或者卫生立法的其他要求，应指示服务经营者改进。倘经营者不遵从指示，卫生局长应向部长报告，并提交相关措施的建议。部长得决定暂停运营并加以整改，或者永久关停。

第 26 条　医疗服务运营的条件

凡意图运营医疗服务的，包括国家或地方当局，应向卫生局长通报运营计划。通报时应附具充分的运营信息，例如服务类型、医务人员、设施设备以及工作场所。卫生局长得要求提供更多信息，倘其认为有必要，得就运营前景加以评估。倘在人员配备、设备、运营事宜和服务内容等方面发生重大变化，亦应向卫生局长通报。停止医疗服务运营的，应向卫生局长通报。

卫生局长负责确认医疗服务的运营前景是否合乎专业标准和卫生立法的其他条件。卫生部长更新和医疗机构所订契约的，前句亦得适用。非经卫生局长确认，医疗营业不得开展。倘因营业的性质，卫生局长认为有必要的，得提出更严格的要求。就第 1 款所说的重大变化，也要得到卫生局长的确认。

卫生局长未依第 2 款确认的，就其拒绝决定得请求部长复议。卫生局长依第 2 款提出更严格要求的，前句亦得适用。但在国家运营医疗服务的情形，部长有权决定是否达到了法律要求和专业标准。

卫生局长制作医疗服务运营商名录，名录变动的，应向部长通报。

就特定领域医疗服务的运营条件和监督事宜，卫生部长得以条例详加规定（2007 年第 786 号条例）。

卫生局长依第 1 款所为的评估工作以及依第 2 款所为的确认工作，得依部长条例，收取费用。

对在政府办医疗机构外提供的医疗服务，政府如何给予财政支持，服务运营商和政府依本法第七节和《医疗保险法》（2008 年第 112 号法律，第 59 条）应以协议商定，卫生部长依其他法律的授权单独决定的情形除外。

第 27 条　意外事故的记录

医疗机构、自营医疗执业人以及其他医疗服务提供人，应制备意外事故登记簿，俾便探查事故原因并寻求防范事故再度发生的办法。意外事故，意指伤害或者可能伤害患者的事故、差错、过失或者其他事件。登记簿事宜，由《卫生局长及公共卫生法》调整。

第七节　医疗服务契约

第 28 条　卫生部长的缔约权

就医疗服务供给以及政府对医疗服务的财政支持事宜，由卫生部长代表政府订立契约。医疗保险管理局（Health Insurance Administration）依《医疗保险法》（2008 年第 112 号法律，第 59 条）订立医疗服务契约。

第 29 条　医疗服务契约，绩效和运营

有关医疗服务和财政支持的契约，以及有关绩效和运营的契约，由《医疗保险法》（2008 年第 112 号法律，第 59 条）调整。

第 30 条

……（2008 年第 112 号法律，第 59 条）

第 31 条　医疗机构订立的契约（Institutions' contracts）

依《政府财务报告法》（Government Financial Reporting Act）的规定，政府办医疗机构得就医疗服务运营的特定方面事宜，订立契约。

提供全科医疗服务的政府办医疗机构，经卫生部长允许，得订立契约，将依本法其应负责提供的特定医疗服务，委托给其他医疗机构或者自营医疗执业人。

冰岛国立大学医院、阿库雷里医院及其他政府办专科医疗机构，就其应提供的专科医疗服务的特定方面，经卫生部长允许，得与其他医疗机构或者自营医疗执业人订立契约，于这些医疗机构或者自营医疗执业人的工作场所提供。

第八节 其他规定

第 32 条 国家和地方当局间的费用分担

医院和医疗中心的建设费用、设备费用，由国库负担。疗养院的建设费用和设备费用，地方当局承担基础成本（foundation costs）的 15%。设备的重大维修和购买，属于基础成本。医疗机构财产和设备的一般维修费用，不属于基础成本。

地方当局为第 1 款的建筑（包括医务人员的住宅）提供土地，国库不必为此出资，亦不必支付街道建筑费（street-building fee）或者土地租金。

各方的权利份额（ownership share）依第 1 款中的出资比例而定。任何一方不得因其所有权或部分所有权（part-ownership）而请求他方支付租金。

何谓第 1 款所说重大维护，卫生部长得于征询地方当局联合会意见后，以条例形式详加规制。

第 33 条 患者转送

就患者转送的操作和组织事宜，卫生部长以条例（2011 年第 262 号）详加规制。

第 34 条 医疗服务费用

医疗费用事宜，适用《医疗保险法》和特别法的相关条款。

第 35 条 医疗任命委员会（Medical Appointments Committee）

经冰岛医学会、冰岛大学和卫生局长提名，部长任命由 3 位医生组成的委员会，负责评估卫生局长职位及其他政府办医疗机构管理职位申请人的专业资格。卫生局长提名之人担任委员会主席。并应依同样程序任命候补人选。委员会任期 3 年。

委员会应自申请截止日起 6 周内，向任命机构提交论据充分的意见。

凡具备专业资格的医生，皆得获任命。

卫生部长经征询委员会意见，发布委员会的程序规则。

第 36 条　护理主任任命委员会（Nursing Directors' Appointments Committee）

经冰岛护理学会、冰岛大学和卫生局长提名，部长任命由 3 位护士组成的委员会，负责评估政府办医疗机构护理主任职位申请人的专业资格。卫生局长提名之人担任委员会主席。并应依同样程序任命候补人选。委员会任期 3 年。

委员会应自申请截止日起 6 周内，向任命机构提交论据充分的意见。

凡具备专业资格的护士，皆得获任命。

卫生部长经征询委员会意见，发布委员会的程序规则。

第 37 条　条例

就本法的实施事宜，卫生部长得以条例详加规制。（1997 年第 426 号条例，参看 2013 年第 886 号条例。2006 年第 441 号条例，参看 2007 年第 1024 号条例，2010 年第 411 号条例，2012 年第 625 号条例。2006 年第 1118 号条例，参看 2007 年第 147 号条例，2008 年第 703 号条例。2008 年第 544 号条例。2008 年第 1188 号条例。2013 年第 1182 号条例，参看 2014 年第 635 号条例。2015 年第 312 号条例，参看 2015 年第 386 号条例。2015 年第 530 号条例。）

第 38 条　实施

本法授权卫生部长，落实《欧洲议会和理事会 2010 年 7 月 7 日关于移植用人体器官质量标准和安全标准的第 2010/53/EC 号指令》[1]的规定，该指令经欧洲经济区联合委员会（EEA Joint Committee）[2]2013 年 10 月 8 日第 164/2013 号决定而纳入欧洲经济区协议（EEA Agreement）。（2014 年第 106 号法律，第 2 条）

第 39 条　生效

本法自 2007 年 9 月 1 日期生效。

第 40 条　临时规定

就医疗服务运营事宜和地方当局订立的临时契约（第 28 条），在契约订立

---

　〔1〕　Directive 2010/53/EC of the European Parliament and of the Council of 7 July 2010 on standards of quality and safety of human organs intended for transplation.

　〔2〕　欧洲经济区联合委员会由冰岛、卢森堡、挪威三国代表以及欧洲委员会和欧盟各成员国代表组成，主要职责在于，批转将欧盟指令适用于并非欧盟成员国的三个欧洲经济区国家。参见维基百科：https://en. wikipedia. org/wiki/EEA_Joint_Committe，访问时间：2016 年 8 月 29 日。

时受所涉公办医疗机构雇佣的医务人员，在契约有效期内，亦视为地方当局的雇员。在此类契约中，卫生部长得将医疗机构行政首长依《政府雇员权利义务法》（Rights and Obligations of Government Employees Act）享有的一切职权，委托给所涉地方当局，但应向医务人员通报委托情况。不得实质改动雇员的地位；这些雇员仍为国家雇员，其工资和其他待遇同样适用前述协议。

依协议开展的项目，其雇佣的新职员，视作所涉地方当局的雇员。

卫生部长（2010 年第 162 号法律，第 77 条）和主管政府雇员事宜的部长（2011 年第 126 号法律，第 451 条）为一方，地方当局为另一方，应就如何保障雇员的权利和工作条件、由谁支付工资等事宜，订立协议（2008 年第 112 号法律，第 59 条）。

拉脱维亚医疗法[1]

(1998 年 3 月 12 日生效,
2014 年 9 月 11 日最近修订)

条文全部或部分修订的,修订日期见文末方括号。
条、款、项遭废止的,废止日期见侧旁方括号。

本法经拉脱维亚议会通过
并由拉脱维亚总统颁行如次:

第一章 一般规定

第 1 条

本法使用术语含义如下:

1) 医疗 (medical treatment):专业性质的、针对个体的疾病预防、诊断、治疗,医疗康复和护理活动;

2) 医疗执业人 (medical practitioners):受过医学教育并从事医疗活动者;

3) 医疗机构 (medical treatment institutions):医生开办的个体诊所,国家及地方政府办的医疗机构,在医疗机构登记簿 (Register of Medical Treatment Institutions) 登记的商业公司,合乎法律法规对医疗机构及其内设机构的强制要求,并提供医疗服务;

4) 医疗执业人执照 (certificate of a medical practitioner):由拉脱维亚医疗执业人专业组织协会 (Union of Professional Organisations of Medical Practitioners of Latvia)、拉脱维亚医学会 (Latvian Medical Association) 或者拉脱维亚护士协会

---

[1] 《拉脱维亚医疗法》(Medical Treatment Law),据拉脱维亚国家语言中心 (Valsts valodas centre) 英文本译出,资料来源于国家语言中心官网:http://www.vvc.gov.lv/export/sites/default/docs/LRTA/Likumi/Medical_Treatment_Law.pdf,访问时间:2016 年 8 月 29 日,唐超、岳靓、王钦颢译。

（Latvian Nurses Association）颁发的文件，证明具备业务能力，并表明身为专科医生（specialist）的医疗执业人有能力于相关领域独立开展医疗活动（specialist practice）；

5）医疗机构认证（certification of a medical treatment institution）：独立第三方证明医疗机构的组织或服务合乎相关标准的活动；

5^1）治疗或诊断方法执照（certificate of medical and diagnostic methods）：由拉脱维亚医疗执业人专业组织协会、拉脱维亚医学会或者拉脱维亚护士协会颁发的文件，证明具备业务能力，并表明医疗执业人在法律法规写明的能力之外，有权利独立使用证明文件中写明的治疗或诊断方法；

6）医生委员会（doctors' council）：由至少三名医生组成的会议，以决定诊断、治疗的策略；

7）人类传染病：由传染病致病介质引发的疾病，其传播或会造成流行病（以下简作传染病）；

8）医学教育：遵循依法定程序认可的教育项目，完成医学领域的知识、技能积累，并由教育机构颁发证书加以证明；

9）医疗技术：治疗方法和医疗设备、医疗产品的使用方法；

10）紧急医疗救助（emergency medical assistance）：具备相应医学资质并经专门训练和装备之人为生命、健康处于临界危险状态之人（病人）提供的救助，并因此资质，要为自己的作为、不作为以及作为或不作为的后果承担法律责任；

11）患者：接受或寻求医疗服务之人；

12）护理（care of patients）：直接或间接与公众健康、家庭健康或个人健康的维护、促进、保护及恢复相关联的医疗活动；

13）急救（first aid）：具备或不具备医学资质之人，在其知识和可能性范围之内，不考虑其熟练程度和设备情况，为生命、健康处于临界危险状态之人（病人）提供的帮助；

14）康复医疗（medical rehabilitation）：专门的医疗领域，在患者生理学或解剖学的限制条件下，发展或恢复其身体、心理、社会、职业和教育潜能，或者，在永久残疾的情况下，使其生活能适应环境和社会；

15）［2004 年 5 月 27 日废止］；

16）［2012 年 6 月 21 日废止］；

17）提升专业能力（improvement of professional qualification）：特定专业或专科领域毕业后教育的一部分，可自由选择教育项目，内容和时间不受限制；

18）对医疗机构及其内设机构（structural units）的强制要求：为向患者提供医疗服务，医疗机构及其内设机构必须遵守的要求；

19）住院医生实习（residency）：医生为了得到专科从业资格，依照经认证的住院医生教育项目，与医疗机构建立雇佣法律关系，由医疗机构实施教育项目；

20）临床指引（clinical guideline）：考虑循证医学的原则，对特定患者群（patient group）治疗过程的系统描述，内中应明确必要的医疗措施、各医疗措施的步骤，依何种标准来选择治疗策略，以实现最佳治疗效果；

21）医疗器械：一切工具、装置、器械、软件、材料或其他物件，得单独使用或与其他器械（包括软件）一起使用，依其制造用途，得于医疗中心以诊断、预防、观察、治愈疾病或者方便这些医疗活动，得用以诊断、观察、治疗、减轻或修补创口或身体缺陷，得用以研究、更改组织体的构造或生理过程，得用以控制生育活动，有了这些器械，不必利用药理学、免疫学或者新陈代谢的方法，即能实现计划的作用于人体表面或人体内部的医疗活动，当然，药理学、免疫学或者新陈代谢的方法或有助于医疗器械发挥功能；

22）精神病学医疗救助（psychiatric assistance）：针对精神障碍患者的预防、在门诊或医院的诊断、治疗、康复及护理活动；

23）未经患者同意的精神病学医疗救助：未经住院的精神障碍患者同意，实施的诊断、治疗、康复及护理活动；

24）应急防灾医疗系统：由政府负责协调的系列措施，由医疗机构或者医疗领域的其他机构（不考虑所有权形式）实施，意在于紧急医疗状况或者紧急公共健康状况下，挽救生命、减轻对公众健康的破坏性影响；

25）医疗辅助人员（medical treatment support person）：没有参与治疗的资格，但直接介入，帮助医疗活动顺利开展的人员；

26）医疗辅助人员证书：拉脱维亚医疗执业人专业组织协会颁发的证书，证明相关人员接受过专业训练，有能力介入特定领域的医疗活动，帮助医疗活动顺利开展；

27）医疗领域统一电子信息系统（以下简作医疗信息系统）：医疗领域结构完善的信息系统，包含了医疗领域的个人信息数据集（data sets），实现信息的统一利用；

28）紧急医疗救助团队：提供紧急医疗服务的机动单位，由法律法规明定的人员组成，并有合乎法律法规要求的、自己支配的急救车辆。

29）远程医疗（telemedicine），利用信息通信技术，提供远距离医疗服务。包括以文本、声音、图像或其他形式，安全发回医疗必需的数据、信息。

［1998 年 2 月 26 日；2000 年 6 月 1 日；2004 年 3 月 25 日；2004 年 5 月 27 日；2006 年 6 月 8 日；2007 年 11 月 8 日；2008 年 5 月 8 日；2009 年 4 月 8 日；2009 年 12 月 10 日；2010 年 10 月 7 日；2012 年 6 月 21 日；2014 年 9 月 11 日］

第 2 条

本法目的在于规制医疗领域的社会关系（public relationships），以确保提供合格的伤病预防和诊断服务，为患者提供合格的治疗和康复服务，并针对医疗机构的经济活动加以特别规制。

第 3 条

（1）健康是身体、心理和社会生活的圆满状态，是国家、民族生存发展的自然基本。医疗服务是促进、维护健康的各项措施的总体，包括远程医疗以及为了确保、维护、恢复患者健康而利用医疗器械从事的活动和用药活动。

（2）妊娠期妇女、儿童和可能残疾的病人，优先获得医疗服务。医疗服务表现为医疗服务提供人为了维护、恢复患者健康而采取的各项措施。

［2008 年 5 月 8 日；2009 年 12 月 10 日；2010 年 6 月 16 日；2014 年 9 月 11 日］

第 4 条

（1）由国家预算及医疗基金付费的医疗服务，其组织和筹资事宜，医疗服务申请人［指患者等］接受服务的排序事宜，服务的类型和数量事宜，以及付费的程序事宜，由内阁决定。

（2）地方政府机构、国家和地方政府主办的资合公司以及公众的私营资合公司，其雇佣的医疗执业人，提供由国家预算付费的医疗服务而医疗机构就付费事宜订有契约的，医疗执业人依《官员及国家、地方政府雇员报酬法》（Law On Remuneration of Officials and Employees of State and Local Government Authorities）获取报酬。

［2004 年 3 月 25 日；2004 年 5 月 27 日；2006 年 6 月 8 日；2009 年 12 月 1 日］

第 5 条

任何人对自己的健康、民族的健康以及亲属、受抚养人的健康负有责任。

第 6 条

[2009 年 12 月 10 日废止]

第二章　医疗监督

第 7 条

福利部（Ministry of Welfare）监督医疗活动的开展，监督法律法规写明的其他机构。

[2004 年 3 月 25 日]

第 8 条

福利部于医疗领域履行下列职能：

1）制订卫生领域的国家政策，并负责政策的落实；

2）在国家层面，协调、组织地方或全国范围内的急救医疗服务的供给事宜；

3）[2006 年 6 月 8 日废止]；

4）[2004 年 5 月 27 日废止]；

5）[2004 年 5 月 27 日废止]；

6）制作职业病清单，提交给内阁批准；

7）与拉脱维亚医学会、医疗执业人专业组织合作，就医疗机构及其内设机构的强制性要求提出建议；

8）[2006 年 6 月 8 日废止]；

9）[2004 年 5 月 27 日废止]。

[2000 年 6 月 1 日；2004 年 3 月 25 日；2004 年 5 月 27 日；2006 年 6 月 8 日]

第 9 条

（1）医疗执业人、医疗辅助人员、医疗机构和医疗器械的名录，罹患特定疾病的患者和新生儿疾病的名录，其制作、更新、保存事宜，批准将某种医疗技术用于医疗活动，以及引入新医疗技术的程序事宜，由内阁决定。

（2）应急防灾医疗系统的组织事宜，由内阁决定。

（3）急救培训系统的建设、急救培训建设项目的内容以及确保培训顺利开展的程序事宜，由内阁决定。

［1998 年 2 月 26 日；2000 年 6 月 1 日；2004 年 3 月 25 日；2004 年 5 月 27 日；2005 年 6 月 16 日；2006 年 6 月 8 日；2008 年 5 月 8 日；2012 年 6 月 21 日］

第 9^1 条

（1）开展医疗活动，应考虑循证医学的原则，遵循临床指引和推荐疗法（methodological recommendations），参考对医疗产品安全性能和治疗方法疗效的评估。

（2）制定、评估、登记以及落实临床指引的程序事宜，由内阁决定。

［2006 年 6 月 8 日；2008 年 5 月 8 日；2010 年 6 月 16 日；2014 年 9 月 11 日］

第 10 条

在医疗机构，专业医疗服务的质量和劳动能力丧失的专家鉴定事宜，由卫生督察局（Health Inspectorate）主管。

［2004 年 5 月 27 日；2007 年 9 月 27 日］

第 11 条

于大众传媒发布有关医疗活动、医疗机构和医疗执业人的广告和相关宣传活动，应依法律法规明定的程序为之。

第 12 条

未经医学教育之人，独立从事治疗活动、帮助分娩（紧急医疗救助的情形除外）、实施催眠以及其他影响心智的方法，改变人的精神状态、使用针刺疗法以及影响人体组织能量系统的其他方法，或者为前述活动提供医疗辅助服务之人，依法负法律责任。

第 12 条^1

登载于医疗辅助人员登记簿的医疗执业人，有权利参与医疗服务的供给。

［2012 年 6 月 21 日］

第三章　医疗伦理委员会

第13条

医疗伦理委员会系解决医疗伦理难题的咨询机构，依内阁批准的示范章程（model regulations）开展活动。

第14条

医疗机构和医疗执业人专业组织应设立医疗伦理委员会。委员会负责审查涉及医疗执业人活动和医疗新技术的伦理事宜。

第15条

依内阁条例，设立中央医疗伦理委员会，负责审查涉及社会问题的生物医学事宜。内阁依福利部建议，任命中央伦理委员会成员。

[2004年3月25日]

第四章　医务人员的权利和职责

第16条

任何人都有权利依内阁所设定程序接受紧急医疗服务。

[1998年2月26日]

第17条

（1）以下人等，皆得接受国家预算和医疗基金付费的、依内阁所设定程序提供的医疗服务：

1）拉脱维亚公民；

2）不具公民资格的拉脱维亚人；

3）因受雇佣或者自营职业而居住在拉脱维亚的欧盟成员国、欧洲经济区成员国以及瑞士联邦的公民，以及家属；

4）获准长期居留拉脱维亚的第三国侨民；

5）难民，以及得到替代身份（alternative status）之人；

6）受拘押、逮捕以及被判处自由刑之人。

（2）在有医疗需求的时间和地点，应能得到第 1 款所说的医疗服务，应依医疗执业人的资质能力以及相关医疗机构的诊断、治疗、设备条件，提供医疗服务。

（3）拉脱维亚公民的配偶，不具公民资格但获暂时居留许可的拉脱维亚人的配偶，有权利得到免费的妊娠、分娩服务，由国家预算或者医疗基金付费，并依内阁所设定程序提供服务。

（4）第 1 款所说之人的子女，有权利免费得到由国家预算或者医疗基金付费的医疗服务。

（5）第 1 款、第 3 款、第 4 款之外的其他人，应为医疗服务支付费用。

［2006 年 6 月 8 日；2008 年 5 月 8 日］

第 18 条

向第 17 条提及之人提供的其他医疗帮助，应依法律法规由保险公司、雇主、患者自己或其他途径付费。

第 19 条

［2006 年 6 月 8 日废止］

第 20 条

［2009 年 12 月 10 日废止］

第 21 条

［2009 年 12 月 10 日废止］

第 22 条

［2009 年 12 月 10 日废止］

第 23 条

［2009 年 12 月 10 日废止］

第 24 条

［2009 年 12 月 10 日废止］

第 25 条

［2009 年 12 月 10 日废止］

第五章　医疗执业人和医疗活动

第 26 条

（1）于医疗执业人登记簿登记的执业人，得依内阁明确的资格权限，于相关专业独立开展医疗活动。

（2）经认证于医疗执业人登记簿登记的执业人，得依内阁明确的资格权限，于主专科、亚专科或者专病专科独立开展医疗活动。

（3）为获得特定专科执业资格，依法律法规的要求完成相关教育项目，并经登记的执业人，可以申请特定专科医疗执业人证书。完成了相关治疗或诊断方法继续教育项目的执业人，可以申请特定治疗或诊断方法的证书。

（4）治疗和诊断方法分类体系中的特定治疗或诊断方法，经登记的执业人都可以独立申请［取得相关证书］，依法律法规明确的资格权限，利用这些治疗或诊断方法。

［2008 年 5 月 8 日；2012 年 6 月 21 日］

第 27 条

医疗执业人的资格权限，应该掌握的理论和实践知识，应经听取拉脱维亚医学会、医疗执业人专业组织协会或者护士协会的意见后，由内阁决定。

［2012 年 6 月 21 日］

第 28 条

取得了医学教育文凭但尚未于医疗执业人登记簿上登记的执业人，只能在已经取得执照并依法律法规所定程序于执业人登记簿上登记的执业人的监督或指导下，从事医疗活动。

［2000 年 6 月 1 日；2006 年 6 月 8 日］

第 29 条

（1）从事专科医疗活动的权利，由执业人执照以及依照法律法规所定程序登记的内容授权。内阁决定医疗执业人执照发放程序事宜。

（1¹）发照机关应于收到申请之日起 3 个月内决定是否发放执照。发照机关得出于客观理由，延长决定期间，不超过自收到申请之日 4 个月，并知会申请人。

（2）下列组织，依执业人的资质能力，发放执照：

1）拉脱维亚医学会：医生执照和牙医执照；

2）拉脱维亚医疗执业人专业组织联合会：专科医生、专科医生助理、医生助理、放射科医生助理、放射线技师、按摩师、美容师（cosmetician）、实验室助理、足科医生、美容医生（cosmetdogist）以及牙科技师的执照；

3）拉脱维亚护士协会：护士、牙科护士、助产士及牙科保健员的执照。

（3）医疗辅助职业亦应发放执照，发照程序由内阁决定。

（4）医疗执业人及医疗辅助人员的专业知识测试，执照及副本的制作、登记，收费价目表等事宜要经内阁批准。

（5）医疗辅助人员的资质能力，其应掌握的理论和实践知识，由内阁决定。

[2000 年 6 月 1 日；2008 年 5 月 8 日；2009 年 4 月 8 日；2012 年 6 月 21 日；2014 年 9 月 11 日]

第 30 条

[2000 年 6 月 1 日废止]

第 31 条

于国外取得医学教育文凭的，须经法定程序，由专家审查并认可文凭，方得于拉脱维亚从事医疗活动。应经法定程序，方得从事专科医疗活动。

[2001 年 6 月 20 日]

第 32 条

[2000 年 6 月 1 日废止]

第 33 条

（1）依教育项目的内容，在医疗教育机构学习的人员，只有在获颁执照的执业人的直接监督下，方得从事医疗活动。

（2）有资格从事医学生教育工作或者执业人培训工作的医疗执业人的名录，应经拉脱维亚医学会、医疗执业人专业组织联合会或者护士协会的批准。

（2¹）获颁主专科、亚专科、专病专科执照的医疗执业人，其获颁执照后于相关主专科、亚专科、专病专科的从业经验不低于 5 年的，有权利依经认可的住院医生教育项目，于医疗机构培训住院医生。

（3）完成了高级医学教育项目第一或第二阶段学习，知识储备和技能达到了明确条件、具备资格能力要求的学生，可以参与治疗活动。此种情形下对资格能力的要求，由内阁决定。

［2008 年 5 月 8 日；2012 年 6 月 21 日］

第 34 条

（1）医疗器械的销售、分销、登记、操作及技术监督的程序事宜，由内阁决定。医疗机构的首长负责使医疗机构遵守那些针对医疗机构的程序规则。

（2）医疗器械临床调查的程序规则，由内阁决定。

（3）人类血液和血液成分的采集、检测、加工、储存及分配，其质量和安全标准事宜，以及补充失血的费用补偿事宜，由内阁决定。

［2000 年 6 月 1 日；2005 年 6 月 16 日；2006 年 6 月 8 日］

第 35 条

倘医疗机构使用的医疗技术，未依内阁所设定程序经过批准，医疗机构首长应负责任。

［2000 年 6 月 1 日；2004 年 3 月 25 日；2004 年 5 月 27 日］

第 36 条

医疗执业人就其选择的医疗技术及因此造成的结果负有责任。

［2000 年 6 月 1 日］

第六章　医　生

第 37 条

（1）医生（doctor）之为医疗执业人，依《受规管职业及职业资格认证法》（Law On Regulated Professions and Recognition of Professional Qualifications）的要求完成相关教育，并以有医学依据的医疗活动，直接或间接影响他人，医生从事下列专业活动：

1）疾病的预防、诊断、治疗和康复；

2）评估疾病以及疾病对身体功能的限制情况；

3）调查病源及预防可能性。

（2）[2008 年 5 月 8 日废止]

[2006 年 6 月 8 日；2008 年 5 月 8 日]

第 38 条

医生开展专业活动应保持独立地位。就病人的健康状况和治疗方案，任何医生都有权利提出意见。

第 39 条

医生应从事其执照上写明的专科服务。医生持有主专科执照，方得从事亚专科、专病专科服务或者利用特殊检查、治疗方法。

[2000 年 6 月 1 日]

第 40 条

医生有义务保护未诞生的生命，倘妊娠不会危及孕妇健康，而且新生儿没有罹患先天或后天疾病的风险，医生亦有义务劝阻孕妇终止妊娠。倘没有终止妊娠的医学理由，医生有权利拒绝为孕妇提供终止妊娠服务。

第 41 条

[2009 年 12 月 10 日废止]

第 42 条

患者不遵从规定的食谱、不听从医嘱或者故意伤害自己的健康，从而直接影响治疗的，倘患者生命未面临危险，医生有权利拒绝为患者提供进一步的医疗服务。

第 43 条

医生既得与其他医疗执业人共同提供检查、治疗服务，亦得拒绝其他医疗执业人加入。

第六 A 章　牙　医

[2004 年 3 月 25 日加入]

第 43¹ 条

牙医之为医疗执业人，依《受规管职业及职业资格认证法》的要求完成相关教育，从事下列专业活动：

1）预防、诊断及治疗齿槽、口腔黏膜、咽喉及伴随的组织病症；

2）调查第 1 项所说疾病的源头和预防可能性。

第七章 护士和医生助理

2014 年 9 月 11 日

第 44 条

（1）护士，系依《受规管职业及职业资格认证法》的要求完成相关教育的医疗执业人。

（2）依其资格能力，护士从事以下专业服务：

1）护理患者；

2）参与治疗；

3）组织管理护理工作；

4）向患者普及健康知识；

5）从事专业教育工作。

第 45 条

（1）医生助理，完成了第二级别专业教育（secondary professional education）或者第一级别高等专业教育（first level higher professional education），或者依经认证的医生助理教育项目，完成了更高阶段专业教育的医疗执业人。

（2）医生助理依其专业能力，独立从事专业的诊断、治疗活动，并协助医生从事预防医疗活动。

第七 A 章 专科医生及专科医生助理

［2001 年 6 月 20 日加入］

第 45¹条

（1）专科医生［functional specialist，理疗师、职业疗法专家、马术治疗医生（riding therapist）整形外科医生、听力－语言治疗专家、营养专家］，完成第二级别高等医学专业教育，依其资格能力开展治疗活动的医疗执业人。

（2）专科医生助理，系完成了第一级别高等医学教育，或者至少第三级别专业资格，并依其资格能力从事医疗活动的医疗执业人。

［2006 年 6 月 8 日；2008 年 5 月 8 日；2012 年 6 月 21 日］

第 45² 条

（1）专科医生依其资格能力，从事以下医疗活动：

1）可以评估患者身体功能上受到的限制，掌握康复的原则；

2）使用恰当的诊断、治疗技术实施治疗，能得出医学方面的结论；

3）从事专业教育工作。

（2）专科医生助理，于其资格能力范围内，依其专科领域，从事以下医疗活动：

1）可以评估患者身体功能上受到的限制，掌握康复的原则；

2）在专科医生或者医生（doctor）的监督下，使用恰当的医疗技术实施治疗。

第七 B 章　助产士

［2004 年 3 月 25 日加入］

第 45³ 条

助产士，系依《受规管职业及职业资格认证法》的要求完成相关教育的医疗执业人，依其专业从事下列活动：

1）照护孕妇，组织分娩期间和分娩后的照护活动，照护健康新生儿；

2）确定在妊娠期间、分娩过程中及分娩后，孕妇和新生儿面临的风险因素和可能的病状，将患者转送往相关专科医生处；

3）参与治疗活动；

4）就计划生育、避孕、妊娠、分娩和分娩后的健康事宜、哺乳、性生活和生殖健康，以及儿童照护等事宜，提供信息和普及医学知识。

第七 C 章　军队医务人员

［2011 年 3 月 31 日加入］

第 45⁴ 条

军队医务人员，系依《受规管职业及职业资格认证法》的要求完成相关教育的医疗执业人，于拉脱维亚国内或国外履行兵役义务，从事下列医疗活动：

1）评估患者的健康状况；

2）提供紧急医疗救助。

第 45⁵ 条

军队医务人员，依其服兵役期间的资格，在获颁急救执照的医疗执业人的直接指挥、监督下，于紧急医疗救助团队中提供服务，培养其业务能力。

第七 D 章　按摩师

[2012 年 6 月 21 日加入]

第 45⁶ 条

按摩师之为医疗执业人，应完成第一级别高等职业教育或者第二级别职业教育，依其资格能力提供医疗服务。

第八章　医疗执业人于医疗活动中的权利义务

第 46 条

医疗执业人有义务提供紧急医疗救助和急救服务。

第 47 条

在具体情势下，提供紧急医疗救助或急救服务危及医疗执业人生命的，或者因健康缘故不能提供此等服务的，医疗执业人有权利拒绝。

第 48 条

医疗执业人有义务定期提升专业能力，接受紧急救助业务的培训。

[2000 年 6 月 1 日；2004 年 5 月 27 日]

第 49 条

[2009 年 12 月 10 日废止]

第 50 条

[2009 年 12 月 10 日废止]

第 51 条

[2009 年 12 月 10 日废止]

第 52 条

[2009 年 6 月 18 日废止]

第 53 条

医生或医生助理判断患者暂时失去劳动能力的程度。就患者暂时失去劳动能力情况出具证明文书的程序事宜，由内阁决定。

[1998 年 2 月 26 日]

第 53^1 条

（1）有关雇佣关系的法律法规，其规范适用于医疗执业人，本法另有规定的除外。

（2）只要不逾越劳动安全和健康保护的一般原则，医疗执业人的正常工作时间（normal working hours）得予延长，超出《劳动法》明确的正常工作时间。

（3）为确保医疗服务的可及性，应医疗执业人或医疗机构动议，得延长医疗执业人正常工作时间，每周不得超过 60 小时，每月不得超过 240 小时。

（4）倘医疗执业人不同意延长正常工作时间，不得施加惩罚或者以其他方式直接或间接给其造成不利影响。

（5）倘延长了医疗执业人的正常工作时间，医疗机构应取得医疗执业人的书面同意，每 4 个月至少一次。

（6）医疗机构应记录医疗执业人正常工作时间延长的情况，以备国家劳动稽查局（State Labour Inspectorate）查询这些信息。

（7）医疗执业人的正常工作时间延长的，就超出《劳动法》明确的正常工作时间的时数，应依时间延长情况计算工作报酬，标准不得低于《劳动法》明确的小时工资或者计日工资水平，亦得双方达成协议，依工作量给予一笔总报酬。

（8）本条亦适用于紧急医疗救助团队中并非医疗执业人的工作人员。

[2009 条 4 月 8 日；2009 年 6 月 18 日；2012 年 6 月 21 日。参见过渡条款第 17 款]

第 53² 条

（1）在设立监护关系（trusteeship）和将来授权（future authorisation）〔1〕的场合，就所涉当事人是否因精神或健康障碍丧失了理解自己行为意义的能力和控制自己行为的能力，医疗执业人委员会应出具意见。

（2）1）将来的获授权人（future authorised person），

2）法院或者孤儿法庭，为依《民事诉讼法》所规定程序，设立监护关系，得请求依第 1 款所说的意见，出具书面声明。

（3）依第 1 款所说意见出具的书面声明，应由医疗机构首长自收到申请之日起 10 日内签发。倘声明系针对将来授权而发，内中应写明其用途在于提交给将来授权登记簿，以便依《公证法》（Notariate Law）所规定程序，记载相关信息。

（4）就设立监护关系和将来授权事宜，医疗机构应先组织医疗执业人委员会，就所涉当事人理解和控制自己行为的能力出具意见，医疗机构首长据此意见，出具书面声明，此等程序事宜以及费用事宜，由内阁决定。

[2013 年 4 月 18 日]

第九章　医疗机构

第 54 条

（1）国家机关、地方政府、自然人或法人，皆得设立医疗机构。

（2）医疗机构得为门诊机构，亦得为医院，不必入院治疗的患者于门诊机构接受服务，住院患者则接受 24 小时不间断的紧急医疗救助、诊断和治疗服务，直到达成特定医疗效果。

（3）为提供第 2 款所说的医疗服务，医疗机构得提供下列服务，直到达成特定医疗效果：

1）向患者及其陪护人提供住宿服务；

2）向患者提供膳食服务；

3）以配备了医疗器械的专用车辆，为患者提供转送服务。

[2000 年 6 月 1 日；2009 年 6 月 18 日]

---

〔1〕 含义不甚明了，似指预先指示。

第 55 条

（1）只有合乎强制要求的医疗机构，方得开展医疗活动。

（2）对医疗机构及其内设机构的强制要求，由内阁决定。

［2000 年 6 月 1 日；2009 年 4 月 8 日］

第 56 条

（1）对医疗机构及内设机构的认证，应自愿为之。

（2）对医疗机构及内设机构认证的程序事宜，由内阁决定。

（3）医疗机构及内设机构经过认证的，依内阁所规定筹资程序，在和全民医疗服务系统（National Health Service）订立契约方面，应给予优越地位。

［2000 年 6 月 1 日；2009 年 12 月 10 日；2012 年 6 月 21 日］

第 56^1 条

（1）医疗机构为患者提供救助服务，倘有理由认为患者遭受了暴力，医疗机构应毫不迟延地通知警察局，不得迟于 12 小时。

（2）医疗机构为未成年患者提供服务，倘有理由认为病情系因缺乏足够照料所致或者有其他的权利受侵害情节，医疗机构应毫不迟延地通知警察局，不得迟于 12 小时。

［2010 年 10 月 7 日］

第 57 条

住院医生的分配程序以及住院医生实习的费用事宜，由内阁决定。

［2000 年 6 月 1 日］

第 58 条

［2004 年 3 月 25 日废止］

第 59 条

医疗机构保管医疗文档的程序事宜，由内阁决定。

［2004 年 5 月 27 日；2009 年 12 月 10 日］

第 60 条

处方的形式及签发处方的程序事宜，由内阁条例及其他法律法规定之。

第十章　酒精、麻醉药物、精神药物、有毒物品、
赌博及电脑游戏沉溺症的治疗

第 60¹ 条

酒精、麻醉药物、精神药物或者有毒物品对人体影响的检查程序事宜，由内阁决定。

［2004 年 5 月 27 日］

第 61 条

对酒精、麻醉药物、精神药物、有毒物品、赌博及电脑游戏沉溺症的治疗，应出于病人自愿，于戒瘾医疗机构内，依内阁所定程序为之。

［2004 年 5 月 27 日］

第 62 条

因沉溺于酒精、麻醉药物、精神药物、有毒物品、赌博或者电脑游戏，实施了危及公共安全的行为，频繁实施行政违法行为，或者行为危及自身、近亲属或者公众的，应依法采取强制性的社会及社会心理学的康复措施，但就未成年人，应采取强制教育改造措施。

［2000 年 6 月 1 日；2004 年 5 月 27 日］

第 63 条

针对酒精、麻醉药物、精神药物、有毒物品、赌博或者电脑游戏沉溺症的社会康复措施包括：

1）记载于警察局的预防名录中，并发布书面警告，要求患者戒除酒精、麻醉药物、精神药物、有毒物品、赌博或者电脑游戏，不得实施行政违法行为，开始接受强制治疗；

2）记载于沉溺症患者名单，激发患者，使其积极自愿地参与治疗；

3）法院裁决，令被定罪的患者接受治疗。

［2000 年 6 月 1 日；2004 年 5 月 27 日］

第 64 条

在判处缓刑的情形，对于受酒精、麻醉药物、精神药物、有毒物品影响或

者因沉溺于赌博或电脑游戏而实施犯罪的患者，经患者同意，法院得判令其于社会康复机构或精神病康复机构接受治疗。

[2004 年 5 月 27 日]

第十一章　精神疾病

第 65 条

精神障碍和精神疾病患者的民事、政治、经济和社会权利，应受到法律保护。不得因精神障碍或精神疾病而施加歧视。

第 66 条

精神疾病患者接受的医疗服务，应合乎全科医学的公认质量标准。

第 67 条

（1）精神病学医疗救助应本着自愿原则而为。因为患者的健康状况，不能于门诊或者患者住处提供精神病学医疗救助的，则应于精神疾病医疗机构或者医疗机构的精神病学科室（以下统称精神疾病医疗机构）提供住院服务。

（2）经确诊为精神障碍，由精神科专家给出理由充分的决定，认为有必要于精神疾病医疗机构检查患者的精神健康状况、接受治疗和康复服务，并经患者书面同意，方得将患者收治入院。患者的入院同意应附于病例资料。

[2007 年 3 月 1 日；2009 年 12 月 10 日]

第 68 条

（1）下列情形，得不经患者同意，为其提供精神病学医疗救助服务：

1）患者威胁、试图伤害自己或他人，或对他人有暴力表现，并经医疗执业人确诊，认为患者有精神障碍，可能伤及自己或他人；

2）患者表现出没有能力照顾自己或者受监护人，并经医疗执业人确诊，认为患者有精神障碍，健康状况不可避免地会严重恶化。

（2）在第 1 款的情形，不经患者同意而提供精神病学医疗救助服务的，但凡可能，即应向患者说明强制服务的必要性。患者有权利了解其享有的权利和负有的义务。

（3）提供精神病学医疗救助，倘有必要不经患者同意将其收治入精神疾病医疗机构，由精神科专科医生组成的委员会应于 72 小时内检查患者的健康状况，决定是在精神疾病医疗机构提供精神病学医疗救助（下称决定提供精神疾病医疗救助），还是推迟服务。

（4）精神科专科医生委员会应毫不迟延地向患者知会所作决定。倘委员会决定提供精神疾病医疗救助服务，应告知患者法定代理人（lawful representative）。倘无此等代理人，委员会应告知患者配偶，或者任一位近亲属（父母、成年子女、兄姐），或者应患者请求，告知其他人。委员会在考虑向谁告知时，但凡可能，应听取患者意见。

（5）倘精神科专科医生委员会决定提供精神疾病医疗救助，精神疾病医疗机构应于 24 小时内，以书面形式知会（医疗机构所在地的）地区法院，并向法院送达决定的正式副本以及相关文件的副本（这些文件用来证明收治患者的必要性），倘患者有代理人，还应向法院提供有关代理人的信息。

（6）法官收到第 5 款所说决定及相关文件后，应毫不迟延地，利用方便的沟通途径（电话、传真、电子邮件），同时以邮寄方式，知会（医疗机构所在地的）地区检察官、患者代理人以及精神疾病医疗机构，对医疗机构所提供的材料加以审查的日期、时间和地点。

（7）倘患者没有代理人（advocate），法官在收到相关文件后，应毫不迟延地请求拉脱维亚誓言代理人协会（Latvian Sworn Advocate Council）为患者利益，委派一名代理人，同时知会拉脱维亚誓言代理人协会，对医疗机构所提供的材料加以审查的日期、时间和地点。

（8）应检察官或者患者法定代理人、誓言代理人之请，法院应使其了解医疗机构所作决定及相关材料。应患者法定代理人、誓言代理人之请，精神疾病医疗机构应使其有机会面会患者，以便为患者提供咨询帮助。

（9）法官应于收治患者的医疗机构举行不公开听审，并审查相关材料。患者（倘其健康状况允许）、检察官、患者的法定代理人或誓言代理人出席听审。

（10）收到精神科专科医生委员会的决定后，应于 72 小时内审查相关材料。倘有第 8 款所说之人未出现，或者有必要获取更多证据，致无法审查相关材料，法官得主动地，或者应检察官、患者代理人之请，推迟审查相关材料，但推迟不得超过 48 小时。对法官的决定，不得申请复议，除非决定中未说明审查材料的时间。

（11）法官审查相关材料，应听取精神科专科医生委员会代表、患者法定代理人或誓言代理人、患者（如果可能）以及检察官的意见，或者批准医疗机构提供为期 2 个月的精神疾病医疗救助服务，或者拒绝批准。

（12）法官审查相关材料，参与治疗之人得列席。其他人可能提供重要信息的，法官亦得主动地，或者应检察官、患者代理人之请，听取说明。对法官决定，不得申请复议。

（13）不论是批准决定还是拒绝决定，法官决定俱应写明法院名称、法官全名、审查材料的日期、有关精神疾病医疗机构的信息、有关参与审查之人的信息、患者、决定的原因、法官依据的相关法律规定以及法官的裁决结论，还应写明复议程序。

（14）法官应毫不迟延地将决定结果知会参与审查材料之人。决定的正式副本应送达给患者、患者的法定代理人或誓言代理人、精神疾病医疗机构及检察官。（审查相关材料后）倘不能毫不迟延地草拟书面决定，不得迟于知会决定后下一个工作日，应以邮寄形式向第 1 句所说之人送达正式副本。应毫不迟延地实施法官决定。

（15）第 9 条所说之人以及患者，得于法官决定发布后 10 日内，向法院院长申请复议，检察官亦得针对决定提出异议。法院院长应于申请复议或提出异议期间届满后 10 日内审查书面的复议申请或异议。法院院长仅考察复议申请或异议中写明的理由。

（16）倘法院院长认为法官决定理由不充分，得撤销法官决定。院长的决定应毫不迟延地知会精神疾病医疗机构及检察官，并复议申请人。决定的正式副本应不迟于决定后下一工作日，送达给检察官、患者、法定代理人或誓言代理人，以及精神疾病医疗机构。

（17）在法官决定中写明的期间届满 7 日前，精神科专科医生委员会应再次检查患者健康情况，决定是否有必要不经患者同意，继续于精神疾病医疗机构提供精神病学医疗救助服务。倘施治医生认为不必继续于医疗机构治疗的，于期间届满前，应停止治疗。倘医生委员会认为有必要不经患者同意于医疗机构提供期间长达 6 个月的医疗服务，医疗机构应依本条第 5 款行事。不管是有必要继续治疗的决定，还是不必继续治疗的决定，医生委员会皆得依本条所设程序反复为之。

（18）法官应依本条第 6 ~ 16 款的程序，审查相关材料，决定是否批准本条第 17 款所说精神科专科医生委员会的立场。

（19）不经患者同意而提供的精神疾病医疗救助服务的期间，自本条第 1 款所说的患者转送至精神疾病医疗机构时起算。

（20）依本条明确的程序收治入精神疾病医疗机构的患者，有权利每两个月向精神疾病医疗机构所在地的地区法院递交一次申请，请求法院复审得不经患者同意而提供精神疾病医疗救助服务的决定。

［2007 年 11 月 8 日；2014 年 9 月 11 日］

第 68^1 条

（1）在本法第 68 条适用情形，就誓言代理人提供的法律服务，报酬及相关支出的补偿事宜，依国家提供法律援助的相关法律法规而定，并不考虑这些法律法规对服务工作量的限制。法律援助局（Legal Aid Administration）自收到于法定期间内提交的情况通报之日起一个月内，依照关于誓言代理人所提供法律援助的情况通报，由国家预算的专项基金中拨付款项。

（2）就下列法律援助，法律援助局将向誓言代理人支付费用：阅读熟悉相关材料；法律咨询；听证会上的辩护服务；向法院院长申请复议。

（3）誓言代理人应于两个月内，向法律援助局提交关于其所提供援助情况的经认可的通报。

（4）有关法律援助的情况通报，涉及查阅材料、辩护及复议事宜的，应经法官认可，在第 68 条第 15 款的情形，经法院院长认可。通报中应写明誓言代理人的全名、身份证号码、执业地点、患者全名、身份证号码、法院名称、法律援助的类型、提供援助的日期及时长、费用数额（不加增值税）、银行账号，以及证明其他支出情况的文件。

（5）有关法律援助的情况通报，涉及向患者提供的法律咨询服务的，应经精神疾病医疗机构的官员认可。通报中应写明誓言代理人的全名、身份证号码、执业地点、患者全名、身份证号码、服务类型、服务日期及时长、费用数额（不加增值税）、银行账号，以及证明其他支出情况的文件。

［2007 年 11 月 8 日］

第 69 条

（1）因精神障碍或精神疾病而破坏公共秩序的患者，拘束其人身、转送交精神专科医生监管，此等事宜由警官依《警察法》（Law On the Police）实施。

（2）警官应向精神专科医生提交书面告知单，写明患者行为的反社会性质。

第 69^1 条

（1）未经其同意而收治入精神疾病医疗机构的患者，刑事诉讼程序中决定

对之于精神疾病医疗机构采用强制医疗措施的患者，

1）享有《患者权利法》规定的各项权利；

2）享有收发信件、接收邮寄的包裹、利用通信手段联络精神疾病医疗机构外的人、面会亲属及他人，以及日常步行的权利。

医疗执业人要考虑患者的年纪、心智成熟程度和经历，以患者可理解的方式，立即告知患者其享有的权利。倘有必要，还应反复告知。

（2）倘患者因精神障碍，表现出可能伤害自己或他人的直接危险，或者对他人显示暴力，医生得禁止患者面会亲属及他人，禁止患者日常步行。患者造成的危险消失的，医生应即刻取消禁令。医生应于患者病历资料中写明采取禁令的理由和持续时长。

（3）哪些物品不得放置于精神疾病医疗机构，不得通过邮寄包裹接收，由内阁开列清单。

（4）出于安全考虑，或者应访客或患者之请，经斟酌个案情势，医生得决定患者面会亲属或他人时，有医疗执业人在场。医生应于患者病历资料中写明其决定及理由。

（5）倘医生有理由怀疑，患者持有不得放置于精神疾病医疗机构的物品或者其财产中有此类物品，得决定搜查患者或其财产。医生应于患者病历资料中写明其决定及理由。医疗机构应确使，由相同性别的医疗执业人搜查患者。

（6）倘患者因精神障碍，表现出可能伤害自己或他人的直接危险，或者对他人显示暴力，又不能口头说服患者束手的，精神疾病医疗机构得采取下列约束措施：

1）为限制患者活动，以强力控制其身体（physical confinement）；

2）以绳索皮带束缚其身体（mechanical confinement）；

3）不恤患者意愿而注射药物；

4）安置于监控病房。

（7）只有对不经其同意而收治入精神疾病医疗机构的患者，以及决定对之采取精神疾病强制医疗措施的患者，方得强力使用约束手段。在法官作出第68条第11款所说的决定之前，未经患者同意提供精神疾病救助服务的，考虑到本条前述各项条件，亦得采取约束手段。

（8）采取约束手段的决定，由医生为之并由医疗执业人实施。采取的约束手段应与患者造成的直接危险相称，危险消失的，应即刻取消约束手段。医生应于患者病历资料中写明采取的约束手段、理由及起止时间，患者或医疗执业人因此遭受伤害的，亦应写明。

（9）对患者采取约束手段的程序，由内阁定之。

（10）就本条第 2 款、第 6 款所说的决定，患者得于一个月内请求医疗机构负责人复议，负责人应审查请求复议的理由并于 7 天内作出决定。就医疗机构负责人的决定，患者得于一个月内请求卫生督察局复议，卫生督察局应审查请求复议的理由并于 20 天内作出决定。就卫生督察局的决定，患者得于一个月内请求地区法院复议。地区法院法官的判决，患者不得上诉。

［2014 年 9 月 11 日］

第 70 条

［2007 年 3 月 1 日废止］

第十二章　健康和劳动能力评估，法医学和司法精神病学鉴定

第 71 条

患者身体或心智永久障碍以及身体功能受限制的，应由健康和劳动能力专家评估委员会（Medical Commission for Expert‑Examination of Health and Working Ability）评估其健康状况和劳动能力，委员会的运转事宜，由相关法律法规定之。

［2006 年 6 月 8 日］

第 72 条

（官方）机构、预审人员（investigator）、检察官或者法院（法官）得依法定程序，要求做法医学和司法精神病学鉴定。鉴定程序事宜，由内阁决定。

［2010 年 6 月 16 日］

第 73 条

［2000 年 6 月 1 日废止］

第十三章 对医疗机构及其内设机构的监督

[2008 年 5 月 8 日；2014 年 9 月 11 日]

第 74 条

医疗机构或其内设机构违反医疗法律法规的，卫生督察局负责人或其副职，督察局地区办公室的负责人或其副职，得决定医疗机构或其内设机构暂停营业，或暂停提供医疗服务。

[2014 年 9 月 11 日]

第 75 条

（1）倘卫生督察局的督察人员认定医疗机构有违反法律法规的情节，并给医疗活动的成功开展带来风险，即应向医疗机构发出书面警告。警告中应写明所有违法情节并提出建议，还应写明整改期间。

（2）考虑违法情节对医疗活动开展造成的影响，以及整改的实际可能性，警告中所定的整改期间，

1）为整改而需要基建的（capital construction），整改期间不得少于两年；

2）为整改而需要建筑部分改建或者设备大修的，整改期间不得少于 6 个月。

（3）在第 2 款之外的其他情形，考虑违法情节对医疗活动开展造成的影响，以及整改的实际可能性，督察人员所定整改期间为 1~6 个月。

（4）倘未能于所定期间内完成整改，第 74 条所指官员，得决定相关医疗机构或内设机构暂停营业，或暂停提供医疗服务。

（5）医疗机构的负责人，在为停业决定的官员（或其授权的官员）的参与下，确保医疗机构或其内设机构确实停业。医疗机构负责人应确保医疗机构暂停提供医疗服务。

（6）医疗机构及其内设机构暂停营业，或暂停提供医疗服务，是为了

1）顺畅地整改违法情形；

2）尽可能减轻因为气候或腐蚀而造成的基建及设备受破坏的状况；

3）尽可能少地影响其他内设机构的运转。

（7）决定将医疗机构或其内设机构停业，或者决定暂停提供医疗服务的官员，或者其授权的官员，负责监控停业或者暂停提供医疗服务的事宜。

（8）倘因违反医疗法律法规已经危及人类健康和生命，得不经事先警告，即令医疗机构或其内设机构暂停营业，或者暂停提供医疗服务。

（9）享有第 8 款所说权力的官员，在知道第 8 款所说情形后，不得迟于 3 个工作日，应发布停业命令，并立即实施。

［2014 年 9 月 1 日］

第 76 条

（1）就违法情形的整改事宜，所涉医疗机构应以书面形式，向作出暂停营业或暂停提供医疗服务决定的官员通报。官员应于收到通报后 5 个工作日内，查实整改情况。

（2）倘书面警告或停业决定中写明的违法情形皆已整改，相关官员应于查实后 3 个工作日内，以书面形式发布重新营业或提供医疗服务的许可令。

（3）倘书面警告或停业决定中写明的违法情形并未整改完毕，相关官员应于查实后 3 个工作日内，表明拒绝发布重新营业或提供医疗服务的许可令。

［2014 年 9 月 11 日］

第 77 条

（1）卫生督察局未经警告即发布停业或暂停提供医疗服务的命令的，医疗机构得申请复议，应于收到申请之日起 10 日内审查并决定。

（2）对本条所说卫生督察局的决定，申请复议及上诉期间，不妨碍其执行。

［2014 年 9 月 11 日］

第十四章　医疗信息系统

［2010 年 10 月 7 日］

第 78 条

（1）为了完善医疗服务的组织事宜，为了便利医疗服务的供给，应设医疗信息系统哀集医疗领域的数据。

（2）医疗信息系统的管理人、应予储存的信息、信息的处理程序以及信息传输的程序事宜，由内阁决定。

（3）医疗信息系统的管理人有权利将相关职能转给其他获授权的一个或数个机构。哪些机构得获此授权，哪些数据集分派给哪个机构，由内阁决定。

第 79 条

（1）为了确保信息系统搜集到的信息真实、即时、完备，信息系统的管理人或者获授权的机构，有权利要求国家和地方政府、医疗机构、医疗执业人以及患者提供信息，获取这些信息不必支付费用。

（1¹）往医疗信息系统输入数据，应通过登载系统（entry）或者依格式在线完成电子文件填写。应以安全的电子签名或者其他验证工具和程序，来证明登载的真实性和签名人的身份。利用验证工具的程序以及确保登载真实性的程序事宜，由内阁决定。

（2）信息系统中搜集的涉及患者的信息，其利用方式，应合乎《患者权利法》的规定。其他信息，应依法律法规所规定程序免费提供：

1）依其资格能力，向医疗机构、医疗执业人、医疗支援人员提供信息；

2）依其职务，向医疗机构的雇员（例如收治部门的雇员）提供信息；

3）依其资格能力，向制药厂家、药品批发商、药房、药剂师和药剂师助理提供信息。

［2014 年 9 月 11 日］

第 80 条

信息系统的管理人或者获授权的机构，有权利不向信息所涉当事人（data subject）披露其个人数据的处理情况，除非信息所涉当事人明确提出要求，且信息处理于下列事宜有其必要：

1）治疗的需要；

2）医疗服务的供给和管理事宜；

3）医疗产品、医疗器械的分销和管理事宜；

4）国家要求的统计信息的搜集。

第十五章　针对医疗机构经济活动的特别规定

［2014 年 9 月 11 日］

第 81 条

（1）依政府采购领域的法律法规，合乎委托人标准，或者依公共服务供给人相关法律法规，合乎公共机构标准（公共委托人）的医疗机构，系货物运输契约或者服务购买供给契约的债务人并陷入履行迟延的，适用《民法典》相关条款，债务人迟延期间依本条第 2 款确定。

（2）在本条第 1 款所述情形，在《民法典》第 1668^2 条第 1 款所设定的条件满足后 60 天，医疗机构仍未履行的，即为履行迟延并承担因此所生的一切法律后果。

（参见过渡条款第 21 款）

过渡条款

1. 已经获取专业资格或者任何亚专科、专病专科证书，且从业时间超过 5 年的医疗执业人，得继续从业，不必取得主专科证书。对这些专科医生的认证，仅于其从业的亚专科或专病专科认证即可。

2. 已经获取专业资格或者任何主专科、亚专科、专病专科证书，且从业时间超过 10 年的医疗执业人，只要其从业领域是受认可的治疗或诊断方法，即得继续从业，不必取得主专科证书，不受专科分类变化的影响。

3. ［2000 年 6 月 1 日废止］

4. 随着本法生效，依《宪法》第 81 条颁布的有关治疗活动的第 177 号条例废止。

5. 2000 年 6 月 30 日前建立的医疗机构及其内设机构，应于 2001 年 12 月 31 日前接受评估，达到强制要求。

［2000 年 6 月 1 日］

6. 内阁应于 2004 年 11 月 1 日前，依本法第 4 条、第 9 条第 1 款、第 17 条第 1 款（2004 年 5 月 27 日的文本）、第 59 条以及第 60^1 条的要求，颁布相关条例。

［2004 年 5 月 27 日；2005 年 6 月 16 日；2006 年 6 月 8 日］

7. 内阁应于 2005 年 10 月 1 日前，依本法第 9 条第 2 款及第 34 条第 3 款（2005 年 6 月 16 日文本）的要求，颁布相关条例。

［2005 年 6 月 16 日；2008 年 5 月 8 日］

8. 内阁应于 2007 年 1 月 1 日前，依本法第 9^1 条第 2 款及第 33 条（2006 年 6 月 8 日文本）的要求，颁布相关条例。

［2006 的 6 月 8 日；2008 年 5 月 8 日］

9. 对第 4 条第 2 款的修订；第 27 条及第 37 条第 2 款的新文本，2007 年 1

月 1 日生效。

[2006 年 6 月 8 日]

10. 第 37 条第 1 款第 2 项的新文本，2009 年 7 月 1 日生效。在 2009 年 6 月 30 日前，医生于其专业活动范围内，评估病情及影响。

[2006 年 6 月 8 日]

11. 第 71 条的新文本，2009 年 7 月 1 日生效。

[2006 年 6 月 8 日]

12. 就 2007 年 12 月 31 日之前提供的代理服务，誓言代理人应于 2008 年 3 月 1 日前，依第 68^1 条第 4 款、第 5 款的程序，向法律援助局提交情况通报及相关证明文件。

[2007 年 11 月 8 日]

13. 第 17 条第 3 款的新文本，2008 年 7 月 1 日生效。

[2008 年 5 月 8 日]

14. 第 26 条第 1 款、第 2 款，第 29 条第 2 款、第 3 款，第 33 条第 3 款的新文本，2009 年 1 月 1 日生效。

[2008 年 5 月 8 日]

15. 第 29 条第 5 款，2010 年 1 月 1 日生效。

[2009 年 4 月 8 日]

16. 第 50 条关于医疗付费中心的修订，第 52 条的废止，自 2009 年 10 月 1 日生效。[1]

[2009 年 6 月 18 日]

17. 第 53^1 条第 8 款，2016 年 12 月 31 日生效。

[2012 年 6 月 21 日；2014 年 9 月 11 日]

18. 内阁应于 2013 年 12 月 1 日前，依第 53^2 条第 4 款的要求，颁布相关条例。在前句所说条例生效前，就患者是否丧失理解和控制能力的意见，应由医疗机构首长设立的至少由三人组成的委员会出具，其中一人应为精神科医生。出具意见和书面声明的费用，依医疗机构付费服务价目表而定，由下列人等支付：

1）依第 53^2 条第 2 款第 1 项，请求出具此声明的将来获授权人；

2）依第 53^2 条第 2 款第 2 项，由法院行政部门（Court Administration）于请求医疗机构出具声明后 1 个月内支付。

─────────────

[1] 第 50 条亦废止，不知此处是否有误。

［2013 年 4 月 18 日］

19. 内阁应于 2014 年 12 月 1 日前，依第 691 条第 3 款的要求，颁布相关条例。

［2014 年 9 月 11 日］

20. 内阁应于 2015 年 1 月 1 日前，依第 691 条第 9 款的要求，颁布相关条例。在所说的条例生效前，对患者采取约束手段，要合乎依相关程序认可的医疗技术。

［2014 年 9 月 11 日］

21. 本法第 81 条不适用于该条生效前订立的契约，于该条生效后依政府采购或政府特许领域相关法律法规订立的契约，倘于第 81 条生效前已经开始了采购或特许程序，第 81 条亦不予适用。

［2014 年 9 月 11 日］

参考欧盟指令

本法若干条款，源于下列指令：

1）欧洲理事会 1993 年 6 月 14 日关于医疗器械的 93/42/EEC 指令；〔1〕

2）欧洲理事会 2004 年 4 月 29 日关于难民或者其他需要国际保护之人最低标准及保护内容的 2004/83/EC 指令；〔2〕

3）欧洲议会和理事会 2004 年 4 月 29 日关于欧盟成员国公民及家属自由迁徙及定居的 2004/38/EC 指令；〔3〕

4）欧洲议会和理事会 2003 年 11 月 4 日关于工作时间特定事宜的 2003/88/

---

〔1〕 Council Directive 93/42/EEC of 14 June 1993 concerning medical devices.

〔2〕 Council Directive 2004/83/EC of 29 April 2004 on minimum standards for the qualification and status of third country nationals or stateless persons as refugees or as persons who otherwise need international protection and the content of the protection granted.

〔3〕 Directive 2004/38/EC of the European Parliament and of the Council of 29 April 2004 on the right of citizens of the Union and their family members to move and reside freely within the territory of the Member States amending Regulation（EEC）No 1612/68 and repealing Directives 64/221/EEC, 68/360/EEC, 72/194/EEC, 73/148/EEC, 75/34/EEC, 75/35/EEC, 90/364/EEC, 90/365/EEC and 93/96/EEC（Text with EEA relevance）.

EC 指令；[1]

5）欧洲议会和理事会 2007 年 9 月 5 日 2007/47/EC 指令，修订欧洲理事会关于协调各成员国关于主动植入式医疗器械的法律的 90/385/EEC 指令，欧洲理会事关于医疗器械的 93/42/EEC 指令，以及欧洲理事会关于生物杀灭产品投放市场的 98/8/EC 指令；[2]

6）欧洲议会和理事会 2011 年 2 月 16 日关于应对商业交易中迟延付款现象的 2011/7/EU 指令；[3]

7）欧洲议会和理事会 2011 年 3 月 9 日关于跨边界医疗活动患者权利保护的 2011/24/EU 指令。[4]

本法于 1997 年 10 月 1 日生效
本法于 1997 年 6 月 12 日由拉脱维亚议会通过

总统

贡蒂斯·乌尔马尼斯（G. Ulmanis）[5]

里加，1997 年 7 月 1 日

---

[1] Directive 2003/88/EC of the European Parliament and of the Council of 4 November 2003 concerning certain aspects of the organisation of working time.

[2] Directive 2007/47/EC of the European Parliament and of the Council of 5 September 2007 amending Council Directive 90/385/EEC on the approximation of the laws of the Member States relating to active implantable medical devices, Council Directive 93/42/EEC concerning medical devices and Directive 98/8/EC concerning the placing of biocidal products on the market.

[3] Directive 2011/7/EU of the European Parliament and of the Council of 16 February 2011 on combating late payment in commercial transactions.

[4] Directive 2011/24/EU of the European Parliament and of the Council of 9 March 2011 on the application of patients' rights in cross - border healthcare.

[5] 贡蒂斯·乌尔马尼斯（Guntis Ulmanis），拉脱维亚重获独立后的首任总统（1993 ~ 1998），其叔祖卡尔利斯·乌尔马尼斯（Kārlis Ulmanis, 1877 ~ 1942）系拉脱维亚遭吞并前的末任总统，死于囚禁。

瑞典患者损害赔付法 [1]

1996 年 6 月 19 日颁布

依瑞典国会决议颁行本法如次：

第一节　一般规定

第 1 条

患者请求损害赔付之权利以及医疗服务提供人为此种赔付投保（患者险）之义务，概依本法规范。

第 2 条

自愿充任医学研究之受试者或者为移植或其他医学目的而捐献器官或其他生物材料之人，视为本法下之患者。

第 3 条

本法仅适用于在瑞典国内接受医疗服务过程中所生之损害。

第 4 条

只有在损害事件之后发生的并且依《保险契约法》（1927：77）相关规定得就保险人给付保险金之义务加以限制的情形下，方得对患者请求损害赔付之权利加以限制。

第 5 条

本法中：

---

〔1〕《患者损害赔付法》（The Patient Injury Act），资料来源：http://www.vm.gov.lv/images/userfiles/phoebe/ministrija_sabiedribas_lidzdaliba_ab75e1a6c38b637dc22573d800293aaa/pacineta_likums_eng.pdf，访问时间：2016 年 8 月 31 日，唐超译。关于瑞典的医疗伤害无过错赔付体制，参见唐超："瑞典医疗伤害的无过失补偿制度研究"，载《河北法学》2015 年第 7 期。

"医疗服务"意指受《医疗服务法》（1982：763）或者《牙科服务法》（1995：125）规制之医疗活动，或者其他类似医疗活动，以及《医疗服务从业者义务法》（1994：953）下之医务人员于药物零售中所从事之活动。

"医疗提供人"意指：国家机构、郡议会以及自治市就其负责提供之医疗服务，构成公共医疗提供人，私人就其提供之医疗服务，构成私人医疗提供人。

第二节　请求损害赔付之权利

第 6 条

患者所受之损害极大可能因下列事项造成的，得请求赔付：

（1）极大可能因某种医疗检查、护理、治疗或者类似措施而造成，而就选定医疗措施，倘以不同方式加以操作，或者选择其他可行的医疗措施，损害本可避免，且据事后之医学评估，该不同方式或措施得以较小之损害满足医疗活动之需要；

（2）极大可能因医疗检查、护理、治疗或者类似措施操作过程中所用医疗技术产品或者医院设备之缺陷或者不当使用而造成；

（3）极大可能因不正确诊断而造成；

（4）极大可能因医疗检查、护理、治疗或者类似措施操作过程中传染物质转移所致之感染而造成；

（5）极大可能因医疗检查、护理、治疗或者其他类似措施操作过程中或者患者转运过程中所生之意外事故，或者与医疗场所或设备的失火或其他损害相关之意外事故而造成；

（6）极大可能因违背各种条例或指令开具处方或者提供药物而造成。

依前款第 1 项及第 3 项判断患者是否得请求赔付，以富经验之专科医生或者该领域富经验之其他执业人之注意义务为准。

如果对感染的容忍是合理的，则不得依第 1 款第 4 项请求赔付。对此加以判断时，必须考虑与该医疗措施相关的疾病或者人身伤害的性质及严重程度，患者一般的健康状况以及预防此种感染的可能性。

第三节　请求损害赔付之例外

第7条

下列情形，患者不得请求损害赔付：

（1）就不经治疗将直接构成生命威胁或者导致严重残疾之疾病或者伤害，施以必要诊疗所生之损害；

（2）于前条第1款第6项之外，因药物所生之损害。

第四节　患者损害赔付金之确定

第8条

患者损害赔付金之数额，依《损害赔偿法》（1972：207）第5章第1条至第5条以及第6章第1条而定，并受本法第9条至第11条之限制。

第9条

确定患者损害赔付金，应扣除计算时依《国民保险法》（1962：381）所得适用之基本数额的1/20。

第10条

就每起损害事件之赔付额，不得逾越计算时依《国民保险法》所得适用之基本数额的1000倍。而就每起损害事件，每位遭受损害的患者所获之赔付金，不得逾越该基本数额的200倍。

前款所指之赔付额不包括利息或者对诉讼费用之赔付。

第11条

依前条第1款第1句所确定之责任数额不足以填补多位赔付金权利人之损害的，依每位权利人应得赔付金之比例相应扣减。

损害事件发生后，有依前款规定加以扣减之风险的，政府或其委任机构得命令暂时只给付赔付金之特定部分。

第五节　投保义务及其他

第 12 条

医疗提供人应向承保本法下之损害的保险人投保。私人医疗提供人依据其与公共医疗提供人之协议为医疗行为的，由公共医疗提供人为之投保。

第 13 条

患者损害赔付金由保险人负责给付。同一损失为数保险人所承保的，各保险人负连带责任。此时，各保险人负同等责任。

第 14 条

有脱漏患者险的，依第 15 条隶属患者险协会之各保险人，对未脱漏情形本应给付之赔付金负连带责任。此时，以保险协会为各保险人之代表。

就依前款所为之赔付，由各保险人依上一日历年度各自所缴保险费之比例分担。

第六节　患者险协会

第 15 条

发放患者险之保险人，必须隶属于某患者险协会。
政府或其委任机构负责制定协会内部章程。

第七节　保险费

第 16 条

医疗提供人未依本法投保患者险的，患者险协会得请求其给付未投保期间内之赔付金（保险费）。

依前款应缴之保险费，每年至多为计算时依《国民保险法》所得适用之基本数额的 15%。依前句所定之数额不及同类医疗提供人年度保险费用两倍的，依后者计算。

第八节　患者索赔委员会

第 17 条

隶属患者险协会之保险人应共同设立患者索赔委员会并为其提供资金。委员会应吸纳患者利益代表。政府以条例规制委员会内部组织并核准委员会的工作规程。

委员会应患者或其他遭受损害之人、医疗提供人、保险人或者法院之要求，就赔付事宜发表意见。

第九节　侵权损害赔偿金

第 18 条

遭受损失之人得依本法请求赔付的，亦得不请求赔付而依相关规范请求侵权法上之损害赔偿金。

第 19 条

因本法下之伤害给付了侵权损害赔偿金之人，在其给付范围内继受取得受害人请求赔付之权利。就损害赔付，得依第 20 条第 1 款向负有侵权损害赔偿义务之人追偿的，前句规定不适用。

第十节　追　偿

第 20 条

就故意或者重大过失造成之损失，保险人已依本法赔付的，于给付范围内继受取得受害人侵权法上的损害赔偿请求权。

就《产品责任法》（1992：18）下之损失，保险人已依本法赔付的，于给付范围内继受取得受害人依该法请求损害赔偿之权利。

就依《交通损害赔付法》（1975：1410）为交通险所承保之伤害，保险人已依本法赔付的，于给付范围内继受取得受害人依该法请求赔付之权利。

第 21 条

保险人已依第 14 条第 1 款赔付的，得向负投保义务之医疗提供人追偿。此时，以患者险协会为保险人之代表。

第 22 条

依前条向医疗提供人追偿的，医疗提供人于其给付范围内继受取得第 20 条下属于保险人之权利。

第十一节　　时效期间

第 23 条

欲依本法请求赔付之人，应自知道可以提出赔付请求之日起 3 年内启动程序，无论如何不得超过损失发生之日起 10 年。

欲依本法请求赔付之人，已于前款所设期间内向医疗提供人或者保险人报告了伤害情况的，总得自收到保险人就伤害事件所作最终决定之日起 6 个月内启动赔付请求程序。

于第 14 条第 1 款所涉情形下，前款关乎保险人之规定适用于患者险协会。

本法自 1997 年 1 月 1 日起生效施行

丹麦医疗投诉及损害赔付法 （节译）[1]

2011 年 11 月 7 日第 1113 号法

第三章　医疗伤害赔付[2]

赔付范围

第 19 条

（1）患者在丹麦国内，因下列检查、治疗或者类似活动遭受伤害的，患者或患者遗属得依本章请求赔付：

1）医院或者代表医院所为之医疗活动；

2）医务人员或其他工作人员依《医疗服务法》（Danish Health Care Act）从事的住院前医疗活动；

3）依《医疗服务法》第 36～41 章，郡牙科医疗部门和市政医疗服务部门雇用的获得批准的（authorised）医务人员所提供的服务；

4）大学牙科医院所为之医疗活动；

5）由私人执业的、获得批准的医务人员所为之医疗活动；

6）医生非在私人开业中，依《医疗服务法》第 158 条所为之疫苗接种；

7）医生非在私人开业中，充任急救医生所为之医疗活动；或者

---

〔1〕　丹麦于 1991 年颁布《患者保险法》（Danish Patient Insurance Act），次年 7 月 1 日生效，正是依据这部法律，丹麦建立了医疗伤害的无过错赔付体制。

这次在患者保险协会官网检索到《丹麦医疗投诉及损害赔付法》（Danish Act on the Right to Complain and Receive Compensation within the Health Service），虽未查到立法沿革说明，但核对条文，医疗伤害赔付部分，大致相当，应是以新法取代了旧法，并添加了投诉和药物伤害赔付相关条款。资料来源于丹麦患者保险协会官网：http://patienterstatningen.dk/en/Love-og-Regler/Lov-om-klage-og-erstatning-sadgang/L%C3%A6gemiddelskader.aspx，访问日期：2015 年 11 月 22 日，唐超译。

〔2〕　第一章、第二章，英文本即略去，谓无关患者保险协会，应是规制投诉事宜。

8）根据《医疗服务法》第21章，根据依《医疗服务法》制定的规则或者依《医院法》第5条d项制定的规则（得到《医疗服务法》第277条第12款的支持），由国家卫生委员会（National Board of Health）所为之医疗活动。

（2）参加生物医学试验之人，虽生物医学试验并不构成诊断、治疗的一部分，亦视同患者。身体组织或其他生物材料的捐献人亦然。

（3）依《医疗服务法》，于国外医院、诊所等接受免费治疗或者治疗补贴的患者，本章亦予适用。

（4）哪些地区适用前三款，内政暨卫生部长应以规则定之。

（5）内政暨卫生部长得将依本章规定处理赔付请求的事宜，全部或部分委派给私人机构（private institution）。倘如此，内政暨卫生部长应就相关事宜订立必要协议。

（6）内政暨卫生部长将依本章规定处理赔付请求的事宜委派私人机构的，该机构的活动，适用《公共行政法》（Public Administration Act）。

（7）内政暨卫生部长依第5款将其权力委派私人机构行使的，得就申诉权（rights of appeal）事宜制定规则。

有权得到赔付的伤害

第20条

（1）据优势证据（preponderance of the evidence），伤害系在下列情形造成的，得请求赔付：

1）可以认为，在给定案情下，所涉医疗领域富有经验的专科医生，当以不同方式从事检查、治疗或类似活动，从而得避免伤害发生；

2）伤害系由用于检查、治疗或类似活动（或与这些活动相关）的技术装置、工具或其他设备的故障或者失灵造成；

3）据嗣后评估，从医学角度看，倘采用其他具备同样疗效的技术或方法，伤害本来可以避免；或者

4）伤害系检查、诊断、治疗的结果，并表现为超出了患者可以合理容忍限度的感染或其他并发症。此际，[判断是否超出合理容忍限度，]应考虑伤害的严重程度、患者的病情及身体状况、伤害的异常程度，以及预见此类风险发生的一般可能性。

（2）何种伤害依第1款构成本法下的伤害，内政暨卫生部长得制定规则。

部长亦得以规则明确，依第 1 款第 3 项，特定伤害不得依本章请求赔付。

第 21 条

（1）因疾病未得到正确诊断而造成的伤害，仅在第 20 条第 1 款第 1 项、第 2 项明定的情形，方得请求赔付。

（2）第 20 条第 1 款第 2 项涵盖之外的事故，只有患者系于医院接受服务，事故发生在医院，且依一般损害赔偿法，医院当负赔偿责任的，方得请求赔付。

（3）用于检查、治疗等类似活动的药物，因其性能造成伤害的，不得依本章请求赔付。

第 22 条

（1）伤害可能是医学试验或组织切除等活动造成的，第 19 条第 2 款下的受试人及捐献人得请求赔付，除非据优势证据，得认为伤害系其他原因造成。

（2）就第 21 条第 3 款下的伤害，第 1 款不予适用。

（3）第 19 条第 2 款下的血液捐献人，依合意或命令，赴血站或流动血库接受采血而遭遇事故的，就所受伤害得请求赔付，除非其就伤害的发生与有故意或重大过失。血液捐献人得依其他法律，请求损害赔偿的，即不得依第 1 款请求赔付。

第 23 条

任何获得批准的医务人员，于其工作中意识到了患者得依本章请求赔付的损害时，应向受害人说明此点，并提供必要帮助，同时通报患者保险协会（Patient Insurance Association）或者相关私人机构（依第 19 条第 5 款，获准处理患者赔付请求的私人机构）。

赔付数额的评定等事宜

第 24 条

（1）赔付金的数额，依《丹麦损害赔偿责任法》（Danish Liability for Damages Act）相关条款而定。

（2）依第 1 款确定之赔付金额，高过 10 000 丹麦克朗的，即应赔付。[1]内

---

〔1〕　低于此额度的，应通过侵权法寻求救济，无过错赔付体制不予处理。

政暨卫生部长得制定规则，只有伤害造成的工作能力丧失或者疾病超过一定期间的（不得高过3个月），方得就收入损失和精神损害请求赔付。

（3）第2款以及依第2款制定的规则，不适用于第22条第1款或第3款下的伤害，参见第19条第2款。

（4）依本法给予之赔付金，不及于追偿权（recourse claims）。[1]

第 25 条

患者对伤害的发生与有故意或者重大过失的，患者或遗属所能得到的赔付金额得予扣减，视具体情形，甚至得不予赔付。

第 26 条

患者或遗属已经依第24条得到赔付或者有权得到赔付的，不得对可能承担责任之人请求赔偿。[2]

第 27 条

依一般赔偿规则，[3]对患者或遗属应负赔偿责任之人，在第19条涵盖范围内的，倘损害系因故意或重大过失造成，依第24条所为之赔付，构成追偿的基础。[4]

第 28 条

依《产品责任法》应负赔偿责任的，第26条、第27条不予适用。

赔付体制的结构

赔付责任

第 29 条

（1）以下主体依本章负赔付责任：

---

〔1〕 雇员遭受医疗伤害不能工作，雇主继续支付工资的，就此经济损失，雇主不得依本法请求赔付（但可依侵权法主张）。同理，雇员并未因为医疗伤害而失去收入的，亦不得依本法请求收入损失的赔付。

〔2〕 排除了侵权法上的损害赔偿请求权。

〔3〕 指侵权法的规则。

〔4〕 医生造成患者损害的，医院负替代责任。仅当医生故意或重大过失造成损害的，医院方得向医生追偿；医生仅为轻过失的，医院不得追偿。

1）依《医疗服务法》，公立医院的管理人，以及住院前医疗服务的管理人；

2）患者所受之医疗伤害，国外医院（等医疗机构）依第19条第3款应负责任的，由患者住所地的郡［委员会］负责赔付，患者在丹麦无住所地的，由居住地郡［委员会］负责赔付；

3）依《医疗服务法》第36～41章，郡牙科服务以及市政医疗服务的管理人；

4）大学牙科医院的管理人；

5）私人开业的获得批准的医务人员，其开业地的郡［委员会］，私营医院或诊所等，其坐落地的郡［委员会］，非在私人开业而充任急救医生之地的郡［委员会］，非在私人开业而依《医疗服务法》第158条第2款提供疫苗接种服务之地的郡［委员会］；

6）就第19条第1款第8项下的医疗伤害，由瑞典政府（Government）赔付。

（2）依第19条第5款，赔付请求的处理事宜委派给私人机构的，内政暨卫生部长得规定，由该机构或者该机构所代表的私人开业的医务人员承担赔付责任。

（3）对私人开业的获得批准的医务人员、私营医院等造成的损害，郡委员会等依第1款第5项重复赔付的，郡委员会应向国家卫生委员会报告，以便确定是否应依《医疗服务法》和《医疗机构管理法》（Central Administration of the Health Service Act）采取监管措施。就何种情形下应提交报告，国家卫生委员会得制定规则。

投保义务

第30条

（1）依本章提出的赔付请求，应有保险公司的保险单予以承保，另见第31条第1款。

（2）保险公司承保本章下的保单的，应将相关事宜知照患者保险协会（Patient Insurance Association）。

（3）内政暨卫生部长应就第1款所说保险单，设定年度保险金额（annual cover amounts）。

（4）依第3款设定的保险金额，应依《损害责任法》第15条的规定予以调整。

（5）内政暨卫生部长应就投保义务的履行制定规则，包括保险公司承保本章下保单的最低要求和条件。应包括对下列事宜的规制：

1）在违反第 1 款规定的情形下，承保了本章下保单的保险公司就赔付金负连带责任；

2）个别管理人的赔付责任超过了依第 3 款所设定的保险金额的，承保了本章下保单的保险公司就赔付金负连带责任；

3）倘不能以合理的确定性依第 29 条找出责任人，承保了本章下保单的保险公司，以及自我保险的地方当局（self-insuring authorities），应依第 24 条就赔付金负连带责任。

（6）就依第 5 款第 1 项至第 3 项所负的连带责任，内政暨卫生部长应以规则定其额度。

（7）为收取保单保费，得采取扣押手段，亦得依《代扣所得税法》（Withholding Tax Act）的规则扣缴。

第 31 条

（1）瑞典政府、郡及市的委员会，不依第 30 条负投保义务。

（2）内政暨卫生部长得同意郡及市的委员会可以承担私人管理人（private administrators）依第 30 条第 1 款所负的投保义务，参见第 29 条。郡及市的委员会只能承担其辖区内的私人管理人的投保义务。

（3）郡及市的委员会得要求由第 2 款下的私人管理人支付保险费用。

（4）内政暨卫生部长应就第 2 款所说保险单，设定年度保险金额。

（5）依第 4 款设定的保险金额，应依《损害赔偿责任法》第 15 条加以调整。

（6）郡及市的委员会依第 2 款承担投保义务的，第 30 条第 5 款第 1 项、第 2 项的规定即不予适用。

（7）第 3 款所说保险费用，得以扣押手段收取。

患者保险协会

第 32 条

（1）承保了本章下保单的保险公司，以及自我保险的郡及市的委员会，应共同设立患者保险协会（Patient Insurance Association），并选举产生管委会。内政暨卫生部长得制定规则，使瑞典政府得为管委会成员。

（2）内政暨卫生部长应就患者保险协会的管理及活动制定规则。协会的运转费用以及依本章应负担的其他费用，应依部长规则所定的分摊标准，由各保险公司及自我保险的地方当局承担。

（3）患者保险协会应向内政暨卫生部长提交年度报告。

程序

第 33 条

（1）患者保险协会应依本章规定对所有赔付请求加以受理、说明并决定。协会得依部长规则，授权个别保险公司及自我保险的地方当局，就特定类型的赔付请求加以说明并决定。

（2）患者保险协会得要求证人所在地法院询问证人（witnesses）。

（3）患者保险协会应将决定送达相关保险公司、瑞典政府或者自我保险的郡及市的委员会，（此等主体）应依协会决定给付保险金。

申诉委员会

第 34 条废止

第 35 条废止

第 36 条废止

第 37 条

（1）患者保险协会认为对其处理赔付请求重要的信息，包括医院记录、病案簿等，得要求郡及市的委员会，其他相关主体，包括医院、医疗机构、主治医生等，以及受害人，向其披露这些信息。

（2）患者保险协会应向申诉委员会（Patients' Complaints Board of Appeal）和内政暨卫生部长提供相关信息，俾便其依本章履行职责。

第四章 药物伤害赔付

适用范围

第 38 条

（1）用于检查、治疗或类似医疗活动的药物，因药物性能给患者造成身体伤害的（药物伤害），依本章给予赔付。患者抚养之人，亦得依本章请求赔付。

（2）参与药物临床测试（生物医学试验）而该测试并非诊断或治疗的内容之人，亦为患者。身体组织及其他生物材料的捐献人，亦然。受试人和捐献人所受精神伤害（mental injury），亦予赔付。

（3）医护人员利用药物提供服务过程中，因药物受到伤害的，亦属药物伤害。惟仅就《职业伤害保险法》（Danish Act on Insurance against Consequences of Occupational Injuries）不予救济的部分，方得依本章给予赔付。

（4）哪些伤害得依前三款请求赔付，内政暨卫生部长得制定更详细的规则。

第 39 条

只有造成伤害的药物已在丹麦商业发售（dispensed commercially），用于消费或临床测试的，方得请求赔付。商业发售意指，通过药房、医院、医生、牙医，或者依《丹麦药品法》获准销售非处方药的网点，发行药物。

第 40 条

（1）本章所谓药物，系用来预防、确定、减轻、治疗、治愈人类的疾病、障碍、症状、疼痛，或者影响人类身体机能的物品。

（2）药物，必须依照现行规则，已获准在丹麦销售。用于临床测试的药物除外，参见第 38 条第 2 款。

（3）为特殊疾病专门配制的药物（magistrally produced），为个别患者进口的药物，只要先经药监局许可的，即为本章所谓药物。

（4）自然疗法的药物、顺势疗法的药物、维生素以及矿物制剂，非为本章所谓药物。倘这些产品用于临床测试，以获得药物销售许可（参见第 2 款第 1 句），则仍为本章所谓药物。

（5）就依前面四款而为本章涵盖的药物，内政暨卫生部长得制定更详细的规则。

第 41 条

就处方药造成的伤害，只有处方确实要求受害人使用该药物的，方予赔付。

第 42 条

1）因为药物于患者身上未发生预期效果，或者

2）因为处方或者用药方面的错误或者过失，

所造成的疾病、障碍、伤害，非本章所谓药物伤害。

第 43 条

（1）就药物不良反应造成的伤害，只有不良反应的性质和程度超出了受害人可以合理接受的范围，方予赔付。这里包括了已知和未知的不良反应，包括了可具体预见的和不可预见的不良反应。

（2）依第 1 款作决定［是否超出可合理接受的限度］，下列事宜应予考虑：

1）治疗所针对的疾病，其性质和严重程度；

2）受害人的健康状况；

3）受伤害的程度；

4）将接受伤害发生的风险纳入考虑的一般可能性。

（3）哪些伤害依第 41 条至第 43 条，构成本章下的药物伤害，内政暨卫生部长得制定更详细的规则。

第 44 条

惟据优势证据，伤害系由药物使用造成的，方得予以赔付。

第 45 条

任何获得批准的医务人员，于其工作中意识到了患者得依本章请求赔付的损害时，应向受害人说明此点，并提供必要帮助，同时通报患者保险协会。

给予赔付

第 46 条

（1）损害和赔付金的评定，依《损害赔偿责任法》相关规则为之。

（2）只有依第 1 款评定的损害，超过 3 000 丹麦克朗的，方予赔付。

（3）内政暨卫生部长得制定规则，只有伤害造成的工作能力丧失或者疾病超过一定期间的（最高3个月），方得就收入损失和精神损害请求赔付。

（4）第38条第2款下的药物伤害，不适用第2款、第3款的规定。

第47条

任何衍生出来的追偿请求（claims of recourse）不在赔付之列，参见《损害赔偿责任法》第17条。[1]

第48条

患者对伤害的发生与有故意或者重大过失的，患者或受抚养人所能得到的赔付金额得予扣减，视具体情形，甚至得不予赔付。

第49条

（1）一种或多种药物中的相同成分，其同样性能造成多人遭受药物伤害，并且，

1）伤害或是药物不良反应所致，且在药物发行之际，此等不良反应在药监局批准的药物性能摘要中并未说明，药品目录也未记载，其所造成的损害，从性质上看，此种药物发行领域的专家亦不能预见，或

2）是因为药物用法说明的错误、制造方面的缺陷或者发行上的错误，造成药物缺陷，进而致损害发生，

称为连续伤害（serial injury）。

（2）内政暨卫生部长或者患者保险协会收到第一件赔付请求（参见第55条），连续伤害即自该年发生，[2]不论嗣后的赔付请求何时提起。

---

〔1〕《丹麦损害责任法》第17条：（1）受害人或其遗属，依社会立法有权利主张的福利金，包括日常现金福利（daily cash benefits）、疾病补助、养老金立法下的养老金，以及依工业伤害保险法可以主张的赔付，不得用为对损害赔偿责任人追偿的基础。前句亦适用于瑞典政府或地方政府给付的退休金（pension benefits），或依其他福利计划支付的而不考虑保单性质的福利金，参见第22条第2款。依《疾病和生育福利法》支付的补助，却得构成对责任人追偿的基础，参见该法第78条第1款。（2）雇主向受害人支付了日常现金福利或者病假工资，或者支付了相关福利的，就其所受损失，得向侵权责任人请求补偿。载患者保险协会官网：http://patienterstatningen.dk/en/Love - og - Regler/Lov - om - klage - og - erstatningsadgang.aspx，访问日期：2015年11月22日。

〔2〕 大概指下条所谓日历年的起算。

第 50 条

（1）依本法［章］给予的赔付，每个日历年（calendar year），不超过 1.5 亿丹麦克朗。

（2）就单个连续伤害（参见第 49 条），不得超过 1 亿丹麦克朗。

（3）因药物临床测试造成的药物伤害，每项试验给予的赔付不超过 2500 万丹麦克朗。

（4）对单个受害人的赔付，不超过 500 万丹麦克朗。

第 51 条

第 50 条所列额度不足以支应所有赔付请求的，就尚未赔付的数额，将所有权利人的赔付请求依比例予以扣减。倘在损害发生后即发现有扣减必要，则得规定只能暂时给予部分赔付。

第 52 条

（1）患者或受抚养人依本章有权利得到赔付的，在可以得到的赔付范围内，不得对可能承担损害赔偿责任之人请求赔偿。

（2）依《产品责任法》应负损害赔偿责任的情形，第 1 款不予适用。

第 53 条

（1）政府（State）依本章赔付的，内政暨卫生部长代位取得（subrogated to）患者依《产品责任法》对药物生产商和中间商的赔偿请求权。

（2）政府依《产品责任法》向药物生产商和中间商主张赔付损失的（参见第 1 款），得为此支付律师、诉讼费用。得到的赔偿应收归政府。

筹资

第 54 条

（1）为赔付和赔付体制所支付的费用，由政府承担。

（2）内政暨卫生部长负责计算并支出赔付金。卫生部长亦得依现行法，授权他人（包括私人），负责计算并支出赔付金等事宜。

案件处理

第 55 条

（1）内政暨卫生部长依本章处理赔付事宜并作决定。

（2）内政暨卫生部长得授权患者保险协会（参见第三章），依第 1 款处理赔付事宜并作决定。患者保险协会为此支出的费用，由政府依第 54 条第 1 款负担。

（3）内政暨卫生部长授权非公共机构依本章承担工作的，《丹麦公共行政法》相应予以适用。

药物伤害投诉委员会

第 56 条 废止

第 57 条 废止

第 58 条

（1）内政暨卫生部长，或者卫生部长授权依本章处理赔付事宜的机构，得要求市政当局、郡委员会及其他相关机构和个人，包括医院、药房、负责医生等，还包括受害人和相关制药公司，披露一切信息，包括对依本章处理赔付事宜重要的医院病历、病案记录等。

（2）药物伤害投诉委员会（Pharmaceutical Injury Complaints Board）依本章从事其工作所需要的信息，内政暨卫生部长或者卫生部长授权依本章处理赔付事宜的机构，应向投诉委员会提供。

第 58a 条

（1）内政暨卫生部长应任命患者赔付申诉委员会（Patients Compensation Appeals Board），依卫生部长的决定，由一位主席、数位副主席及官方指定人员组成。

（2）内政暨卫生部长指定的主席和副主席应为法官。其他人员由国家卫生委员会、各郡委员会联名、地方政府联合会（National Association of Local Authorities in Denmark）、丹麦保险协会、丹麦法律及律师协会（Board of the Danish Law and Bar Society）、丹麦消费者协会（Danish Consumer Council）、丹麦残障人士和患者组织协会（Danish Council of Organizations of Disabled People and Danish Patients）任命。

（3）为处理赔付请求的需要，国家卫生委员会应任命一批具备专业资质的相关领域专家成员。

（4）处理个案，委员会由下列人员组成：

1）主席或一位副主席；

2）国家卫生委员会依第 3 款任命的两位专家成员；

3）各郡委员会联名任命的一位成员；

4）丹麦地方政府联合会任命的一位成员；

5）丹麦保险协会任命的一位成员；

6）丹麦法律及律师协会任命的一位成员；

7）丹麦消费者协会任命的一位成员；

8）丹麦残障人士协会任命的一位成员；以及

9）患者组织任命的一位成员。

（5）主席或副主席应决定专家成员依第 4 款第 2 项参与个案决定的具体专业领域。

（6）委员会就个案作决定，应具备法定人数（quorum），一位主席或副主席，至少 4 位成员，包括依第 4 款第 2 项或第 6 项任命的至少一位成员，依第 4 款第 3 项、第 4 项或第 5 项任命的一位成员，以及依第 4 款第 7 项、第 8 项或第 9 项任命的一位成员。

（7）就不容置疑的赔付请求，内政暨卫生部长得授权委员会主席或一位副主席决定。

（8）委员会成员任期 4 年。倘系在 4 年期间任命，则期间届满，任命方生效。

（9）内政暨卫生部长经与委员会磋商后，制定其程序规则。

（10）患者权利和投诉事务局（National Agency for Patients' Rights and Complaints）为委员会提供必要的文书服务（secretarial assistance）。

（11）委员会的运营费用，亦适用第 18 条。

第 58b 条

（1）依第 33 条、第 55 条所为之决定，得提交申诉委员会作出终局性行政决定。申诉委员会得维持、撤销或更改决定，并针对投诉为中止决定（suspensive effect)。

（2）自收到决定之日起，［对决定不满意的］应于3个月内提出申诉。

（3）虽未遵守申诉期限的规定，基于特别事由，申诉委员会仍得受理。

第58c条

（1）就申诉委员会的决定（不满意的），得诉至法院，法院得维持、撤销或更改决定。

（2）应自申诉委员会决定送达之日起6个月内，提起诉讼。

第五章　诉讼时效

第59条

（1）有权依第三章请求赔付之人，应自知道或应该知道受到伤害之日起3年内，向患者保险协会提出请求。

（2）自伤害发生之日起逾10年，赔付请求即为时效阻却。

第60条

（1）有权依第四章请求赔付之人，应自知道或应该知道受到伤害之日起3年内，向卫生部长或其授权的机构提出请求。

（2）自药物发售给受害人之日起逾10年，赔付请求即为时效阻却。